Ernesto Cardenal · Verlorenes Leben

P H
V

Ernesto Cardenal

Verlorenes Leben

Vida perdida

Erinnerungen Band 1

Aus dem Spanischen
von Lutz Kliche

Peter Hammer Verlag

Die Fotos im Bildteil sind dem
Familienarchiv der Cardenals in Managua und dem
Privatbesitz des Autors entnommen.

Wir danken Pater Petrus Nowack, Benediktinerabtei
Maria Laach, für die freundliche Durchsicht der
ersten sieben Kapitel.

Die Deutsche Bibliothek - CIP-Einheitsaufnahme
Cardenal, Ernesto:
Erinnerungen / Ernesto Cardenal. - Wuppertal : Hammer
Bd. 1. Verlorenes Leben / aus dem Span. von Lutz Kliche
ISBN 3-87294-803-2

Lektorat: Manfred Görgens
Umschlaggestaltung: Magdalene Krumbeck
Satz: Graphium press, Wuppertal
Druck: Ebner Ulm

»Denn wer sein Leben verliert
um meinetwillen, der wird es erhalten.«
Lukas 9, 24

Flug

Als ich von Nicaragua in die Vereinigten Staaten flog, um ins Trappistenkloster von Gethsemani, Kentucky, zu gehen, reiste im gleichen Flugzeug ein Onkel von mir mit; er stieg in El Salvador aus, um das Flugzeug zu wechseln, und als ich mich von ihm verabschiedete, sagte ich dem Letzten Lebewohl, was mich mit der Welt verband, und war von da an allein mit Gott. Wenige Tage später schrieb ich aus dem Kloster an meine Eltern und Geschwister: »Ihr könnt Euch nicht vorstellen, was für eine glückliche Reise das war! Es war genau wie eine Hochzeitsreise.«

Als mein Onkel Alejandro ausstieg, spürte ich, daß Gott zu mir sagte: »Gut, jetzt sind wir zwei allein, du hast mich gesucht, und hier bin ich nun.« Es war, als füllte sich mir plötzlich das ganze Universum mit Gott.

Der Flug war herrlich. Das Karibische Meer lag spiegelglatt wie eine Lagune unter mir. Manchmal sah man unter dem Meeresspiegel geheimnisvolle Korallenbänke, durch ihr helles Grün leicht zu unterscheiden vom Blau des tieferen Wassers.

Wir hatten eine Zwischenlandung in Havanna, und bei der Ankunft erschien mir auch die Landschaft Cubas im Abendlicht herrlich. Es kam mir vor, als riefe die gesamte Schöpfung zu Gott; zur Liebe und zur Schönheit Gottes. (Es war noch das Cuba der Diktatur Batistas in jenem Jahre 1957; eine meiner Cousinen hatte mir erzählt, daß in den Bergen ein beim Volk sehr beliebter junger Mann einen Aufstand anführe.)

Und dann kam ich in Miami an. Diese Reise ist mir immer wie ein Traum oder eine Halluzination in Erinnerung geblieben, wie eine tatsächliche Reise in den Himmel, anstatt eines normalen Fluges der Pan American Airlines.

Auf dem Flughafen von Miami mußte ich fast die ganze Nacht warten, bis um zwei Uhr in der Früh. Ich versuchte zu lesen, doch ich war so selig, daß ich mich kaum auf mein Buch konzentrieren konnte. Im Flughafen liefen die Mädchen in Shorts umher, was für mich als Lateinamerikaner eine Neuheit war. Viele der Reklametafeln und Schilder kamen mir verrückt vor: »Trinken Sie...« »Rauchen Sie...« »Kaufen Sie...« »Essen Sie...«. Diesen oder jenen Ort zu besichtigen, ein Auto zu mieten, ein Boot zu leihen. Unter den Taschenbüchern, die dort verkauft wurden, gab es auch einen Vogelkundeführer, ich weiß nicht, weshalb ich ihn kaufte. Erst viel später erkannte ich den großen Nutzen, den dieses Buch für mich haben sollte.

Weil ich so lange warten mußte, verließ ich das Flughafengebäude, um ein wenig spazierenzugehen. Etwas überraschte und belustigte mich zugleich, weil ich nicht erwartet hatte, es in den USA zu finden: Kokospalmen, Bananenstauden, Bambus. Im Mondlicht sah es fast so aus, als befinde man sich nicht in Nordamerika, sondern am San Juan-Fluß in Nicaragua. Es war, als habe Gott mich über Miami kommen lassen, um mir zu zeigen, wie nah die USA und Nicaragua beieinander waren, daß die USA auch zur Karibik gehören und ich sie nicht als Ausland ansehen sollte – schließlich hatte ich mich ja gefühlt, als ginge ich in die Verbannung. Da mußte ich an den Satz des Grenzbeamten denken, als er meine Einwanderungspapiere in Empfang nahm: »Welcome to the United States, Sir!« Da verstand ich, es war Gott gewesen, der mich in den USA, meiner neuen Heimat, willkommen geheißen hatte.

Der Weiterflug brachte mich bei Tagesanbruch nach Kentucky. Die Maschine flog tief über das flache Land, und mit dem Sonnenaufgang sah der Staat weit und breit herrlich aus, so grün wie ein Golfplatz. Es kam wir vor, als hätten sich die weiten Ebenen von Teotecacinte in der Nähe der Waldgebiete, um die damals Nicaragua und Honduras stritten, mit Straßen und Bahnlinien und Brücken und Fabriken und Dörfern und Städten gefüllt. Ich wußte ja schon aus Erfahrung, daß Gott mir immer alles gab, wonach mir der Sinn stand; und da fiel es mir auf einmal ein, ihn darum zu bit-

8

ten, das Kloster vom Flugzeug aus sehen zu können, und ich sah es tatsächlich: die Anlage von großen Häusern und Gebäuden, die Kirche im gotischen Stil, die Klostermauer wie bei einer mittelalterlichen Festung – so, wie ich es schon von Fotos kannte.

Wir landeten schließlich in Louisville, Kentucky, und dort nahm ich einen Greyhound-Bus, der kurz nach Mittag zum Nachbarort des Klosters abfuhr. Ich muß gestehen, daß ich während dieses letzten Teils meiner Reise etwas nervös war. Ich fragte mich, ob es nicht verrückt sei, was ich da tat, doch ich dachte auch, daß ich nun schon dieses Abenteuer begonnen hatte und es zum Glück zu spät war, umzukehren. Die Gewißheit beruhigte mich, daß Gott mich an der Hand führte und schon wußte, wohin die Reise ging. Aber mich beruhigte auch die Landschaft, die ich vom Bus aus sah. Es war ein Frühlingsnachmittag, und alles wirkte sehr fröhlich auf mich. In meinem Innern erlebte ich die dramatische Erfahrung, die Welt und die Zivilisation hinter mir zu lassen. Das äußere Bild sah jedoch ganz anders aus, eher wie das einer angenehmen Ferienfahrt zu einem Country Club oder einem Hotel in den Bergen: junge Männer, die mit ihren Freundinnen Drugstores betraten, einer, der mit einem Gewehr schoß, andere, die hinter ihren Wohnwagen Boote herzogen. Es war, als sagte Gott mir stumm mit diesem Frühlingstag: »Du brauchst nicht nervös zu werden. Wovor hast du Angst? Du entfernst dich von gar nichts.« Oder als hätte ich gefragt, wie ich auf den Kalvarienberg gelange, und ein Greyhound-Busfahrer hätte mir geantwortet: »Steigen Sie nur ein. Ich sag Ihnen Bescheid, wenn wir da sind.«

Genau so war es. Der Fahrer machte mir ein Zeichen, als wir an eine Haltestelle namens New Haven kamen. Eine Frau näherte sich dem Bus und fragte, wer zum Kloster wolle. Ihr gehörte der Drugstore, der gleichzeitig Bushaltestelle war, und sie erklärte mir, daß sie sich auch um die Weiterfahrt zum Kloster kümmere. Dort wartete ich eine Weile. Ein paar Mädchen in Shorts kamen in den Laden und machten einen Höllenlärm, und als sie wieder gingen, sagte die Frau zu mir: »So sind sie immer. Nichts als Rock and Roll im Kopf. Dabei sind sie noch nicht mal besonders helle.«

Dann kam eine junge Frau und brachte mich im Auto zum Kloster. Der Eingang am Ende einer Allee sah sehr schön aus. Die Frau verabschiedete sich am Tor von mir, als ein Bruder öffnen kam, und ich trat in einen Garten voller Vögel. Am Ende dieses Gartens war ein weiteres Tor mit einem großen Schild darüber, auf dem stand: God alone. Mit einem leichten Schauer trat ich ein. Das war das Gästehaus, und ich war überrascht über die Dekoration, die ich dort sah: alles sehr modern, beste moderne Kunst, von großer Schlichtheit und Eleganz; attraktiv gestaltete Tische, Stühle, Aschenbecher und Lampen; und stilisierte Skulpturen, ein bißchen so wie meine Skulpturen. Mir schien, auch jetzt lache Gott mich aus wegen meiner Angst.

Nach kurzer Zeit kam Thomas Merton, um mit mir zu reden. Er stellte sich sehr bescheiden vor und nannte nicht seinen Namen, sondern sagte nur: »Ich bin der Novizenmeister.«

Auch der Abt hatte zuvor über ihn gesprochen, ohne seinen berühmten Namen zu erwähnen. Nachdem ich alle Bedingungen erfüllt und auch die Bewerbungsformulare ausgefüllt hatte, schrieb er mir, daß ich angenommen sei, und fügte hinzu: »Als Novizenmeister werden Sie jemanden haben, der auch in gewissem Sinne Dichter ist und wie Sie an der Columbia University studiert hat.« Was mich mit doppelter Freude erfüllte: einmal, zu erfahren, daß mein Novizenmeister Thomas Merton sein sollte, dessen Bücher ich wohl alle gelesen und einige sogar übersetzt hatte; und dann, weil ich das nicht vor meiner Bewerbung gewußt hatte. Ich hatte also dieses Kloster nicht ausgesucht, weil ich zu ihm, sondern weil ich zu Gott wollte. In seinem letzten Buch hatte Merton geschrieben, daß er sicher bald zu einer Neugründung geschickt werden würde. Daß er immer noch hier war, noch dazu als Novizenmeister, war etwas Unerwartetes. Man hatte ihn ein Jahr vor meiner Ankunft in Gethsemani zum Novizenmeister ernannt; und das hielt ich für eine besondere Tat Gottes für mich. Ich sollte das später noch deutlicher empfinden, als er wenige Jahre, nachdem ich fortgegangen war, aus dem Amt schied.

Als erstes sagte mir Merton, der Abt lasse ausrichten, ich könne nur als Novize aufgenommen werden, wenn ich mit dem Schreiben aufhöre. Ich antwortete ihm ganz ruhig, ich hätte diesen Verzicht schon geleistet, seit ich diesen Orden gewählt hatte.

Tatsächlich wußte ich durch die Bücher Mertons nur zu gut, daß der Trappistenorden ein antiliterarischer Orden ist. Obwohl mich das eigentlich abstieß, war es einer der Gründe gewesen, gerade diesen Orden zu wählen. Um mich ganz Gott hinzugeben, mußte ich auf alles verzichten. Ich hätte den Benediktinerorden wählen können, der zur gleichen Ordensfamilie gehört und sich vor allem um Kunst und Literatur bemüht, doch dann hätte ich nicht auf meine große Liebe verzichten müssen: die Poesie. Ich hätte auch in Nicaragua in ein Priesterseminar eintreten können, doch dann hätte ich auf meine zweite große Liebe nicht verzichtet: meine Heimat und meine Seen. Ich mußte von allem entledigt zu Gott gehen. Merton betonte oft in seinen Büchern, daß er als trappistischer Schriftsteller eine Ausnahme war. Anfangs hatte er nicht geschrieben, bis ein Abt es ihm auftrug.

Dessen Nachfolger, so erzählte mir Merton jetzt, sei sich nicht sicher, ob es dabei bleiben solle. Es könne ihm jeden Augenblick verboten werden, doch sei es auch möglich, daß es mir in Zukunft gestattet würde. Diese Indifferenz sei aber sehr gut für den inneren Frieden. Das Verbot bezog sich auf professionelles Schreiben, das heißt Schreiben, um zu veröffentlichen. Doch meine Hefte und Notizbücher durfte ich behalten und Gedanken, Notizen und Eindrücke aufschreiben.

Merton hatte lebendige, fröhliche Augen; ein unschuldiges, naives Aussehen mit einem runden Gesicht, und er wurde langsam kahl auf dem Kopf. Er war eher etwas rundlich, nicht eine dieser schmalen Figuren von El Greco, als die ich ihn mir vorgestellt hatte. Die Trappisten durften nicht fotografiert werden, und deshalb konnten die Millionen Menschen, die seine Bücher lasen, nicht wissen, wie Merton aussah. Er war relativ jung, nur zehn Jahre älter als ich, und ich war damals 32.

Bei unserem ersten Gespräch fragte er mich auch gleich nach den Möglichkeiten, in Nicaragua ein Trappistenkloster zu gründen. Gerade in der vorigen Woche war der Pater Visitator dagewesen und hatte ihnen gesagt, das nächste Kloster müsse in Lateinamerika entstehen, nachdem es schon zwölf Gründungen in den USA gab. Ich erzählte ihm von der Schönheit Nicaraguas, und daß es dort auch Menschen gebe, die die Gründung eines Trappistenklosters unterstützen wollten, vor allem jetzt, da ich dem Orden beigetreten sei. Ich sah, daß ihn das Thema sehr interessierte, und er meinte, man müsse mit dem Pater Visitator darüber reden.

Ich sollte bald ins Noviziat eintreten, denn in wenigen Tagen würde sich das Gästehaus mit Besuchern füllen. Er sagte mir, daß ich die körperliche Askese sicher gut aushalten würde, denn man schliefe ausreichend, sieben Stunden, und könne im Sommer eine Mittagsruhe halten, wenn man wolle. Der Speiseplan schloß nur Fleisch, Eier und Fisch aus, und man konnte essen, bis man satt war. Es gebe Frühstück, Kaffee und Brot. Er fuhr fort, daß ich trotzdem darauf vorbereitet sein müsse, zu kämpfen, denn ich würde auch leiden müssen, am meisten unter dem Schweigen und dem dauernden Leben in Gemeinschaft. Was mystische Erfahrungen anging, so meinte er, wisse ich ja schon, daß ich die nicht erwarten solle. Und daß jemand das Leben der Mönche als halbe Ekstase und 40 Jahre Dürre beschrieben habe. Am nächsten Tage wollten wir weiterreden.

Von meinem Zimmer aus hörte ich einen Traktor bei der Arbeit und viel Vogelgezwitscher. Es war Frühling, und die Felder waren voller Vögel.

Es besuchte mich in meinem Zimmer ein älterer Laienbruder mit fröhlichem Gesicht. Er gehörte zu denen, die im Gästehaus für Sauberkeit sorgen mußten. Er war Italiener und, wie er mir erzählte, in seiner Jugend Seemann gewesen. Er freute sich sehr darüber, sich mit mir unterhalten zu können, weil wir seiner Ansicht nach die gleiche Sprache sprachen. Dabei sprach ich Spanisch und er Italienisch. Er wurde nicht müde, zu wiederholen: »Wie schön ist Nicaragua! Wie schön ist Nicaragua!«, wie jemand, der es vor Augen hatte. Es sah aus, als habe er eine Vision, so ging sein Blick dabei ins Leere. Und mehr noch hatte ich diesen Eindruck, als er mich fragte, wo Nicaragua denn überhaupt liege. Als ich ihm sagte, in Zentralamerika, da meinte er: »*Never heard of it.*« Er sagte, ich solle für ihn beten, und er wolle auch für mich beten; daß er unter Herzbeschwerden leide und an diesem Morgen zwei Anfälle erlitten habe. Und dann ging er, immer noch genauso fröhlich, wobei er wiederholte, wie schön doch Nicaragua sei.

Die Stunden vergingen mir in der Verzückung über die Natur und über Gott; vor allem darüber, mit Gott zu reden. Vom Fenster meines Zimmers aus sah ich Rasen, Fichten und dahinter grüne Berge. So ähnlich sah es im umstrittenen Grenzgebiet zu Honduras aus, in der Gegend, die El Capire heißt, wo mein Vater einen kleinen Hof besaß, eine Pionierarbeit so weit abgelegen von allem, und den er dann verlor, als der Streit beigelegt und das Gebiet Honduras zugeschlagen wurde.

Erstaunt sah ich zum ersten Mal in den Waschräumen Apparate, die einem mit Heißluft die Hände trockneten, ohne daß man ein Handtuch benutzen mußte. Das gefiel mir, aber ich wußte, daß es das im Klaustrum nicht geben würde.

Im Gästehaus verbrachte auch ein Priester von einem »San Cayetano« genannten Orden seine Ferien. Da er rauchte, wurde auch ich entwürdigend schwach und bat ihn um eine Zigarette, obwohl ich schon vor geraumer Zeit das Rauchen aufgegeben hatte. Er gab sie mir, meinte aber: »Wie ist es möglich, daß Sie noch rauchen, wenn Sie zu den Trappisten gehen wollen?« Er sagte, er könne das Leben der Trappisten nicht aushalten, weil man keine eigene Zelle habe und alles gemeinschaftlich getan werde: Man schliefe in einem gemeinsamen Schlafsaal, und die einzige Privatheit während des Tages sei ein kleines Pult für jeden in einem gemeinsamen Raum. »Und in unserem religiösen Leben«, so fügte er hinzu, »ist das, was man am meisten liebt, die eigene Zelle.«

Ein anderer Feriengast war Journalist aus Louisville. Er fragte mich, wie lange ich denn bliebe. Als ich ihm antwortete: »Das ganze Leben«, meinte er: »Natürlich. Und das ist gut so. Ich muß leider in die Stadt zurück.«

Im Garten gab es einen Kreuzweg mit aus Stein gehauenen Stationen, Skulpturen herrlicher moderner Kunst. Ich ging den Kreuzweg beten, und bei der ersten Station flog ein Vögelchen vom Stein auf; ich hatte das Gefühl, Gott wolle mir damit sagen, daß das, was für seinen Sohn Schmerz und Leid gewesen war, jetzt für mich Freude sein solle. Ich hatte bei Merton gelesen, daß es bei den Trappisten Tradition war, daß der Name jedes Klosters das Leben derjenigen bestimme, die dort aufgenommen wurden. In diesem Falle bedeutete der Name »Gethsemani« eine Beziehung unseres Lebens zum Leiden des Ölbergs. Doch daß ein Vögelchen so fröhlich von der ersten Kreuzwegstation aufflog, das war für mich ein Vorbote des Glücks.

Am folgenden Tag kam Merton tatsächlich wieder auf mein Zimmer. Er sah sich mit großem Interesse die Bücher an, die ich mitgebracht hatte, und nahm einige mit, um sie zu lesen. Das mit den Büchern war seine Empfehlung gewesen. Kurz vor meiner Abreise aus Nicaragua hatte er mir einen persönlichen Brief als Novizenmeister geschrieben, um mir Mut zu machen und mich zu beruhigen; und darin hatte er mir auch gesagt, ich solle nicht zögern, ein Buchpaket mitzubringen, die, die mir am liebsten seien.

Ich zeigte ihm auch ein paar Fotos von meinen Skulpturen, und sie gefielen ihm. Er bat mich, sie mitnehmen zu dürfen, um sie Pater Johannes vom Kreuz zu zeigen, der Töpferarbeit machte.

Wir unterhielten uns in Spanisch, denn sein Spanisch war besser als mein Englisch. Was mich sehr überraschte, denn ich erinnerte mich nicht, daß er in allem, was er über sein Leben geschrieben hatte, irgend etwas darüber erzählte, daß er Spanisch lerne; und daß er es in der Abgeschiedenheit des Trappistenklosters so gut gelernt hatte, schien mir wie ein Wunder. Noch überraschter sollte ich später sein, als ich herausfand, daß er noch viele, sehr viele andere Sprachen sprach; ich habe nie erfahren, wieviele es tatsächlich waren. Und dies war nicht das einzige an ihm, was mir wie ein Wunder vorkommen sollte.

Er meinte, daß er durch die Unterhaltung mit mir und die Bücher, die ich mitgebracht hatte, sein Spanisch verbessern würde, denn vorher habe er nur wenig Gelegenheit zum Üben gehabt. Und er sagte, ich könne mein Englisch verbessern, wenn ich mich mit einem Mönch unterhielte, der in Hollywood Autor gewesen war und für Beatriz Lillie und viele andere die Filmskripte schrieb.

Er freute sich sehr, das kleine Vogelkundebuch zu sehen, das ich in Miami gekauft hatte, und meinte, es werde mir im Kloster noch sehr nützlich sein.

Viel später erzählte mir Merton einmal, der Abt habe ihm meine Bewerbung gegeben mit dem Auftrag, sie abschlägig zu bescheiden. Zuvor waren schon ein paar Lateinamerikaner dagewesen, hatten es jedoch nie lange ausgehalten. Der Abt meinte, die Klimaunterschiede, die andere Kultur usw. bedingten, daß dieses Kloster für Lateinamerikaner nicht sehr geeignet sei, und wenn sie wieder fortgingen und keine eigenen Mittel hätten, dann müsse das Kloster für die hohen Flugkosten aufkommen. Doch als Merton meine Bewerbung in Händen hielt, spürte er, wie er mir erzählte, ganz deutlich in seinem Innern so etwas wie eine Stimme, die sagte: »Ihr müßt ihn aufnehmen. Es ist sehr wichtig, daß er herkommt.«

Und jetzt sollte es soweit sein und ich ins Noviziat eintreten.

Doch damit man versteht, weshalb ich in ein Trappistenkloster eintrat, muß ich in der Geschichte meines Lebens ein Stück zurückgehen ...

Blühende Mädchen

Ich ging ins Kloster wegen der Sache, die am Mittag des 2. Juni 1956 geschah.

Ich war oft verliebt gewesen, manchmal wurde meine Verliebtheit erwidert, in den meisten Fällen jedoch nicht. Diese Fälle herrschen in meiner Poesie vor, nicht nur, weil sie zahlreicher waren, sondern auch, weil unglückliche Liebe stärker inspiriert als erwiderte. In der Dichtung der ganzen Welt ist das so gewesen.

Wenn in meinem Leben eine Liebe erwidert wurde oder ich es mir zumindest einbildete und mich schon fast in der Ehe wähnte, dann fühlte ich eine große Angst, nämlich vor der Tatsache, daß ich durch die Heirat für immer die Möglichkeit zunichte machte, mich durch ein Gelübde ganz Gott hinzugeben. Außer ich würde später Witwer – eine Hypothese, an die ich zuweilen auch dachte.

Oft verspürte ich den Wunsch, zwei Leben zu haben (nicht mehr als zwei, das sollte mir genügen): eines für die Ehe, das andere für die Religion. Angstvolles Dilemma. Die letzte Entscheidung schob ich immer wieder hinaus, und so beruhigte ich mich – vorübergehend. Doch konnte die Angst jeden Augenblick wiederkommen, bei Tag und bei Nacht, im Traum und in Alpträumen. Ich wurde von Gott verfolgt, und ich wußte es. Deshalb die Panik vor einer endgültigen Entscheidung.

Es hat in meinem Leben eine große Liebe gegeben, das war meine erste Liebe, mit achtzehn Jahren. Später werde ich von dieser Liebe erzählen, wenn Gott das so will; er ist es ja, der auf gewisse Weise durch mich schreibt oder der das, was ich schreibe, auf bestimmte Art lenkt. Jetzt spreche ich von meinen Verliebtheiten nach dieser Liebe und von dem, was oft dabei geschah.

Da war Sylvia. Sie hatte langes, glattes Haar, von einer Farbe, die man am besten mit »golden« beschreibt. Ihre Haut war sehr hell und leicht sommersprossig. Sylvia war sehr schüchtern und immer nahe daran, zu erröten; sie war schlank wie ein Reiher. Eines Abends gingen wir mit Freunden am Ufer der Lagune von Tiscapa spazieren. Wir beschlossen, daß wir ein Pärchen sein wollten, ein heimliches Pärchen. Alles ganz zart und rein. Sie stammte nicht aus Managua, sondern aus Chinandega. Am nächsten Tag fuhr sie heim. Mit ihr mußte alles ganz ernst sein; und wenn wir ein Pärchen waren, dann mußte das auch zum Sakrament der Ehe führen. Und da kam wieder die große Angst. Und ich bat Gott von ganzem Herzen, daß er es zu Ende gehen lassen sollte, wenn er mich für sich wollte.

Kurz darauf kam ich ins Geschäft meines Vaters, der einen Großhandel besaß. Dort reichte mir ein Angestellter von seinem Schreibtisch einen Brief. Er stammte von ihr, und ich wurde ganz aufgeregt. Auf der Straße las ich den Brief. Sie schrieb mir darin, daß alles, was zwischen uns begonnen habe, beendet sei. Sie gab mir keinerlei Erklärung. Es traf mich wie ein Blitz. Ich litt wie wahnsinnig. Eine ungeheure Einsamkeit überkam mich. Ich gestehe, daß ich das kurz zuvor gesprochene Gebet völlig vergessen hatte. Eine alte Nonne mit dem Ruf einer Heiligen, Mutter Francisca, versuchte sich als Brautwerberin. Sie mochte das Mädchen sehr, es war ihre Schülerin gewesen, und sie war mit meiner Familie befreundet und hielt mich für eine gute Partie. Doch so sehr sie sich auch mühte, mit Briefen und in Gesprächen, mußte sie mir schließlich gestehen, daß sie gescheitert war. Dann erinnerte ich mich an das, worum ich Gott gebeten hatte, vergaß es aber auch bald wieder. In jenen Tagen erschien Adelita.

Adelita Marenco und ihre Freundin Irma Prego waren unzertrennlich, genauso unzertrennlich wie Carlos Martínez Rivas und ich. Im Managua jener Tage gab es wenige Intellektuelle unseres Alters, mit denen man sich gut unterhalten konnte, und seltener noch waren Dichter wie wir, die wir uns so gut verstanden, vereint durch den gleichen Humor, beide Junggesellen und kräftige Trinker, hinter den Mädchen her und mit derselben dialektischen Beziehung gegenüber den Frauen, einer Mischung aus Kühnheit und Schüchternheit. Carlos Martínez Rivas, das Genie meiner Generation, war außerhalb Nicaraguas noch nicht gebührend wahrgenommen worden. Und ich meine, es war Carlos, der Adelita und Irma zu mir in die Buchhandlung brachte. Ich hatte damals, zusammen mit meinem Freund Reynaldo Téfel, eine sehr hübsche und gutsortierte Buchhandlung, *nuestro tiempo*, »Unsere Zeit«, die gleichzeitig ein Treffpunkt war. Die beiden Mädchen hatten sich vorgenommen, den Dichter Carlos Martínez Rivas kennenzulernen, und nachdem sie das geschafft hatten, wollten sie auch den anderen Dichter kennenlernen, das war ich.

Sie hatten eine Art Flitter im Haar, etwas, das man, wie sie sagten, »Sternenstaub« nannte, und es sah tatsächlich so aus. Ein Tick der beiden, sicher eine schnell vergängliche Mode jener Zeit. Die beiden waren lustig, redselig, überdreht, Irma ganz ungehemmt, Adelita etwas schüchterner. Sie waren sehr hübsch, und in Granada, von wo sie stammten, schlug das Bürgertum die Hände über dem Kopf zusammen über sie, weil sie sich mitten in der Stadt auf Bordsteinkanten setzten, Männerhemden und -hosen trugen und sich Dinge herausnahmen, die zu jener Zeit Mädchen nicht taten. Und sie hatten etwas für Dichter übrig, auch das war nicht typisch für die Mädchen jener Zeit und vielleicht überhaupt keiner Zeit. Und so gingen wir schon bald miteinander, wir zwei jungen Männer und die beiden Mädchen, und waren nicht mehr nur unzertrennlich als Freunde und Freundinnen, sondern auch als Pärchen.

Ich erinnere mich an das erste Mal, als ich Adelita küßte, auf dem Kinderspielplatz im Park von Las Piedrecitas, sie stand auf einer Kinderschaukel, und ich glaube, es war das erste Mal, daß jemand sie küßte. Sie war noch keine 18 Jahre alt, vielleicht 17, Irma nur wenig älter.

Im »Cántico Cósmico« habe ich geschrieben, daß ihre Augen die Farbe von Muskatellertrauben hatten, oder manchmal die Farbe des Ozeans, da, wo er am tiefsten ist, zwischen grün und zartblau. Und es war dies, was an ihr am meisten hervorstach: ihre Augen. Ich glaube, sie ist das Mädchen gewesen, das mich am meisten geliebt hat. Und zwar nicht notwendigerweise am leidenschaftlichsten, sondern mit der meisten Zärtlichkeit. Und ich war es ja nicht gewohnt, so sehr geliebt zu werden.

Ich erinnere mich auch an einen anderen Abend in Las Piedrecitas, in einer Kneipe, die »Versailles« hieß; wir zwei saßen zusammen am Eingang auf dem Boden, und weil es kalt war, legte ich ihr meine Jacke um die Schultern, und wir küßten uns. Viele Menschen gingen ein und aus, und weil sie eine Männerjacke und Hosen trug und kurzes Haar hatte, müssen die Passanten gedacht haben, daß sich zwei Knaben küßten.

Im »Cántico Cósmico« habe ich mich auch daran erinnert, wie wir einmal, sehr spät abends, in einem Restaurant saßen, fast alle Tische waren leer, und wir hatten schon lange miteinander geredet, als sie plötzlich bewundernd mein »pechschwarzes« Haar erwähnte. Diese Erinnerung ruft, wenn ich sie, so alt wie ich jetzt bin, in Deutschland lese, immer ein wenig Heiterkeit hervor – was durchaus meiner Intention entsprach, als ich, mit schlohweißem Haar, diese Erinnerung festhielt.

Sie hatte nachmittags Schreibmaschinenunterricht, und ich ging und wartete am Tor der Handelsschule auf sie, bis der Unterricht vorbei war, und dann gingen wir zu ihr nach Hause, durch die ruhigen Straßen bescheidener Stadtviertel, machten Umwege, um die belebteren Straßen zu meiden, und unterhielten uns oder schwiegen, hielten uns an den Händen oder nicht, und in meiner Erinnerung sind verschwommen Häuser geblieben, rosafarben im Sonnenuntergang, leere Busse an einer Haltestelle mit den Fahrern, die auf dem Gehsteig warteten – Plätze, die später das Erdbeben verwüstete.

In dieser Beziehung war ich einer Heirat am nächsten. Es kam nur deshalb nicht dazu, weil nicht genug Geld da war. Darüber schrieb ich damals in einem Epigramm:

> Mag sein, wir heiraten dieses Jahr,
> mein Liebling, und haben dann ein Häuschen.
> Und es mag sein, mein Buch erscheint

oder wir zwei gehen fort von hier.
Vielleicht stürzt auch Somoza, mein Liebling.

Meine Einkünfte aus der Buchhandlung, die immer weniger abwarf, reichten nicht aus, um eine Familie zu ernähren, nicht einmal eine, die nur aus zwei Personen bestand. Und so hatte ich ihr ganz ernsthaft gesagt, ich wolle sie heiraten, nur müsse erst dieses Problem gelöst werden. Und ich wünschte mir nichts weiter als ein Häuschen in irgendeinem Viertel, so wie ich es in dem Epigramm beschreibe; und auch, daß mein Buch mit Epigrammen gedruckt würde, das subversiv war, oder daß ich an irgendeine Universität im Ausland berufen würde, oder daß die Regierung stürze, denn in diesem Falle hätte ich mit der neuen Regierung zu tun gehabt, egal, wie sie ausgesehen hätte. Und das geschah auch beinahe in der »Aprilrebellion«, in der wir unter der Führung von Báez Bone und Pablo Leal den Präsidentenpalast besetzen und Somoza gefangennehmen und ihn, wenn es unvermeidbar sein sollte, auch töten wollten. Doch das ist eine andere Geschichte.

Nun hatte ich, so nahe vor der Ehe, die gleiche Sorge wie immer, nämlich daß ich dann ja auf Gott verzichten müsse. Auch diesmal bat ich ihn in angstvollem Gebet, er solle, wenn er mich für sich wolle, selbst dafür sorgen, daß es zu Ende ginge; und urplötzlich endete diese zarte Beziehung wegen einer dummen Geschichte. Nicht, daß ich keine Wehmut verspürt hätte deswegen. An manchen Abenden waren Carlos, Irma, Adelita und ich am Ufer der Tiscapa-Lagune spazierengegangen, gegenüber dem Präsidentenpalast, der auch an der Lagune lag. Zu jener Zeit im alten Managua waren das wenig begangene Wege, sehr geeignet für Verliebte, hier endete die Stadt auf dieser Seite.

So beschreibe ich es in einem Epigramm:

> Es gibt einen Platz an der Lagune von Tiscapa
> – eine Bank unter einem Quelitebaum –
> den kennst du (diejenige, der ich diese Verse
> widme, weiß, daß sie ihr bestimmt sind).

Und du erinnerst dich an jene Bank und den Quelitebaum;
den Widerschein des Mondes in der Lagune von Tiscapa,
die Lichter im Palaste des Diktators,
die Frösche, die in der Lagune quakten.
Noch immer gibt es den Quelitebaum,
noch immer brennen im Palast die Lichter;
in der Lagune von Tiscapa spiegelt sich der Mond;
doch jene Bank wird leer sein heute abend,
oder es sitzt ein Paar darauf, das wir nicht sind.

In einem anderen Epigramm betrauere ich, daß die Cortésbäume, die sich in der Trockenzeit, dem nicaraguanischen Sommer, mit goldfarbenen Blüten schmücken, schon blühten, als wir noch ein Paar waren, und daß sie immer noch blühen, wir jedoch schon Fremde geworden sind. In noch einem anderen erinnere ich mich, daß unsere Liebe erblühte, als in Managua die roten Malinchebäume blühten; und diese Bäume werden auch im nächsten Mai wieder blühen, doch die Liebe, die verging, wird niemals wiederkehren. Und in einem weiteren heißt es, daß die Mairegen wiedergekehrt sind, die Wege fröhlich sind und voller Pfützen, »doch du bist nicht mehr bei mir«. Ein anderes Epigramm trägt den Titel »Lied eines Mädchens«. Ich hatte ihr einmal gesagt, daß ich sie gern mit langem Haar sähe; sie trug es immer ganz kurz. Dann sah ich sie eines Sonntags bei der 12-Uhr-Messe, zu der die jungen Leute aus dem Bürgertum gingen, mit langem Haar durch das Mittelschiff der Kathedrale kommen, obwohl unsere Beziehung schon zu Ende war (ich wußte, daß sie mich noch immer liebte). Da schrieb ich so, als sei sie es, die da sprach:

Mein langes Haar! Mein langes Haar!
Du wolltest doch dein Mädchen mit langem Haar.
Jetzt fällt es mir schon auf die Schultern
und du hast nicht darauf gewartet.

Das klingt beinahe zynisch von mir: daß ich die Klage gegen mich selbst erhebe. Dabei versetzte ich mich nur in ihre Haut, und mir selbst tat es ja auch genügend leid; denn ich hatte die

Beziehung nicht beendet, hatte sie nicht verlassen. Wer es getan hatte, das war – sowenig sich das auch beweisen läßt – Gott selbst gewesen.

Zuvor hatte ich jenes Gebet gesprochen: Wenn er wolle, daß es zu Ende ginge, dann solle es geschehen. Dann machten wir eines Tages ein Picknick auf einer der kleinen Inseln im Großen See bei Granada, Carlos, Irma, sie und ich, zu Ehren einer Dichterin aus Costa Rica, die nach Nicaragua gekommen war, um uns kennenzulernen. Ich unterhielt mich angeregt mit ihr, ohne daß es irgendeine sonstige Anziehung zwischen uns gegeben hätte, es ging nur um Literatur. Und da ging meine Freundin in ihrem Badeanzug enttäuscht ans Seeufer, glaubte sie doch, ich zöge jene andere Frau ihr vor. Ich hatte keine Ahnung, daß sie so enttäuscht war. Da kamen zwei reiche junge Männer aus Granada in ihrer teuren Jacht vorbei, und sie winkte sie heran und fuhr mit ihnen davon. Ich aber meinte, ich dürfe das nicht verzeihen. Dann kam sie zurück. Es war nichts weiter geschehen. Sie hatte mich nur eifersüchtig machen wollen, sie war sehr verletzt. Und ich fühlte mich auch schlecht behandelt. Den ganzen Weg nach Hause wechselten wir kein einziges Wort. Irma tat es sehr leid, sie versuchte, uns wieder zu versöhnen. Und so stiegen wir auch aus dem Wagen, ohne uns voneinander zu verabschieden. Alles war nur ein dummes Mißverständnis gewesen, ein kleines Verständigungsproblem zwischen uns beiden. Bernard Shaw hat einmal gesagt, die Natur habe einen großen Fehler begangen, als sie die Jugend den jungen Menschen gab, denn junge Menschen wüßten sie gar nicht zu schätzen. Die Jugend müsse für die Alten sein, die könnten sie erst richtig nutzen. Sicher hätte ich, wäre ich älter gewesen, diesen Fehler nicht begangen. Wir hätten die Dinge einfach geklärt. Wir wußten, daß wir uns liebten; das nützte uns jedoch überhaupt nichts, und wir klärten die Sache nicht. Keiner war dem anderen untreu geworden. Alles war Einbildung gewesen.

Ich erinnerte mich sehr gut an das, was ich Gott gesagt hatte. Und er hatte geantwortet. Noch war ich aber nicht überzeugt. Ich betete von neuem zu Gott: Wenn sie zu mir käme, wollte ich die

Beziehung wieder aufnehmen und sie heiraten. Wenn Gott mich für sich wollte, dann sollte sie nie mehr in die Buchhandlung kommen, und auch ich wollte nichts unternehmen und sie nicht aufsuchen. Und sie kam wirklich nicht mehr.

Ich wußte sehr gut, daß sie mich liebte. Sie erzählte es auch einer Freundin, und die kam gleich und sagte es mir. Ich erfuhr es auch noch auf andere Weise, doch ergriff ich nicht die Initiative zur Aussöhnung, denn so hatte ich es Gott versichert. Dies war auch nicht meine letzte Liebe, und ich hatte vorher andere gehabt.

Der Leser möge Geduld haben. Der 2. Juni kommt schon zu seiner Zeit.

Es wird manchen geben, der von Claudia hören möchte, weil meine Epigramme für Claudia so bekannt geworden sind.

Die Epigramme, die ich schrieb, hatten einen großen lateinischen Einfluß, vor allem von Catull und Martial, die ich übersetzte, und großen Einfluß auch von Ezra Pound, dessen Epigramme ihrerseits von der römischen Literatur beeinflußt waren. So mag es naheliegen zu denken, daß Claudia ein lateinisches Pseudonym für ein Mädchen anderen Namens ist. Das Mädchen, das Catull Lesbia nennt, hieß in Wirklichkeit Clodia, und die Cintia von Properz war auch ein erfundener Name. Doch bei mir nicht, Claudia war ihr richtiger Name, mit vollständigem Namen hieß sie Claudia Argüello. Sie lebt heute in Miami und ist mit einem Millionär verheiratet, der sie während der Verlobungszeit immer mit seinem Privatflugzeug aus Corinto an der Pazifikküste besuchen kam, als ich schon im religiösen Leben stand. Man hat mir erzählt, daß sie immer noch böse ist auf die sandinistische Revolution. Ich bin ihr überhaupt nicht böse, obwohl meine Liebe zu ihr nicht erwidert wurde. Ich weiß, daß es Gott war, der alles lenkte.

Ich fühlte mich zu ihr hingezogen, schon bevor ich sie kennenlernte, denn man hatte sie mir genauso beschrieben, wie sie war. Oder vielleicht war ich auch schon geistig auf sie eingestimmt. Als ich mit 25 Jahren aus Europa zurückkehrte, war sie nicht in Nicaragua. Sie kam ungefähr ein halbes Jahr später. Wir, das heißt meine Eltern, besaßen damals ein Landhaus an einem

Ort namens Casa Colorada außerhalb von Managua, wo es viele Landhäuser gab. Eines Tages kam ich von dort mit dem Auto, während sie in einem anderen Auto in die entgegengesetzte Richtung fuhr. Die beiden Wagen hielten, und wir wurden einander vorgestellt. Sie gefiel mir, und so begann ich sie in Managua zu besuchen und mich ihr bei den Festen zu nähern, die wir jungen Leute aus dem Bürgertum oft feierten. Viel zu oft. Tatsächlich hatte ich diese eleganten, oberflächlichen Feste gehörig satt, doch ging ich hin, wegen der Mädchen; manches Mal wegen des idealen Mädchens, von dessen Erscheinen ich träumte und das nie erschien; und lange Zeit über wegen eines bestimmten Mädchens mit Namen Claudia.

Ich glaube, das erste Epigramm für Claudia ist eines, das immer ein wenig Lachen hervorruft, wenn ich es im Ausland lese, es lautet folgendermaßen:

> Man erzählte mir, daß du einen anderen liebtest
> da ging ich in mein Zimmer
> und schrieb diesen Artikel gegen die Regierung
> für den ich jetzt im Gefängnis bin.

Das Epigramm ist autobiographisch, doch nicht vollständig richtig. Ich schrieb häufiger in der »Prensa« Artikel gegen Somoza, als Mitglied einer Oppositionspartei mit dem Namen UNAP, die klein, doch sehr militant war; und diesmal schrieb ich mit größerer Wut als je zuvor, weil man mir das von ihr erzählt hatte. Tatsächlich mußten die Angriffe sehr vorsichtig geführt werden; das war ja während der Herrschaft des ersten Somoza, der 20 Jahre lang regierte und, was die Zensur anging, sehr viel härter war als seine Nachfolger. Man konnte ihn nicht direkt angreifen, ihn nicht einmal namentlich erwähnen; wohl konnte man »die Regierung« oder »das Regime« kritisieren, dann nahm er das, als griffe man andere an, nicht aber ihn. Ich hielt es für sehr wahrscheinlich, daß man mich wegen dieses Artikels, in dem ich alle Grenzen überschritt, ins Gefängnis werfen würde, und ich stellte mir nur vor, daß ich dieses Epigramm aus dem Gefängnis schriebe. Es stimmte auch nicht, daß sie zu der Zeit einen anderen liebte, wie man mir gesagt hatte – mich allerdings auch nicht. Sie hatte viele Verehrer, war lustig, kokett und lachte gern.

Ich konnte keinen Tag verbringen, ohne sie mindestens einmal zu sehen, so verliebt war ich. Doch konnte ich sie auch nicht jeden Tag besuchen, denn sie hatte mich ja nicht als ihren festen Freund akzeptiert. Aber zu meinem Glück gab es die vielen Feste, mehrmals in der Woche, große und kleine, bei jemandem zu Hause, im »Country Club« oder in einem der anderen exklusiven Clubs; oder Ausflüge aufs Land, oder die *lunadas*, Abende im Mondenschein, die nicht unbedingt bei Mondschein oder im Freien stattfinden mußten und ganz einfach ein Fest in irgendeinem Chalet sein konnten; oder die 12-Uhr-Messe am Sonntag, wo sich all die jungen Leute trafen; oder das Kino, wo sich nach der Vorstellung die Freunde und Freundinnen trafen und man miteinander plauderte und in der »Bonbonnière« Eis essen ging; und schließlich Sonntags nachmittags das extravagante Pferderennen, das Somoza erfunden hatte, um seine teuren Pferde gegen die seiner reichen Gegner laufen zu lassen. Daher stammt das Epigramm, in dem ich halb im Spaß die Angeberei der römischen Dichter nachahmte:

> Von diesen Filmbesuchen, Claudia, von diesen Festen,
> von diesen Pferderennen,
> wird nichts für unsre Nachwelt bleiben,
> nur die Gedichte des Ernesto Cardenal für Claudia
>   (wenn überhaupt)
> und der Name »Claudia«, den ich in diese Verse schrieb
> und die meiner Rivalen, wenn ich beschließe, sie dem
> Vergessen zu entreißen und auch sie in meine Verse
> aufzunehmen
> um sie zu verspotten.

All diese Dinge, von denen ich erzähle, und sogar ein Begräbnis oder die unsäglichen Pferderennen, denen Somoza beiwohnte und zu denen ich nicht wegen der Pferde, sondern ihretwegen ging, waren Gelegenheiten, in ihrer Nähe zu sein, mit ihr ein paar Worte zu wechseln. So mußte ich sie gar nicht jeden Tag besuchen, um sie fast täglich sehen zu können. Ich erinnere mich an eine Situation, als es zu meinem Pech über mehrere Tage kein Fest gab und ich eines erfand, nur um Claudia sehen zu können. Das war ein Fest, wo sich jeder mit einem Beitrag beteiligte, und ich mußte mich selbst um alles kümmern, die Einladungen verschicken, die Beiträge einsammeln, das Lokal reservieren, die Musik bezahlen, die Getränke, das Essen, die Kellner ... Und es kamen wenige, weil die jungen Leute aus dem Bürgertum das Festefeiern satt hatten, die Stimmung war müde, und was das Schlimmste war, Claudia kam nicht. Manchmal gab es keine andere Möglichkeit, als sie direkt besuchen zu gehen. Doch gelegentlich lief ich wie zufällig an ihrem Haus vorbei, das genau hinter dem damaligen Gebäude der National-bank lag; vielleicht saß sie mit Freunden oder Freundinnen in der Tür, ich grüßte, und man lud mich ein, mich dazuzusetzen. So war auch das wieder ein Tag, an dem ich sie gesehen hatte. Aus den ersten Tagen muß die Ängstlichkeit stammen, die ich in einem Epigramm beschreibe, denn ich glaube, daß ich diese Furcht später mit Kühnheit überwand, jedenfalls einigermaßen. Das Epigramm lautete folgendermaßen:

Ich habe heimlich Flugblätter verteilt
habe geschrien: Es lebe die Freiheit! auf offener Straße
und so die bewaffnete Garde herausgefordert.
Ich war bei der Aprilrebellion dabei:
doch ich werde ganz bleich, wenn ich bei dir vorbeigeh'
und schon dein Blick läßt mich erzittern.

Meine Sammlung von Epigrammen für Claudia war immer umfangreicher geworden. Sie zirkulierten schon unter meinen engsten Freunden, die ja nicht sehr zahlreich waren. Sie hörte durch eine Freundin von meinen Gedichten, interessierte sich lebhaft dafür und wollte sie kennenlernen. Zur Übergabe verabredeten wir uns im Salazar-Kino, sie und ihre Freundin, und Carlos Martínez Rivas und ich. Auch Carlos war ganz gespannt. Ich schrieb die Gedichte säuberlich für sie ab, und es gab sogar ein einleitendes Epigramm für sie, das, was dann immer mein Büchlein mit Epigrammen eingeleitet hat, das nicht nur die für Claudia, sondern auch viele andere versammelt:

> Dir gebe ich, Claudia, diese Verse, denn sie gehören dir.
> Ich habe sie einfach geschrieben, damit du sie verstehst.
> Nur für dich sind sie, doch wenn sie dich nicht interessieren,
> dann werden sie einmal vielleicht in ganz Lateinamerika
> gelesen ...
> Und wenn du auch die Liebe verachtest, die sie diktierte,
> dann träumen andere von der Liebe, die nicht für sie war.
> Und dann siehst du vielleicht endlich, Claudia, daß diese Verse
> (geschrieben, um dich zu erobern) in anderen Paaren,
> die sie lesen, die Küsse wecken,
> die in dir der Dichter nicht zu wecken verstand.

Im Kino schien es, als hätten die Gedichte sie gewonnen, und an jenem Abend war ich sehr glücklich. Es schien aber nur so.

Einmal erfuhr ich, daß sie im Badeort San Juan del Sur vor ihren Freundinnen mit meinen Gedichten geprahlt hatte. Sicher hatte sie sie wie eine Trophäe ausgestellt. Fast alle waren Klagen über die verschmähte Liebe; da schrieb ich ihr ein Epigramm, das sich beklagte, wie sie mit meinen Klagen prahlte:

> Die du so stolz auf meine Verse bist,
> doch nicht, weil ich es war, der sie dir schrieb,
> sondern weil du es bist, für die sie sind,
> obwohl sie gegen dich geschrieben wurden:
> Du konntest bessere Verse inspirieren.
> Du konntest bessere Verse inspirieren.

Bei ihr daheim hing ein gerahmter Brief in der Handschrift von Rubén Darío, der dort voll Stolz gezeigt wurde. Ich dachte daran, ihr ein Epigramm zu schreiben, in dem ich ihr sagte, daß ihre Nachkommen vielleicht einmal ein Gedicht in meiner Handschrift für sie eingerahmt an der Wand hängen hätten, doch daß man deutlich machen müsse, wie sie den Dichter verschmäht habe. Ich wollte es schreiben, ließ es aber dann doch.

28

Eines Tages, als wir beim Abendbrot saßen, erhielten wir die Nachricht, daß mein Onkel Pedro Joaquín Chamorro im Sterben lag, der Vater meines Vetters Pedro Joaquín Chamorro, der später ein Märtyrer im Kampf gegen die Diktatur werden sollte. Wir machten uns zu seinem Hause auf, ich aber ging einen Umweg, um bei ihr vorbeizuschauen. Ich gab ihr die Nachricht vom Zustand meines Onkels, und dann bat ich sie feierlich um ihre endgültige Entscheidung, ja oder nein. Es kam ein Nein. Als ich bei meinem Onkel eintraf, umringten ihn alle kniend und sprachen die letzten Gebete für ihn. An diesem Abend erlebte ich zwei Tode: den seinen, und heimlich in mir selbst den einer unmöglichen Liebe.

Zuvor hatte ich ihr schon, in Erwartung dieses Abschieds, ein Epigramm geschrieben, das das berühmteste von allen werden sollte:

> Als ich dich verlor, haben du und ich verloren:
> Ich, weil du es warst, die ich am meisten liebte,
> und du, weil ich es war, der dich am meisten liebte.
> Doch von uns beiden verlierst du mehr als ich:
> denn ich kann andere lieben wie ich dich geliebt
> doch dich wird niemals jemand lieben so wie ich.

Im Profil sah sie genauso aus wie die Jungfrau von Fra Filippo Lippi in den Uffizien in Florenz: die Kurve einer hohen Stirn, die sehr weit nach unten schwingt, gefolgt von der nach oben verlaufenden Kurve einer zarten Nase, darunter die kleine Kurve zu den sehr feinen Lippen, und unter ihnen noch eine nach oben geschwungene zum Kinn hin und dann nach unten zum Hals. Eine Jungfrau, die die Geliebte des Karmelitermönchs Filippo Lippi gewesen war, die Nonne Lucrezia Buti, und von der ich eine kleine Reproduktion aus Florenz mitgebracht hatte. Was beweist, daß mich Claudias Gesicht nicht nur anzog, als man sie mir beschrieb, bevor ich sie kennenlernte, sondern schon viel früher, als ich Florenz besuchte. Ich erinnere mich, daß ich ihr einmal sagte, sie sähe genauso aus wie diese Jungfrau, und als sie ungläubig oder gleichgültig reagierte, zeigte ich ihr die kleine Reproduktion, und sie sagte staunend, daß sie sich sehr ähnlich fände. Von Fra Filippo Lippi wußte sie nichts, doch ihr Profil kannte sie sehr genau. Ich schenkte ihr das kleine Gemälde, damit sie es wie ein Foto von sich selbst aufbewahre.

Wenn ich jemals an die Möglichkeit dachte, von ihr erhört zu werden, dann kam immer gleich das altbekannte Gespenst, der Zwiespalt, der mein Leben immer verbittert hatte: Gott oder sie. Die Antwort, die auch ich Gott geben mußte: ein Ja oder ein Nein. Nie wurde etwas Endgültiges entschieden, weder in bezug auf sie noch auf Gott. Mehr ist nicht zu erzählen bei dieser Geschichte. Nichts ist geblieben, außer ein paar Epigrammen, die viele gelesen haben, vor allem junge Männer und Frauen. Und ein Büchlein der Kanadierin Dionne Brand, »Epigramme an Ernesto Cardenal zur Verteidigung Claudias«, in dem sie freundlich-feministisch Claudias Klagen gegen mich erfindet; Erfindungen einer Erfindung, denn Gott wollte, daß die Geschichte, die ich hier erzähle, eine erfundene Wirklichkeit sei.

Eines Sonntags fuhr ich über die Avenida Bolívar zur 12-Uhr-Messe in der Kathedrale, als ich ein sehr junges Mädchen sah, das mir wunderschön vorkam, in einem gelben Kleid. Es hatte leicht bräunliche Haut, wie eine Araberin oder Zigeunerin, und ich mußte an das Sprichwort denken: »Die, die sich gelb anzieht, zählt auf ihre Schönheit«; was bedeuten soll, daß es schwer für eine Frau ist, sich gelb zu kleiden und gut auszusehen, außer sie ist sehr hübsch; und ich glaube, man könnte hinzufügen: »außer sie ist von leicht bräunlicher Haut«, denn jenes intensive Gelb harmonierte phantastisch mit ihrer Haut, so sehr, daß ich nach all den Jahren, die vergangen sind, und nachdem ich sie noch viele Male sehen sollte, dies erste Mal nicht vergaß. Zart wie ein gelber Schmetterling. Das Mädchen war auch auf dem Weg zur Messe.

Ich erfuhr später, daß sie Myriam Báez hieß und in der Avenida Bolívar wohnte. Da begann ich, dort vorbeizulaufen, sie zu grüßen, mit ihr zu sprechen und endlich sie regelmäßig zu besuchen wie ein fester Freund; dabei setzte ich mich abends auf dem Bürgersteig vor ihrer Haustür in einen Schaukelstuhl, und sie setzte sich zu mir, wie es in jenem alten Managua vor dem Erdbeben der Brauch war.

Ich hatte mich richtig in sie verliebt, und ich mißfiel ihr zumindest nicht, denn sonst hätte sie mir nicht gestattet, sie zu besuchen. Schwierig fiel es mir nur, mich mit ihr zu unterhalten, denn wegen unseres Altersunterschiedes hatten wir wenig gemeinsame Themen: Sie wurde gerade erst 15, und ich ging auf die 30 zu. Einige meiner Freunde waren nicht einverstanden damit, daß ich ein so junges Mädchen umwarb (das nannte man in Nicaragua »Wiegendieb«), doch hatte ich mich zuvor schon in eine Vierzehnjährige verliebt, die Tochter von Pablo Leal, des Märtyrers, den ich zum Schwiegervater haben wollte, als wir gemeinsam konspirierten, und den Somoza dann ermordete, nachdem er ihm zuerst die Zunge herausgeschnitten hatte. Ich verteidigte mich damit, daß Romeos Julia angeblich auch erst 14 gewesen sei, und auch Helena war 14, als Menelaos sie entführte. Tatsächlich hatte ich mich immer zu sehr jungen Mädchen hingezogen gefühlt, darin war mir mein gleichaltriger Freund Armando Morales ähnlich, heute der bekannteste Maler Nicaraguas, der sich einmal in ein Mädchen von 12 Jahren verliebte, und um es besuchen zu können, tat er so, als sei er mit der Mutter befreundet. So konnte er seiner Geliebten nahe sein, auch wenn er manchmal die Enttäuschung erlebte, daß sie davonlief, um mit ihren Puppen zu spielen.

Weil es mir schwerfiel, mich mit Myriam zu unterhalten, begann ich, in Begleitung von Carlos Martínez Rivas zu erscheinen. Er machte es mir mit seinem Witz und seinem unvergleichlichen Humor viel leichter, mit ihr zu reden. Natürlich war das Wichtigste gar nicht, mit ihr zu reden, sondern ihr wunderschönes Gesicht anzuschauen, sie anzulächeln oder mit ihr zu lachen. Seltsame Brautbesuche waren das, die immer von einem Dritten begleitet wurden.

Carlos Martínez Rivas spricht in einem Gedicht vom »Schrecken eines Antlitzes wie das von Myriam«. Damit drückt er aus, wie diese Schönheit uns sprachlos machte.

Natürlich begann sie auch Carlos zu gefallen. Hier muß ich von einer sexuellen Neigung sprechen, die er hatte. Sie bestand darin, sich in die Ehefrauen seiner Freunde zu verlieben, was ihm oft genug ernste Schwierigkeiten einbrachte. In meinem Fall, der ich nicht verheiratet war, verliebte er sich manchmal in meine Freundinnen, und ab und zu auch, was noch lächerlicher war, in Mädchen, die gar nicht meine Freundinnen waren. Das passierte ihm auch mit Myriam. Ich schenkte dem jedoch keine Beachtung, er war ihr gleichgültig; und nicht einmal mich, den eigentlich Verliebten, erhörte sie.

Zu jener Zeit sahen Carlos Martínez Rivas und ich einmal auf der Treppe der Nationalbank eine Gruppe junger Mädchen, und Carlos sagte zu mir: »Junges Fleisch will junges Fleisch, wir können für sie nicht von Interesse sein.« Das stimmte so nicht immer bei mir, jedenfalls nicht bei Myriam. Zum Beispiel lud sie mich zu ihrem 15. Geburtstag ein. Das hielt ich viele Jahre später im »Cántico Cósmico« fest.

> ... Myriam an ihrem 15. Geburtstag,
> wie sie fünfzehn Kerzen ausblies
> (Avenida Bolívar, Managua vor dem Erdbeben)
> eine Myriam, die es (so sagt es dies Gedicht)
> niemals mehr so geben wird.

Wie glücklich saß ich da an jenem Nachmittag unter den Gästen, die nicht so zahlreich waren, um den Eßtisch mit dem rosaroten Geburtstagskuchen und den 15 Kerzen darauf, die sie unter unserem Beifall ausblies! Doch war ich auch etwas verschüchtert, war ich doch doppelt so alt wie sie. Mir schien es, als spürte ich das Unwohlsein ihrer gleichaltrigen Freunde, weil ich dort saß wie ein Nebenbuhler, und sie müssen zu sich gesagt haben: Was will denn dieser alte Knabe hier? Dabei war deutlich zu spüren, daß ich ihre Zuneigung genoß. Ich sage nicht, ihre Liebe.

Möglicherweise ereignete sich damals die Geschichte mit den Rosen aus Costa Rica. Vielleicht war es auch später, ein Jahr danach, denn das Epigramm, das sie begleitete, zeigt mehr Vertrauen und ein längeres, geduldigeres Warten, mit einem klagenden Ende:

> Empfange diese Rosen aus Costa Rica,
> Myriam, mit diesen Liebesversen:

meine Verse sollen dich daran erinnern, daß das Antlitz
der Rosen ganz dem deinen gleicht, die Rosen
sollen dich daran erinnern, daß die Liebe
mit einem Schnitt enden muß, und daß dein Antlitz
vergehen muß wie Griechenland und Rom.
Wenn es keine Liebe mehr gibt und keine Rosen aus Costa
                                                  Rica,
    wirst du dich, Myriam, dieses traurigen Liedes erinnern.

Rosen aus Costa Rica, weil es in der Nähe meiner Buchhandlung in
der Avenida Roosevelt einen Blumenladen gab, wo aus Costa Rica
importierte Rosen verkauft wurden.
    Es existiert ein anderes Epigramm im gleichen Ton wie das der
Rosen, das zur selben Zeit entstanden sein muß:

Denk an all die schönen Mädchen, die es gab:
all die Schönen von Troja, die von Achaia,
    die von Theben und aus dem Rom des Properz.
Und viele von ihnen ließen die Liebe vorbeigehen
und starben, und sind seit vielen hundert Jahren nicht mehr.
Du, die du heute schön bist in den Straßen von Managua,
wirst eines Tages sein wie jene aus so ferner Zeit,
    wenn die Tankstellen romantische Ruinen geworden sind.

Denk an die Schönheiten von Troja!

Jetzt fällt mir auch wieder ein, wie ich einmal in meinem Zimmer
dem Dichter José Coronel Urtecho und Carlos Martínez Rivas ein
Epigramm vorlas, das Coronel barock nannte und das beiden gut
gefiel. In ihm beschreibe ich nicht nur Myriams Schönheit, sondern ihre Schönheit jenseits ihrer Schönheit. Es handelte davon,
wie sie zur 12-Uhr-Messe in die Kathedrale ging oder vielleicht von
da kam. Ich spreche darüber, wie ich sie auf der Straße sah, das
muß die Straße sein, die an der Kathedrale entlangführt:

Gestern sah ich dich auf der Straße, Myriam, und
du erschienst mir so schön, daß –
(wie kann ich dir erklären, wie schön ich dich sah!)

Nicht einmal du, Myriam, kannst diese Schönheit sehen noch
dir vorstellen, daß du für mich so schön sein kannst.
Und so schön kamst du mir vor, daß es mir schien, daß
keine Frau so schön sein kann wie du,
und daß kein Liebender eine Frau
so schön findet, Myriam, wie ich dich finde,
und du selbst, Myriam, bist vielleicht nicht mal so schön
denn solche Schönheit kann nicht wirklich sein!

Ich muß erklären, daß meine Verliebtheiten sich manchmal über-
schnitten. In Claudia zum Beispiel war ich nicht durchgängig verliebt. Manchmal verlor ich den Mut und ließ eine Zeitlang von ihr
ab, und die Leere konnte sich für diese Zeit mit einer anderen Liebe füllen, zum Beispiel der zu Myriam, die auch nicht ununterbro-
chen währte. Auch konnte meine Beziehung zu Adelita von einer
anderen Liebe überlagert werden. Ich wußte manches Mal nicht,
ob ich Claudia oder Myriam vorzog. Hätte Myriam mich erhört,
dann hätte ich nicht gezögert, bei ihr zu bleiben. So wäre es zu ihrer
Zeit auch mit Claudia gewesen.

Das zeigt, daß ich mich wohl verliebte, doch nicht die wahre
Liebe fand, denn die gab es nur bei meiner ersten Liebe. In der
wahren Liebe hat keine andere Liebe Platz, es ist eine vollständige
Verrücktheit, so wie es Stendhal in seinem wunderbaren Buch über
die Liebe beschreibt, das ich in den Tagen völliger Verrücktheit
meiner ersten Liebe wie ein Evangelium wieder und wieder las.

Die Liebe wie eine Besessenheit, die einzige Liebe, die wahre,
wirkliche Liebe gibt es Stendhal zufolge nur einmal im Leben, oder
höchstens einmal in jeder der Lebensphasen: Kindheit, Jugend,
junges Erwachsensein, Reife und Alter. Ich hatte wohl eine
Kindheitsliebe gehabt, doch mit kindlichen Zügen, und betrachte
als meine wirkliche Liebe die erste Liebe, die ich am Beginn meines
Erwachsenenalters hatte. Deshalb war ich bei den späteren Verliebtheiten immer etwas traurig und unbefriedigt, wenn ich fest-
stellte, daß sie nicht der totalen Liebe meiner ersten Liebe glichen.
Aber ich hätte mich damit abgefunden, dieses oder jenes Mädchen
aus einer dieser Verliebtheiten zu heiraten, denn man muß nicht

34

unbedingt verrückt vor Liebe sein, um jemanden zu heiraten. Doch inmitten dieser Liebeskonflikte war immer noch der Zwiespalt, den der Leser nun schon kennt: meine menschliche Liebe oder Gott?

Manchmal nahm Gott sie mir, weil ich Ihn darum bat. Oder weil ich Ihn bat, Er möge entscheiden. Andere Male entschied Er ungebeten, daß ein Mädchen mich nicht liebte, das war bei Myriam der Fall. Über die Geschichte mit ihr gibt es nichts weiter zu erzählen. Vielleicht nur noch, daß ich, als ich schon Priester war und in Solentiname lebte, im »Orakel über Managua«, im Zusammenhang mit dem Erdbeben, wehmütig schrieb:

> Traurig zu denken,
> daß ich die Avenida Bolívar nie wiedersehen werde.

Und ein paar Zeilen weiter:

> Die Avenida Bolívar, wo ich sie zum ersten Male sah
> (vor Jahren) (ganz in Gelb)

Die Debayle-Mädchen waren die elegantesten Frauen von Managua. Genauer gesagt: Sie hatten den Ruf, die elegantesten zu sein. Und sie gehörten ohne jeden Zweifel zu den schönsten. Die beiden Debayle-Schwestern, Melba und Martha, waren leibliche Nichten des Diktators Somoza und deshalb direkte Cousinen der Brüder Somoza Debayle, die ihm in der Dynastie folgten. Doch waren sie keine Somoza-Anhänger; ich würde sagen, sie waren verhalten oppositionell: aus Anstand, aus Sensibilität, aus eben jener Eleganz, die auch spirituell war, wegen ihrer Schönheit, die auch Schönheit der Seele war.

Man hielt sie für oberflächlich, und so wirkten sie, doch waren sie auch kultiviert, und das wußten nur die Kultivierten (die wenig genug waren). Carlos und ich feierten mit ihnen Feste und pflegten ernste intellektuelle Unterhaltungen mit ihnen. Und wir verliebten uns in sie: Carlos in Melba, ich in Martha. Wir nannten sie die »Supermusen«, weil ein Diplomat uns in bezug auf andere Mädchen von Musen hatte reden hören, und als er die beiden sah, rief er aus: »Aber das sind Supermusen!« Wir hatten keine Liebesbeziehungen, waren aber eng befreundet, platonisch, im höchsten Sinne dieses Begriffs. Ich überlegte, ob ich Martha heiraten sollte. Carlos Martínez ermunterte mich dazu. Doch dann verliebte auch er sich in Martha und wurde zu meinem Nebenbuhler, und ich kündigte ihm die Freundschaft auf, ungefähr fünf Tage lang. Ich kam zu dem Schluß, daß ich sie nicht genügend liebte und sie mich nicht ausschließlich auf immer lieben würde. Gott stimmte mich um, Er rettete mich vor ihr und sie vor mir.

In einem anderen Sinn rettete Gott Melba und mich. Eines Abends tranken Carlos, Martha und ich im »Versailles« zusammen Wein. Und ich fuhr los, um mit dem Wagen meines Vaters Melba abzuholen. Weil die Straße gerade verlief, trat ich, den Rheinwein im Kopf, immer mehr aufs Gaspedal, um sie zu beeindrucken, und die Arme war so in Panik, daß sie kein Wort hervorbrachte. Gott hatte noch etwas mit mir vor, und so geschah kein Unglück. Ich bekomme heute noch eine Gänsehaut, wenn ich daran denke, und es bestätigt sich mir Gottes Wahl. Darauf gilt genau, was Darío einmal schrieb: »Meine Jugend ritt ein zügelloses Pony / wenn sie nicht stürzte, dann nur, weil Gott gut ist.« Ich würde nur Pony durch Buick ersetzen. Ich wäre in der Hölle gelandet. Heute sagen die Theologen, daß »Hölle« in den Evangelien nur metaphorisch gemeint ist. Doch ich möchte auch nicht in einer Hölle sein, die nur metaphorisch ist.

Gott rettete mich auch aus einer anderen, nicht ganz so haarsträubenden Gefahr. Bei einem kleinen Fest im Hause der Debayle-Schwestern erschien plötzlich Tachito (Anastasio Somoza Debayle) mit einer Unzahl Leibwächter. Der Schlimmste der drei Somoza-Brüder, ein Wahnsinniger, ein Mörder. Ich hielt mich so fern von ihm, wie ich eben konnte. Doch er ging erst gegen Morgen, als nur noch sehr wenige da waren, und verabschiedete sich von allen mit Handschlag. Als er näherkam, wandte ich mich ab, um ihm nicht die Hand geben zu müssen. Er ging hinaus, kam jedoch nach einer Weile wieder herein, mit der gleichen Menge Leibwächter. Diese Rückkehr verhieß nichts Gutes. Ich stahl mich davon ...

Manchmal ging ich auch wochentags zur Messe. Bei einer dieser Messen sah ich die beiden unter den armen Gläubigen, die schönen, eleganten Debayle-Schwestern, genau wie ich, nachdem wir am Abend zuvor bei einem rauschenden Fest der Gesellschaft gewesen waren. Ich entdeckte, daß wir noch etwas gemein hatten.

Nachdem ich ins Trappistenkloster gegangen war, heiratete Melba, wie ich hörte, einen indischen Maharaja, Martha einen italienischen Fürsten, der Päpste aus der Renaissance zu seinen Vorfahren zählte. Jahre später starb Melba an Kehlkopfkrebs; Martha ist seit über 30 Jahren in einem sehr strengen hinduistischen Kloster in Washington und trägt eine weiße Tunika.

Virginia war meine treueste Freundin, denn unsere Beziehung war auch Freundschaft, die sich über einen langen Zeitraum hinzog. Ich war ihr nicht immer treu. Ich ging mit ihr, weil wir uns sehr gut verstanden; wir waren wie füreinander geschaffen, doch ich war nicht nur für sie geschaffen. Ich wollte mich von niemandem ganz erfüllen lassen, nur von Gott – das war etwas, was Gott wußte, ich jedoch nicht.

Auch war hier meine Liebe deshalb nicht ganz so leidenschaftlich, weil sie erwidert wurde. Hier könnte ich noch einmal Bernard Shaw zitieren. Erwidert. Doch habe ich sie immer geachtet und sie nicht berührt. Zu jener Zeit gab es keine vorehelichen Beziehungen; und wenn es sie gab, wußte man nichts davon. Mit mir gab es sie ganz einfach nicht.

Wie in den anderen Fällen, war auch sie mit Carlos Martínez Rivas befreundet. Und mit der Gruppe von intellektuellen Halbbohemiens, die zu meinem Freundeskreis gehörten. Wenn ich an sie denke, fallen mir unsere kleinen Feste ein; und die großen Familienfeste; und die eleganten Feste in den exklusiven Klubs wie dem »Terraza«, wo wir manchmal bis zum Morgen blieben, um mit Sekt zu frühstücken, und auf die ich im verhaßten »Smoking« gehen mußte.

Einen Heiligabend verbrachte ich bei ihr zu Hause, und als wir nach vielen Whiskys zur Mitternachtsmesse fuhren, in jenem Buick unangenehmer Erinnerungen, da streifte ich in hohem Tempo eine lange Reihe von Fahrzeugen, die vor der Kirche parkten, und beschädigte sie; wieviele, weiß ich nicht, weil ich so schnell fuhr. Ich schäme mich, wenn ich es hier erzähle, doch es muß sein.

An sie habe ich dagegen nur angenehme Erinnerungen. Sie liebte mich, doch Gott liebte mich auch. Sie hatte Gott zum Rivalen.

Und ich achtete sie. Ich trat ihr nicht einmal tief unter der Erde in einer Höhle zu nahe. In unserem Schwimmzeug gingen wir los, um vom Badeort aus einen Spaziergang zu unternehmen, auf den Klippen am Meer, und wir fanden diese Höhle, wie eine Einladung, in ihre Höhle einzudringen; wir beide allein, nur das Meer als Zeuge. Wir küßten uns. Und die Küsse ließen uns nicht merken, wie das Wasser stieg, es drang schon in die Höhle. Und schnell liefen wir über die Felsen davon, über die auch schon das Wasser spülte. Wir konnten von Glück sagen, daß wir lebend im Badeort ankamen. Und Gott folgte im Sand meinen Schritten.

Es gab auch Mädchen aus einfacheren Verhältnissen, mit denen ich eine Weile befreundet war, immer auf der Suche nach einer Ehe. Doch eine Ehe mit einem Mädchen aus einer anderen Schicht machte mir angst.

Ich erinnere mich noch gut an die Feste, die zahllosen Feste (»Terraza«, »Country Club«, »Club Social«, der Klub von Managua ...), auf denen ich das Mädchen meiner Träume suchte, das ich niemals traf. Ich kam und suchte überall. Wie oft ging ich früh und nahm ein Taxi nach Hause!

Einmal erzählte ich Pater Pardinas, einem Jesuiten, als wir über meine religiöse Berufung sprachen, daß ich von Sex besessen sei. Und auch von der Liebe. Besser gesagt, von Sex mit Liebe. Ein beinahe unendlicher Wunsch nach einer Ehe. Ein großer Neid auf die verheirateten Freunde. Und die Jugend ging vorbei. Einmal sagte mir, als ich schon Priester in unserer Gemeinschaft in Solentiname war, einer der Jungen, Laureano Mairena, dasselbe: daß er von Sex und Liebe besessen sei. Ich erzählte ihm, daß ich in seinem Alter, mit 22 ungefähr, das gleiche gesagt hatte. Doch er wollte es nicht glauben und sagte, er sei bestimmt der Mensch, der diese Besessenheit am meisten fühle auf der Welt.

Manche der Mädchen waren nur Themen für Epigramme, nichts weiter, oder Illusionen, die ich einmal hatte. Vorwände und Gespenster, wie Darío sagte, als er in seinem »Herbstlied im Frühjahr« schrieb:

> Und all die andern! In anderem Heime
> so vielen Ländern sind sie doch
> wenn nicht ein Vorwand meiner Reime
> Gespenster meines Herzens noch.

Andere Länder, andere Heime

Andere Länder und andere Heime waren für mich Mexiko, New York und Europa gewesen.

In der Philosophischen Fakultät in Mexiko waren nicht die Vorlesungen das Interessante. Das war vielmehr die Cafeteria der Fakultät, wo sich um einen der runden Tische immer die gleiche Schar versammelte: Ernesto Mejía Sánchez und ich, Tito Monterroso, Rosario Castellanos, Lolita Castro, Fedro Guillén, Wilberto Cantón, Alfredo Sancho, Ninfa Santos ... In diese Gruppe brachte ich eine neue Freundin mit, Conchita Mantecón. León Felipe beglückwünschte mich, als er erfuhr, daß ich mit ihr befreundet war, denn ihr Vater, einer der in Mexiko exilierten spanischen Republikaner, wurde von allen bewundert. In Spanien war er Millionär gewesen, und im Kampf um die Sache der Republik gab er alles her. Es existierten viele Geschichten über ihn, zum Beispiel die, daß er an der Front »Spanien im Herzen« von Pablo Neruda herausgegeben hatte. Conchita nahm mich einmal nach Hause mit, und ich sah, daß der einstige Millionär nun in einer bescheidenen Etagenwohnung lebte. Meine Freunde bewunderten mich, und einige beneideten mich vielleicht sogar, weil die, die ich da in den Kreis brachte, so wunderschön war. Sie hatte hellblondes, langes Haar und sehr große, blaue Augen.

Wir mochten uns. Mit dem Unterschied, daß sie mich als Freund schätzte und ich sie als Verehrer liebte. Was fatal für mich war oder durch mein eigenes Verhalten so wurde. Wieder einmal die Geschichte mit Bernard Shaw: daß die Natur sich irrt, indem sie die Jugend den jungen Leuten gibt statt den Alten. Denn mit mehr Erfahrung hätte ich sicher nicht das getan, was ich tat, nämlich die Beziehung mit ihr abgebrochen. Ich hätte einfach zulassen sollen, daß die Geschichte so weiterlief, um zu sehen, wohin das führte, was sie auf der Ebene von Freundschaft halten wollte; möglicherweise wären mit der Zeit die Grenzen zwischen Freundschaft und Liebe verschwommen; so entstehen ja eigentlich auch viele Ehen. Vielleicht hätte uns eine enge Freundschaft nach und nach zu einer zarten Liebe geführt. Doch nein, ich brach von einem Tag auf den anderen mit ihr. Ich sprach einfach nicht mehr mit ihr, und das mußte sie besonders verletzen. Ich war böse auf sie oder tat wenigstens so, ich glaube, auf diese Weise wollte ich sie dazu bringen, sich in mich zu verlieben. Wozu wollte ich denn, wenn ich es nicht tat, irgendeine dumme Freundschaft, wenn es dabei kein Liebesverhältnis gab? Wir redeten nicht mehr miteinander, doch unsere Augen verrieten uns; unsere Augen sprachen miteinander, und die Augen vermochten nicht zu lügen. Die Schar um den runden Kaffeehaustisch, wo wir Kaffee und Tee zusammen tranken, unser alter Freundeskreis, sah, daß wir nicht mehr miteinander gingen, wußte jedoch nicht, weshalb. Einmal geschah etwas, das uns amüsierte und mich sogar mit Freude erfüllte: Sie näherte sich unserem Tisch, und als sie an mir vorbeikam, sagte sie, indem sie das Tabu brach, nicht mehr miteinander zu sprechen, mit der Eleganz einer Spanierin und mit gespielter Strenge und ganz viel Gefühl in ihren Augen: »Hallo, bester Feind!« Wir alle lachten, und ich zerschmolz dabei vor Liebe, ich war stolz auf sie und gleichzeitig gerührt. Doch das Vergangene kam nicht zurück. Die Freundschaft-Liebe ging verloren. Warum? Ich weiß es nicht mehr, ich weiß nur, daß es Gott war, der das tat.

Ein, zwei Jahre später war sie nicht mehr in der Fakultät. Sie arbeitete in einer Buchhandlung, ich glaube, in der Tacuba-Straße. Und eines Nachts hatte ich in meinem Pensionszimmer einen Traum, in dem sie vorkam, einen dieser Träume, die nur mit Umschreibungen bezeichnet werden, und am folgenden Morgen erwachte ich, wie das so üblich ist, mit einem ganz verliebten Gefühl und ging sie in der Buchhandlung besuchen. Dort erzählte sie mir, daß sie bald einen Architekten heiraten wollte, und das zerriß mir das Herz. Voller Verzweiflung gab ich mich Gott noch mehr hin, doch nicht für allzu lange Zeit. Wenig später erfuhr ich, daß sie ihren Architekten tatsächlich geheiratet hatte.

Doch bevor das alles geschah, war schon Meche erschienen. Sie war freundlich, sanft, schlicht und zärtlich; und so war auch unsere Romanze. Ich mußte sie nicht zu Hause besuchen gehen, denn wir sahen uns alle Tage genügend in der Universität, und nach den Vorlesungen begleitete ich sie, wenn es dunkel wurde, im Bus nach Hause, und dann gingen wir ein paar Blocks zusammen, bevor wir vor ihrer Haustür standen. Darauf beziehe ich mich im »Cántico Cósmico«, wenn ich vom Geheimnis von Raum und Zeit spreche: Die Zeit, ein Zugfahrplan ...

Später hat sie Gedichte veröffentlicht, so einfach, so zart wie sie selbst. Das muß ein später Einfluß unseres Gesprächskreises um den runden Tisch gewesen sein, denn es ist nicht bekannt, daß sie vorher schrieb. Von den anderen schrieb damals auch noch niemand, außer mir, der ich in ein paar Zeitschriften zu veröffentlichen begann, und meinem Landsmann Mejía Sánchez, der mit mir aus Nicaragua zum Studium nach Mexiko gekommen war und zu jener Zeit schon seinen Doppelberuf als Dichter und Gelehrter betrieb. Tito Monterroso konnte nicht schreiben, das wußten wir alle. Er las nur immerzu, unendlich viel, und er hatte großes Talent, jedoch auch eine Art Blockade dem Schreiben gegenüber, vielleicht war er einfach zu selbstkritisch. Und er besaß einen großen Sinn für Humor, man konnte nicht mit ihm zusammensein, ohne zu lachen, fast jedes seiner Worte war ein Witz. Erst später begann er zu schreiben und erstaunte Mexiko und die ganze Welt mit seinen kurzen Büchern, seinem literarischen Humor, der vorher mündlicher Witz gewesen war. Als erstes veröffentlichte er sein Buch »Gesammelte Werke und andere Geschichten« (ein Band Erzählungen), und unter diesen war die kürzeste Erzählung der Welt, die nur eine einzige Zeile umfaßte. Auch Lolita Castro begann erst danach mit dem Schreiben von Gedichten, die sie zu einer der bekanntesten Dichterinnen Mexikos machen sollten. Und Rosario Castellanos wurde die große Erzählerin Mexikos, mit Romanen über ihre Heimat, den Staat Chiapas. Sie starb auf der Höhe ihres

Ruhms durch den Stromschlag einer Lampe, als sie Mexiko als Botschafterin in Israel vertrat. Sie besaß einen ähnlichen Humor wie Monterroso. Manchmal kamen die Brüder González Casanova in unsere Runde, Henrique und Pablo; auch sie wurden Schriftsteller; Pablo ein großer Soziologe und Rektor der Universidad de México. Wilberto Cantón wurde später ein sehr erfolgreicher Theaterschriftsteller, desgleichen Alfredo Sancho in seiner Heimat Costa Rica. Fedro Guillén veröffentlichte ein paar Bücher, doch war er nicht so sehr Buchautor, sondern eher Journalist; im Jahre 1954 war er mexikanischer Diplomat in Guatemala, als die Vereinigten Staaten dort die Regierung des Präsidenten Arbenz stürzten, und Arbenz flüchtete mit seinem Kabinett und vielen seiner Beamten in Fedros Botschaft. Er war auch Präsident des Kongresses und bekleidete noch weitere Posten. Vor kurzem ist er gestorben. Ein paar von den anderen gehörten nicht der Philosophischen Fakultät an, sondern studierten Jura, kamen jedoch zu unseren Treffen wegen der Mädchen. Einer von ihnen war mein Neffe Pedro Joaquín Chamorro. Ein weiterer Luis Echeverría, der später mexikanischer Präsident werden sollte.

In Guatemala hatte das Volk den Tyrannen Ubico gestürzt, und Dr. Arévalo, ein humanistischer Sozialist, übernahm die Präsidentschaft, der wunderbare Reformen durchführte, die dann sein Nachfolger Arbenz vertiefte. Als Arévalo seine Präsidentschaft begann, lud er eine Gruppe mexikanischer Studenten aus der Philosophischen Fakultät nach Guatemala ein, und obwohl ich nicht Mexikaner war, sorgten meine Freunde dafür, daß ich mitfuhr. Die ungefähr fünf Tage und Nächte während Reise im Zug war ein Riesenspaß, der durch ein paar Einlagen von Lolita Castro und Rosario Castellanos ebenso angereichert wurde wie durch die Lesungen und anderen kulturellen Darbietungen, die wir auf dem Gang veranstalteten oder bei den nicht eingeplanten Aufenthalten, wenn der Zug eine Panne hatte. Es war ein sehr schönes Mädchen bei der Gruppe, und zu Beginn unserer Reise war ich nahe daran, mich in sie zu verlieben, anscheinend nicht unerwidert, doch dann zog sie einen anderen mir vor.

Als wir nach Mexiko-Stadt zurückkehrten, sagte man mir, daß mich Meche mit Wilberto Cantón betrogen habe. Ich litt und wurde zornig, sie beteuerte ihre Unschuld. Heute glaube ich ihr, doch in meinem damaligen Zorn sagte ich ihr, er sei homosexuell. Sie antwortete, ich würde immer all jene als Homosexuelle bezeichnen, die ich als meine potentiellen Rivalen betrachtete. Tatsächlich war sein Verhalten ein wenig feminin, und er hatte eine zarte Haut wie weißes Porzellan, doch sein eigentlicher physischer Fehler war seine unmäßige Körpergröße.

So endete unsere Beziehung. Ein paar Nächte lang weinte ich in meiner Einsamkeit um die verlorene Liebe. Von ihr getrennt, liebte ich sie mehr, als ich sie je zuvor geliebt hatte. Später blieben wir dann gute Freunde.

Armer Wilberto Cantón, der, als er im Theater schon berühmt geworden war, so früh einem Herzanfall erlag. Da hatte er sich schon offen zu seiner Homosexualität bekannt, zusammen mit vielen anderen seiner Leute vom Theater.

So wie Carlos Martínez Rivas, der sich in die Ehefrauen seiner Freunde verliebte, hatte auch ich eine kleine schlechte Angewohnheit, und sie bestand darin, daß ich ein Mädchen, wenn es meine Zuneigung erwiderte, gleich schon weniger liebte. Wies sie mich später zurück, war ich wieder ganz verrückt nach ihr. Und es geschah auch, wenn ich meinte, ein Mädchen erobert zu haben, daß ich sie weniger zu lieben begann, dann jedoch entdeckte, daß das gar nicht stimmte, und sie gleich wieder mehr liebte. So hatte es auch Martial in einem Epigramm gesagt, das ich später in Managua aus dem Lateinischen übersetzte:

Weis mich zurück, Gala: Die Liebe, die nicht quält,
sie langweilt nur: Doch, Gala, verschmäh mich nicht gar zu
sehr.

Natürlich möchte niemand, daß man ihn allzu sehr verschmäht. So endete diese Beziehung, die ich immer mit großer Achtung und viel Sympathie in Erinnerung behalten habe. Wir trennten uns, blieben jedoch Freunde. Epigramme gab es noch nicht von mir, sie kamen erst später, als ich nach Managua zurückgekehrt war.

Ich ging dann in die USA, denn nachdem ich in Mexiko mein Examen gemacht hatte, wollte mein Vater mir weiter das Literaturstudium finanzieren, jetzt auf der Columbia University in New York. Das war während der Phase meiner Hingabe an Gott, die nicht von Dauer war: zu der ich durch meinen vernichtenden Besuch bei Conchita Mantecón in der Buchhandlung in der Tacuba-Straße gekommen war. Oft genug stand ich kurz davor, den endgültigen Entschluß zu fassen: der Eintritt in das religiöse Leben, aber immer fehlte mir schließlich doch der Mut. Der völlige Verzicht auf alles, er gelang mir nicht. Da wußte ich kein anderes Gebet als den Rosenkranz. Ich betete Tag und Nacht Rosenkränze. Und zwar mit großem Genuß. Unter den religiösen Büchern, die ich in jenen Tagen las, war auch eine Biographie von Ernest Psichari, und es gefiel mir sehr, was er nach seiner Bekehrung und kurz vor seinem Tod im Kriege gesagt hatte, nämlich daß er sein Leben lang nichts anderes tun wollte, als durch die Welt zu gehen und Rosenkränze zu beten.

Ich erzählte mein Geheimnis meinem costaricanischen Freund Alfredo Sancho, mit dem ich in Mexiko so unzertrennlich befreundet war wie später in Managua mit Carlos Martínez Rivas, und Alfredo beschloß auszuprobieren, was ich entdeckt hatte, und er hatte die gleiche Erfahrung von Leben im Gebet und denselben Genuß. Er tat auch besondere Dinge, die ich nicht tat, wie nächtelang zu wachen oder tagelang zu fasten. Bald darauf entschloß er sich zum religiösen Leben mit einer Kühnheit, die mir fehlte; er empfing die Weisung, Jesuit zu werden, und zögerte keinen Augenblick. Als ich nach New York ging, war er schon zu den Jesuiten gezogen. Was aus seiner Berufung wurde, habe ich nicht erfahren, denn er schrieb mir nie. Ich erfuhr nur viel später, daß er zu seinem normalen Leben zurückgekehrt war. Es störte mich nicht, denn ich hatte es ja auch so getan. Was war aus ihm geworden!

Ein schillernder, einfallsreicher, ja genialer Bohemien, so geistreich wie Carlos Martínez, war Alfredo Sancho, dessen kürzlichen

Herztod ich noch beklage, während ich dies niederschreibe, unter den Freunden eindeutig als Mythoman und Kleptoman bekannt – besser gesagt, wie es die Freunde in ihrer Offenheit ausdrückten: als Lügner und Dieb. Seine Geschichten klangen immer faszinierend, doch ihren Wahrheitsgehalt wollte niemand bezeugen. In Antiquariaten entdeckten wir, daß er unsere Bibliotheken geplündert und unsere Bücher verkauft hatte. Der gelehrte Mejía Sánchez, der inzwischen auch schon verstorben ist, pflegte zu erzählen, Sancho habe im Hause von Jesuiten ein Buch gefunden, das im 18. Jahrhundert ein Jesuit geschrieben hatte und von dem es in ganz Mexiko nur acht Exemplare gab, deren Aufenthaltsort den Gelehrten wohlbekannt war. Und wie überrascht waren die, als sie auf dem Buchmarkt plötzlich ein weiteres Exemplar entdeckten. Und noch überraschter waren sie, als noch eins auftauchte – denn Sancho war in ein anderes Haus von Jesuiten umgezogen – und dann noch eins und noch eins, was dazu führte, daß der Wert dieses seltenen Buches rapide fiel. Was wahr an dieser Geschichte ist, vermag ich nicht zu bezeugen. Mejía Sánchez war sicher kein Mythoman, doch war seine Unterhaltung so phantasievoll wie die Romane von García Márquez. Auf jeden Fall muß zur Ehrenrettung von Sancho berichtet werden, daß der costaricanische Präsident Figueres ihn zum Wohnungsbauminister ernannte, und als ich Gelegenheit hatte, mich von ihm zu verabschieden, bevor ich ins Trappistenkloster ging, erzählte er mir, daß Millionen von Dollars durch seine Hände gingen. Und alle diese Millionen blieben erhalten, glaube ich, er bereicherte sich nicht daran.

Was mich selbst anging, so reiste ich nach New York, und wenige Tage nach meiner Ankunft besuchte ich schon regelmäßig ein braunes nicaraguanisches Mädchen, *uptown,* in der 125. Street, wo die Lateinamerikaner leben. Die Versuchung wurde nicht zu mehr als einem Streicheln der Beine oder einer ähnlichen Zärtlichkeit, doch das reichte, um meiner mystischen Periode ein Ende zu setzen. Ich bedauerte es, daß etwas so Triviales meine spirituelle Erfahrung beendete, die mir soviel Trost gegeben hatte. Später dachte ich, daß Gott mich damals noch nicht für sich hatte haben wollen, sondern daß Er mich noch mehr reifen sehen wollte. Ein besserer Dichter werden, vielleicht sogar bekannter werden, der Berühmtheit näher kommen, oder was weiß ich – auch wenn das bedeutete, daß ich mehr Sünden auf mich lud, wie ich in meiner damaligen Sprache gesagt hätte; denn heute würde ich dieses Wort in Anführungsstriche setzen: »Sünde«. Oder ich könnte mir sogar vorstellen, daß Gott meine Rosenkränze schon langweilten. Vielleicht wollte Er mich in New York anders haben.

Ich bezog ein Zimmer im »International House«, einem Studentenwohnheim neben der Columbia University, am Ufer des Hudson River, gegründet von Nelson Rockefeller, damit dort nordamerikanische Studentinnen und Studenten mit solchen aus vielen anderen Ländern, mit anderen Sprachen und Religionen zusammenlebten, als Beitrag zur Völkerverständigung. In der Theorie eine hübsche Idee, doch in der Praxis war es nichts weiter als ein Geschäft. Von Rockefeller? Das glaube ich eigentlich nicht. Dort drinnen war alles teurer als draußen, obwohl das Heim keine Steuern zahlen mußte und gemeinnützig betrieben wurde. Deshalb gab es unter den Studenten Unzufriedenheit. Alles mußte bezahlt werden, noch die kleinste Kleinigkeit. Verschiedentlich dachte ich daran, es Nelson Rockefeller persönlich zu Gehör zu bringen, aber wozu? Einmal sollte er nach Mexiko reisen und in Anwesenheit von Präsident Miguel Alemán eine Rede halten. Es wurde darum gebeten, daß ein Student aus dem »International House« die Rede ins Spanische übersetzte, und weil man meinen Hintergrund kannte, fiel die Wahl auf mich. Ich machte mich konzentriert an die Arbeit und lieferte eine gute Übersetzung ab. Der Direktor war jedoch ganz überrascht, als ich für meine Arbeit bezahlt werden wollte. Nur widerwillig veranlaßte er, daß man mir für den Zeitaufwand einen kleinen Scheck ausstellte; es wurde davon ausgegangen, daß es eine Ehre sei, die Rede von Nelson Rockefeller vor dem mexikanischen Präsidenten zu übersetzen; dafür mußte man nicht bezahlen, und dann auch noch einen Studenten ...

Doch muß ich sagen, daß der Ort an sich angenehm war. José Coronel Urtecho, der zu jener Zeit nach New York kam, beschrieb

48

in seinem Buch »Rápido Tránsito«, wie ich »in einem Zimmer im sechsten Stock mit einem großen Fenster (lebte), das auf den Hudson River Drive hinausging und von dem aus große grüne Rasenflächen zu sehen waren, auf denen Kinder in Begleitung ihrer Mütter spielten und verliebte Paare spazierengingen, oft junge Männer und Frauen aus dem ›International House‹ selbst, manche von ihnen Freundinnen des Dichters, wie die Inderin Kossum, die sich nach Art ihres Landes kleidete und ein geheimnisvolles Muttermal auf die Stirn gemalt trug, Cristina, eine Hawaiianerin mit gelber Haut und blauen Augen, oder die Norwegerin Lilliam, die im Winter in eben diesem Park die Schneeballschlachten befehligte, wo man immer vom Fenster aus Tauben auf dem Rasen flattern und picken und ein breites, blaues Stück Fluß sehen konnte ...«

Coronel hätte noch viel mehr Namen von Mädchen aufzählen können, an die ich mich nicht einmal mehr erinnere. Männer und Frauen zusammengerechnet, waren wir mehr als 600, die Schlafräume lagen säuberlich voneinander getrennt in zwei unterschiedlichen Flügeln des Gebäudes, und es gab strenge Sicherheitsvorkehrungen in den Aufzügen und Treppenhäusern, so daß die Männer nicht zu den Frauen auf die Zimmer konnten und umgekehrt. Mit vielen von den Mädchen war ich befreundet, doch mit keiner hatte ich eine Liebesbeziehung. Denn was das Verlieben anging, war ich, in bezug auf Schönheit, sehr wählerisch, ich hatte beinahe solche Ansprüche wie bei einem Schönheitswettbewerb, und von all den Frauen, die es dort gab, erfüllte nur ein kleiner Prozentsatz diese Bedingungen, und noch geringer war der Prozentsatz derer, die mich unter diesen als Freund hätten haben wollen, und dann noch meine eigene Schüchternheit. Wieder taucht der Geist von Bernard Shaw auf.

Ich war während jener religiösen Periode aus Mexiko nach New York gekommen, von der ich schon berichtet habe, und vor der Abreise hatte ich mir noch zwei begleitende Bücher gekauft (die sicherlich nicht so gut für New York geeignet waren): die Heilige Theresa und den Heiligen Johannes vom Kreuz. Gleich nach meiner Ankunft begann ich darin zu lesen. Die Heilige Theresa verstand ich nicht. Nicht nur verstand ich ihre mystischen Erfahrungen nicht (und zum Teil bis heute nicht), ich verstand auch ihr Spanisch nicht. Sie schreibt ja ihr Spanisch nicht, sondern spricht es. Es ist, als habe man damals schon das Tonband erfunden und habe sie aufgenommen. Ihre Schriften haben die Ungenauigkeiten des gesprochenen Wortes. Manchmal bleibt sie stecken, unterbricht einen Satz und beginnt einen anderen, wie das jede redselige Spanierin im Gespräch machen würde. Und so redet sie frei von der Leber weg mit ihren Nonnen. Deshalb hat José Coronel Urtecho im Zusammenhang mit dem Buch des sandinistischen Guerillerakommandanten Omar Cabezas dessen Erzählweise mit derjenigen der Heiligen Theresa verglichen. Cabezas spricht auf ein Tonband, und man hat das Gefühl, als spräche er mit dem Leser. Ihn selbst hat es gewundert, daß ihn Coronel mit einer Heiligen verglich, deren Texte er nicht einmal kannte, und ich mußte ihm erklären, weshalb Coronel das meinte.

Den Heiligen Johannes vom Kreuz aber verstand ich; seine Doktrin war sehr deutlich, doch verstand ich ihn nur zu gut. Er wiederholt immerzu, daß man, um Gott zu besitzen, auf absolut alles verzichten muß. Und das vermochte ich nicht zu tun. Folglich hatte ich ein Problem. Ich mußte, wenn auch zu meinem großen Leidwesen, auf Gott verzichten. Dem Heiligen Johannes zufolge muß man selbst noch auf die Freude Gottes verzichten. Wenn man eine Vision oder irgendeine andere mystische Erfahrung hat, muß man versuchen, sie zurückzuweisen. Wenn sie wirklich von Gott kommt, wird man sie auch dann noch haben, wenn man sie zurückweist. Es war, als stehe man vor einer Mauer; dem berühmten Nichts des Heiligen Johannes vom Kreuz: man darf nichts wollen, nichts wünschen.

Gott war hinter mir her, und ich war hinter den Mädchen her.

Einmal las ich im »Book Review«, dem Rezensionsteil der »New York Times«, eine Notiz über die Veröffentlichung des Gedichtbandes eines jungen trappistischen Mönchs. Ich spürte einen Schlag in der Magengrube. Daß ein junger Dichter Trappistenmönch werden konnte und ich selbst nicht! Bald kaufte ich in einer

Buchhandlung die Gedichte von Thomas Merton. Mehr als seine Poesie, die damals noch recht anfängerhaft war, interessierte mich die Tatsache, daß sie von einem Trappistenmönch stammte. Ich übersetzte sogar ein paar der Gedichte, die Mejía Sánchez in Mexiko in der Zeitschrift »Abside« veröffentlichen ließ. Dann kaufte ich, auf englisch, seine berühmte Autobiographie »Der Berg der sieben Stufen«, die sofort auf die Bestsellerlisten kam, und wenig später auch seine mystischen Meditationen, »Samenkörner der Kontemplation«. Seine Autobiographie war in der Columbia University eine Sensation, denn Merton hatte dort studiert und sprach in seinem Buch ziemlich viel von der Universität. Diese beiden Bücher blätterte ich nur ein wenig durch, um mir einen Eindruck zu verschaffen; die richtige, ernsthafte Lektüre verschob ich auf später, tatsächlich kam ich erst nach meiner Rückkehr nach Nicaragua dazu. Ich lief weiter den Mädchen hinterher, im »International House«, in der Columbia University und in New York, oder dem Traum von einem Mädchen, das es nicht gab. Ich erinnerte mich oft an das, was Coronel aus seiner Jugend in San Francisco, Kalifornien, erzählte, wobei er eine Zeile von Ezra Pound zitierte: *The air was full of women,* »Die Luft war voller Frauen«. Ein paar Seiten, die ich in »Samenkörner der Kontemplation« las, verstörten mich sehr, und ich erinnere mich, daß ich mich an jenem Abend auf mein Bett im »International House« kniete und voller Angst zu Gott betete.

Ich dachte daran, Thomas Merton zu schreiben und ihn zu fragen, ob ich berufen wäre oder nicht. Es war absurd zu glauben, er könne mir eine Antwort geben, ohne irgend etwas von mir zu wissen. Aber ich wollte es ihn dennoch fragen, so wie man einen Heiligen oder Propheten fragt. Doch bekam er sicher so viele Briefe von überallher, und vielleicht las er gar keine Briefe und beantwortete sie viel weniger noch, und außerdem war meine Frage fehl am Platze, und so blieb dieser Brief ungeschrieben.

Oft ging ich zur katholischen Kapelle der Columbia University und betete dort vor einem Bild der heiligen Jungfrau in Blau und Weiß. Ohne zu wissen, daß auch Merton dort gebetet hatte, in den

Krisentagen seiner Bekehrung, und daß er in dieser Kapelle getauft worden war. Meine Angst war, jung zu sterben, ohne mich Gott hingegeben zu haben. Dennoch brachte ich nicht den Mut auf, es zu tun. Ich bat die Jungfrau, mein Problem zu lösen. Mehrmals entzündete ich, bevor ich ging, eine Kerze. Und ich sagte der Jungfrau, daß ich jetzt ginge, daß aber meine Bitte dort in dieser kleinen Flamme bei ihr bliebe. Und sie erhörte die Bitte jenes Studenten der Columbia University, der ihr dieses Flämmchen ließ, doch tat sie das nicht sofort.

Die Columbia University gehörte zu den größten der USA und hatte den Vorteil – zumindest für mich –, daß sie mitten in New York lag, direkt in Manhattan. Die Rockefeller-Familie hatte der Universität alle Wolkenkratzer des Rockefeller Centre gestiftet, im Herzen von New York, allerdings erst vom Jahr 2000 an, glaube ich. Als ich an der Columbia University studierte, war General Eisenhower, der Held des Zweiten Weltkriegs, dort Rektor, der dann direkt Präsident der Vereinigten Staaten wurde.

Mimi Hammer, eine nicaraguanische Freundin, die auch an der Columbia University studierte, erzählte mir, sie sähe Eisenhower oft in seinem Garten, wie er mit seinen Hunden spielte. Sie wohnte ganz in der Nähe, in der »Johnson Hall«, auf der anderen Seite der Universität. Mimi Hammer war ein Mädchen, in das Carlos Martínez und ich platonisch verliebt gewesen waren, seit sie zwölf war und wir sechzehn oder siebzehn, doch ein anderer, kühnerer unserer Mitschüler wurde ihr Freund. Ich glaube, ich hätte das sein können, wenn ich in meiner Jugend die Erfahrung der Reife gehabt hätte. Von Mimi werde ich noch mehr erzählen müssen, doch soll das gesondert geschehen.

Das Barnard College der Columbia University war ausschließlich Frauen vorbehalten. Und einmal sah ich, daß man dort zur Feier der Überreichung irgendwelcher Diplome einlud, und ich schlug meinem Cousin Filadelfo Chamorro, der damals in Boston studierte, vor, hinzugehen, weil wir dort vielleicht ein paar Mädchen kennenlernen konnten. Als die Mädchen aufgerufen wurden, die Diplome bekommen sollten, hörte ich den Namen »Hope

Portocarrero«, und ich sagte zu Filadelfo: »Dieses Mädchen könnte aus Nicaragua stammen, ihr Nachname klingt mir so.« Tatsächlich gab es in León diesen Namen, und auch in meiner Familie kam er vor. Als sie auf ihren Platz zurückkehrte und an uns vorbeikam, fragte ich sie auf spanisch, ob sie Nicaraguanerin sei. Sie war mißtrauisch und wollte nicht antworten. Erst als wir ihr unsere Nachnamen nannten, Cardenal und Chamorro, bekannte sie, auch Nicaraguanerin zu sein. Wir unterhielten uns ein bißchen und verabredeten uns für den nächsten Tag. Doch ich sah sie niemals mehr in meinem Leben wieder, sie, die dann Anastasio Somoza Debayle heiratete, den letzten der Somozas und schlimmsten der ganzen Dynastie. Als seine Ehefrau war sie sehr hochmütig. Sie und Mimi Hammer waren in jenen Tagen an der Columbia University Freundinnen gewesen, doch nachdem sie Somoza heiratete, waren sie eher Feindinnen.

Ich erinnere mich, mit diesem selben Cousin Filadelfo Chamorro einer wunderschönen jungen Nicaraguanerin nachgestellt zu haben, Rosibel Burch, die uns beiden gefiel; vergebens versuchten wir, sie in den menschenleeren Hörsälen einer Universität zu küssen, die eben erst gebaut wurde und an der er schon studierte, dem M.I.T. in Boston. Ich sah sie nicht wieder; ob er sie wiedersah, weiß ich nicht. Und lange danach wurde sie die Frau oder Geliebte des reichsten Mannes der Welt, des greisen Paul Getty in England.

Und da ist noch die Erinnerung an ein anderes Mädchen, die auch aus jenen Tagen von Columbia stammt und die ich viele Jahre später aufschrieb und in den »Cántico Cósmico« aufnahm:

(recuerdo aquella tienda Woolworth...)

Ich gestehe, daß mich die Professoren der Columbia University – von denen einige Berühmtheiten waren – nicht besonders interessierten, entweder wegen der Themen, die sie behandelten, oder wegen des akademischen Stils, in dem sie das taten, und in einigen Fällen auch wegen eines Defizits meinerseits: weil ich ihr Englisch nicht besonders gut verstand. Da in meinem Doktorandenkolloquium kein Anwesenheitszwang bestand, ging ich immer weniger hin, und schließlich überhaupt nicht mehr. Ich zog es vor, meine Zeit in der herrlichen Bibliothek der Universität zu verbringen, oder in einer Bibliothek, die noch viel besser war: der großen Öffentlichen Bücherei von New York. Dort forschte ich viel über die Tropen, über Nicaragua und Lateinamerika, und trug Material zusammen, das mir bei den Gedichten, die ich später schrieb, sehr helfen sollte.

Einmal ging ich in einen Kurs, den Mark Van Doren gab, er interessierte mich, weil er ein Dichter war, doch wegen meiner Verständnisschwierigkeiten nahm ich schließlich nicht weiter teil. Ich habe kein gutes Sprachgefühl, genausowenig, wie ich ein guter Imitator bin oder ein musikalisches Gehör habe. Ein Jammer. Denn als ich später Merton las, erfuhr ich, daß Van Doren für ihn der beste Lehrer der ganzen Columbia University war, und außer sein Lehrer zu sein, war er auch sein großer Freund dort gewesen und hatte ihn bei seiner Entscheidung unterstützt, Trappistenmönch zu werden. Die Vorträge, die uns Merton hielt, waren immer voller Fragen, und er hat darüber geschrieben, daß er diese Methode von Mark Van Doren lernte. So wird erreicht, daß die Wahrheit aus einem selbst kommt und nicht nur etwas ist, das man von außen hört. Und so dumm die Antwort auch sein mochte, schaffte Merton es immer noch, etwas Positives darin zu entdecken, doch dann stellte er es in einen anderen Zusammenhang und erreichte es, daß man darin die vollständige Wahrheit sah. Das ist die sokratische Methode. Ich gebrauchte diese Fragemethode mit den Campesinos von Solentiname bei den Kommentaren des Evangeliums, die in dem Buch »Das Evangelium in Solentiname« versammelt sind. Und ich denke, daß, so wie ich diese Methode von Merton und er sie von Mark Van Doren lernte, Van Doren sie vielleicht von einem anderen Lehrer erlernt hatte und dieser von einem weiteren und so fort bis zurück zu Sokrates.

Einmal besuchte Van Doren Merton, als ich Novize in Gethsemani war, und ich sah ihn von weitem. Vor kurzem wurde ein Brief von Merton an Van Doren veröffentlicht, der noch nicht bekannt war, in dem Merton auf die Ankündigung des Besuches antwortet und erzählt, daß es einen Novizen gebe, der ein Dichter aus Nicaragua sei und der zehn Jahre zuvor die Columbia University besucht hätte und auch einmal seine Vorlesung gehört hätte; und er berichtet ihm weiter, daß er hoffe, sie könnten in Lateinamerika ein Kloster gründen, und daß dies vielleicht in Nicaragua möglich wäre, auf einer Insel in dem See, den es dort gibt. Van Doren hatte Merton geschrieben, er käme am 28. September (1957), und in der folgenden Antwort auf Mertons Brief sagt er diesem: »Geh nicht vor dem 28. nach Nicaragua.«

Zu der Zeit, als ich die Columbia University besuchte (1948 und 1949), war dort auch Allen Ginsberg, meiner Meinung nach der wichtigste zeitgenössische Dichter der USA; wir lernten uns jedoch nicht kennen. Viele Jahre später trafen wir uns in Nicaragua und in den Vereinigten Staaten und fanden heraus, daß wir einst Kommilitonen waren. Doch war die Universität viel zu groß. Ich lernte nur einen jungen Dichter kennen, der gerade zu schreiben begann und in kleinen Zeitschriften veröffentlichte, doch ich erinnere mich nicht mehr an seinen Namen und weiß deshalb nicht, ob er ein großer Dichter in seinem Heimatland wurde oder ob er das Schreiben aufgab und unbekannt blieb.

Obwohl ich mit vielen Studentinnen befreundet war, wurde keines der Mädchen aus dem »International House« oder der Universität meine Freundin. Ich hatte eine Freundin in New York, doch nicht dort, sondern in der Gegend der 125. Street, dort wo die Kolonie der Lateinamerikaner lebt.

Das erste Mal sah ich sie in einem riesigen Lift, so groß wie ein ganzes Zimmer, in dem man aus den Tiefen der Metro auf die Straße gelangte. Ich kam sicherlich von einem Besuch bei nicaraguanischen Freunden oder war auf dem Weg dorthin. Da sah ich in jenem Lift voller Menschen ein Mädchen, das mir typisch nordamerikanisch vorkam und ein Paar Ski bei sich hatte. Sie trug einen dicken Skianzug und eine Skimütze auf dem Kopf. Sie war sehr hübsch, und sicherlich kreuzten sich unsere Blicke, denn ich überwand meine Schüchternheit und näherte mich ihr, um eine Unterhaltung anzufangen. Sie stammte aus Costa Rica und war auf dem

Weg nach Hause. Ich schlug vor, sie zu begleiten, und brachte sie im Aufzug bis vor ihre Wohnungstür. Und so wußte ich, wo sie wohnte, und konnte sie wieder besuchen, und wir wurden Freunde und später auch ein Paar. Ich besuchte sie zu Hause, manchmal gingen wir auch auf die kleinen Feste von Familienangehörigen oder Freunden in der Nachbarschaft oder unternahmen Spaziergänge durch die Stadt oder Ausflüge ins Museum – vor allem ins Metropolitan Museum of Modern Art – oder ins Kino oder im Sommer zu den Stränden in der Nähe von New York, machten Picknick mit Sandwiches, die sie zu Hause gemacht hatte, oder fuhren in eines der großen Strandbäder. Ich weiß noch, wie wir einmal in einem dieser großen Bäder nebeneinander in unseren Badeanzügen unter einer roten Lampe im sehr weißen Sand lagen, und nachdem wir dort schon eine oder zwei Stunden gelegen hatten, sprang sie erschrocken auf, denn sie hatte gerade ein Schild gelesen, auf dem stand, daß man nicht länger als zehn Minuten unter dieser Lampe liegen dürfe, weil sie Strahlen abgab. Und ich erinnere mich, wie wir im Frühling auf dem Rasen lagen und sie mir half, die »Cantos« von Ezra Pound zu verstehen. Und wie wir uns einmal in einem verschwiegenen Wäldchen im New Yorker Zoo mit Küssen regelrecht verschlangen und plötzlich ganz in der Nähe das Brüllen der Löwen hörten, die sicher unseren Geruch witterten und auch Hunger auf uns hatten, und wir machten uns schnell davon, weil es schon spät war und wir Gefahr liefen, dort mit den Löwen eingesperrt zu werden.

Dies war eine ruhige Freundschaft, ohne besondere Vorkommnisse, und nach und nach sahen wir uns immer seltener, weil es, glaube ich, immer weniger Interesse von uns beiden gab, uns zu sehen, und schließlich sahen wir uns gar nicht mehr. Und dann mußte ich New York auch schon verlassen. Ich erinnere mich nicht mehr, ob ich auch hier unter meinem Zwiespalt zwischen Gott und einer Ehe gelitten habe. Soweit ich noch weiß, dachte weder ich noch sie an eine baldige Heirat. Allerdings bekam ich wohl religiöse Skrupel, die man jedoch nicht mit Gott verwechseln darf, auch wenn ich das damals für dasselbe hielt. Oft ging ich zur Beichte und zum Abendmahl, normalerweise in die Kirche »Unsere Liebe Frau von Guadalupe«, in der 14. Street, weil dort Spanisch gesprochen wurde. Dort beichtete ich bei einem Augustinerpater, für den nichts von dem, was es in einer Paarbeziehung gab, sündig war, soviel Erregung ich auch dabei spürte. Dann wieder hatte ich einen Augustiner vor mir im Beichtstuhl, für den im Gegenteil alles, was zwischen Liebenden geschah, Sünde bedeutete. Das Problem war, daß ich nicht wissen konnte, mit welchem der beiden ich es zu tun hatte, weil wir durch einen Vorhang getrennt waren. Manchmal konnte es der Ja-Augustiner sein, ein anderes Mal der des Nein. Und den des Nein entsetzte das, was mir der des Ja gesagt hätte. Es schien beinahe so, als seien die beiden Leben des Heiligen Augustin, das der ersten Periode und das der zweiten, in diesen beiden Augustinern versinnbildlicht. Einer der beiden stellte den Heiligen Augustin nach seiner Bekehrung dar, der mit seiner antisexuellen Besessenheit fünfzehn Jahrhunderte lang den Christen das Leben sauer gemacht hat, mich eingeschlossen.

Von New York aus reiste ich für ein paar Monate nach Europa, teils mit einem Stipendium, teils auf Kosten meines Vaters. Der Zwiespalt, berufen zu sein oder nicht, machte mir weiter zu schaffen. Doch vor dem Bild der Heiligen Jungfrau in Blau und Weiß in der Kapelle der Columbia University war, in Form eines kleinen, flackernden Lichts, meine Bitte geblieben.

In Madrid faszinierte mich Christine, noch bevor ich sie kennenlernte, denn ich hatte sie auf einem Foto gesehen. Man hatte mich einmal zu den berühmten Dienstagstreffen bei Eugenio d'Ors mitgenommen, und dort machten ein paar Fotos von griechischen Kostümen die Runde, oder von einer kleinen Aufführung griechischen Theaters, die kurz zuvor im Hause von Don Eugenio stattgefunden hatte, und darunter war auch das Foto eines wunderschönen Mädchens von ungefähr 15 Jahren im Kostüm einer Nymphe. Ich fand heraus, daß sie Christine hieß. Man stellte mich ihrer Mutter vor, die mir sagte, ihre Tochter habe diesmal nicht kommen können, sei aber am kommenden Dienstag sicher dabei, und so ging auch ich zu diesem nächsten Treffen bei Eugenio d'Ors, einem in ganz Spanien bekannten Philosophen, Kritiker und Publizisten, der an jenem Dienstag über die aufsehenerregende Entdeckung des arabischen Einflusses in Dantes »Göttlicher Komödie« dissertierte (die meiner Ansicht nach nicht so aufsehenerregend war), doch Christine und ich, wir sprachen über hübschere Dinge. Von da an trafen wir uns häufiger, ich besuchte sie in ihrem Hotel oder ging mit ihr und ihrer Mutter aus, oder auch, mit Erlaubnis ihrer Mutter, mit ihr allein.

Die Mutter war eine elegante Dame auf internationalem Parkett, sie war halb Südamerikanerin, halb Französin (oder hatte lange in Frankreich gelebt); zur damaligen Zeit war sie anscheinend nicht verheiratet. Es gefiel ihr, daß ich, mit meinen damals 24 Jahren, die viel jüngere Christine mochte. Einmal erfuhr ich, daß sie sich in einer Eisdiele an der Plaza de Cibeles mit einer Gruppe von Freunden traf, die alle eher in ihrem Alter waren, und das machte mir zu schaffen. Die Mutter beruhigte mich jedoch lachend und meinte, ich solle sie nicht als meine Rivalen fürchten, weil sie eine andere sexuelle Ausrichtung hätten.

Die Erinnerungen überleben inmitten riesigen Vergessens, sie sind wie kleine Gipfel oder Inselchen in einem Meer des Vergessens. Eine Erinnerung ist zum Beispiel ein Winternachmittag in Madrid, an dem wir beide über den Paseo de la Castellana gingen und uns im Schneeregen küßten; Küsse im Regen in unseren kalten, feuchten Gesichtern.

Dann erinnere ich mich an ein etwas luxuriöseres Restaurant, in das sie zu gehen pflegten, und diesmal waren wir beide allein, sie und ich, und ich war es, der sie eingeladen hatte. Sie bestellte Seezunge, und als der Kellner ihr das Gericht brachte, ließ sie es mit einer Geste zurückgehen, die dem Kellner anscheinend geläufig war: Sie wollte, daß man die Gräten entfernte. Und seltsam: Ich erinnere mich noch ganz genau an das, was sie aß, doch ich habe keine Ahnung mehr, was ich bestellt hatte. Und ich erinnere mich auch noch an den Wein, den wir damals tranken, einen kalten »Diamante«. Ich verstand fast nichts von Weinen, doch ich wußte ein paar grundlegende Dinge von den Studenten, wie zum Beispiel, daß der »Diamante« ein sehr guter Weißwein war, ja sogar beinahe elegant und dabei gar nicht teuer.

Ihre Mutter lud mich zum Silvesteressen ein, in Gesellschaft von Christine und ein paar weiteren Gästen, mit der traditionellen Zeremonie der zwölf Weintrauben um Mitternacht, die ich vorher noch nie erlebt hatte: zu den zwölf Glockenschlägen um Mitternacht zwölf Weintrauben zu essen. So gingen wir vom Jahre 1949 ins Jahr 1950 hinüber.

Einmal nahm ich Christine in den Prado mit, den ich schon oft besucht hatte, und wir blieben lange vor einem Triptychon stehen, in einem der Säle mittelalterlicher Malerei in der Nähe des Eingangs. Dieses Triptychon zeigte auf der linken Seite ein wunderschönes Mädchen in Christines Alter, mit einem Gesicht, das Christine ähnelte, die Brüste bloß, klein und fest. In der Mitte war eine schrumpelige, häßliche Alte zu sehen, und auf der rechten Seite ein Skelett. Das waren die drei Etappen im Leben einer Frau, Jugend, Alter und Tod, mit diesem spanischen Realismus, der so brutal wirken kann. Aber eigentlich ist die Natur brutal, das menschliche Schicksal. Ich betrachtete lange das junge Mädchen, so, wie ich es immer lange ansah. Doch diesmal war es mir peinlich wegen Christine, sah sie sich doch selbst, so wunderschön, wie sie damals war, und so, wie sie später werden würde, erst ganz häßlich und schließlich tot. Ich zog sie fort, andere Bilder anzusehen, damit sie nicht länger dieses betrachten mußte.

Und ich erinnere mich an ein anderes Mal, als wir eines Abends zusammen im Park neben dem Prado saßen. In meiner Erinnerung – ich weiß nicht, wie genau sie ist – befanden wir uns in der Nähe jenes Saals mit dem Triptychon; und wir küßten uns heftig. Da fragte ich sie, ob sie jemals zuvor ein anderer geküßt habe, ob sie vor mir schon einen Freund gehabt habe, und sie brach in Tränen aus. Ich fragte sie, weshalb sie weinte, aber es war unmöglich, etwas aus ihr herauszubringen. Nichts als ihr Schluchzen war zu hören. Was war geschehen? Ich weiß es nicht, ich konnte nur vermuten, daß es da eine Tragödie gegeben haben mußte.

Dann sahen wir uns kaum noch, denn ich unternahm eine Reise

durch Andalusien und die Extremadura, um mehr von Spanien kennenzulernen, bevor ich wieder abreiste, ich kannte bisher nur Kastilien. Und dann mußte ich noch Italien und Paris besuchen, um schließlich wieder nach Nicaragua zurückzukehren und dort die ideale, unbekannte Frau zu suchen, die ich heiraten wollte. Christine? Sie war wunderschön, doch konnte ich sie nicht mitnehmen. Das war eine noch oberflächliche Liebelei, sie war noch keine Frau, an die ich mich für ein ganzes Leben binden konnte. Und weil ich abreiste, mußte ich mich, obwohl sie so schön war, von ihr trennen, sie aufgeben für die Ehe, die ich in Nicaragua finden wollte. Oder für meine Berufung?

Die Jungfrau der Einsamkeit in Granada, die Jungfrau der Hoffnung im Stadtteil Macarena von Sevilla und die Jungfrau im Kloster von Guadalupe hörten meine Gebete über dieses Problem, als ich sie besuchte.

Zurück in Madrid, blieben mir nur noch wenige Tage, bevor ich nach Italien abreisen mußte. Dennoch war genügend Zeit, mich mit Christine und ihrer Mutter zu treffen, und dazu, daß sie meinen Geburtstag und gleichzeitig meinen Abschied mit mir feierten. Und sie willigten ein, dies nicht in einem der eleganten Restaurants zu tun, in die sie gewöhnlich gingen, sondern in Gesellschaft der nicaraguanischen Studenten, mit denen ich befreundet war, und dort, wohin wir zu unseren Festen und Gelagen zu gehen pflegten, der Echegaray-Straße, einer langen Straße voller Tavernen und Kneipen, wo der billige Wein Madrids ausgeschenkt wurde, »Valdepeñas«, und man unendlich viele verschiedene Happen, *tapas* genannt, servierte.

Ja, und dann mußte ich Madrid verlassen, traurig wegen Christine, und mit dem Gedanken, daß ich sie vielleicht nicht hätte verlassen sollen. Auf meiner Reise von Spanien nach Italien kam ich durch Valencia, wo ich den Jesuitendichter Pater Juan Bautista Bertrán traf, dem ich meine Zweifel gestand und von meinem ungelösten Problem erzählte, meiner immer noch nicht klaren religiösen Berufung.

In Mexiko hatte ich einmal einem anderen Jesuitenpater dasselbe gestanden, der auf der Schule in Nicaragua mein Lehrer gewesen war; er war erstaunt zu hören, daß ich immer noch diese Zweifel hatte, und meinte, ich solle meine Berufung vergessen, wenn Gott mich für sich hätte haben wollen, dann hätte er mir längst deutlichere Zeichen gesandt, ich solle keine Skrupel mehr haben, eine Heirat anstreben und glücklich meine Ehe leben, ohne daran zu denken, daß ich irgendeiner Berufung untreu geworden wäre. Das hätte ausreichen sollen, mich für mein ganzes Leben zu beruhigen und jeglichen Zweifel zu beseitigen. Aber es war nicht so, ich bewahrte sie weiter, und jetzt gestand ich sie in Valencia Pater Bertrán.

Der schlug mir vor, am nächsten Tag auf dem Altar der Jungfrau eine Messe mit mir zu feiern – ich als sein Meßdiener – und die Jungfrau um eine Antwort zu bitten. Wenn jemand nach Valencia kommt und in die Kirche der Jesuiten geht, wird er dort auf der linken Seite des Kirchenschiffs eine kleine Seitenkapelle sehen, die der Jungfrau gewidmet ist, mit einem Bild von ihr, und dort kniete ich als Meßdiener von Pater Bertrán. Eine Messe, die in jenen Tagen ohne Antwort blieb. Erst später, als sie es wollte, antwortete mir die Jungfrau.

Auf meiner Schiffsreise nach Italien von Valencia aus machte ich auf Mallorca Station und nahm dort Kontakt mit einer Familie auf, für die ich eine Empfehlung von Pater Bertrán mit auf den Weg bekommen hatte, und in dieser Familie gab es zwei sehr hübsche Schwestern, eine natürlich noch etwas hübscher als die andere, zumindest meinem Geschmack nach. Mit diesen beiden besuchte ich eine Burg in der Nähe von Palma de Mallorca, und mit der, die meinem Geschmack nach hübscher war, verbrachte ich romantische Momente in den Winkeln der Burg, in der Nähe der Zinnen, Küßchen auf die Wangen oder so etwas. Ich erinnere mich nicht mehr an den Namen der Burg, von der aus man das Mittelmeer sehen konnte, aber mehr noch schmerzt mich, daß ich auch die Namen der beiden Mädchen nicht mehr weiß.

Tatsächlich spürte ich etwas in meinem Leben, was mich sehr unbefriedigt ließ – unbefriedigt ist noch ein freundlicher Ausdruck dafür – und das das Leben selbst mit sich brachte: das, was auch jenes schreckliche Triptychon im Prado ausdrückte, das ich Christine nicht länger betrachten lassen wollte. Ich wollte weder eine Schönheit, die sterblich war, noch eine, die häßlicher werden würde, was vielleicht noch schlimmer ist. Die Worte, die dem Heiligen Franziskus von Borja zugeschrieben werden: »Ich will nicht noch einmal einem Herrn dienen, der mir sterben kann.« Ich sage »zugeschrieben«, weil ich nicht glaube, daß er es so gesagt hat. Er war als Höfling heimlich in die Königin verliebt gewesen, und als man ihren Sarg öffnete und er sie dort voller Würmer liegen sah, muß er das gesagt haben, doch wird er nicht »Herr«, sondern »Herrin« gesagt haben wollen, und nicht »dienen«, sondern »mich verlieben«. Was mich am meisten in Schrecken versetzte, war die Vorstellung, daß meine Frau dick werden würde. In manchen meiner Freundschaften oder Beziehungen verursachte es mir tiefe Sorge, wenn ich merkte, daß die mögliche Schwiegermutter dick war und auch noch ihrer Tochter ähnlich sah, als sei sie ein Abbild davon, wie einmal meine zukünftige Ehefrau aussehen würde. Später, auf dem Priesterseminar in Kolumbien, lernte ich die Worte von Fernando González kennen, die ich mir zu eigen machte, sehr sogar. Der höchst originelle kolumbianische Mystiker Fernando González, großmäulig, frech, erotisch und antiklerikal, den ein kolumbianischer Bischof exkommunizierte und der von der Liebe zu Gott erfüllt war, hatte gesagt, man solle nur jene Schönheit lieben, »die immer ein perfektes Gebiß habe«. Eine aktualisierte Version der Worte des Heiligen Augustin: »Uralte und immer wieder neue Schönheit!«

Heute frage ich mich: Und Christine, die damals die wunderschöne Figur der linken Seite des Triptychons war, wo mag sie jetzt wohl sein, in der Mitte oder auf der Rechten, sie, die 1950 fünfzehn Jahre alt war?

Das Unerträgliche war, daß das Leben so sein mußte wie auf dem Triptychon. Und tatsächlich war dies auch der Grund dafür, daß jener Zwiespalt für mich so schrecklich war oder daß es ihn überhaupt gab.

Andererseits wußte ich aber auch ganz tief in mir, daß ich dazu verurteilt war, Gott zu gehören.

Da kommt mir ein Bild aus den Straßen von Paris in den Sinn. Ich war eben erst angekommen und sah in den Schaufenstern aller Buchhandlungen das Buch »Der Berg der sieben Stufen« von Merton, das gerade auf französisch herausgekommen war. Vor allem im Quartier Latin, wo Carlos Martínez und ich in einer Pension wohnten. Dort gab es viele Buchhandlungen, und in manchen davon war ein ganzes Schaufenster nur mit Mertons Buch dekoriert. Jahre später, als ich Mertons Novize war, fragte er mich mit naiver Neugier, ob er denn draußen sehr bekannt sei. Er sagte nicht »da draußen«, sondern »da unten«, so wie die Trappisten manchmal die Welt bezeichnen, und ich weiß nicht, wieso, lag doch das Kloster nicht auf einem Berg. Vielleicht geht dies auf eine europäische Tradition zurück, von wo der Orden stammt und wo die Klöster an hochgelegenen Orten zu stehen pflegen. Tatsache ist, daß Merton in seiner Bescheidenheit keine klare Vorstellung von seiner eigenen Bekanntheit besaß, und bei mir fühlte er sich im Vertrauen, das zu fragen, was er sich bei den anderen nicht zu fragen getraut hatte. Ich erinnere mich noch genau an seine unschuldige Überraschung, als ich ihm jene Schaufenster von Paris beschrieb. Was mich angeht – und darauf will ich hier hinaus –, so verfolgte Gott mich immer auf alle mögliche Weise, auch wenn ich niemandem davon erzählte. Diesmal mit jenen Schaufenstern von Paris.

Dabei fällt mir ein, wie ich einmal in Paris mit Carlos Martínez in einem Bordell war, in dem es keine Huren gab. Man soll nicht etwa meinen, wir hätten es uns ausgesucht, weil wir so tugendhaft waren. Wir waren schon wegen der Huren dort hineingegangen, zudem auf meinen Vorschlag hin. Das Bordell war leer, weil alle Huren ihrer Arbeit auf der Straße nachgingen, und solange wir auch warteten, sie kamen nicht zurück. Und während wir einen Cognac nach dem anderen tranken, erzählte mir Carlos von einem nicaraguanischen Studenten, der ein Heiliger war. Heilig wie die traditionellen Heiligen. Wenn er in der Kapelle betete, wurde sein

Gesicht ganz rot, und es schien, als entzünde es sich und erstrahle in einem seltsamen Licht. Niemals verweigerte er jemandem Geld, wenn die anderen Studenten bei ihm borgen kamen, obwohl er von zu Hause nur wenig erhielt, und wenn sie es ihm nicht zurückzahlten, trieb er es nicht von ihnen ein, weshalb die Studenten ihn immerzu ausnutzten. Oft genug war es Mitternacht, wenn sie ihn weckten und Geld von ihm erbaten, und er stand auf, ging sein bißchen Geld holen und sagte nur: »Benehmt euch gut, Jungs.« Er aß fast nichts. Im Studentenwohnheim, wo er lebte, wurde das Essen nur knapp ausgegeben, und die anderen baten ihn um seine Ration, die er ihnen gab, wobei er sagte, er habe schon genug gegessen und sei satt, mehr zu essen sei Völlerei ... Und Carlos erzählte mir mehr und mehr solcher Geschichten, bis er auf einmal sah, daß ich ganz deprimiert war. Als er mich fragte, weshalb, sagte ich ihm, daß es mich bedrücke zu sehen, daß jemand ein Heiliger sein konnte, während ich in einem Bordell trank. Da erzürnte sich Carlos sehr über meine Reaktion, er hielt sie einfach für dumm. Er besaß eine unverbrüchliche katholische Überzeugung, ließ jedoch niemals zu, daß diese Überzeugung ihn auch nur irgendwie bei seinen Taten störte.

Der, der mich oft genug bei *meinen* Taten störte, war Gott. So nahm mir Gott zum Beispiel in Paris die Huren weg. Und zwar gab es, als ich nach Paris kam, gerade eine puritanische Phase, die Behörden hatten Erfolg damit gehabt, alle Prostituierten von der Straße wegzubekommen, nur ab und zu sah man eine irgendwo im Schatten stehen. Auch die Bordelle hatten strenge Auflagen. Das konnte man in einer freien Gesellschaft wie der von Paris leicht machen, wo normalerweise niemand auf gekauften Sex angewiesen war (außer jenen, die auf der Durchreise waren, so wie ich).

Anders war der Fall des katholischen Spanien unter Franco. Dort blühte, bei all der sexuellen Repression, die Prostitution im großen Stil. Sie war zwar nicht offiziell anerkannt, aber toleriert: auf der Straße, in den Bars, in bescheidenen oder eleganten Häusern. Seltsamerweise stimmte der Katholizismus der franquistischen Ära mit demjenigen von Carlos Martínez überein, in dem

Sinne, daß Glauben und Praxis nichts miteinander zu tun hatten, obwohl es in dem einen Fall auf gesellschaftlicher und im anderen auf persönlicher Ebene war.

Jetzt, wo ich das erzähle, fällt mir ein, wie ich einmal in Spanien mit meinem nicaraguanischen Freund Pepe Sandino sehr spät am Abend auf die Suche nach Prostituierten ging, in einem Häuserblock, wo er eine Wohnung kannte, die ganz normal und wie die anderen aussah, es jedoch nicht war. Und weil wir so spät dort ankamen, waren keine Mädchen mehr da. Ohne Auto konnten wir uns aber in jener großen Stadt Madrid auch nicht weiter umtun, und so mußten wir zu unserem Studentenheim zurückkehren. Als wir zu unseren Zimmern hinaufstiegen, kamen wir an der Kapelle vorbei, die zu so später Stunde noch geöffnet und hell erleuchtet war, und Pepe lud mich ein, mit ihm hineinzugehen. Mit lauter Stimme sagte er: »Herr, hier kommen wir, um dich um Vergebung zu bitten.« So standen wir eine Weile still vor dem Tabernakel.

Dieser Fall war für Spanien, wie ich schon sagte, eher ungewöhnlich. Doch nicht so ungewöhnlich für mich, war ich doch daran gewöhnt, daß Gott aus Eifersucht in mein Leben eingriff. Einige Jahre zuvor zum Beispiel, in Mexiko, war ich gerade dabei, mit einer Prostituierten ins Geschäft zu kommen, und es geschah etwas, an das ich mich heute nicht mehr erinnere, das jedoch dazu führte, daß mein Vorhaben scheiterte. Und ich erinnere mich wohl noch sehr gut daran, daß ich zu meinem damaligen Begleiter Alfredo Sancho meinte, daß es eine Tat Gottes gewesen sei, der dies schon des öfteren so gemacht habe. Sancho erboste sich darüber, daß ich so etwas sagte, vielleicht hielt er es für blanken Unsinn; ich weiß nicht mehr, weshalb er böse wurde.

Daß es eine Tat Gottes war, läßt sich nicht beweisen. Man könnte behaupten, es sei nichts als ein Produkt meiner Phantasie gewesen. Doch selbst wenn es das war: Gott handelt sowohl in der Realität als auch in der Phantasie. Und bei mir hatte sich immer die gleiche Geschichte wiederholt, wie ich sie hier erzählt habe.

In Mexiko, in Spanien und in Nicaragua: ich gehörte nicht zu denen, die viel ins Bordell gingen; auch nicht zu denen, die wenig hineingingen. Im allgemeinen ging ich weniger als viele andere. In meiner Jugend war mir sehr gut im Gedächtnis geblieben, was uns José Coronel Urtecho von D.H. Lawrence vorlas, aus einem Buch mit Aufsätzen, die in einer spanischen Ausgabe unter dem Titel »Sexo y Belleza«, Sex und Schönheit, versammelt worden waren, und darin verurteilte D.H. Lawrence heftig das Inanspruchnehmen von Prostitution. Er riet auch dazu, daß der Mann bis zur Ehe keusch bleiben solle. Lawrence beeinflußte mich so sehr, daß ich bis zu meinem 21. Lebensjahr auf diese Ehe wartete. Doch als meine erste Liebe scheiterte, ging mir dieses Ideal verloren. An einem verzweifelten Tag ging ich mittags in den Alameda-Park in Mexiko, in der Nähe des Palastes der Schönen Künste, und suchte mir ein Mädchen aus, das dort unter den Bäumen wartete und mir hübsch erschien. Sie nahm mich mit in ihr armseliges Zimmer in einem der heruntergekommenen Häuser gegenüber, und als es vorbei war und wir uns anzogen, lachte sie mich an und zeigte mir einen Mund voller Goldzähne, und plötzlich kam mir ihr Gesicht so häßlich vor wie das der Prostituierten in der rechten unteren Ecke des großen Wandbildes von José Clemente Orozco im Palast der Schönen Künste, die auch mit einem grotesk geschminkten Mund lacht und ihre Goldzähne zeigt.

In Madrid ging ich einmal, auf Empfehlung meiner Kommilitonen, in ein ziemlich elegantes Etablissement, wo man einen Pernod bestellte und sich einem eine hübsche Frau näherte, der man auch einen Pernod kommen ließ; dann ging man gemeinsam weg. Ich fuhr mit ihr im Taxi zu ihr nach Hause, in eine kleine Wohnung, wo neben ihrem Bett eine Kinderwiege stand. Während ich mit ihr im Bett war, schaukelte sie die Wiege mit einer Kordel. Ein anderes Mal ging ich, auch in Madrid, nicht in eine Wohnung, sondern zu einem eleganten Haus in einem der Vororte der feinen Leute, wo die Mädchen jung und hübsch waren. Man mußte im Wohnzimmer warten, gemeinsam mit anderen jungen Burschen. Und wenn eines der Mädchen fertig war, konnte der nächste zu ihr hinein. Es gab auch billigere Häuser, in die wir deshalb auch häufiger gingen, die aber elender wirkten und uns mehr anekelten. Doch mit mehr oder weniger Ekel, die Gewissensbisse hinterher waren immer die gleichen.

Ich tat mein möglichstes, nicht hinzugehen. Ich ging nur, wenn mich eine Macht trieb, der ich nicht mehr widerstehen konnte. Das, was der heilige Augustin in der herrlich lakonischen Weise des Lateinischen »Hunger nach der Art« nennt. Andere Male trieben mich die Gläser Wein, die ich mit den Freunden getrunken hatte, doch dann waren wir nur noch verantwortlich dafür, so unverantwortlich zu sein.

Doch wäre es falsch zu meinen, ich sei ein solcher Sünder wie der heilige Augustin gewesen. Gern hätte ich das intensive Leben sexueller Sünde genossen, das er vor seiner Bekehrung erfuhr; und ich wollte, so wie er, auch meine Bekehrung haben, doch danach. Nachdem ich so gesündigt hatte wie er. Genauso war es auch Augustin ergangen, seine Bekehrung herbeizuwünschen, doch erst später; jenem Gebet zufolge, das er, wie er erzählt, zu Gott sprach: »Gib mir die Keuschheit, aber noch nicht jetzt.«

Er berichtet uns auch, daß er nach seiner Bekehrung, als er endlich beschlossen hatte, keusch zu leben, in den Nächten weinte, wenn er an all das dachte, was er nie mehr haben sollte. Ist er es nicht, der gesagt hat, die sexuelle Lust sei die intensivste körperliche Lust, die man empfinden kann?

Der große guatemaltekische Autor Luis Cardoza y Aragón schreibt in seiner Autobiographie, als er von den nächtlichen Samenergüssen seiner Jugend berichtet, es sei ungerecht, daß einem jungen Mann so etwas geschehen müsse. Ich würde sagen, es ist auch ungerecht, daß ein junger Mann in ein Bordell gehen muß, um Sex zu kaufen. Mit allem, was ich hier erzählt habe – diesen meinen »Geständnissen« –, wird man verstehen, weshalb ich den heiligen Augustin beneidete. Dabei ist er es übrigens, der all die erwähnten Ungerechtigkeiten zu verantworten hat, die, die Cardoza y Aragón nennt, und die, von denen ich erzähle. Augustins Gewissensbisse sind über die Jahrhunderte bis zu uns gelangt und zu den unseren geworden. Vor allem wegen ihm sind wir zu Opfern der abendländischen Sexualmoral geworden. Die ja nicht die allgemeine, universelle Sexualmoral ist. Man mag sie christlich-abendländisch nennen, oder jüdisch-christlich, doch ist sie bestimmt nicht die Sexualmoral des Evangeliums.

Wir hätten ja auch wie die Japaner werden können, die zwischen Sünde und Sexualität keinerlei Verbindung herstellen und für die der Sex eine so natürliche Tätigkeit ist wie jede andere auch.

Oder wie jene islamischen Mystiker, für die zwischen Sex und Mystik keinerlei Widerspruch besteht und der Sex vielmehr für einige von ihnen eine Form mystischer Vereinigung darstellt, wie Luce López-Baralt gezeigt hat, die große Entdeckerin dieser Themen im Westen.

So hätte es in meinem Leben auch jenen Widerspruch nicht gegeben. Und mein Weg zu Gott wäre ein anderer gewesen. Doch hat Gott es so gewollt. Denn Gott ist nicht nur der Gott des Realen und des Phantastischen, sondern auch der Gott der Irrtümer.

Eine sehr fromme mexikanische Nonne vom Orden der barmherzigen Schwestern sagte mir einmal in Mexiko, als ich schon Priester war, sie sei Nonne geworden, weil in ihrer Jugend die Ehe gegenüber dem religiösen Leben sehr entwertet gewesen sei. Doch daß sie nach dem 2. Vatikanischen Konzil mit der Neubewertung der Spiritualität und der Heiligkeit der Ehe niemals so verrückt gewesen wäre, Nonne zu werden. Sie meinte, es sei ein Irrtum gewesen, doch gleichzeitig dankte sie Gott dafür, weil sie sonst nicht ihr Leben den Kranken geweiht hätte.

Etwas ähnliches hatte auch Merton gesagt. Sein Verleger und enger Freund, James Laughlin, erzählte mir nach Mertons Tod in New York, er habe einmal gesagt, wenn er die Wahl hätte, würde er nicht noch einmal Mönch werden, doch weil er schon gewählt habe, müsse er es auch weiterhin bleiben.

Genau dies kann auch ich sagen: Daß ich irrtümlich auf die menschliche Liebe verzichtete. Es gab den Widerspruch nicht, den ich zu sehen meinte. Doch hätte ich ohne diesen Irrtum nicht meine Vereinigung mit Gott erreicht. Als Mensch des Abendlandes wie der heilige Augustin, und eben kein islamischer Mystiker, hätte ich im Koitus niemals einen Weg zur Vereinigung mit Gott gefunden.

Mehr noch: Ohne diesen Irrtum, das Zölibat zu wählen, wäre ich auch niemals Revolutionär geworden. Ich wäre ein Bourgeois geblieben. Das war die Richtung, die einzuschlagen mein Leben im Begriff war. In der Sandinistischen Revolution wäre ich bestenfalls ein intellektueller Sympathisant gewesen, doch auf keinen Fall ein militanter Revolutionär. Und so wie der heilige Augustin die Sünde unserer Urväter *felix culpa* nannte, »glückliche Schuld«, wegen der Errettung, die sie uns bringen konnte, so könnte auch ich sagen: »glücklicher Irrtum« (der meine und der des heiligen Augustin).

Jetzt will ich davon sprechen, wie ich, der ich Ihm immer und überall entronnen war, schließlich doch von Gott gefangen wurde. Doch muß ich vorher noch von meiner letzten Freundin erzählen.

Meine Stunde Null

Ileana kam an die Kunsthochschule, um Bildhauerei zu studieren. Ich pflegte an den Nachmittagen auch dort zu sein, um mit Ton zu modellieren – ich hatte ernsthaft beschlossen, Bildhauer zu werden –, und dort lernte ich sie kennen. Sie war von einer sanften Bräune, die Haut ihres Gesichts, sehr glatt und zart, lud ein, von Küssen bedeckt zu werden, und ihre schwarzen Augen glänzten hell – »Licht gewordene Nacht«, wie Carlos Martínez mit 14 Jahren in einem Gedicht geschrieben hatte. Ich entdeckte sie im Modelliersaal, wo ihr Tonklumpen neben dem meinen lag. Sie war 18 und sehr schüchtern, schon beinahe scheu.

Sie hielt nicht lange in ihrer Bildhauerklasse aus, irgendwann kam sie nicht mehr zu ihrem Ton zurück, doch da waren wir schon Freunde, und kurz darauf ein Paar. Sie begann mich zu den Treffen zu begleiten, die wir Dichter und Maler im Hause von Rodrigo Peñalba abhielten, des Begründers der nicaraguanischen Malerei und Direktors der Kunstakademie. Doch dann fanden diese Treffen nicht mehr so regelmäßig statt, meine Besuche jeden Abend bei ihr hingegen waren sehr regelmäßig.

Jeden Abend um Punkt acht. Zu Fuß ging ich zu ihr hinüber und durchquerte dabei fast das gesamte Stadtzentrum von Managua, was weniger als eine halbe Stunde dauerte, so klein und provinziell, wie das alte Managua war. Unser Haus lag an der sogenannten Hügelesplanade, einem ebenen, grasbedeckten Gelände am Fuße des hohen Hügels, auf dem sich der Präsidentensitz und die militärischen Einrichtungen der Somozas erhoben. Dahinter gab es nichts mehr außer der Lagune und dem freien Feld, auf dem vereinzelt Häuschen standen. Ich erzähle dies, weil man später noch sehen wird, wie mich Gott nach meiner Bekehrung in diesem

Gelände, einer Art »Einöde«, seine Nähe spüren ließ. Das Haus ihrer Familie lag unweit der Kathedrale, in der Candelaria-Straße. Um dorthin zu gelangen, ging ich durch das zu dieser Stunde so gut wie menschenleere Geschäftszentrum. Auf dem Rückweg schaute ich, wieder auf der Suche nach dem idealen Mädchen, in der »Bonbonnière« vorbei, einem Treffpunkt der Jugend aus der Bourgeoisie. Denn auch jetzt war ich nicht so wahnsinnig verliebt, daß kein Platz für eine größere Liebe gewesen wäre.

Was redeten wir bei meinen Besuchen? Nichts. Oder besser: Nichtigkeiten. Tatsächlich erinnere ich mich an nichts Konkretes mehr. Sicher waren es Trivialitäten, die aber ausreichten, uns jeden Abend für eine oder zwei Stunden beschäftigt zu halten; und uns lange anzusehen, ohne vielleicht überhaupt etwas zu reden, und ganz sicher uns zu küssen, viele und lange Küsse, doch mehr nicht.

Ich achtete sie wie etwas Heiliges, war mir aber nicht sicher, ob ich sie genügend liebte, um sie zu meiner Ehefrau zu machen. Meine Verliebtheit reichte vielleicht gerade aus, um sie zu heiraten, aber vielleicht auch, um es besser sein zu lassen. Auch hatte ich Angst, daß sie dick werden könnte. Sie besaß bestimmt nicht die gertenschlanke Figur von Christine oder Myriam. Mußte ich mich mit einer Frau begnügen, die nicht genau mein Typ war?

Und außerdem gab es da noch die ewig gleiche Frage. Ich sprach dasselbe Gebet wie immer, zu Gott und zu Maria. Man mag sich langweilen darüber, doch jetzt kommen wir zum vorletzten und zum letzten Male, daß sich die Geschichte wiederholt.

Meine Mutter sah mich jeden Abend um halb acht aus dem Hause gehen, direkt nach dem Abendessen, damit ich um acht Uhr dort sein konnte, und plötzlich bemerkte sie, daß ich nicht mehr fortging, sondern statt dessen die lateinischen Dichter las. Ich hatte schon Catull und Martial übersetzt und begann mit meinen Übersetzungen von Properz und Juvenal. Und ich las auch wissenschaftliche Bücher, die mich bei meinen Gedichten inspirierten.

Was war geschehen? Eines Abends, als ich mich an ihrer Haustür von ihr verabschiedete, hatte sie mich gebeten, nicht wiederzukommen. Da sie darauf bestand, gab ich ihr einen zärtlichen Abschiedskuß, worauf sie in Tränen ausbrach.

Wie groß war meine Trauer, als ich auf dem Rückweg an der fröhlichen »Bonbonnière« vorüberkam und nicht mehr erwartete, irgendein Mädchen kennenzulernen, sondern nur noch den Schmerz über den Verlust von Ileana spürte. An einem jener Abende schrieb ich, angesichts der Unmöglichkeit, noch einmal zu ihr zu gehen, und mit den Informationen meiner aktuellen wissenschaftlichen Lektüre, jenes Epigramm:

Ileana: die Andromeda-Galaxis,
700.000 Lichtjahre entfernt,
die man in klarer Nacht mit bloßem Auge sehen kann
ist näher als du.
Andere einsame Augen mögen mich von Andromeda aus
                                                              ansehen
wenn dort Nacht ist. Ich dagegen sehe dich nicht.
Ileana: Entfernung ist Zeit, und die Zeit fliegt.
Mit zweihundert Millionen Meilen in der Stunde
dehnt sich das Universum ins Nichts.
Und du bist Millionen Jahre weit von mir entfernt.

Es reichte mir nicht, daß ich Gott um eine Antwort gebeten und er sie mir so schnell gegeben hatte. Ich brauchte eine deutlichere Antwort. In dem Sinne, daß ich alles tun wollte, um sie zurückzugewinnen – ich wußte ja noch gar nicht, weshalb sie mich weggeschickt hatte –, und wenn trotz meiner Versuche alles nichts fruchtete, dann ... dann wollte ich weitersehen.

Außerdem war da die Tatsache, daß sie geweint hatte. Ein untrügliches Zeichen, daß sie mich liebte. Ich mußte herausfinden, was der Grund für ihr Verhalten war. Eines Abends, als ich fühlte, daß die Entfernung von meinem zu ihrem Haus größer war als von hier bis zum Andromedanebel, ging ich sie besuchen. Ich bat darum, im Wohnzimmer auf sie warten zu dürfen, in der Ecke, wo wir uns immer ungestört unterhalten hatten. Ihre Eltern blieben in den hinteren Räumen und störten nicht. Und in all ihrer Schüchternheit gestand sie mir: Ich verursachte ihr eine Allergie. Wie? Ja, durch meine Küsse, vor allem die besonders langen. Deshalb war sie manchmal meinen Küssen ausgewichen, ohne daß ich es immer richtig gewahr wurde. Wenn wir uns viel geküßt hatten, war sie am folgenden Tag besonders von der Allergie geplagt. Mir schien, als könne es kein klareres Zeichen Gottes geben. Wie konnte ich eine Frau heiraten, die auf meinen Körper allergisch reagierte? Das war etwas, von dem ich noch nie gehört oder gelesen hatte, weder in wissenschaftlichen Büchern noch sonst in der Literatur.

Doch wollte ich noch nicht aufgeben. Ich mußte kämpfen. Ich konsultierte einen befreundeten Arzt, der eine Spezialausbildung in Psychiatrie hatte und außerdem mit ihr verwandt war und sie sehr mochte. Ich schilderte ihm das Problem. Er beruhigte mich. Er sagte mir, das sei so, weil sie ein extrem schüchternes Mädchen wäre, die noch keine Erfahrung habe. Es würde durch Gewöhnung vorbeigehen. Für den Augenblick wäre es geraten, die körperliche Nähe nicht zu übertreiben. Das sei aber kein Grund, sie nicht zu heiraten. So nahmen wir unsere Beziehung wieder auf, mit diesem ärztlichen Rat.

Ich muß sagen, daß, als ich sie verloren glaubte, ich sie noch viel mehr liebte. Nun liebte ich sie weniger. Und wieder tauchte das alte Problem auf.

Die Karwoche kam, und sie fuhr mit ihrer Familie ans Meer nach Poneloya, und ich nach Granada, um dort im Colegio Centro América bei den Jesuiten die Geistlichen Übungen zu absolvieren. Das tat ich jedes Jahr, und ich dachte, daß ich vielleicht diesmal den untrüglichen Ruf Gottes erfahren würde.

Der Jesuit, der die Übungen leitete, stammte aus dem Ausland, und viele fragten sich, weshalb man ausgerechnet ihn geholt hatte, denn er war wenig intelligent und kultiviert und sagte kindische, ungeschickte Dinge, die uns zum Lachen brachten. Das Seltsame war – und dies gestand ich niemandem –, daß ich trotz allem das Gefühl hatte, er spräche für mich, ein Ausländer, der mich überhaupt nicht kannte.

Obwohl er Sachen sagte, die die anderen zum Lachen brachten, war es für mich Gott, der durch ihn zu mir sprach. Dabei machte er Hinweise auf den heiligen Augustin, die nichts mit dem Thema zu tun hatten, denn er war nicht sehr klar in seiner Vortragsweise, und in diesen Hinweisen sah ich deutliche Bezüge zu mir selbst. Der Jesuit wiederholte immer wieder, wie der heilige Augustin bekehrt worden war, trotz seiner großen Zweifel und nach einem Leben voller Sünde. Er sagte, seine literarischen Fähigkeiten seien nicht zum Tragen gekommen, solange er von seinen Leidenschaften geknebelt gewesen sei. Er meinte, wenn er nicht bekehrt worden wäre, dann würde sich heute niemand mehr an ihn unter den lateinischen Schriftstellern erinnern. Wobei er seltsamerweise hinzufügte, er sei ein im Schmutz gefesselter Adler gewesen, der nicht fliegen konnte; erst als seine Fesseln durchtrennt wurden, konnte er sich aus dem Sumpf erheben und in die Höhe steigen. Er ging sogar soweit zu sagen, daß vielleicht unter seinen Zuhörern jemand sei, der ein im Sumpf gefesselter Adler wäre und der sich, erst einmal befreit, in die Luft erheben könnte, genau wie Augustin, den man den Adler von Hippo nannte.

Ich hörte zu und schwieg. Es schien so, als wollte ich mich endlich entscheiden, doch noch war es nicht soweit. Ich machte eine Art Test mit mir, von dem ich wußte, daß ihn die Jesuiten empfehlen, und der darin bestand, auf ein Blatt Papier zwei Spalten zu schreiben: in die eine die Vorteile der Hingabe an Gott, in die andere die Nachteile, um dann beide gegeneinander abzuwägen. Es funktionierte nicht. Gleich an den Kopf der ersten Spalte setzte ich als Vorteil Gott selbst. An den Anfang der zweiten die sexuelle menschliche Liebe. Der Zwiespalt, den ich in meinem Innern spürte, war ganz einfach nur zu einem Zwiespalt auf einem Stück Papier geworden.

Lange saß ich im zweiten Stock des Colegio am Seeufer vor diesem Stück Papier, von großer Angst erfüllt. Doch was ich da aufgeschrieben hatte, war nicht richtig gesagt; wenn ich in die eine Spalte die sexuelle menschliche Liebe für ein paar Jahre geschrieben hätte und in die andere die Liebe einer Schönheit, die immer ein perfektes Gebiß besitzt, dann hätte ich, so glaube ich, die Lösung vielleicht klarer vor mir gesehen.

Da saß ich am Seeufer. Und natürlich schrieb ich unter den Vorteil »Gott« in der einen Spalte keinen weiteren. In die andere Spalte konnte ich unter den Vorteil »sexuelle Liebe« noch viele andere schreiben, viele andere Formen der Liebe. An erster Stelle den See vor mir, den ich so sehr liebte: Sollte ich etwa auf ihn verzichten? Und auf die Bildhauerei? Die Politik, die für mich auch so etwas wie eine Berufung war? Und so ging ich mit jenem Stück Papier in der Hand fort von dem geliebten See, unfähig, ein Ja oder ein Nein zu entscheiden.

Ich dachte, wenn ich nach Managua zurückkehrte, würde vielleicht Gott das entscheiden, was ich selbst nicht hatte entscheiden können. Gott und die Jungfrau.

In Managua angekommen, rief ich gleich Ileana an, um meinen Besuch für diesen Abend um acht Uhr anzukündigen. Sie antwortete mir, ich solle bitte nicht kommen, denn sie habe einen anderen Freund, der sie zur gleichen Stunde besuchen käme. Und daß sie verlobt seien und bald heiraten wollten, Ende Mai oder in den ersten Junitagen. Sie nannte mir ihren Verlobten, jemand, den sie eben erst in der Karwoche in Poneloya kennengelernt hatte. Ich kannte ihn dem Namen nach: Er war seit vielen Jahren Botschafter Somozas in verschiedenen Ländern gewesen.

Für mich war offensichtlich, daß Gott eine Entscheidung getroffen hatte, nicht ich. Das machte meinen Schmerz nicht geringer. Denn es war nicht diese Art von Niederlage gewesen, die ich mir gewünscht hätte. Augenblicklich wuchs meine Liebe zu ihr, doch war es nicht mehr nur Liebe, sondern auch Eifersucht und Enttäuschung. Die Liebe ist besitzergreifend. Wenn Gott besitzergreifend ist: Wie sollen wir es da nicht sein?

Ich bin nie der Versuchung ausgesetzt gewesen, Selbstmord zu begehen, doch in Fällen von Verzweiflung wie diesem hat mich sehr wohl ein heldenhafter Tod, ein Tod, der irgendeinen Sinn hatte, angezogen. In jenen Tagen schrieb ich dieses Epigramm:

> Wenn man mich in der Aprilrebellion
> mit den anderen getötet hätte
> dann hätten wir uns nie gekannt:

und wenn jetzt die Aprilrebellion gewesen wäre,
dann hätten sie mich mit den anderen getötet.

Die Nachricht von der bevorstehenden Hochzeit erschien in den
Zeitungen, viel Platz räumte man ihr vor allem in »Novedades« ein,
der Zeitung Somozas. Die Tatsache, daß ich, der Abgewiesene, der
Opposition angehörte, hatte sicher damit zu tun, mehr noch, weil
auch sie die Tochter von Oppositionellen war. Präsident Somoza
höchstpersönlich sollte Trauzeuge sein; und auch das hatte bestimmt damit zu tun, daß ich gegen das Regime war, denn der Tyrann war ja nicht bei jeder Hochzeit Trauzeuge. Die Trauung war
für den 2. Juni angesetzt.

Es gibt einen Eindruck von meinem Verzweiflungszustand, daß
ich mir wünschte, es möge vor diesem Termin einen Aufstand geben, einen Militärputsch, eine erfolgreiche Verschwörung oder die
so lange angekündigte Invasion einer Widerstandsarmee. Ich fragte
sogar einen Oppositionspolitiker, der immer alle Gerüchte kannte,
ob es irgendeinen besonderen Hinweis gebe. Doch nichts. Es war
kindisch von mir, denn auch der Sturz Somozas hätte die Heirat
nicht verhindert, sondern nur die Feierlichkeit, so wie sie geplant
war.

Der Mai kam mit dem Beginn der Regenzeit. Ich ging an den
Abenden nicht mehr aus dem Haus, saß in der Nähe der Tür zur
Veranda unter einer Lampe und las. Einer jener regnerischen Aben-
de inspirierte mich zu folgendem Epigramm:

Die dicken Tropfen scheinen
Schritte auf der Treppe,
und der Wind, der an der Tür zerrt,
eine Frau, die eintritt.

Morgens ging ich immer in die Messe. Ich gewöhnte mich mehr
und mehr an die Möglichkeit eines religiösen Lebens. Wieder hatte
ich Träume, in denen sie mir erschien, und danach das Erwachen
ihrer Abwesenheit. Davon spricht auch dieses Epigramm:

In meinen Träumen kamst du mich besuchen
doch war die Leere, die du ließest, als du gingst,
die reine Wirklichkeit.

Eine Sache, die mir sehr schwerfiel, war die Wahl eines Ordens. Es ging nicht darum zu entscheiden, welcher mir am meisten gefiel, es gefiel mir nämlich keiner. Es war, als frage man einen zum Tode Verurteilten, auf welche Art er sterben möchte.

Doch da begann ich etwas zu empfinden, was auch dem heiligen Ignatius von Loyola widerfahren war. Auf der Burg, wo er sich von der Verletzung durch eine Kanonenkugel erholte, hatte er schon alle höfischen Romane gelesen, die es dort gab, und es fanden sich nur noch welche über das Leben der Heiligen, die er notgedrungen lesen mußte. Und er merkte, daß er, wenn er an seine Rückkehr an den Hof und zu seinem Soldatenleben dachte, Unruhe und Unwohlsein verspürte; und wenn er daran dachte, wie es wohl wäre, als Heiliger zu leben, dann fühlte er, wie ihn ein köstlicher Frieden erfüllte. Auch ich begann zu empfinden, daß beim Gedanken an ein religiöses Leben von irgendwoher so etwas wie Frieden auftauchte. Da sah ich, wohin die Reise ging. Genauso muß es dem heiligen Ignatius gegangen sein, als er immer mehr an die Heiligen dachte.

In jener Zeit schrieb ich das Epigramm mit den *esquirines* (das sind kleine Eulen), und vielleicht hat nie jemand darauf geachtet, daß es in weiblicher Form geschrieben ist. Es inspirierte mich dazu ein nicaraguanisches Volkslied, das jemand damals in der Zeitung »La Prensa« veröffentlicht hatte. Es ist eine Klage, die das Eulenweibchen an das Eulenmännchen richtet. Ich schreibe hier schon nicht mehr an irgendein Mädchen, es gab auch keines mehr. Das Epigramm war auf unbestimmte Weise an Gott gerichtet; oder es ist in Wirklichkeit die Klage der Seele an Gott. In den Ausgaben meiner Epigramme steht es für gewöhnlich am Schluß, weil es das letzte Epigramm meines Lebens war:

Wie in der Nacht das Eulenweibchen
das Eulenmännchen ruft von Ast zu Ast:

»Eulerich,
wenn du willst, daß ich gehe, gehe ich,
wenn du willst, daß ich gehe, gehe ich«,
und das Eulenmännchen sie auf seinen Ast lockt:
»Eule,
wenn du kommen willst, dann komm,
wenn du kommen willst, dann komm«,
und wenn sie dorthin fliegt, wo er ist,
der Eulerich auf einen anderen Ast fliegt,
so ruf' auch ich nach dir
und du fliegst fort.
So ruf auch ich nach dir,
und du fliegst fort

Am Samstag, dem 2. Juni, um die Mittagszeit, der Stunde der Hochzeit, war ich in meiner Buchhandlung, nur in Begleitung einer Angestellten, und plötzlich war auf der Straße, der Avenida Roosevelt, das Sirengeheul der Autokarawane von Somoza zu hören, das den Verkehr lahmlegte wie ein Krankenwagen oder wie die Feuerwehr, während sie mit Höchstgeschwindigkeit vorbeifuhren. Das war Somoza, der von der Trauung aus der Kathedrale kam und in seinen Präsidentenpalast zurückfuhr.

Jenes Sirengeheul klang mir in den Ohren wie Siegestrompeten. Ein Sieg über mich selbst. So seltsam das klingen mag, nahm mein Hirn ein deckungsgleiches Bild von Gott und dem Diktator wahr, als seien sie ein einziger; ein einziger, der über mich gesiegt hatte. Ich dachte daran, Pater Elizondo – einen Jesuiten, den ich besuchen wollte, um mit ihm über meine Berufung zu sprechen – zu fragen, ob man in Somoza etwa Gott sehen müsse, so wie in dem mysteriösen Satz des heiligen Paulus, daß alle Macht, alle Obrigkeit von Gott kommt. Ich war so niedergeschmettert, wie ich es nicht stärker sein konnte. Was ich spürte, drückt der Psalm aus, der den Titel »De profundis« trägt (*De profundis clamabo* ..., »Aus der Tiefe rufe ich zu Dir, Herr«). Da ergab ich mich Gott. Ich hatte das Gefühl, daß ich nun schon genug umsonst gekämpft hatte. Daß mir nichts anderes mehr übrigblieb, als Gott auszuprobieren. Alles riskieren! Und sehen, wie es mir damit ging. Ich sagte aus tiefster Seele: »Ich gebe mich hin.« (Alles, was ich hier erzähle, lief sehr schnell ab, auch wenn die Worte, die es erzählen, sehr langsam sind.) Als ich mich so hingab, spürte ich in mir eine Leere, die ich nicht anders bezeichnen kann als »kosmisch«. Die absolute Armut in mir selbst. Ich hatte jetzt nichts mehr. Bis zu dem Grade, daß ich, wie mir scheint, großes Mitleid mit mir empfand. In diesem Moment schien es mir, daß auch jemand anders großes Mitleid mit mir empfand. Und ich spürte, daß so etwas wie ein Windhauch in meine Seele fuhr, etwas sehr Subtiles, von dem ich schon zuvor ein wenig hatte probieren können: der Frieden des heiligen Ignatius. Doch jetzt wurde er immer größer; und ich wußte jetzt auch, woher das kam, was in mich Einzug hielt; und ich erinnerte mich an das, was der heilige Johannes vom Kreuz geraten hatte, und versuchte, es zurückzuweisen, um mich nicht mit etwas Falschem selbst zu täuschen. Und obwohl ich es zurückzuweisen versuchte, wurde es immer größer. Und es wurde von einem köstlichen Frieden zu einem großen Genuß, einer riesigen Lust, die immer größer wurde, bis ich sie nicht mehr auszuhalten vermochte. Und ich spürte, daß es mir sagte, mir mitteilte, ohne es in Worte zu fassen: »Das ist es, was ich schon so lange gewollt habe. Jetzt sind wir endlich vereint.« Und meine Seele fühlte sich schmutzig, beschämt. Und ich spürte, daß es mich immer stärker drückte, daß sie immer heftiger umarmt wurde von dieser grenzenlosen Lust. Und da sagte ich, er solle mir nicht noch mehr davon geben, weil ich sonst sterben müsse. Es schmerzte mich schon allzusehr. Und mir scheint, es stieg nur noch etwas mehr an und hörte dann auf. Und hinterließ mich benommen, verwirrt, und ich fühlte, daß jetzt mein Leben wirklich völlig anders sein würde. Und ich erinnere mich noch sehr gut daran, daß ich dachte, jetzt würde ich viel leiden müssen: In meiner Phantasie sah ich mich mit einer Dornenkrone auf dem Kopf. Weil ich dachte, ich könnte irgend etwas Verrücktes begehen, weil man, wenn man sein ganzes Leben so etwas wie dieses hat, jedes Leiden auszuhalten vermag. In diesen beiden Punkten täuschte ich mich. Was das Leiden angeht, und ob ich es ein ganzes Leben lang haben würde: Es hat sich mir niemals mehr wiederholt.

Nüchterner habe ich das im »Buch von der Liebe« beschrieben:

»Plötzlich fühlt die Seele Seine Gegenwart auf eine Weise, die jeden Irrtum ausschließt, und ruft, vor Schreck zitternd, aus: ›Du mußt der sein, der Himmel und Erde gemacht hat!‹ Und will sich verstecken und aus dieser Gegenwart verschwinden und vermag es doch nicht, weil sie wie mit dem Rücken zur Wand steht, zwischen Ihm und Ihm steht, und keinen Fluchtweg findet, denn diese Gegenwart durchdringt Himmel und Erde und durchdringt auch sie, und sie liegt in Seinen Armen. Und die Seele, die ihr ganzes Leben lang dem Glück nachgelaufen ist, ohne je satt zu werden, und ohne Unterlaß die Schönheit und die Lust und die Seligkeit und den Genuß gesucht hat, und immer mehr und mehr und mehr Lust wollte, ruft jetzt, ertränkt in einem Meer unerträglichen Genusses, uferlos und grundlos, vollkommen überwältigt aus: ›Genug! Genug! Laß mich nicht noch mehr Lust empfinden, wenn du mich liebst, sonst sterbe ich.‹ Durchdrungen von einer solch süßen Süße, daß sie Schmerz verursacht, einen unaussprechlichen, bitter-süßen Schmerz. Das alles währt vielleicht eine Sekunde und wiederholt sich vielleicht das ganze Leben nicht mehr, doch wenn diese Sekunde vorüber ist, dann findet die Seele, daß alle Freuden und Schönheiten und Lüste dieser Welt verblaßt sind, ›wie Dung‹ sind, wie die Heiligen es nannten (*skybala*, ›Scheiße‹, sagt der heilige Paulus), und sie wird niemals mehr an etwas Lust empfinden, was nicht Dies ist, und sie sieht, daß von jetzt an ihr Leben ein Leben der Folter und des Martyriums sein wird, weil sie verrückt geworden ist, sie ist verrückt vor Liebe und Sehnsucht nach dem, was sie gekostet hat, und sie wird alle Folter und alle Leiden erdulden, um sie noch einmal kosten zu können, noch eine Sekunde, noch einen Tropfen, diese Gegenwart.

Freundschaften, Wein, Frauen, Reisen, Feste, alles ist für immer verblaßt, und die Seele wird niemals mehr ein anderes Glück empfinden, das nicht das Glück ist, das sie gekostet hat.«

In diesem Text vermeide ich davon zu sprechen, daß mir das selbst widerfuhr, denn Pater Elizondo, den ich danach besuchen ging, um ihn von dem Geschehenen zu unterrichten, meinte, dies dürfe ich nur aus ganz besonderen Gründen jemals öffentlich machen. Denn, wie es auch die heilige Theresa sagt, man darf die Geheimnisse seines Königs nicht verraten.

Vor kurzem habe ich mich in »Teleskop in dunkler Nacht« freier gefühlt, darüber zu sprechen:

> Als am Mittag jenes 2. Juni, einem Samstag
> Somoza García wie der Blitz durch die Avenida Roosevelt fuhr
> und die Sirenen heulten, um den Verkehr zu bremsen
> da zogst im selben Augenblick, im gleichen Triumphzug
> wie diese Karawane, Du in mich ein
> und meine kleine Seele wollte ihre Scham bedecken.
>
> Es war fast eine Vergewaltigung
> doch unter Zustimmung,
> es konnte gar nicht anders sein,
> und jenes überwältigende Lustgefühl,
> das mich fast umbrachte
> und mich sagen ließ: Halt, nicht mehr,
> Du bringst mich um.
> So große Lust, die soviel Schmerz hervorbringt.
>
> Wie eine Art Penetration.

Jetzt, da ich meine Erinnerungen niederschreibe, mußte ich dies alles erzählen, sonst machte es ja keinen Sinn, Erinnerungen aufzuschreiben. Für mich war das Wichtige all das, was mich zu dieser Begegnung brachte und was wegen ihr nachher geschah. Ich bin jetzt 72 Jahre alt und wollte dies aufschreiben, bevor ich sterbe.

Als ich schon eine ganze Weile im Noviziat war, erzählte ich einmal, in einer Sitzung geistlichen Gesprächs mit Thomas Merton, aus ich weiß nicht mehr welchem Anlaß von dem, was mir damals geschehen war. Ich sah seinem Gesicht an, wie sehr es ihn beeindruckte, als ich ihm jene grenzenlose Lust schilderte. Und er schalt mich, weil ich ihm nicht schon früher davon berichtet hatte. Ich antwortete, er habe mich ja nie nach diesen Dingen gefragt. Er sagte, es sei sehr wichtig für ihn, davon zu wissen; daß ich für ihn immer ein Geheimnis gewesen sei, das er nicht habe entschlüsseln können. Er verstand nicht, wie ich so leicht auf meine Poesie hatte verzichten können und wie ich immer so zufrieden schien, ohne irgendeinen spirituellen Konflikt, ohne Ängste oder Krisen irgend-einer Art. Und daß er jetzt wüßte, weshalb. Und er meinte auch, daß es in meinem spirituellen Leben keine Veränderungen mehr geben würde, daß ich immer dasselbe haben würde, das ich jetzt hätte.

Es war Samstag nachmittag gegen ein Uhr, Zeit, die Buchhand-lung zu schließen. Bevor ich es tat, suchte ich mir ein religiöses Buch als Lektüre für das bevorstehende Wochenende aus, und mei-ne Wahl fiel auf den heiligen Johannes vom Kreuz. Ich rief ein Taxi und fuhr benommen, verwirrt nach Hause.

Den Berg besteigen

Als ich nach Hause kam, fragte mich meine Großmutter Agustina, die immer die gleichen Bücher las wie ich und der ich oft vorlas, welches Buch ich da in der Hand trage. Ich zeigte es ihr, worauf sie meinte, daß ich berufen sei und in einen Orden eintreten solle (sicher beeinflußte sie dabei, daß ich jeden Tag in die Messe ging). Augenblicklich spürte ich in mir, daß ich sie fragen mußte, in welchen Orden ich eintreten solle, und daß das, was sie darauf sagen würde, die Antwort Gottes sei.

Auf meine Frage antwortete sie ohne Zögern: »In den der Trappisten wie Thomas Merton.« Da traf mich wie der Blitz eine Überzeugung: Ich mußte Trappistenmönch werden. Es war eine Gewißheit, die mein ganzes Sein erfüllte, ohne daß es irgendeinen Zweifel darüber gab.

Zwei oder drei Monate lang hielt ich meine Berufung zum Trappisten geheim. Als ich sie endlich zu Hause enthüllte, war das eine Tragödie für meine Mutter, und auch meine Großmutter erschrak und meinte, ich solle mir einen weniger strengen Orden aussuchen. Ich antwortete ihr, daß der Anstoß dazu doch von ihr ausgegangen sei, aber sie erinnerte sich nicht daran. Niemals mehr. Ja, sie konnte sich nicht einmal vorstellen, wie sie so etwas hatte sagen können.

An diesem Samstagnachmittag sah ich so gegen drei Uhr vom Garten unseres Hauses aus das Flugzeug der Linie TACA vorbeifliegen, auf seinem Weg nach Mexiko. Zu jener Zeit gab es nur wenige internationale Flüge nach Managua, und man wußte meistens ganz genau, welcher Linie sie angehörten und wohin sie flogen. Ich hatte in der Zeitung gelesen, daß die Jungvermählten nach der Trauung auf Hochzeitsreise nach Mexiko gehen wollten. Es machte mir gar nichts aus. Nichts machte mir noch irgend etwas aus.

Ich war so verwirrt, daß ich nicht einmal beten konnte. Ich wußte nicht, daß diese Verwirrung ein hohes Stadium des Gebets war. Ich brauchte nur ein paar Sätze beim heiligen Johannes zu lesen, um sofort wieder in diesen Zustand zu fallen. Vielleicht wäre es besser zu sagen: in diesen Zustand aufzusteigen. Vielleicht noch besser: in diesem Zustand zu schweben.

Welches Glück, an diesem Abend in Gesellschaft dessen einzuschlafen, der mein Inneres bewohnte! Welche Seligkeit, am nächsten Morgen genauso aufzuwachen, wie ich eingeschlafen war!

Kurz nach jenem Samstag lud mich der Maler Rodrigo Peñalba zu einem kleinen Fest für Pablo Antonio Cuadra ein, im Kreise unserer Gruppe von Dichtern und Malern. Ich konnte nicht fortbleiben, ohne mich mit einer Lüge zu entschuldigen, doch ich entdeckte, daß ich jetzt auch nicht mehr lügen konnte. Wie sehr litt ich, dort sein zu müssen! Mehrmals schloß ich mich im Bad ein, um mit Gott allein zu sein. Und was für ein Aufatmen, als ich endlich gehen konnte! Welche Freude, in mein Zimmer zu treten und lächelnd einzuschlafen!

Ich befand mich in einem Zustand, als wäre ich in meinem Innern blind und taub. Ich fühlte mich wie geblendet durch jenes große Licht, denn es war auch so etwas gewesen wie ein großes Licht, das in mich hineinfuhr. Mir war schwindlig von jener köstlichen Leere. Ich las beim heiligen Johannes, daß wir uns wie in einem Gefängnis befinden, in dem es nur ein kleines Fenster gibt. Wenn es geschlossen wird, sieht und hört man nichts mehr. Genauso war auch ich wie verschlossen gegenüber allem Äußerlichen. Von allen meinen Gelüsten und Wünschen befreit, leicht und leer, erfüllt von Gott. Und zutiefst erschütterten mich jene Worte des heiligen Johannes, die ich zu lesen begann: »Alle Grazie, alle Anmut der erschaffenen Wesen ist, verglichen mit der Schönheit Gottes, äußerste Unbeholfenheit und äußerster Verdruß.« Und weiter: »Alle Genüsse und Geschmäcker in allen Dingen der Welt sind, verglichen mit allem Genuß, den Gott bedeutet, äußerster Schmerz, Qual und Bitternis.« Wie gut hatte ich das erfahren! Und jede äußerliche Lust schien mir jetzt bitter: rauchen, essen, Whisky trinken. Wenn ich etwas Wohlschmeckendes aß, verspürte ich einen Ekel, als wäre mein Mund ganz bitter. Ich mußte mich zum Essen zwingen und so tun, als schmecke es mir, bis ich ins Kloster eintreten konnte, was ich am liebsten sofort getan hätte.

Ich las auch beim heiligen Johannes, daß der, der Gelüste hat, »immer unzufrieden und verdrossen ist, wie der, der Hunger hat«. Ich hatte vorher diesen großen Hunger gehabt, ohne zu wissen, daß es Hunger war.

Ich war wie benommen, ohne etwas zu wollen oder zu denken. Ich fühlte mich innerlich leer, doch nicht leer von Gott, sondern von den Dingen oder von mir selbst, leer von jeglichem Interesse, allem Verlangen. Das Sonderbarste war, daß ich mich in einem Zustand befand, in dem ich mich an nichts erinnerte, so wie es dem heiligen Johannes zufolge geschieht. Doch konnte ich alle täglichen Verrichtungen tun, als ob sie jemand für mich unternähme, und immer ohne mich an irgend etwas zu erinnern. Ich konnte nicht die Zeitung lesen, auch nicht die »Time«, die ich sonst immer las, und ich konnte fast nicht reden.

Es waren die Tage des »Brandmals der Liebe«, von dem der heilige Johannes spricht: »Und dies vermag dies Brandmal der Liebe, das die von den Wunden des Elends und der Sünde bedeckte Seele heilt und dann mit den Wunden der Liebe bedeckt, und was Wunden aus anderen Gründen waren, werden zu Wunden der Liebe.« Und: »Jedesmal, wenn das Brandmal die Wunde der Liebe berührt, macht es eine noch größere Liebeswunde, und so heilt es mehr und mehr, je mehr es verwundet.«

Weil ich vorher jene Zweifel über meine Berufung hatte, riet mir mein Bruder Fernando, der damals schon Jesuit war, ich solle Pater Elizondo um Rat fragen, wenn er nach Nicaragua käme. Pater Elizondo war Novizenmeister in El Salvador und hatte offensichtliche Zeichen von Heiligkeit und eine besondere Gabe, die Berufung von jemandem zu erkennen. Fernando hatte er anvertraut, er könne manchmal schon beim Eintreten einer Person sehen, ob sie berufen sei oder nicht, noch bevor ihm die Person sagte, weshalb sie überhaupt gekommen war. Ich erzählte ihm, was mir widerfahren war, und auch von meiner Überzeugung, Trappist zu werden. Er antwortete, ihm schiene, dies alles käme von Gott, und daß ihm meine Berufung offensichtlich sei, daß ich jedoch aus Vorsicht drei Monate warten und erst dann meine Aufnahme in den Trappistenorden beantragen solle.

Ich sagte schon, daß hinter der Lagune von Tiscapa Managua endete. Wo heute Stadt ist, war damals eine liebliche Landschaft, ganz in der Nähe meines Hauses, die ich jedoch erst da entdeckte. Manchmal ging ich während des Tages mit dem Buch irgendeines Mystikers dorthin, um mich unter den Bäumen ins Gras zu legen und zu lesen. Wo vielleicht nur eine versprengte Kuh vorbeikam. Davon erfuhr niemand.

Oder ich ging nachmittags, um Lektüre und Stille zu genießen, auf die »Hügelesplanade«, wo heute das Hotel Intercontinental steht und die damals nichts als eine unberührte weite Fläche war, wo nur ab und zu mal ein Soldat auftauchte, weil es in der Nähe der militärischen Anlagen um den Präsidentenpalast lag, oder eine Gruppe von Baseballspielern in der Ferne, wo sie mich nicht störten.

Dies ist auch das Thema eines kurzen Gedichts, das ich in den »Cántico Cósmico« aufnahm:

> Einmal sah ich auf den See
> von dort, wo jetzt das Interconti in Managua steht:
> der See über die Dächer erhoben
> und die Boote so, als schwämmen sie in der Luft,
> und über dem See die blauen Berge,
> und über den Bergen der blaue Himmel.
> Wasser und Erde himmelfarben.
> Da war es, daß ich sagte:
> Wann werd ich dich von Angesicht zu Angesicht erblicken?

Doch waren dies nicht Tage zum Gedichteschreiben, sondern zum Schweigen. Zum Lieben. Zum Beten, ohne zu wissen, daß dies Beten war.

Von diesen Tagen handelt auch ein anderes Gedicht im »Cántico Cósmico«:

> Geduldig wie der Jäger
>   und der Fischer
>   hast du auf mich gewartet
> und ich war weit fort von dir.
> Hast viele Jahr' auf mich gewartet.
> Jahre meines verrückten Lebens,
> und sogar noch vor meinem Leben,
> und bevor die Berge waren.
>   Einmal paßte ich nicht auf,
> und als der Augenblick gekommen war,
>   da warst du wie der Jäger
>   und der Fischer
>   blitzschnell zur Stelle.

Auf dem Sinai hatte er sich mit Blitz und Donner gezeigt. Mir zeigte er sich mit den Sirenen von Somoza. Und ich bekam eine Gänsehaut, wenn ich mich an seine Ankunft erinnerte. Und ich erschrak bei dem Gedanken, daß er vielleicht nicht gekommen wäre.

An jenem Tag probierte ich ein Schlückchen Himmel. Und sagte mir: »Jetzt weiß ich, wie der Himmel schmeckt. Ich habe ihn eben probiert.«

Mein Freund, der Psychiater Mario Flores Ortíz, dem ich später von dem erzählen mußte, was mir geschehen war, und auch von meiner Berufung, Trappist zu werden, fragte mich, ob ich nicht meinte, daß mir das Schweigen sehr schwer werden könnte. Ich antwortete ihm: »Für den Moment fällt es mir nur schwer, zu reden.«

Tatsächlich fand ich mich in die Stille getaucht. Ich sprach nicht, wenn es nicht unbedingt sein mußte. Einmal näherte ich mich auf der Straße einem Freund, um mit ihm irgend etwas über Politik zu reden, ohne daß es eigentlich notwendig war. Hinterher fühlte ich mich unruhig, weil ich mein Schweigen gebrochen hatte.

Damals war es auch, daß ich verhaftet wurde.

An manchen Abenden ging ich, auf der Suche nach größerer

Einsamkeit und Stille, zum alten Park an der Kathedrale, in der Nähe des Sees, setzte mich auf eine der abgelegenen Bänke und betrachtete die Sterne. Diesmal gab es dort, weil Sonntag war, mehr Menschen, und so verließ ich den Park und setzte mich in der Dunkelheit auf einen Stein in einem verwilderten Grundstück und sah verzückt zum Firmament hinauf. Plötzlich kam ein Nationalgardist aus der Dunkelheit getreten und fragte mich mit wütender Stimme, was ich denn dort triebe. Ich antwortete ihm, daß ich die Sterne ansähe. Noch wütender wiederholte er seine Frage, sicher war meine Antwort für ihn keine Antwort. Er mochte denken, sie sei eine Ausrede, oder ich mache mich lustig über ihn oder rede in irgendeiner verschlüsselten Sprache, oder daß ich irgendeine schlimme Straftat vertuschte mit meiner Geschichte von den Sternen. Er entfernte sich ein paar Schritte und sprach mit einem anderen Soldaten, der auch herbeikam, um mich zu verhören. Auch diesem sagte ich das von den Sternen. Warum hatte ich mich dort versteckt? Weil ich allein sein wollte. Warum saß ich auf jenem Stein? Weil es keinen anderen Platz zum Sitzen gab. Wußte ich denn nicht, daß dies militärisches Sperrgebiet war? Nein. Weshalb war ich ohne Genehmigung hier eingedrungen? Weil mich niemand daran gehindert hatte, deshalb hätten sie in diesem Fall die Schuld daran. Der zweite Soldat, der Ranghöhere, meinte zum ersten, sie müßten mich mitnehmen, um mich weiter zu verhören. Weniger feindselig erklärte er mir, daß in der Nähe die Jacht von General Somoza liege, und sie seien dazu da, sie zu bewachen, deshalb sei dies hier militärisches Sperrgebiet. (Tatsächlich lag die Jacht ziemlich weit entfernt, und sie wurde fast nie benutzt.)

Während sie mich abführten, meinte der Ranghöhere, sie könnten mich freilassen, wenn ich ihnen zwölf Pesos gäbe, eine kleine Summe, weniger als zwei Dollar. Ich antwortete indigniert, ich würde ihnen nicht einen einzigen Centavo geben, obwohl ich in meiner Brieftasche »diese Summe und noch mehr« hätte. Ich war wütend über das, was sie mit mir machten; außerdem fühlte ich mich von Gott erfüllt und deshalb stark. Das war ein Fehler. Wir kamen an einer Ecke vorbei, und einer der beiden meinte, daß sich dort die Homosexuellen träfen; am Abend zuvor hatte er dort einen verhaftet. Der andere fragte mich, ob ich mich versteckt hätte, weil ich homosexuell sei. Man nahm mich mit auf die nahegelegene Polizeiwache. Ich dachte, dort könnte ich ihrem Kommandanten alles erklären, doch der ließ mich nicht ein einziges Wort sprechen, sondern brüllte mich mit Schreien an, die aus der Hölle zu stammen schienen. Er schrie, man solle mich in eine Zelle werfen. Diese Zelle hatte auf drei Seiten Wände, und auf der vierten bestand sie nur aus einem großen Gitter, das auf den See hinausging. Auf dem Boden lag ein Betrunkener in seinem eigenen Urin und Erbrochenen. Auch ich setzte mich auf den Boden, denn es gab keine andere Sitzgelegenheit. Hier wollte ich Gott genießen, mit dem See vor meinen Augen, die Schönheit der Nacht, den Wind, der vom See heraufwehte. Doch da war eine Blockade. Gott war abwesend. Es war wie eine »dunkle Nacht der Seele«.

Bei Tagesanbruch holten sie uns beide heraus und gaben uns Macheten, um den Rasen zu schneiden. Im Gras lagen Haufen menschlicher Exkremente voller Würmer, denn dort verrichteten die Soldaten ihre Notdurft. Ein bewaffneter Soldat brüllte uns an, wir sollten schneller schneiden, sonst würde er uns zwingen, die Scheiße mit den Händen wegzutragen. Einen Augenblick lang dachte ich daran, zu fliehen, trotz der Gefahr für mein Leben. Der Soldat ging auf und ab, kam näher und entfernte sich; er blieb eine Weile auf dem Rasenstück, wo wir arbeiteten, und verschwand dann, wer weiß wohin, um gleich darauf wieder aufzutauchen. Die Wiese hatte weder Zaun noch Mauer und lag zur Straße hin, und auf der Straße liefen Leute, und es führte die Bahnlinie vorbei, wo Waggons rangiert wurden. Ich dachte, daß ich, sobald der Soldat verschwand, die Straße erreichen und mich dort unter die Leute mischen und verschwinden konnte. Ich überlegte hin und her, ob ich es tun sollte oder nicht. Schließlich hielt ich mich zurück, denn bei einem Fluchtversuch konnten sie mich erschießen. Später kam ich auf den Gedanken, daß sich der Soldat vielleicht absichtlich versteckte, um mich dazu zu verführen. Er ging dann, und es kam ein anderer Soldat, der genauso brüllte, dann jedoch die Stimme senkte und meinte, wir sollten nur so tun, als würden wir hart arbeiten. Bald darauf hob er wieder die Stimme und beschimpfte uns schreiend, wir seien Faulpelze, um dann leise zu sagen, wir sollten uns keine Sorgen machen. So wechselten der Schutzmann und der Schutzengel einander ab.

Der Trunkenbold wurde bald darauf freigelassen. Mich wollte man gerade in ein größeres Gefängnis bringen, als der Befehl kam, mich freizulassen. Meine Mutter hatte, als ich die ganze Nacht nicht nach Hause kam, einen Verwandten angerufen, der einen hohen Rang in der Armee bekleidete. Als er herausfand, daß ich ohne Grund verhaftet worden war, befahl er sofort meine Freilassung. Später war es an mir, für die seine zu sorgen, als er, kurz nach dem Sieg der Sandinistischen Revolution und meiner Ernennung zum Kulturminister, mit einer fortgeschrittenen Krebserkrankung im Gefängnis saß. Er, der General Martínez, war kein Krimineller gewesen und hatte sich nichts zuschulden kommen lassen – eine Ausnahme in jenem Regime –, doch hätte man ihm sicher Schlimmeres vorwerfen können als mir.

Auf diese Nacht im Gefängnis, die Pedro Joaquín Chamorro in großer Aufmachung in seiner Zeitung »La Prensa« brachte, geht die Legende zurück, ich sei politischer Gefangener gewesen, man habe mich gefoltert und gar in ein Konzentrationslager gesperrt (die es während der Diktatur der Somozas überhaupt nicht gab). So viele Jahre nach meiner Verhaftung gestehe ich heute ein, daß ich der eigentliche Schuldige daran war. Ich war genauso arrogant zu ihnen wie sie zu mir, ich zeigte keinerlei gewaltfreie Haltung. Ich war hochmütig, indem ich den Soldaten jene zwölf Pesos verweigerte, die sie vielleicht am ganzen Tag nicht verdienten. Die kleine unmoralische Tat, sie zu bestechen, war nichts im Vergleich zur riesigen unmoralischen Tatsache, daß ich mehr Geld hatte als sie. Auch zu meinen, mir könne nichts passieren, weil ich Gott in mir hatte, war ein Irrtum gewesen, denn als sie mich verhafteten, trat Gott nicht für mich ein.

Als der Zeitraum vorbei war, den Pater Elizondo genannt hatte,

schrieb ich an die Trappisten. Ans Kloster »Our Lady of Gethsemani« in Kentucky, dem einzigen, das ich kannte, durch die Bücher Mertons. Doch bat ich nicht um Aufnahme, sondern um Rat,
in welches Kloster ich gehen könne. Ich erklärte, Kentucky sei, weil
ich aus den Tropen stamme, unter Umständen zu kalt für mich.
Außerdem wäre vielleicht ein Ort besser, wo man Spanisch spreche. Ohne Bezug auf meine Argumente zu nehmen, schickte man
mir einen Aufnahmeantrag mit der Aufforderung, ihn auszufüllen.
Ich betrachtete dies als Ausdruck des Willens Gottes, füllte das
Formular aus und schickte es ab. Daraufhin erhielt ich eine lange
Liste mit ärztlichen Untersuchungen, denen ich mich unterziehen
sollte, einschließlich eines psychiatrischen Tests, vorzugsweise des
Rorschachtests.

In Managua gab es eine große Heilige, Odilie Pallais. Seit 18
Jahren lag sie regungslos in einem Bett, weil sie in ihrer Jugend eine
schwere Herzerkrankung gehabt hatte, und man durfte sie nicht
aus dem Bett holen, nicht einmal, wenn sie gewaschen wurde. Sie
konnte kaum etwas zu sich nehmen; das einzige, was ihr Magen
vertrug, waren ein paar Happen gekochtes Gemüse, und das über
viele Jahre hinweg. Ich bewunderte sie, weil sie dennoch immer
fröhlich und sogar von Jubel erfüllt schien. Sie war Präsidentin des
Nationalen Laienapostolats der Kranken und bekleidete noch weitere Ämter, und sie empfing Besucher, die sie um Rat fragen oder
ihr von ihrer Berufung oder religiösen Bekehrung erzählen wollten.

So ging auch ich sie besuchen, ohne es jemandem zu sagen, um
ihr zu erzählen, daß ich Trappist werden wollte. Kaum hatte sie
mich im Türrahmen erblickt, da begrüßte sie mich auch schon mit
fröhlichem Singsang: »Wie geht's, Ernesto?« Ich fragte sie, woher
sie meinen Namen wußte, und sah, wie sie einen Augenblick verwirrt zu sein schien, als wisse sie nicht, was sie darauf antworten
sollte. Dann sagte sie: »Wie werde ich dich nicht kennen, wo du
doch genauso aussiehst wie deine Mutter?« Sie freute sich sehr über
meine Berufung. Danach besuchte ich sie noch häufig, auch mit
meiner Großmutter zusammen. Als ich später im Kloster war, unterhielt sie einen Briefwechsel mit Merton.

Bei einem der Male, daß ich sie besuchte, erzählte sie mir, ihre Krankheit sei eine große Gnade Gottes gewesen. Daß sie mit 15 Jahren am liebsten tanzte und gewiß ihre ganze Jugend vertanzt hätte, wenn sie nicht unbeweglich ans Bett gefesselt worden wäre. Gott gab ihr diese Krankheit, um sie zu sich hinzuziehen.

Die Ärzte meinten, wenn sie aufstünde und ein paar Schritte ginge, dann könnte sie sofort sterben, so schwach sei ihr Herz. Einmal gestand sie mir, daß sie manches Mal die Versuchung spürte, aufzustehen und diese Schritte zu tun. Sie mußte sich sehr anstrengen und fest ans Bett klammern, um dem Verlangen nicht nachzugehen: nicht »vom Kreuz herabzusteigen«, wie sie es nannte.

Für gewöhnlich sprach sie nicht von Mystik. Von Gott redete sie immerzu, konnte jedoch auch von allen möglichen anderen Dingen sprechen. Von den mystischen Zuständen schien sie nichts zu wissen oder sich ihrer nicht bewußt zu sein, vielleicht interessierte sie sich auch nicht dafür.

Als ich zum ersten Mal in ihre Wohnung kam, die im Militärhospital lag, war ich ganz entzückt von der Sicht, die man von dort aus hatte. Ihr Bett befand sich neben der Tür, die immer offenstand, und von dort sah man jene Landschaft, wohin ich immer heimlich gegangen war, um unter den Büschen zu lesen, und dahinter die Hügel im Süden von Managua. Ich sagte ihr, welch schönen Blick sie von ihrem Bett aus habe, und sie lächelte traurig. Ich glaube, sie wollte mir damit zu verstehen geben, daß er vielleicht schön war für den, der ihn zum ersten Mal genoß, doch diese gleiche Landschaft über Jahre sehen zu müssen war wohl ein großes Leid für sie.

Sie wohnte dort im Militärhospital, weil ihr Schwager, ein Oberst der Armee, Direktor des Hospitals war, abgesehen davon, daß ihr Zustand auch nichts anderes möglich machte. In jener Militärdiktatur, wo so vieles militarisiert wurde, war es das Militärhospital natürlich noch viel mehr. Es stand nur den Angehörigen der Armee zur Verfügung, und den wichtigen politischen Gefangenen, die während der Haft krank wurden oder, was häufiger der Fall war, von denselben Militärs gefoltert worden waren. So kam es, daß es oft in einem der verschiedenen Häuser einen Sperrbezirk gab, der ein Hochsicherheitstrakt war.

Einer der Eingänge in die Wohnung des Direktors führte durch ihr Zimmer, und oft kamen und gingen Soldaten vorbei, die sie immer freundlich behandelte. Sie machten auch einen freundlichen Eindruck, doch ich durfte wohl nicht annehmen, daß sie sich allzusehr von denen unterschieden, die ich im Gefängnis kennenlernte. Manchmal brachte sie ein paar von den Soldaten dazu, Lotteriescheine zu verkaufen, deren Erlös dem Laienapostolat der Kranken zugute kam.

Nie hörte ich von ihr irgendeine politische Meinung. José Coronel meinte einmal zu mir, sie hätte ihre eigene Art, Opposition zu betreiben, und das sei ihre Heiligkeit.

Sie war nicht die einzige Heilige während der Diktatur, es gab noch eine zweite. Ligia Sevilla Sacasa war die Schwester des Schwiegersohns von Somoza, der zweitwichtigsten Figur in der Regierung. Schon von Jugend an haßte sie die Bälle im Präsidentenpalast. Um nicht hingehen zu müssen, versteckte sie sich bei meiner Großmutter Agustina, die sie wie ihre Mutter liebte. Dann begann sie, sich immer ärmlicher zu kleiden, zum Entsetzen des Hofes um Somoza. Irgendwann floh sie, mit Unterstützung meiner Großmutter, nach Costa Rica, um dort in einen sehr armen Orden einzutreten, der dem Dienst an den Armen geweiht war. Seit vielen Jahren ist sie Oberin im Kloster. Auch sie gab keine politischen Urteile ab. Auch ihre Opposition war es, heilig zu sein.

In diesen ersten Monaten hatte ich eine »Erscheinung« der Jungfrau, wie die Leute es nennen. Ich sah sie nicht, sondern ich fühlte sie. Eines Abends betete ich kniend den Rosenkranz, als ich ganz deutlich spürte, wie sie mich an ihre Brust drückte. Sie hielt mich auf ihrem Schoß, als sei ich ein kleines Kind. Das dauerte ein ganzes Weilchen, und ich betete nicht weiter. Bis ich sie fragte, was ich mit dem Rosenkranz machen sollte, den ich vorher gebetet hatte. Sie antwortete mir in meinem Geiste, ich könne ihn in ihrem Schoß weiterbeten. Das tat ich auch, während ich mich immer noch an ihre Brust gedrückt fühlte. Bis sich dies alles nach und nach auflöste. Wobei sie mir allerdings vorher noch sagte, ich solle für den Frieden auf der Welt beten. Das wunderte mich, und ich dachte, es könne ein Irrtum meines Geistes sein, war doch zu jener Zeit Frieden zwischen den Großmächten. Weil ich müde war, legte ich mich jedoch schlafen, ohne für den Frieden auf der Welt gebetet zu haben. Am nächsten Tag brachten die Zeitungen achtspaltig die Nachricht von der Suezkrise, einer schweren, wenn auch kurzen Krise. Das Erlebnis läßt sich an Intensität und Transzendenz nicht mit dem vom 2. Juni vergleichen; es war von anderer Natur und lag auf anderer Ebene, einer oberflächlicheren Ebene. Als ich Merton das andere erzählte, berichtete ich ihm auch hiervon; er maß ihm keine Bedeutung bei, ich glaube, er gab kein klares Urteil über die Wirklichkeit des Geschehenen ab.

Vor nicht allzulanger Zeit fand ich unter alten Papieren eine Notiz, die ich offensichtlich nach meiner Bekehrung schrieb, auch wenn ich das Datum nicht genau zu bestimmen vermag. Sie paßt in diesen Zusammenhang, weshalb ich sie hier unverändert wiedergeben will:

> Ich weiß noch genau, wie ich manchmal meinen Freundinnen sagte, daß ich vielleicht berufen sei, und immer nahmen sie es ernst, auch wenn ich so tat, als sage ich es ein wenig im Spaß, und ich sah die Angst in ihren Augen. Sie spürten immer, daß etwas Ernstes daran war. In den Augen einiger sah ich sogar offenes Entsetzen. Und dies, obwohl ich manchmal nicht gerade ein vorbildliches Leben führte, was das Religiöse anging, das sie an den Ernst meiner Berufung hätte glauben lassen können.

September kam und der Tag, an dem Somoza getötet wurde. Ich war an jenem Tag sehr früh mit meinem Vater und meiner Mutter in die Messe gegangen, wie wir das alle Tage taten, und als wir aus der Kirche kamen, näherten sich uns ein paar, die uns erzählten, man habe um Mitternacht in diesem Viertel alle Oppositionellen verhaftet, viele von ihnen im Schlafanzug aus ihren Betten heraus, und daß es heiße, dies sei geschehen, weil am Abend Somoza in León bei einem Attentat verwundet worden sei. Als wir uns unserem Hause näherten, sahen wir, daß die »Hügelesplanade« voller Soldaten und anderer Menschen war, unter denen dasselbe Gerücht von Somozas Verletzung umging. Bald sahen wir auf der Esplanade einen Hubschrauber landen, von dem aus ein Krankenwagen losfuhr, nicht zum Präsidentenpalast, sondern zum Krankenhaus. Wenige Stunden später sollte in Managua ein von Präsident Eisenhower entsandtes Flugzeug landen, das Somoza in ein Hospital nach Panama brachte.

Zuvor hatte Somoza wissen lassen, es gebe eine Liste von 5000 Oppositionellen im ganzen Land, die sofort verhaftet würden, wenn ihm etwas geschehe. Ich betrat mein Haus gar nicht mehr, sondern versteckte mich bei meiner Schwester und ihrem Mann, die keinerlei politische Ausrichtung hatten und wo man mich nur schwer vermuten würde. Ich verbrachte sehr angenehme Tage in jenem Versteck, schweigend und in kleinen Teilen die Worte der heiligen Theresa lesend, und versunken in das Gebet der Stille, von dem sie spricht.

Eine Woche später wurde der Tod von Somoza verkündet. Man hatte ihn offensichtlich schon im Koma nach Panama gebracht, aus dem er nicht mehr aufwachte. Nach drei Tagen starb er, doch gab man dies erst ein paar Tage später bekannt, um seine Nachfolge in der Person seines Sohnes Luis zu sichern.

Ich erinnere mich an einen unheilvollen Sonnenuntergang, die Sonne inmitten von Rot und Purpur und großen, schwarzen Wolken, ein Himmel, der eher wie die Hölle wirkte, das war der Augenblick, als offiziell verkündet wurde, Somoza sei tot. Und man hörte auf der Straße die gleichen Höllensirenen von Luis Somoza, der soeben vom Kongreß zum Präsidenten ernannt worden war, während ich, der ich vor mich hingedöst hatte, genüßlich mit dem Band der gesammelten Werke der heiligen Theresa an meiner Seite einschlief.

Ich ging wieder auf die Straße hinaus, als man die Gefangenen freizulassen begann, es waren tatsächlich ungefähr 5000 im ganzen Land. Man hatte herausgefunden, daß nur drei oder vier Personen in die Tat verwickelt waren. Auch ich hatte mit vielen anderen dazu beigetragen, wenn auch ohne es zu wissen. Wir sammelten Geld, um das man aus El Salvador zur Finanzierung einer angeblich bevorstehenden Invasion bat (ich übergab meinen Anteil in Granada), doch danach erfuhren wir, daß es zur Finanzierung des Plans von Rigoberto López Pérez diente.

Rigoberto López Pérez schoß aus nächster Nähe alle Kugeln seiner Pistole auf Somoza ab, bei einem Fest, das man für ihn im Arbeiterclub von León gab, zur Feier seiner Wiederwahl (nachdem er schon 20 Jahre an der Macht war). Ich habe später über diese Tat geschrieben, motiviert durch das, was ich von Pedro Joaquín Chamorro erfuhr, der seinerseits nicht Augenzeuge war:

> Das hat man mir vor langer Zeit erzählt, jemand,
> dem es ein anderer erzählte, dem es noch ein anderer erzählte,
> der Zeuge davon war:
> und zwar kam Rigoberto López Pérez auf den Kirchplatz von
> León
> am 21. September 1956, am späten Nachmittag,
> und traf dort ein paar Freunde,
> und kaufte sich ein Stück Spanferkel
> und aß Spanferkel mit Yucca auf einem Bananenblatt,
> doch aß fast nichts, nur ein paar Bissen,
> er hatte keinen Hunger
> und warf das Fleisch mit Yucca im Bananenblatt zu Boden
> und sah einen stockbetrunkenen Arbeiter und einen Bettler
> und sagte: »Damit ist jetzt endgültig Schluß.«
> Und machte sich dorthin auf, wohin er gehen mußte.

Die Sirenen von Luis Somoza, die ich vorbeikommen hörte, erinnerten mich an diejenigen des alten Somoza, als er jenes Mal vorbeifuhr, mit Motorrädern vornweg, er selbst in seiner riesigen, gepanzerten schwarzen Limousine, die Lastwagen dahinter voller Soldaten mit Maschinengewehren, und Gardisten auch in einem sehr langen Fahrzeug, so lang, daß die Leute es den »Tausendfüßler« nannten. Und mit eben jenen entsetzlichen Sirenen, die ich so oft in den Straßen Managuas gehört hatte und die ich in einem Epigramm beschrieb:

Plötzlich ertönt in der Nacht eine Sirene
und heult lang, lang,
das dumpfe Heulen der Sirene
der Feuerwehr oder des weißen Todeskrankenwagens
wie der Schrei des Nachtgespenstes,
kommt näher und näher durch die Straßen
und über Häuserdächer und nimmt zu, nimmt zu und
wieder ab
und wächst, wächst, nimmt wieder ab und schwindet
heult auf und ab. Es ist kein Feuer noch der Tod.
Es ist Somoza, der vorbeifährt.

Nie hätte ich da gedacht, daß sie einmal so mein Leben beeinflussen sollten, und auf so tiefgreifende Weise. Denn ich spürte dabei deutlich, daß die Würde Gottes vorbeikam. Da war es auch, daß ich mich an den heiligen Paulus erinnerte und daran dachte, Pater Elizondo zu befragen, ob man in einer Diktatur Gott sehen könne. Diese Sirenen waren wie die Ruhmestrompeten Gottes, der gerade einen Sieg errungen hatte. Einen Sieg über mich; und ich ergab mich bedingungslos, so wie sich eine Nation ergibt, die vollständig unterworfen ist. Und ganz sicher war das Gott, denn alles, was geschieht, ist Gott. Sogar noch der Zufall ist nichts als ein anderer Name für Gott. Und er ist in jedem Ding, sagt Pater de Caussade, so wie er in dem brennenden Dornbusch vor Moses war. Somoza war Gott, genau wie Rigoberto, der ihn tötete.

Ich starb an jenem 2. Juni. Kurze Zeit später, im September, starb auch Somoza.

Ich hatte schon alle ärztlichen Untersuchungen hinter mir (sogar eine beim Zahnarzt), die man von Gethsemani aus verlangte, und es fehlte nur noch das psychiatrische Gutachten. Das war der Rorschachtest, und den konnte in Nicaragua nur mein Freund, Dr. Mario Flores Ortiz, machen, der im Gefängnis saß. Weil er der Kommunistischen Partei angehörte, war er unter denen, die man noch festgehalten hatte. Ich teilte dies dem Kloster schriftlich mit, fügte hinzu, daß er ein marxistischer Atheist sei, und fragte, ob er dann überhaupt geeignet sei, den Test mit mir zu machen. Man antwortete mir, ich könne den Test beim »guten Doktor Flores

Ortiz« machen und solle einfach warten, bis er aus dem Gefängnis entlassen werde.

Das zögerte meinen Eintritt ins Kloster noch mehr hinaus. Das Leben in der Welt wurde mir unerträglich, immerzu mußte ich mich verstellen, außer, wenn ich mich zurückzog. Endlich entließ man Flores Ortiz aus dem Gefängnis, meinen Freund, mit dem ich des öfteren ein Glas trinken gegangen war oder bis in die Morgenstunden in fröhlicher Runde im Hause von Rodrigo Peñalba gesessen hatte. Ich ging zu ihm und sagte, daß ich zum Arbeiten in die Vereinigten Staaten gehen wolle und daß man dort den Test von mir verlange. Er antwortete, er müsse wissen, welche Organisation den Test haben wollte, weil er ihn vertraulich dorthin senden müsse, ohne daß ich ihn sähe; daß dieser Test große Fehler und häßliche Dinge bei einem freilegen würde, die man nicht von sich wisse und die einem Schaden zufügten, wenn man sie erführe. Da mußte ich ihm meine Gotteserfahrung und meine Berufung zum Trappisten anvertrauen.

Nachdem der Test beendet war, sagte er, auch wenn er ihn mir nicht zeigen könne, so wolle er mir doch einige Sachen daraus sagen, die ich wissen dürfe. Ich entgegnete, mein größtes Interesse sei es zu erfahren, ob ich aufgenommen werden könnte. Er bejahte das und enthüllte mir dann ein paar Resultate: An erster Stelle, daß ich von der Sexualität besessen sei; zweitens, daß ich mich andauernd verstelle und es etwas Verborgenes in mir gebe, was ich verheimliche; und dann, daß meine geistigen Fähigkeiten rapide nachgelassen hätten, daß ich in einer Art Verwirrungszustand sei, verbunden mit einer großen Interesselosigkeit an allem, einer Passivität und Apathie. Ich sagte ihm, es stimme, daß ich wie benommen sei durch die Erfahrung, die ich hinter mir hatte, und daß mich nichts interessiere, was nicht mit Gott zu tun habe, und ich deshalb den Trappistenorden gewählt hätte. Und daß es mir lästig sei, mich immerzu verstellen zu müssen.

Danach meinte José Coronel zu mir, ich solle das mit der sexuellen Besessenheit nicht allzu ernst nehmen. Überhaupt seien Psychiater oft Idioten. Einmal habe er in Spanien zum berühmtesten Psychiater des Landes, einem Freund von ihm, gesagt, er leide unter sexuellem Zwang, worauf der ihm antwortete, das tue jeder, denn die Sexualität sei von Natur aus zwanghaft.

Später sollte mir Merton während einer geistlichen Unterweisungsstunde erklären, daß viele der abstrakten Figuren des Rorschachtests gerade dazu da sind, sexuelle Assoziationen zu wecken, und daß es eher anomal ist, wenn sie es nicht tun.

Ich mußte in der fröhlichen Runde der alten Freunde bleiben, weil es sich oft nicht vermeiden ließ. Aber ich war widerwillig bei ihnen. Es war nun schon bekannt, daß ich zu den Trappisten wollte. Bei einem dieser Feste meinte Rodrigo Peñalba, wie sehr er an mir bewundere, daß ich nicht nur das Rauchen aufgegeben hatte, sondern daß ich ganz ruhig ab und zu rauchen konnte, wenn man es mir anbot, was eine noch größere Willenskraft beweise. Ich schwieg daraufhin, ich getraute mich nicht zu bekennen, daß ich es nicht ganz hatte aufgeben können und deshalb ab und zu eine Zigarette annahm.

Armando Morales, der Maler, sagte mir in der Kunstakademie, er bewundere wie einen großen Helden jeden, der ins religiöse Leben eintrete, in die Priesterschaft oder einen Orden, auch wenn es nur für sechs Monate wäre.

Ich ging immer noch in die Kunstakademie, um dort meine letzten Tonfiguren zu modellieren, und tat das, bis ich Nicaragua verließ. Als an jenem 2. Juni meine Bekehrung stattfand, hatte ich den stilisierten Kopf eines Mädchens halb fertig in Ton modelliert, in dem von mir bevorzugten Schönheitstypus (ein Typus wie der von Christine oder Myriam). Nach jener verwirrenden Erfahrung zweifelte ich ein wenig, ob ich weiter an diesem Mädchenkopf arbeiten sollte. Ich fragte Pater Elizondo um Rat, denn ich empfand es fast wie eine Eitelkeit von mir: das Verlangen, der Nachwelt meine Schöpfungen zu hinterlassen, von denen alle Welt wüßte, daß sie von mir stammten. Pater Elizondo lächelte über meine Naivität und meinte, es bliebe sich gleich, ob ich damit weitermache oder nicht, denn bald müsse ich das alles auf jeden Fall hinter mir lassen. (Das war dann nicht so, denn bei den Trappisten entdeckte ich eine hervorragende Tonerde zum Modellieren, und Merton trug mir auf, Skulpturen zu schaffen.) So ging ich also in die Kunstakademie und zu meinem geliebten Mädchenkopf aus Ton zurück. Einmal, als ich, auf der Suche nach meinem Ton, in einen Raum eintrat, stand dort ein weibliches Aktmodell. Sie schrak zusammen und versuchte, sich mit den Händen zu bedecken, denn dort durften nur Maler und Bildhauer eintreten, für die sie Modell stand. Auch ich erschrak, vielleicht sogar mehr als sie, und versuchte, sie nicht anzusehen.

Das psychiatrische Gutachten mußte angekommen sein, denn ich erhielt vom Abt die Nachricht, daß man mich angenommen hatte. Er teilte mir auch mit, daß Merton mein Novizenmeister sein würde. Wenig später bekam ich einen sehr schönen Brief von Merton selbst, von vielleicht anderthalb Seiten Länge, der, wie ich mich erinnere, in blauer Schreibmaschinenschrift geschrieben war. Er war wie ein Brief von Dichter zu Dichter gehalten. Darin versuchte er, mir die Ängste zu nehmen, die ich haben könnte, und er sagte mir, daß ich die Bücher mitbringen könnte, die mir am wichtigsten waren, auch meine Gedichtbände, und daß ich keinen abrupten Bruch mit meinem Vorleben unternehmen, sondern meine authentische Persönlichkeit mitbringen solle, so wolle es Gott von mir, und ich solle nichts außen vor lassen, außer meinen Sünden, meinen Gelüsten und meinen Ängsten: ich solle alles mitbringen, was ich an Bescheidenheit, Großzügigkeit etc. habe, das sei meine Mitgift. Der Brief beeindruckte mich so sehr, daß ich nicht wußte, wie ich ihn beantworten sollte. Deshalb tat ich es erst gar nicht. Auch hatte ich nicht gewußt, daß er Spanisch sprach, und mein Englisch war nicht gut genug, um ihm eine Antwort zu schreiben, die seines Briefes würdig war. Leider ist er verlorengegangen, denn als ich fortging, verteilte ich alle meine Sachen unter Verwandten und Freunden, und ich erinnere mich nicht mehr, wem ich diesen Brief gab. Wer es auch immer gewesen sein mag, scheint sich nicht mehr zu erinnern, daß er diesen Brief erhielt und ihn vielleicht unter alten Papieren liegen hat.

Ich ernannte Ernesto Mejía Sánchez, der in Mexiko lehrte, zum

Verwalter meines Werks, das noch unveröffentlicht war, hatte ich doch noch kein eigenes Buch herausgegeben. Ich hinterließ druckreif mein Buch mit Epigrammen, die Übersetzungen von Catull und Martial, einige vereinzelte Gedichte und ein paar Texte, die ich in den letzten Tagen unter dem Titel »Stunde Null« versammelte. Ich hatte in der Zeit zuvor Fragmente eines Werks geschrieben, das ein breiter epischer Gesang über politische Themen Nicaraguas und Zentralamerikas werden sollte. Erst vier Teile daraus waren fertig, und ich hatte viele Notizen für noch unbeendete oder nicht einmal begonnene Fragmente. All dies Material zerstörte ich und vereinte nur die vier beendeten unter dem Titel »Gedichte der Stunde Null«; denn mein Geist konnte sich auf nichts anderes konzentrieren als auf das Thema Gott: Ich war unfähig, auch nur eine einzige Gedichtzeile zu schreiben. Ein spanischer Schriftsteller, der in jenen Tagen durch Nicaragua kam und die Fragmente kennenlernte, schlug mir vor, das »Gedichte der« zu streichen und nur »Stunde Null« zu lassen, denn er meinte, man könne es als ein einziges, geschlossenes Gedicht sehen. Für mich blieb es ein unvollendetes Gedicht, doch für andere ist es ein Text von großer Geschlossenheit. Eine Ironie, wie mir scheint, daß gerade die Einheit am meisten an diesem Gedicht gerühmt wird.

Nicht nur das Schreiben, auch das Lesen war mir völlig unmöglich. Ein Freund borgte mir ein sehr gutes Buch. Ich gab es ihm zurück, nachdem ich ein paar wenige Zeilen gelesen hatte, um vorgeben zu können, ich hätte es gelesen, ohne lügen zu müssen. Von jenem 2. Juni an verursachte mir alles, was mich vorher interessiert hatte, eine grenzenlose Langeweile. Jede Unterhaltung war mir unerträglich. Nicht auszuhalten, wegen meiner inneren Loslösung. Man langweilt sich immer, wenn über Dinge gesprochen wird, die einen nicht interessieren; weil mich jetzt nichts mehr interessierte, langweilte mich alles, was um mich her gesprochen wurde, entsetzlich. Daher jene Passivität, die Mario Flores Ortiz an mir festgestellt hatte.

Was Mario Flores angeht, so hatte ich mit ihm während eines unserer kleinen Feste einen kurzen Streit; unsere Freundschaft kannte das durchaus, bei seinem Standpunkt als Kommunist und meinem als Antikommunist. Ich sprach von der Wirklichkeit der Hochzeit mit Gott, und er lehnte dies völlig ab und meinte, jede Ehe sei dazu da, Kinder hervorzubringen, und mit Gott könne man keine Kinder zeugen, folglich auch keine Ehe eingehen. Ich gestehe, daß ich in jenem Augenblick keine passende Antwort fand; vielleicht erwähnte ich die spirituellen Kinder, vielleicht antwortete ich ausweichend. Jahrelang dachte ich über eine klare Antwort nach. Sicher habe ich spirituell Kinder gehabt, doch gibt es die in jeder mystischen Verbindung? Jetzt, nach 40 Jahren, hätte ich die tatsächliche Antwort für »den guten Doktor Flores Ortiz«, der kürzlich verstorben ist: außer den spirituellen Kindern, die es auch geben mag, ist die Frucht dieser Verbindung nicht individuell, sondern kollektiv: Es ist der neue Mensch, die neue Menschheit, der neue Kosmos; es ist die kosmische Frucht der Hochzeit eines jeden mit Gott, Hochzeit auch der gesamten Menschheit, einschließlich des »guten Doktor Flores Ortiz«.

Was das Heiraten angeht, so war die letzte Schönheit, die ich sah und die ich hätte heiraten wollen, ein Mädchen namens Ana María Portela. Ich sah sie nicht allzu oft. Ich erinnere mich daran, wie sie mit lachendem Gesicht Pingpong spielte. Ich sah sie noch ein paarmal, als ich mich schon in Gott verliebt hatte. Damals sagte ich mir, daß es vielleicht auf der ganzen Welt nicht mehr als 500 Mädchen gäbe, die so schön wären wie sie. Das war natürlich eine subjektive Einschätzung. Ich weiß nicht, ob sie meine Liebe erwidert hätte. Vielleicht nicht. Auf jeden Fall sagte ich mir: Der Schöpfer der Schönheit von Ana María Portela liebt mich. Sie war die Tochter des Geschäftsträgers der argentinischen Botschaft, ich hatte Freunde dort, weil die Botschaft direkt neben unserem Haus an der Esplanade lag, und vor allem, weil es Gegner von Somoza waren. Der Botschafter, mit dem ich mich sehr gut verstand, war General Toranzo Montero, einer der Führer des Militärputsches, der Perón zu Fall brachte. Perón floh von Argentinien aus zunächst nach Nicaragua und war Gast Somozas im Präsidentenpalast. Deshalb schickte man jenen hohen Militär; doch anscheinend auch, um ihn von der Macht fernzuhalten, denn eigentlich hätte er Mitglied der Regierungsjunta werden müssen. Später erfuhr ich, daß man ihn nach seiner Rückkehr nach Argentinien zum Generalstabschef ernannte. Er unternahm dann mehrere Putschversuche, die zwar fehlschlugen, doch die rechten Militärregierungen auf den Plan riefen, die danach in Argentinien regierten.

Der Schwiegersohn von General Toranzo, Mario, der mir das Buch geliehen hatte, das ich nicht lesen konnte, fragte mich, was es mit meiner Entscheidung, Mönch zu werden, auf sich habe. Ich antwortete, es sei wegen meines Verlangens nach Einheit mit Gott. Worauf er meinte: »Aber was hat das denn für eine Dynamik?« Mich überraschte der Gebrauch des Wortes »Dynamik«. Ich sagte, es sei einfach eine Frage des Sich-Verliebens. Ein Sich-Verlieben in jemanden, der unsichtbar sei. Und darüber könne man nicht streiten, wie man auch nicht mit jemandem streiten könne, der sich in eine Frau verliebt hätte, die andere nicht schön fänden.

Als ich schon kurz vor meinem Eintritt ins Kloster stand, mußten wir unsere Buchhandlung schließen. Seit einer Weile bereits hatten wir Verluste gemacht. Weil ich unsere Pleite kommen sah, hatte ich Ernesto Mejía Sánchez geschrieben, einem Professor an der Universität von Mexiko, der zugleich gute Beziehungen zu vielen Universitäten in den USA besaß, er möge mir doch dort eine Professur besorgen. Bald schrieb er mir, er hätte eine Stelle für mich in Oregon, doch inzwischen benötigte ich sie nicht mehr. Wir mußten nun also die Buchhandlung schließen und bezahlten sogar alle Schulden, außer der größten, die wir nicht bezahlen konnten und die uns auch keine Skrupel verursachte, weil wir damit niemanden schädigten: Es ging um eine spanische Vertriebsfirma, die dem Staat gehörte, das war zu jener Zeit der Staat Francos. Irgendwann danach kam ein Vertreter der Firma und versuchte, die Schuld einzutreiben, doch mein Bruder Popo teilte ihm mit, diese Buchhandlung habe nur zwei Besitzer gehabt, von denen der eine inzwischen Trappistenmönch und der andere im Gefängnis sei. Tatsächlich hatte mein Geschäftspartner Reynaldo Antonio Téfel an dem gescheiterten Landungsversuch in Olama und Mollejones teilgenommen, zusammen mit Pedro Joaquín Chamorro, und war dort mit allen anderen gefangengenommen worden. Die Vertreter der spanischen Firma kamen nie wieder.

Ich war inzwischen dabei, meine Reisepapiere bei den Behörden in Ordnung zu bringen. Damals, unter der Diktatur, kontrollierte man nicht nur die Einreise der Nicaraguaner, sondern manches Mal auch die Ausreise. Während ich meine Behördengänge unternahm, suchte mich in einem der Büros auch ein Jesuit auf, der sich von mir verabschieden wollte; er war Freund und Verwandter der Somozas und gleichzeitig vieler Oppositioneller, darunter auch ich. Er hatte gerade mit Hope gesprochen, der Frau von Anastasio Somoza Debayle (der nach seinem Bruder Luis der dritte Präsident Somoza werden sollte, bis ihn die Sandinisten stürzten). Sie hatte ihn rufen lassen, um ihn nach meinem Eintritt in den Trappistenorden zu fragen, der ihre Neugier geweckt hatte. Sie hatte Merton gelesen, wie er mir erzählte, und wußte gut über die Trappisten Bescheid. Sie hatten sich in ihrem Auto unterhalten, während sie in der brütenden Mittagshitze durch die Straßen Managuas fuhren, die Fenster geschlossen und drinnen eiskalte Temperatur (Klimaanlagen für Autos waren damals noch kaum bekannt). Hope Portocarrero war jenes Mädchen gewesen, das ich mit meinem Cousin Filadelfo im Bernard College der Columbia University getroffen hatte und mein ganzes Leben lang nicht wiedersah. Sie hatte romanische Sprachen studiert und sich auf Portugiesisch spezialisiert. Sie war nicht kultiviert, sondern ein Snob, obwohl sie beim allgemeinen kulturellen Mangel Nicaraguas in jener Zeit als kultiviert erscheinen mochte, vor allem im Vergleich mit der bodenlosen Dummheit ihres Mannes.

Sie pflegte zwei Soldaten in meine Buchhandlung zu schicken, um mich zu bitten, ich solle für sie einen Stapel Bücher auswählen. Ich suchte die aus, die ich für sie am interessantesten hielt. Ich wußte, daß sie in Englisch sein mußten, denn sowohl sie selbst als auch ihr Mann sprachen besser Englisch als Spanisch, und die Sprache, die sie in ihren vertraulichen Gesprächen benutzten, war Englisch. Ich suchte Bücher mit Themen aus, die in den USA gerade in Mode waren, ein wenig anspruchsvoll, doch nicht zu sehr, oder elegante Bücher über Innendekoration oder gutes Essen. Sie nahm dann einige davon und schickte die anderen wieder zurück. Doch nie setzte sie einen Fuß in die Buchhandlung.

Sie war beim Volk verhaßt. Auf doppelte Weise: wegen des Hasses auf ihren Mann und aus Gründen, die sie selbst verursacht hatte. Es war eine Zweckheirat von Cousin und Cousine gewesen, Somoza junior war in eine andere verliebt, und sein Vater mußte ihn mit dem Tode bedrohen, wenn er nicht seine Cousine heiratete. Die Hochzeit war die verschwenderischste, die es je in Nicaragua gegeben hatte, der alte Somoza lief dabei mit einer 100.000 Dollar-Uniform durch die Straßen. Eine Hochzeit, die nur zu vergleichen war mit der, die Jahre zuvor die Tochter des Tyrannen mit Guillermo Sevilla Sacasa gefeiert hatte, dem Bruder von Ligia Sevilla Sacasa, der Heiligen.

Als die Revolution siegte, hatte sich Hope längst nach London abgesetzt. Die Residenz der beiden, die sie bewohnt hatten, nachdem der Präsidentenpalast vom Erdbeben zerstört worden war, wurde dem Kulturministerium zugewiesen. Eigentlich wollten wir dort ein Kulturzentrum einrichten, doch gab es keine Räumlichkeiten für das Ministerium selbst, und so mußten wir es wohl oder übel dort ansiedeln. Das Haus war vom Volk geplündert worden. Wir stellten fest, daß der größte Raum des ganzen Gebäudes das Badezimmer von Hope gewesen war: die Wände ganz von Spiegeln bedeckt, eine Badewanne wie im alten Rom, und ein seltsam gebautes Möbelstück, das die zahllosen Kosmetika und eine Bar enthalten hatte.

Ich hatte anfangs mein Büro in den Gemächern von Carolina, der Tochter. Ich behielt eine freundliche Erinnerung an sie, hatte ich doch erfahren, daß sie auf der Schule, wo ihre Klassenkameraden nichts mit ihr zu tun haben wollten, einmal laut in Tränen ausgebrochen war und gerufen hatte: »Ich bin doch nicht schuld, daß ich einen solchen Vater habe!« Und eines Tages war sie mit einer Gruppe von Mädchen zu einem Ausflug nach Solentiname gekommen und war hinter allen anderen hergegangen, als schäme sie sich. Sicher dachte sie, ich würde sie abweisen. Ich wußte jedoch schon von jenem anderen Vorfall und behandelte sie ausgesprochen zuvorkommend. Hinterher erfuhr ich, daß Somoza im Präsidentenpalast rasend vor Wut auf sie geworden war. Er schrie sie an, ob sie ihm nicht als Andenken »ein graues Haar aus dem Bart dieses Pfaffen« mitgebracht hätte. Als er an der Atlantikküste die Truppen für die Invasion in der Schweinebucht auf Cuba verabschiedet hatte, sagte er, man solle ihm ein Haar aus dem Bart von Castro mitbringen. Vielleicht eine unbewußte Assoziation der beiden Bärte. Später, als wir dort während der Revolution in jenem Ministerium waren, erfuhr ich auch, daß sie in London den Nachnamen Somoza abgelegt hatte und sich nur noch Portocarrero nannte.

Mein Ministerbüro wurde später in den größten Raum verlegt, das Badezimmer von Hope. Seltsame Zusammenkünfte mit jemand, die ich nur ein einziges Mal im Bernard College kennengelernt hatte und am nächsten Tage wiedertreffen wollte, und niemals mehr sah, obwohl sie solange in Nicaragua herrschte. Und seltsam auch, daß ich dann Kulturminister in ihrem Badezimmer wurde. Ich frage mich, was Hope wohl gefühlt haben mochte, bevor sie in Miami an Brustkrebs starb, als ihre zweite Tochter Carla (die auch ihren Nachnamen Somoza abgelegt hatte, um sich nur noch Portocarrero zu nennen) in New York in die Gemeinschaft der Nonnen von Mutter Theresa in Calcutta eintrat. Ein Orden, der viel strenger ist als der der Trappisten, nach dem sie sich damals so neugierig erkundigte.

Ich hatte meine Ausreiseerlaubnis erhalten, es kam die Stunde des Abschieds. Meine greise Großmutter mußte zu Hause bleiben, und der Schmerz meiner Mutter war so groß, daß sie nicht den Mut fand, mit zum Flughafen zu kommen. Sie umarmte und küßte mich unter Tränen und Geschrei, als sei ich ein toter Sohn. Ich spürte – eher wegen ihr als wegen mir selbst – das, was die heilige Theresa fühlte, als sie sich von ihrem Vater verabschiedete, um ins Kloster zu gehen: daß sich ihr alle Knochen voneinander lösten. Als ich auf den Flughafen kam, sagte man mir, ich könne nicht ausreisen, weil mein Visum nicht gültig sei, es fehle die Unterschrift des Beamten. In rasendem Tempo brachte mich mein Vater auf das Amt. Ich wurde so schwach, Gott darum zu bitten, daß sich der Abschied von meiner Mutter nicht noch einmal wiederholen möge. Ich sage Schwäche, weil man nicht mehr darum bitten darf, nicht zu leiden, wenn man das Leiden schon angenommen hat. Das »Herabsteigen vom Kreuz«, wie Odilie Pallais gesagt hätte. Wir kamen zeitig genug mit der Unterschrift zurück, um die Maschine noch zu erreichen. Als ich schon über die Startbahn zum Flugzeug hinging, kam mein Cousin Filadelfo hinter mir hergelaufen (ich weiß nicht, wie er es geschafft hatte, auf die Startbahn zu kommen, was streng verboten war) und flüsterte mir ins Ohr, ich solle bei den Trappisten für den Sturz der Diktatur Somozas beten.

Dann ging ich die Gangway zur Maschine der Pan American hinauf und begab mich auf den Flug, mit dem ich dieses Buch begann.

Das Noviziat

Am 14. Mai 1957 trat ich ins Noviziat ein. Als alles in voller Blüte stand. Gerade sind, 35 Jahre später, die Tagebücher erschienen, die Merton in jenen Jahren schrieb, und dort beschreibt er genau einen solchen Tag wie jenen:

> 2. Mai 1961
> Heller Nachmittag. Dies ist der Tag, an dem sich endlich alles öffnet und die grünen Wälder auf den Hügeln ihr Laubkleid ganz angelegt haben. Die herrlichste Zeit des Jahres.

Es war Frühling in Gethsemani, die Zeit des »Hohenliedes Salomos«, und genau dies war das Buch, das ich im Gästehaus las (und blieb auch während des gesamten Noviziats meine liebste Lektüre). Vogelgesang den ganzen Tag über. Und es gab die Nacht kaum. Ich fühlte, daß alles Gesang und Liebe war, fühlte, daß mir Gott in diesem Frühjahr, das mich umgab, sagen wollte, wie sehr er sich über mein Kommen freue. Alles Auferstehung und blühende Ostern. Im Chor waren die Seiten der großen Bücher voller Halleluja. Es gab zwei große Bücher, das eine war der Psalter, das andere das Antiphonale, das Chorgesangbuch, die beide abwechselnd für das Singen des Stundengebetes benutzt wurden, beide Bücher immer für den Gebrauch von je zwei Novizen. Die musikalischen Zeichen und Noten jener Bücher waren für mich völlig unverständlich und sollten es immer bleiben, bin ich doch von Geburt an ganz und gar unmusikalisch, doch tanzten sie fröhlich vor mir wie die Partituren von Liebesliedern, beliebten Volksweisen für Liebespaare, während gleichzeitig draußen die Vögel sangen. Und auch die Noten tanzten auf den Seiten der Bücher wie die Vögel auf den Zweigen.

Sicut passer ... (»Wie der Vogel ...«). Ich fühlte, daß auf mich jener Psalm 124 besonders paßte, der immer während des Stundengebetes wiederholt wurde, mir scheint, zur *hora sexta* (zu Beginn des Abends):

> Unsre Seele ist entronnen wie ein Vogel
> dem Netze des Vogelfängers:
>> das Netz ist zerrissen, und wir sind frei.

Das war es, was Tausende von Vögel sangen in jenem Frühling von Gethsemani. Meine Seele war in der Klausur des Klosters genauso frei wie sie alle. Wie der, der vom Rasen aufs Dach flog, vom Dach auf den Zweig, vom Zweig auf die Mauer und von der Mauer wieder auf den Rasen.

Gute Dienste leistete mir da mein kleines *pocket book* vom Flughafen in Miami. So erfuhr ich zum Beispiel, daß jener schillernd schwarze Vogel, der so sehr unserem *zanate* ähnelte, »Star« genannt wurde. Ich durfte keine Gedichte schreiben, mir hingegen wohl Notizen machen. Aus einer Notiz, die ich mir damals über jenen Frühling machte, entstand später, nach meinem Weggang aus dem Kloster, folgendes Gedicht:

> Man hört die Trecker auf den Wiesen.
> Die Pflaumenbäume blühen rosarot.
> Sieh nur: Auch die Apfelbäume blühen.
> Geliebter, dies ist die Jahreszeit der Liebe.
> Die Stare singen im Maulbeerbaum.
> Die Straßen riechen nach frischgesprengtem Asphalt,
> und die Autos fahren vorbei mit dem Lachen von Mädchen.
> Sieh nur: Die Jahreszeit der Liebe ist gekommen.
> Jedem Vogel fliegt ein anderer hinterher.

Und überall Lächeln. Von alten Mönchen und jungen Novizen. Ich dachte: Vielleicht war einer von denen hier einmal Pilot; oder ließ es sich auf seiner Jacht gut gehen; oder war ein großer Trinker; oder ein Baseballfan; oder liebte eine Frau; oder viele Frauen; oder zog in den Krieg und brachte jemanden um; oder bombardierte eine Stadt und brachte Tausende um. Jetzt defilierten sie mit ande-

ren Namen durch das Kloster. Alle waren auf der Suche nach demselben wie ich. Deshalb hatten alle auch dasselbe Lächeln auf dem
Gesicht.

Es kam mir wie ein Traum vor, in Gethsemani zu sein, ich, der
ich mich noch vor kurzem in der 12-Uhr-Messe in der Kathedrale
gelangweilt hatte. Und ich hatte Angst, plötzlich nach einem
feuchtfröhlichen Abend aufzuwachen und derselbe zu sein wie vorher. Ich sah, daß mir die Veränderung ganz leicht wurde. Es war ein
Wunder. Und tatsächlich: Ich hatte vorher geglaubt, Christus
meinte, wenn er von seinem »sanften Joch« sprach, genau dies: ein
»sanftes« Joch, doch trotz alledem ein Joch (und ich gestehe, daß
ich im Grunde nie besonders überzeugt war, daß es so sanft sein
würde). Und jetzt fand ich heraus, daß Christus das Wort »Joch«
ironisch gebraucht hatte, denn es gab dieses Joch überhaupt nicht.
Wie ein Verliebter, der im Spaß vom »Joch der Liebe« spricht.

Die Augenblicke menschlicher Liebe, die ich in meinem vergangenen Leben gehabt hatte, waren für mich von großer Seligkeit
gewesen: sie glichen ihm vielleicht nicht, waren ihm aber doch
ähnlich, dem allgemeinen Zustand von Verliebtheit, in dem ich
mich jetzt befand. Nur daß er jetzt andauernd vorhanden war und
nicht nur in kurzen Momenten wie früher.

Und oft wiederholte ich mir, daß ich immer die Frische dieser
Liebe der ersten Tage erhalten müsse; vermeiden, daß meine Ehe
zur Routine wurde.

Ich kam nach Gethsemani zur Zeit der »17-Jahres-Grillen« *(the
seventeen years' locust)*. Sie schlüpfen nur alle 17 Jahre. Diese ganze
Zeit über verbringen sie unter der Erde im Larvenstadium. Sie haben einen so langen Zyklus, damit kein natürlicher Feind auf sie
warten kann. Nach all den Jahren gibt es keinen, der sich erinnerte,
daß dies der Termin ihres Schlüpfens ist. Das ganze Kloster und die
umliegenden Wälder erklangen vom Zirpen der Millionen Grillen.
Als Merton uns Novizen gegenüber das Schlüpfen dieser Grillen
erwähnte, las ich mehr darüber in einem Naturkundebuch in der
Bibliothek des Noviziats. Ich machte mir ein paar Notizen, mit
denen ich später, außerhalb des Klosters, dieses Gedicht schrieb:

Ostern auferstehn die Grillen
– die 17 Jahre lang als Larven in der Erde liegen –
Millionen und Millionen Grillen
die den ganzen Tag nichts anderes tun als singen
und in der Nacht noch singen sie.
Allein die Männchen singen:
die Weibchen bleiben stumm.
Doch sie singen nicht für ihre Weibchen:
denn diese sind auch taub.
Der ganze Wald hallt wieder vom Gesang,
und sie allein im ganzen Wald sind dafür taub.
Für wen singen die Männchen?
Und weshalb singen sie soviel? Und was singen sie wohl?
Sie singen wie Trappisten, die im Chor
vor ihren Psaltern und Antiphonalen
das Invitatorium zur Osterfeier singen.
Am Monatsende wird das Singen traurig
und nach und nach schweigen die Sänger
und dann sind nur noch einzelne zu hören
und schließlich keiner mehr. Sie kündeten die Auferstehung.

Es waren auch Symbole meiner Auferstehung. Ich, der ich so viele
Jahre lang tot gewesen war: »Er war tot und ist auferstanden.« Gott
empfing mich mit diesen Grillen. Merton sagte mir: »Jetzt in diesem Wald zu sein ist, als sei man direkt in der Schöpfungswerkstatt,
wo Gott kommt und geht und seine Experimente macht.«

Ich trat also am 14. Mai ins Noviziat ein, und in Mertons Tagebuch, das nun erschienen ist, kann ich lesen, was unter dem Datum des 28. Mai 1957 eingetragen steht:

> Dies ist das Jahr der 17-Jahres-Grillen. Jetzt schweigen sie
> schon beinahe alle wieder in den Wäldern. Die Wälder hier in
> der Nähe sind fast schon wieder ganz still. Man kann ihren
> Klang ganz weit weg in den fernen Wäldern hören. Als sie vor
> ungefähr zwölf Tagen begannen, dachte ich zunächst, es wären
> Kröten oder ferne Krähen. Vor einer Woche war der Lärm
> enorm groß. Die ganze Erde vibrierte von ihrer Liebe, die alles
> beherrscht. Unendliches Treiben im Wald.

Im Gegensatz zum Gästehaus war das Klosterinnere einfach und karg, in der traditionellen Sparsamkeit der Zisterzienser, doch kombiniert mit der Effizienz, Hygiene und Sauberkeit des nordamerikanischen Lebensstils. Das Kloster war weder schön noch häßlich, weder modern noch altertümlich, sondern schlicht alt. Die Kirche war neogotisch, ein Imitat also. Doch all das war von großer Naturschönheit umgeben: Gärten, Wiesen, Wäldern, Feldern, fernen Hügeln und Bergen.

Und so war auch die Sicht, die man von allen Plätzen des Klosters aus hatte. Vor allem die Sicht auf die umliegende Landschaft von den Gärten des Noviziats aus, wo wir viel spazierengingen, war schön; und noch schöner vom Friedhof aus, der etwas erhöht auf einer Terrasse lag und auch ein eigener Garten war, außerhalb der Grenzen des Noviziats, hinter der neogotischen Kirche, wo wir Novizen aber dennoch hingehen durften. Und das taten wir auch. Es gefiel uns, zwischen den Gräbern zu spazieren. Richtiger gesagt: über den Rasen – denn es gab keine Gräber –, der zu jener Jahreszeit voller Vögel war. Es ist der einzige nicht traurig stimmende Friedhof gewesen, den ich in meinem Leben gesehen habe, ein grüner Rasen mit Eisenkreuzen, die nur den Namen, Geburts- und Sterbedatum eines jeden Mönchs trugen. Ich betrachtete das gern, denn weil ich gekommen war, um mich dort für den Rest meines Lebens einzuschließen, sollte dies auch der Ort sein, wo man mich begraben würde, um wiederaufzuerstehen. Manche Novizen suchten neugierig nach dem Namen dessen, der als letzter vor ihnen den gleichen klösterlichen Namen getragen hatte; denn man gab uns Namen, die vorher ein anderer Mönch getragen hatte. Das gleiche tat auch ich, als man mir meinen Klosternamen gab. Über jenen fröhlichen Ort der Wiederauferstehung machte ich mir ein paar Notizen, die später zu diesem Gedicht wurden:

Zum Friedhof der Trappisten kommt der Frühling
zum grünen Friedhof frischgeschnittenen Grases
mit seinen aufgereihten Eisenkreuzen wie die Saat,
wo der Kardinalsvogel seine Geliebte ruft, und die Geliebte

dem Ruf ihres roten Liebhabers antwortet.
Wo der Zaunkönig Zweiglein für sein Nest sucht
und man den gelben Traktor brummen hört
jenseits der Straße, wo er die Wiese mäht.
Jetzt seid ihr Phosphor, Stickstoff und Pottasche.
Und mit dem abendlichen Regen, der die Wurzeln freilegt
und die Keime schießen läßt, nährt ihr die Pflanzen
wie ihr euch von den Pflanzen nährtet, die vorher Menschen
                                         waren
und vorher Pflanzen und vorher Phosphor, Stickstoff und
                                     Pottasche.
Doch wenn der Kosmos einst zum ursprünglichen Wasserstoff
                                   zurückkehrt
– denn wir sind Wasserstoff und zu Wasserstoff müssen wir
                             wieder werden –,
ersteht ihr nicht alleine wieder auf, so wie man euch begrub,
sondern in eurem Körper ersteht die ganze Erde wieder auf:
der Regen gestern abend, das Nest des Zaunkönigs,
die schwarzbunte Holsteinkuh dort auf dem Hügel,
die Liebe des Kardinalsvogels, und der Maitraktor.

In jenen Maitagen gab es feierliche Prozessionen des gesamten Klosters in den Kreuzgängen. An drei aufeinanderfolgenden Tagen wurden Litaneien mit der Bitte um gute Ernte gesungen, und es war eindrucksvoll, die lange Reihe der weißen Mönche zu sehen (mich eingeschlossen, denn ich hatte da schon mein Ordenskleid) und dahinter die Laienbrüder mit ihren dunklen Kapuzen, wie eine Szene aus dem Mittelalter oder aus Hollywood. Weshalb diese Prozessionen im Kloster abgehalten wurden und nicht auf den Feldern, weiß ich nicht. Zur Segnung der Felder fuhr nur ein Jeep hinaus.

Im gleichen Monat Mai bekam ich also auch mein Ordenskleid. Es bestand zunächst aus so etwas wie mittelalterlicher Unterwäsche: einer Art Hemd oder Unterhemd, das am Hals nicht zugeknöpft, sondern gebunden wurde (Knöpfe gab es überhaupt nicht), und Unterhosen aus einer Art Baumwollrupfen, die bis zu den Knien reichten; eine Art Strümpfe, die an diese Hosen gebunden wurden und die Beine bedeckten, aber nicht die Füße; und eine Art Socken an den Füßen, darüber die Schuhe, die der Schuster des Klosters gemacht hatte, größer als die eigentliche Schuhgröße, die man besaß, damit jene Socken hineinpaßten. All dies ziemlich kompliziert, bis man sich daran gewöhnt hatte, so wie sich jeder mittelalterliche Mensch daran gewöhnt haben mochte. Das war die Unterwäsche. Die eigentliche Kutte, das Äußere, war die weiße Tunika oder, sagen wir, Soutane, die an der Taille mit einem weißen Gurt aus demselben Stoff geschnürt wurde, und darüber zogen wir noch einen weißen Umhang mit Kapuze (die auf- und abgesetzt wurde), und dieser ärmellose Umhang fiel in weiten Falten von den Schultern und war vorne offen, wenn man ihn nicht mit den Händen schloß, die darunter versteckt waren. Auf diese Weise, mit geschlossenem Umhang und hochgezogener Kapuze, sah man nur das Gesicht, und so mußten wir die Morgenstunden bis zum Frühstück verbringen, und mir gefiel es besonders, in aller Frühe so durch den Garten zu gehen und zu lesen. Dieses schlichte Kleid, das in herrlichen Falten fast bis auf den Boden fiel, verlieh allen Bewegungen, die man machte, eine große Eleganz: sich niederzuknien oder einfach nur einherzuschreiten. Dies alles betraf die Novizen. Die Mönche, die die Gelübde abgelegt hatten, trugen eine weiße Kutte mit einer schwarzen Schürze, lang und schmal, hinten und vorn, und darüber den weißen Mantel mit Kapuze und sehr weiten Ärmeln, die ihre Hände bedeckten, wenn sie sie falteten. Das Ordenskleid der Laien war graubraun und besaß auch eine Kapuze.

Man gab mir also mein Ordenskleid, doch die eigentliche Übergabe sollte erst später in einem feierlichen Akt vor der gesamten Gemeinschaft geschehen, und erst dann würde offiziell mein Ordensnoviziat beginnen. Mit dem Ordenskleid gab man mir auch meinen Namen: Lawrence. Merton nannte ihn mir auf Spanisch: Lorenzo. Doch schriftlich gab man ihn mir auf Latein: Laurentius. Merton erinnerte mich daran, daß dies der Name von D. H. Lawrence war; und auch mir gefiel das. Und es gefiel mir auch, weil es der Name meines Ururgroßvaters gewesen war, Don Lorenzo

Cardenal, des ersten Cardenal, der nach Nicaragua kam. Außerdem gefiel mir, daß man mir nicht einen dieser archaischen Namen gab, wie man sie oft im Kloster gebrauchte, Secundinus, Metodius, Ermenegildus, Eustachius, extravagante Namen sie alle, weil sie schon so völlig außer Mode waren, und wie sie auch die Campesinos in Nicaragua benutzen, für die jeder Heiligenname gut ist, und dies sind die Namen, die aus dem Kirchenhandbuch stammen. Wer im Kloster die Namen gab, weiß ich nicht, wahrscheinlich das Büro des Abtes, nach welchem Kriterium, vermag ich auch nicht zu sagen. Der neue Name bedeutete die Veränderung im Leben. Daß man eine andere Person geworden war.

Ich wurde Fr. M. Lawrence. Fr. (*Frater* auf Latein) steht für Bruder, das M. für María, das vor jeden Trappistennamen gesetzt wird. Ich war M. Lawrence, so wie Merton M. Louis war, und dort drinnen kannte man ihn nur so. Ich verwende dennoch seinen Namen Thomas Merton, den er draußen benutzte, weil ich nicht mehr im Kloster bin und weil der andere Name den Leser vielleicht verwirren könnte.

Im Kloster war es streng verboten, Fotos zu machen. Einmal lehnte man ein lukratives Angebot der Zeitschrift »Life« für die Erlaubnis dazu ab. Doch etwa zu der Zeit, als ich ins Noviziat eintrat, machte dort ein Fotograf Hunderte von Fotos. Das war Shirley Burden, einer der besten Fotografen der USA – man erzählte mir, er sei auch der Fotograf der Millionärsfamilie Vanderbuilt –, der vom Direktor der fotografischen Abteilung des Metropolitan Museum of Modern Art aus New York geschickt worden war, um einen Bildband über das Kloster mit einem Text von Merton zu machen. Das Buch erschien später in einer herrlichen Ausgabe unter dem Titel »Gott ist mein Leben«.

Aus der großen Zahl von Fotos, die nicht für das Buch benutzt wurden, wählte man einige für einen kleinen Führer für Postulanten aus, »Klosterfrieden«, und auf einem davon bin ich zu sehen, wie ich am Boden knie und Tomaten pflanze – vielleicht am Tage meiner Ankunft, jedenfalls trage ich darauf noch meine Blue jeans. Das Foto war sehr klein, und ich bin ziemlich weit weg, doch vor allem hätte ich mir gewünscht, ich wäre im Ordenskleid zu sehen gewesen – ein romantisches Foto! –, nicht meinetwegen, sondern für meine Familie, vor allem meine Mutter. Einmal sagte jemand bei einer Predigt im Kapitelsaal, daß man im Kloster den Erfolg nicht für sich selbst wünsche, sondern für seine Familie; sie sei es, die einen eitel mache.

In den ersten Tagen hatte man einen »Schutzengel«. Weil alles in absolutem Schweigen ablief und man nur mit seinen Oberen sprechen durfte, und das auch nur über bestimmte notwendige Dinge, brauchte man einen Führer, der einem zeigte, was man tun mußte, wohin man zu gehen hatte usw. Mit seinem Engel konnte man reden; und unter den wichtigsten Dingen, die er einem zeigte, war auch die Zeichensprache. Dies war nicht die Taubstummensprache, oder daß jeder Buchstabe ein Zeichen besaß, jedes Zeichen bedeutete vielmehr ein Wort. Es war eine besondere Sprache des Ordens, die im 12. Jahrhundert entwickelt worden war.

Die Sprache hatte ungefähr 400 Zeichen, die jedoch miteinander verbunden werden konnten, um weitere Worte zu bilden. Das Zeichen für Gott – ein Dreieck, das man mit seinen beiden Händen bildete –, verbunden mit dem Zeichen für Brot – einem Kreis – ergab das Wort »Eucharistie«. Das Zeichen für Gott mit dem für Frau, das darin bestand, sich mit der Hand über die Stirn zu fahren, bedeutete die Jungfrau Maria. Das Zeichen für Gott und das für Haus – ein mit den Händen geformtes Dächlein – hieß Kirche. Diejenigen, die mündlich am gewandtesten waren, blieben es auch mit den Zeichen. Manche machten nicht nur Zeichen, sondern auch alle Arten von mimischen Gesten mit unglaublicher Schnelligkeit. Ich war ungeschickt im Handhaben der Zeichen und auch dabei, sie zu interpretieren. Auch waren viele der Zeichen dieser Novizen in »Englisch«, und zwar im Englisch, wie sie es aussprachen. Das Zeichen für »Hälfte«, zwei gekreuzte Finger, das also *half* bedeutete, wurde genauso benutzt wie das Verb *have*. So bildete man, indem man seine Brust berührte, was das Zeichen für »ich« war, und seine beiden Finger kreuzte, den Satz: *I have.* Für das schwierige Wort »Ikone« hatte jemand erfunden, sich die Brust zu berühren, *I,* und das Zeichen für Mais, *corn,* zu machen, was den Laut *Icon* entstehen ließ, also die englische Aussprache des Wortes »Ikone«. Bruder Aelred, mein Nachbar, wurde mit dem Zeichen für »alles« *(all)* dargestellt, für das man die Faust durch die Luft führte, und das Zeichen für »rot« *(red),* indem man sich die Lippen berührte: so entstand das Wort »*Olred*«. Einen anderen, der rothaarig war, bezeichneten sie, indem sie sich die Haare berührten und dann die Lippen. Ich erfuhr, daß man mich mit dem Zeichen für »weit weg« bezeichnete. Der Pater Magister sagte uns, es sei nicht barmherzig, den anderen mit einem physischen Defekt zu bezeichnen, wie »der Dicke« oder »der Kleine«.

Man durfte also nur mit Zeichen miteinander reden, doch waren die Zeichen die Hälfte des Tages verboten, von sieben Uhr abends bis sieben Uhr morgens, was das nächtliche Stillschweigen genannt wurde, eine Zeit noch größeren Schweigens, ein Superschweigen, während dessen man keinen Brief schreiben, keine Arbeit verrichten und auch nicht mit seinem Oberen sprechen durfte, außer wegen etwas Unaufschiebbarem.

Manche Novizen, die jüngsten und/oder redseligsten, konnten es nicht lassen, die Worte mit dem Mund zu formen, während sie ihre Zeichen machten, auch ohne Laute auszustoßen, und das war Anlaß für eine Anklage im Schuldkapitel. Man konnte auch angeklagt werden, zuviel in Zeichensprache zu reden.

Anfangs hatte man den Status eines »Postulanten«, eine Art Vorprobe vor der eigentlichen Probe, dem Noviziat. Wir Postulanten wurden später als die anderen geweckt, um vier Uhr morgens, wenn die Mönche schon im Chor der Kirche das Stundengebet gesungen und eine halbe Stunde meditiert hatten. Um vier Uhr las P. Merton in der Kapelle des Noviziats die Messe für die Novizen. Danach hatten wir ein Weilchen Freizeit zum Lesen oder Meditieren oder, bei dem herrlichen Klima meiner Ankunft, zum Spaziergang im Garten, alles immer noch im Stillschweigen, und um viertel vor sechs war Frühstück. Danach gab es Einzellektüre oder Unterricht oder Vorträge des Novizenmeisters, Singen im Chor der Kirche der verschiedenen Teile des Gebets, heilige Messe in der

Morgenmitte, Arbeit am Morgen und am Nachmittag, Latein-
stunden, Gesangsunterricht – das einzig Langweilige für mich, von
dem ich jedoch glücklicherweise bald ausgeschlossen wurde, weil
man sah, daß ich für die Musik nicht taugte. (Dieser Unterricht
war wichtig, weil die Mönche siebenmal am Tage im Chor singen.)
Am ersten Arbeitstag mußte ich mit den anderen Novizen, P.
Merton an der Spitze, Tomaten pflanzen. Es wurde im Ordenskleid
gearbeitet, in diesem Falle eine Soutane aus Jeansdrillich, doch ich
als Postulant ging noch in Blue jeans los, und da muß es gewesen
sein, daß der Fotograf jenes Bild von mir machte. Am nächsten Tag
gingen wir die Pflanzen gießen, die wir gesetzt hatten.

Von dem Augenblick an, als ich ins Noviziat eintrat, spürte ich,
daß das Leben der Trappisten kein so hartes Leben war, wie es sich
die Leute normalerweise vorstellen und wie auch ich es mir vorgestellt hatte. Vor meinem Eintritt hatte ich in Managua nur mit
Milchkaffee und einem Stück Brot gefrühstückt, um mich schon
umzugewöhnen. Es stimmt, daß einige der härteren Regeln, von
denen im »Berg der sieben Stufen« erzählt wird, inzwischen abgeschafft worden waren, so wie, als Merton dorthin kam, auch andere, noch härtere Regeln nicht mehr existierten. Ich für mein Teil
fand, daß das Leben erträglich war. Man litt keinen Hunger, keine
Müdigkeit oder Erschöpfung. Auch nicht unter dem Bedürfnis,
mit irgend jemandem zu sprechen.

Außer wegen ihres Schweigens sind die Trappisten dafür bekannt, daß sie um zwei Uhr morgens aufstehen und daß sie im
Rahmen ihrer strengen Essensregeln niemals Fleisch, Fisch oder
Eier essen. Doch legen sie sich um sieben Uhr abends zu Bett und
bekommen so auch ihre sieben Stunden Schlaf. (Tatsächlich wird
um viertel nach zwei geweckt.) Und im Sommer darf man ein
Mittagsschläfchen halten, wenn man will; ich pflegte das nicht zu
tun, weil ich meine Zeit voll ausnutzen wollte: Zeit war das, was
einem immer am knappsten vorkam.

Das Frühstück bestand aus sechs Scheiben Brot, weißem oder
schwarzem. Ein sehr gutes Brot, das im Kloster gebacken und auch
draußen verkauft wurde (mit sehr guter Werbung). Dazu ein gro-

ßer Krug Milchkaffee, kein besonders guter Kaffee, aber doch erträglich. Zum Mittagessen gab es drei verschiedene vegetarische Gerichte, die immer sehr gut zubereitet waren, eines davon war fast immer eine Suppe. Von manchen Gerichten konnte man sich zweimal nehmen. Das Abendbrot war leichter, mit Speisen wie Gelatine, Cornflakes, Marmelade; oder Brot, Butter, Milch, Käse und Honig. Die verschiedenen Sorten Käse waren in den Vereinigten Staaten sehr berühmt, eine Spezialität des Klosters und eins seiner meistverkauften Produkte. Sie wurden an den exklusivsten Plätzen angeboten, wie dem »Twenty One« in New York, einem Club von Millionären. Die Hälfte des Jahres, von September bis Ostern, wurde gefastet, doch war der Unterschied nicht besonders groß: Das Mittagessen blieb gleich, zum Frühstück gab es statt sechs nur zwei Scheiben Brot, und das leichte Abendbrot war noch ein wenig leichter.

Wir aßen mit Holzlöffeln, die nie zum Abwasch vom Platz genommen wurden. Wir hatten eine Tasse aus glasiertem Ton, und darin spülte man seinen Löffel mit den Fingern und ein bißchen Wasser. Diesen Löffel bekam sonst niemand mehr; wenn man fortging oder starb, wurde er fortgeworfen. Krug und Teller waren aus altem, verbeultem Kupferblech. Die Tontasse hatte zwei Henkel, und zum Trinken mußte man sie mit beiden Händen heben. Das war geschriebenes Gesetz. Wenn man die Tasse mit nur einer Hand hob, konnte man deswegen im Schuldkapitel beschuldigt werden. P. Merton sagte uns bei einem seiner Vorträge, daß unser Leben voller lächerlicher Regeln sei, die jedoch alle irgendeinen Sinn hätten. Das mit der Tasse war eine Tradition aus dem 4. Jahrhundert und stammte anscheinend von den Wüstenvätern. Man sollte sie mit beiden Händen nehmen, wie es Kinder tun, damit man sich selbst auch wie ein Kind fühlte.

Wenn diese Regel aus dem 4. Jahrhundert stammte, so war hingegen der Herd in unserer Klosterküche höchst modern. Er sah aus wie eine große Wand aus Metall mit vielen Fächern, ein jedes mit einem Thermometer ausgestattet. Dort schob man in großen Töpfen und Pfannen die vorbereiteten Speisen hinein, damit sie nur noch mit der genau richtigen Temperatur gar gekocht wurden.

Weil es Frühling war, wurde es sehr früh hell, und wenn man uns Postulanten um vier Uhr morgens weckte, ging schon die Sonne über den grünen Hügeln und den noch grüneren Wäldern auf, doch konnte ich mich nicht dabei aufhalten, den Sonnenaufgang zu betrachten, sondern mußte so schnell wie möglich ins Noviziat gehen, wo P. Merton schon mit der Messe begann. Weil es, wenn wir uns um sieben Uhr abends schlafen legten, noch hell draußen war, sah ich für eine gute Weile nach meiner Ankunft nie die Nacht. Auch in mir selbst gab es nichts als Licht und Frühling und ununterbrochene Freude.

Da war ich in einem der zwei strengsten Orden der Welt (der andere ist der Kartäuserorden) und hatte doch noch kein Opfer, keine Traurigkeit, keine Bekümmernisse kennengelernt. Ich hatte das Gefühl, als halte mich Gott in einem »künstlichen« Zustand wie die Soldaten der amerikanischen Armee, die angeblich aufgeputscht mit Alkohol und Benzedrin zum Kämpfen geschickt wurden; ich verstand vollkommen, daß ich nicht völlig ich selbst war, alle meine Sinne beisammenhatte, sondern mit dem Mut, der Begeisterung und Hemmungslosigkeit dessen ausgestattet war, der etwas getrunken hat. Ich stand, um es anders auszudrücken, wie unter Drogen, und so war ich auch von Managua hierhergekommen.

Im Stundenplan war kein einziger Augenblick zum »Ausruhen« oder als »Pause« bezeichnet, doch gab es für mich keinerlei Erschöpfung. Der Tag verlief als eine Mischung aus Lektüre, Arbeit, Studium und Gebet, die sich so abwechselten, daß man vom einen zum anderen überging, bevor man ermüdete, oder besser gesagt, jede dieser Betätigungen kam einem wie Entspannung vor. Und dann läutete auch schon die Glocke zu etwas anderem. Ich dachte, unser Leben ist wie das der Vögel und Eichhörnchen, die auch keinen besonderen Moment brauchen, um sich zu erholen. Vielmehr ist ihr ganzes Leben eine Erholung. Unser Leben war ein Leben der Liebe, und es gab darin auch keine »Ferien«.

Es gab auch keinerlei Spiele oder Sport oder irgendeine andere

Art von Ablenkung. Wir hatten keine Zeitungen, kein Radio, kein Fernsehen und kein Kino. Nur höchst selten bekamen wir eine Nachricht aus der Welt draußen, und das hielt uns in einem großen Frieden.

Briefe wurden nur viermal im Jahr ausgeteilt, alle, die man in den Monaten zuvor bekommen hatte; doch durfte man bei jeder dieser Gelegenheiten auch nur vier Briefe beantworten.

Was das Schweigen anging, so entsprach es ganz meinem Naturell, so wie das Atmen. Manchmal, wenn jemand in der Nähe war oder auf mich zukam, fürchtete ich instinktiv, er könne mich ansprechen. Weil unser ganzes Leben in Gemeinschaft ablief und wir viel Zeit dabei verbrachten, hintereinanderher von einem Ort zum anderen zu gehen, war das Schweigen unsere Einsamkeit. Und da wir nicht einmal eine Zelle hatten, sondern nur kleine, durch bewegliche Zwischenwände abgetrennte Abteile mit einem Vorhang als Tür, war das Schweigen tatsächlich unsere »Zelle«.

In den Abteilen gab es gerade genug Raum für unser Bett, das sehr schmal war, und noch einmal ein ebensogroßes freies Stück. Es stand kein einziges Möbelstück darin (es hätte auch gar keinen Platz gefunden), sondern es gab nur einen Bügel, um seine Kleider aufzuhängen, wenn man überhaupt Kleider aufzuhängen hatte. Und der einzige Schmuck war ein Kruzifix. Matratze und Kopfkissen waren mit Stroh gefüllt, ein wenig hart, doch erträglich. Ich schlief herrlich darauf.

Man schlief in seinem Ordenskleid, was sehr bequem war; doch im Sommer, wenn es sehr heiß wurde, gab es die Erlaubnis, es auszuziehen und in der Unterwäsche zu schlafen.

Wir waren vielleicht 200 im Kloster, zwei Drittel davon Laienbrüder; wir anderen waren vom Chor: mit weniger Arbeit, mehr Gebet und sieben Chorgängen am Tag. Als ich eintrat, waren wir Novizen etwa 20 an der Zahl. Später kamen immer mehr, bis wir schließlich fast 40 waren, doch bis zum Ende meines Noviziats war die Hälfte von ihnen wieder gegangen.

Bei den Novizen handelte es sich zum größten Teil um fröhliche, junge Burschen, typische Nordamerikaner. Einer schien mir

Chinese zu sein, doch später erfuhr ich, daß er Hawaiianer war. Es gab eine Ausnahme unter all diesen jungen Leuten, außer mir, der ich auch nicht mehr ganz jung war, nämlich einen Benediktinerpriester aus Argentinien, der schon alt war und hier sein Noviziat absolvierte. Er gab mir Einzelunterricht in Latein; außer Spanisch, Latein und Englisch beherrschte er auch noch Französisch, Deutsch, Griechisch, Hebräisch und sogar Hindi. Er war Rechtsanwalt gewesen und, wie er mir erzählte, erst im Alter von 45 Benediktiner geworden.

In einem abseits gelegenen Gebäude waren die Laienbrüder untergebracht, und in einem weiteren die Laiennovizen. Für das praktische Temperament, das den normalen Nordamerikaner auszeichnet, muß das Leben eines Laienbruders in Gethsemani sehr anziehend gewesen sein. Vielleicht war dies auch der Grund, weshalb es so viele Laienbrüder gab. Das Kloster als landwirtschaftlicher Betrieb, zusätzlich zu seinem kontemplativen Leben, muß für einen praktischen Menschen das Paradies bedeutet haben, mit seinen Scheunen, der Schreinerei, den Silos, der Molkerei und Käserei, dem Sägewerk, den Pferde- und Schweineställen, der Imkerei, der Bäckerei, den Obst- und Gemüsegärten, den Garagen, der Tankstelle, der Feuerwehrstation, der Schinkenräucherei, der Konservenfabrik und einer großen Werkstatt wie ein Hangar, wo Traktoren und alle möglichen Arten von Fahrzeugen und landwirtschaftlichen Geräten repariert wurden. Die Laienbrüder dort mit ihren komisch aussehenden Overalls über dem mittelalterlichen Ordenskleid unterschieden sich überhaupt nicht von anderen amerikanischen Arbeitern, außer durch ihre Kleidung, das Schweigen, in dem sie arbeiteten, und ihre glücklichen Gesichter.

Diese Art von Laienbrüdern sollte eine der Neuerungen der trappistischen Gründung in Lateinamerika sein, meinte Merton. Denn in Europa waren die Laien allesamt arme, ungebildete Bauern und praktisch Diener der Mönche. Doch in den USA gab es solche Bauern nicht, und Laienbruder zu sein war denen bestimmt, die eine Neigung zu praktischen oder technischen Berufen hatten.

Nach meiner Ankunft im Noviziat hatte Merton noch einmal

mit mir über die Gründung in Nicaragua gesprochen. Er bat mich, Informationen über die verschiedenen Klimazonen einzuholen, die es bei uns gab, und eine Karte zu besorgen. Obwohl der Abt, wie Merton mir sagte, einen Ort in Südamerika vorzog. Als ich die Karte erhielt, breitete ich sie vor ihm aus, und ohne irgendeine Vorinformation zeigte er auf die Gegend seiner Wahl im Zentrum des Landes, die Region um Matagalpa und Jinotega: genau die mit dem besten Klima, und dazu eine der landschaftlich schönsten. Mir schien, der Heilige Geist habe ihn inspiriert. Zufällig hielt ich den Brief einer Tante in der Hand, den ich aus Versehen zu dem Gespräch mitgebracht hatte, in dem sie mir schrieb, daß genau dort Land für eine Gründung angeboten würde, und ich zeigte ihm diesen Brief. Sehr seltsame Zufälle, die, wie ich glaube, einen Sinn hatten, auch wenn sie zu nichts Konkretem führten. Es kam nie zu dieser Gründung, weder in Nicaragua noch sonst irgendwo in Lateinamerika. (Oder es gab sie doch, nur auf andere Weise.) Ob Gott mir meine Illusionen erhalten wollte? Natürlich hätte es mir gefallen, mit einem Gründungsauftrag nach Nicaragua zu kommen. Oder wenn nicht dorthin, dann an irgendeinen anderen Ort in Lateinamerika. Und auch für Merton war dies eine schöne Vorstellung. Er beauftragte mich, meine Freunde um Literatur über Lateinamerika zu bitten, um die Länder dort besser kennenzulernen. Doch er sagte mir auch einmal, diese Gründung sei für ihn ein Kreuz, weil ihm der Abt gesagt habe, er solle sich keine Illusionen machen, ihn würde er nicht nach Lateinamerika schicken. (Sadismus von Dom James Fox, dem Abt? Er behandelte Merton immer sehr schlecht.)

Angesichts der Tatsache, daß unser Leben in Schweigen ablief, hatte man mir, um mein Englisch zu verbessern, für den Donnerstag eine Stunde Konversation mit Bruder Matthews verordnet, der ein berühmter Drehbuchautor in Hollywood und auch eine wichtige Persönlichkeit am Broadway gewesen war. Seit ungefähr zehn Jahren lebte er im Kloster. Beatriz Lillie kam ihn dort besuchen. Er war kein Mönch, sondern »Oblate«, ein Ordensangehöriger, der das Klosterleben genauso lebte wie die Mönche, doch ohne das

Gelübde abzulegen, und zwar deshalb nicht, weil er verheiratet war. Ob mit Beatriz Lillie, weiß ich nicht; ich weiß nur, daß es eine berühmte Schauspielerin war, deren Name wie ein großes Geheimnis gehütet wurde. Es wurde auch geheimgehalten, daß er sich dort befand. Er erzählte mir, in Hollywood wisse es niemand. Er galt wohl einfach als jemand, der plötzlich verschwunden war, ohne daß jemand wußte, wo er sich befand. Als ich eintrat, hatte ihn der Abt eben damit beauftragt, wieder einmal ein Drehbuch für die 20th Century Fox zu schreiben, weil das Kloster Geld brauchte. Ich fragte ihn, ob es ein Liebesfilm werden würde, und er antwortete, ja, nur solche würden angenommen. Dabei hatte er überhaupt keine Lust mehr, Drehbücher zu schreiben, meinte er, er hätte in Hollywood schon so viele geschrieben, an die Zahl konnte er sich schon nicht mehr erinnern. Es waren darunter auch die der Serie »The thin man«. Er war ein enger Freund von Henry Fonda und vielen anderen Schauspielern gewesen.

Ein anderes Mal erzählte mir Bruder Matthews von seiner Freundschaft mit Hemingway. Er hatte mit ihm eine Woche trinkend in Mailand verbracht. Hemingway hatte sich in eine Krankenschwester verliebt. Dann traf er ihn in Pamplona wieder, während der Fiesta des Stierkampfs, über die Hemingway seinen berühmten Roman schrieb. Er war auf den Spuren der Krankenschwester dorthin gekommen, nach der er so verrückt war, und später folgten ihr die beiden nach Biarritz und Paris. Er war mit Hemingway auch auf Cuba bei einem Angelausflug gewesen. Und er erzählte mir, daß er den Herzog von Windsor kennengelernt hatte, als der noch Prinz von Wales war, der Thronfolger, der später Edward III. wurde und dann abdankte. Bruder Matthews erzählte mir, der Prinz habe seine Mutter, die alte Königin, im Theater immer in die königliche Loge gebracht und sei dann selbst in die erste Reihe gegangen, um bei den Leuten vom Theater zu sitzen. Die Theateratmosphäre faszinierte ihn, und die Welt der Künstler überhaupt, trinken, über Bücher und Kunst reden. Er war daran interessiert, »Sachen« zu machen, und aus diesem Grund verzichtete er auf das Königreich; ihn interessierte es mehr, zu leben und vor allem zu lieben, nicht zu heiraten wie ein »Zuchthengst«, wie er zu sagen pflegte, sondern einfach so zu sein wie die ganz normalen Leute, was ihm aber als König nicht möglich war. Seine Kindheit, so erzählte er, war schrecklich gewesen. Niemals hatte er Vater und Mutter, sondern immer nur König und Königin. Bruder Matthews meinte, seine Abdankung sei ein Akt der Rebellion gegen seine Mutter gewesen, die die englische Krone symbolisierte, weil er bei ihr nie die Liebe und menschliche Wärme gefunden habe, die es in jedem einfachen Hause gab. Damals war Bruder Matthews als Journalist tätig, und einer seiner Kollegen arbeitete wie ein Spion dort in Windsor, als Diener verkleidet, und berichtete über alles, was dort geschah.

Wenig später, nachdem er mir dies alles erzählt hatte, schickte man uns zur Arbeit in ein Weizenfeld des Klosters, das auf der anderen Seite der Landstraße lag und in dem viel Unkraut wuchs. Wir mußten dieses hartnäckige Unkraut mit den Händen ausreißen, eine harte Arbeit, denn es begann schon Sommer zu werden. Ich war schweißgebadet und wartete sehnlich darauf, daß die Arbeit vorbei sei; ganz in meiner Nähe arbeitete Bruder Matthews, mit einem glücklichen Gesicht. Auf der Straße fuhren mit großer Geschwindigkeit die Autos vorbei, das Radio auf volle Lautstärke gedreht, und ich fand es lustig zu denken, sie könnten diesen einfachen Alten schweißgebadet im Weizenfeld arbeiten gesehen haben, ohne sich darüber klar zu sein, daß er der Autor von Filmen war, die sie vielleicht gesehen hatten.

Ich sprach von der Hitze, die schon im Juni zu spüren war. Die Kälte des Winters war, obwohl wir in den Schlafsälen keine Heizung hatten, nicht die größte Geißel in Gethsemani, sondern diese Hitze. Sie war nicht nur schlimmer als die von Managua, wie ich am ersten Hitzetage feststellen konnte, sondern sogar noch schlimmer als die von New York. Es ist nämlich so, daß die Hitze der kalten Länder stärker ist als die der heißen Länder, der tropischen wie des unseren, wo es immer heiß ist. Und ich empfand sie noch als schlimmer, weil wir im Ordenskleid umhergingen. Vor der Arbeit nahmen wir ein paar Salzpastillen, um nicht auszutrocknen.

Und der Pater Abt hatte uns gewarnt, wir sollten achtgeben, schon einmal sei ein Mönch an Hitzschlag gestorben; ein anderer wollte sich mit der starken Sonne geißeln und erlitt einen Sonnenstich, und man mußte ihn nach Louisville bringen, wo man ihn in eine Eiskiste legte wie einen Fisch.

Es war ein starker Kontrast zu unserem Opfer, in dieser Hitze zu arbeiten, daß auf der Straße Autos vorbeifuhren, die Bootsanhänger hinter sich herzogen. Und Autos mit Mädchen. Und bei jenem Mal, als wir mit Bruder Matthews arbeiteten, und auch bei anderen Malen machten sich zwei von den jüngsten Novizen Zeichen darüber, wie hübsch die Mädchen waren, die gerade vorbeifuhren; sie mochten es aus Albernheit machen, denn bei der Geschwindigkeit, mit der die Autos vorbeikamen, konnten sie es kaum richtig gesehen haben. Ich gab ihnen durch Zeichen zu verstehen, daß das nicht in Ordnung sei, und tat so, als schelte ich sie deswegen. Einer von ihnen, Bruder Plácido, der mich oft hänselte, machte dem anderen das Zeichen für *half* und für *woman*, womit ich gemeint war. Ich antwortete mit einer Geste, als wolle ich ihn verprügeln.

Es waren Autos, die aus Louisville kamen oder dorthin fuhren, doch es blieb mir ein Rätsel, wo die Stadt lag. Und diese Autos erinnerten mich an andere aus meinem vergangenen Leben und an jene Tage, die so flüchtig vorbeigingen.

> Wie die Autos, die schnell über die Straßen fuhren
> mit Mädchenlachen und Radiomusik ...
> Und die Schönheit ging rasch dahin, so wie das Automodell
> und die Lieder aus den Radios rasch wieder aus der Mode
> kamen.
> Und nichts ist geblieben von jenen Tagen, nichts
> außer leeren Dosen und verloschenen Zigarettenkippen,
> lachende Gesichter auf vergilbten Fotos, zerrissene
> Eintrittskarten,
> und die Sägespäne, mit denen man bei Tagesanbruch die Bars
> ausfegt.

Bruder Matthews war es auch, der mir von meinem Vorgänger Lawrence erzählte, der auf dem Friedhof begraben lag. Er war Priester gewesen und im mittleren Alter ins Kloster eingetreten. In der Welt hatte er viel geraucht, und während der acht Jahre, die er im Kloster verbrachte, verlor er niemals das Verlangen danach. Er verwaltete das Gästehaus, und wenn ein Gast rauchend über einen der Korridore gegangen war und er den Geruch wahrnahm, folgte er ihm, um sich an dieser rauchgeschwängerten Luft zu laben. Einen »Oblatenbruder« weckte er nachts und bat ihn, sich eine Zigarette anzuzünden, um den Rauch einzuatmen, aber er selbst rauchte nicht. Später erfuhr ich noch mehr: Er starb ganz plötzlich im Schlafsaal, und weil nichts mehr zu machen war und die Disziplin der Trappisten sehr streng ist, schliefen alle einfach weiter und ließen ihn tot dort liegen, bis es Zeit zum Aufstehen war. Manche seiner Freunde hatten es nicht einmal erfahren, denn unter den Briefen, die jeder viermal im Jahr beim Essen ausgeteilt bekam, waren auch Ansichtskarten für den anderen Lawrence.

Im Kloster gab es außer Merton noch einen weiteren Schriftsteller, Pater Reymond. Er und Merton waren die beiden einzigen Ausnahmen trappistischer Schriftsteller auf der ganzen Welt: Er war nicht so gut und so bekannt wie Merton, doch kannte ihn das katholische Publikum wegen seiner religiösen Bestseller. Mir selbst hatte in Nicaragua ein Buch von ihm über einen Cowboy des 19. Jahrhunderts gefallen, der trappistischer Laienbruder wurde und als gütiger, alter Mann viele Wunder wirkte. Er hätte heiliggesprochen werden können, doch wird unter den Trappisten niemand heiliggesprochen. Ich hatte nie Kontakt mit P. Reymond, denn zwischen den Novizen und den Mönchen mit Gelübde, den »Professen«, konnte es keinen Kontakt geben, nicht einmal durch Zeichen. Wenn zwei Professe sich begegneten, dann grüßten sie sich mit einem leichten Neigen des Kopfes. Doch die Novizen und die Professen grüßten sich nicht.

Wenn man mit dem Abt sprach (*Reverend Father* wurde er genannt), mußte man niederknien, ob das nun im Kreuzgang, in seinem Büro oder wo auch immer war. Er sagte andauernd, daß man lächeln solle. Das war eine typisch nordamerikanische Redensart, doch er erhob sie in den Klosterrang. Mich berührte das innerlich schon, zumindest teilweise, auch wenn es letztlich ein Slogan war. Er war ein Mann der Slogans.

Aus Anlaß meines Eintritts ins Trappistenkloster widmete mir Pablo Antonio Cuadra fast die gesamte Literaturbeilage von »La Prensa«. Und als ich schon im Kloster war, erzählte mir Merton, daß man mir sie geschickt habe und daß es eine sehr schöne Ehrung sei, doch daß er sie mir erst geben würde, wenn ich mein richtiges Noviziat begonnen hätte.

Es kamen neue Postulanten, und noch viel mehr kündigten sich an. Es war überraschend, wie schnell dieser Orden in den USA wuchs, der in Europa nur sehr wenige Mitglieder gehabt hatte. Dort gab es nur drei oder vier Novizen, mitunter auch nur einen oder gar keinen. Das berühmte Trappistenkloster von Tre Fontane in Rom zählte nicht mehr als 20 Mönche. Und in den Vereinigten Staaten gab es schon ein Dutzend Trappistenklöster mit ungefähr 1000 Mönchen. Die ersten Trappisten waren im 19. Jahrhundert aus Frankreich gekommen, und auf dem gleichen Schiff kam auch eine Gruppe, die eine utopische Gemeinschaft mit dem Namen »Neues Arkadien« gründen wollte. Nichts ist geblieben von jenem »Neuen Arkadien«, während die Trappisten sich stark verbreitet haben, obwohl dieser Orden dem nordamerikanischen Lebensstil so sehr widerspricht.

Der Orden war ein Bauernorden, und als solcher war er schmutzig. Die Unterwäsche wechselten wir im Sommer einmal die Woche, im Winter alle zwei Wochen. Unser weißes Ordenskleid, Kutte und Mantel aus Baumwolle, wurde im Sommer alle zwei Wochen gewechselt. Nur wenn wir es gerade angezogen hatten, sah es gut gebügelt und strahlend weiß aus. Das Winterkleid aus grober, weißer Wolle wurde von Anfang Dezember bis Ostern getragen, und wenn man es beschmutzte, mit Tinte oder Farbe zum Beispiel, dann blieb es die ganze Zeit über so schmutzig. Und man schlief in ihm. Die Arbeitskutte, voller Schweiß und Schmutz, wie man sich vorstellen kann, wurde nur alle paar Monate gewaschen, so daß sie im Sommer immer sehr schlecht roch. Doch was kann man sonst von den Kleidern eines Bauern erwarten?

Im Waschraum, der im Keller des Noviziats lag, gab es ein kollektives Waschbecken, das aus einem langen Zementtrog mit vielen Wasserhähnen bestand, und dort konnten sich gleichzeitig viele waschen. Für die 20 bis 40 Novizen, die wir waren, gab es nur eine Dusche. Man konnte sich duschen, wann man wollte – theoretisch –, das heißt, wann man Zeit hatte, was bei dem engen Stundenplan nicht allzuoft der Fall war. Am angenehmsten war es, nach der Arbeit zu duschen, wenn man schweißgebadet hereinkam (vor allem nach schwerer Feldarbeit in der Sommerhitze) und sich seiner stinkenden Arbeitskleidung entledigt hatte. Doch um diese Zeit war die Dusche besonders umlagert, und man mußte Schlange stehen, und manchmal war die Zeit um, bevor man hatte duschen können. Ich schaffte es bei mehreren Versuchen, ein- bis zweimal die Woche zu duschen. Das Schlangestehen ließ einen aber keine Zeit verlieren, wenn man ein Buch bei sich hatte. Oder sich innerlich mit Gott unterhielt. Merton berichtete uns, daß es in seiner Novizenzeit viel schlimmer gewesen war. Da wurde das Bad verschlossen gehalten; man mußte sich den Schlüssel holen gehen, und er wurde nicht immer ausgehändigt.

Während des Noviziats mußten wir uns beim Reinigen des Waschraums abwechseln: das lange, gemeinsame Waschbecken putzen, die Urinierbecken, die Dusche und die Toiletten. Nach diesen schmutzigen Arbeiten durfte man sich ein bißchen Zeit zu eigener Reinigung nehmen, bevor die anderen Novizen von der Feldarbeit heimkehrten und vor der Dusche Schlange standen.

Merton erzählte uns, in vergangenen Zeiten habe es keine Wasserklosetts gegeben, sondern Plumpsklos aus Holz, und ein Novize mußte den Kübel mit den Exkrementen als Dünger in den Garten hinausbringen, mit allergrößter Vorsicht, um sich die Kleider nicht schmutzig zu machen. Jetzt, so meinte er, bei dem Hygienetick der Amerikaner, sind die Klos so sauber, daß man das Wasser daraus trinken kann. (Ein paar Novizen verzogen angeekelt das Gesicht.)

An dem langen Waschbecken gab es keine einzelnen Gläser. Konservendosen wurden als Gläser benutzt und waren für alle da.

Weil im Kloster viel Papier verbraucht wurde, wurden alle Blätter, die auf einer Seite noch unbenutzt waren, und die Umschläge der Briefe, die wir erhielten, in Zettelchen zerschnitten; und alle Notizen und Nachrichten im Kloster wurden auf diese Zettelchen geschrieben.

Da das ganze Leben in Gemeinschaft ablief und wir keine Zellen hatten, war der einzige individuelle Raum, den man hatte, ein Pult, wo man seine wenigen Habseligkeiten aufbewahrte: Briefe, Tagebücher, Notizen; Bleistift und eine Feder mit Tintenfaß, denn es gab keine Füllfederhalter oder Kugelschreiber. Dieser einzige persönliche Bereich durfte unter keinen Umständen mißachtet werden, und beim Eintritt ins Noviziat wurde gewarnt, wenn jemand das Pult eines anderen öffnete, dann würde er ohne weitere Diskussion ausgestoßen.

Weil alles so reglementiert war, mit so vielen Handlungen am Tag, die alle pünktlich und schweigend zu verrichten waren, gab es überall große Uhren. Wir selbst hatten keine Armbanduhren.

Wir Novizen gingen in Reih und Glied, auch zur Arbeit auf dem Feld. Immer in derselben Reihenfolge: Man wußte, wen man vor sich und wen man hinter sich hatte. Bis der Vorder- oder Hintermann nicht mehr erschien und man es bedauerte, daß er gegangen war. Bruder Aelred war lange an meiner Seite, und plötzlich war er es nicht mehr. Seinen eigentlichen Namen erfuhr ich nie, doch hörte ich nach seinem Weggang, daß er früher der Luftwaffe angehört hatte.

Wir Novizen gingen mit völlig kahlgeschorenem Kopf. Auch die Mönche mit Gelübde hatten den Kopf geschoren, bis auf eine Tonsur von vielleicht drei Zentimetern Breite, doch bei einigen war sie wegen ihrer Glatze nicht mehr vollständig oder fehlte ganz.

Die Laienbrüder durften einen Bart tragen, worum ich sie beneidete. Erst als ich das Kloster verließ, ließ ich mir einen Bart stehen, vielleicht auch deshalb, weil mich einmal Adelita damit hatte sehen wollen und ich mich nicht getraut hatte, ihn mir wachsen zu lassen.

Wir hatten eine kleine Apotheke mit den gebräuchlichsten Medikamenten und ihren Beschreibungen, und man konnte sich dort

nehmen, was man wollte, ohne zu fragen. Es gab einen Krankenpfleger, eine Krankenstation und auch einen Mönch, der Arzt war,
P. Eudes, auch Facharzt für Psychiatrie. Für Zahnbehandlungen
war auch gesorgt, das machte ein Laienbruder ohne Arzttitel, der
aber bei seinem Vater, der Zahnarzt war, gelernt hatte. (Mir
überkronte er ein paar Backenzähne und sorgte dafür, daß ich ein
paar andere verlor.) Es gab einen Optiker, der einem Brillen anfertigte, eine Schuster- und eine Schneiderwerkstatt. So mußte man
das Kloster nur in Ausnahmefällen verlassen, zum Beispiel für eine
Operation. Ein Laienbruder, der *Cellerar* genannt wurde, fungierte
als so etwas wie ein Verwalter des Klosters und als Beauftragter für
alle Kontakte mit der Außenwelt.

Man durfte nur einmal im Jahr Besuch von seinen Familienangehörigen empfangen, doch während dieser Tage konnte man mit
ihnen Ausflüge in die Umgebung machen.

Bei der Arbeit war der Gruppenleiter, normalerweise ein Laienbruder, derjenige, der sprechen durfte. Sonst wäre es auch gar nicht
möglich gewesen, die Arbeit zu tun. Eine Arbeit, die für mich
manchmal sehr schwer war, zum Beispiel als wir tiefe Löcher graben mußten, im harten Boden und unter großer Hitze, um darin
ich weiß nicht was zu pflanzen. Harte Arbeit war es auch, Zement
zum Bau eines Gebäudes zu schleppen, das gerade errichtet wurde.
Angenehme Arbeit war es hingegen, Erdbeeren zu pflücken oder
Kartoffeln zu sammeln. An manchen Sommernachmittagen
schickte man uns in den Wald, Brombeeren zu suchen, um Marmelade zu kochen, und es kam uns eher wie ein Zeitvertreib für
Kinder vor. Andere Male mußten wir mit Handsägen Bäume fällen, in einem herrlichen Wald an einem der künstlichen Seen. Es
gab mehrere kleinere Seen, die man in Nicaragua nicht einmal
Lagunen genannt hätte, doch in den kurzen Momenten, die ich sie
betrachten konnte, geriet ich in Verzückung, weil ich an meine
Seen und Lagunen daheim dachte: das, worauf ich verzichtet hatte
und nie wiederzusehen meinte. (Es sei denn, dort gäbe es eine
trappistische Neugründung.)

Diese Sommertage hatten kaum Nächte, dennoch wurden mir

die Tage so kurz, daß es mir vorkam, als wäre es immer noch gestern, und jeden Nachmittag bei der Meditation war ich überrascht, wie schnell der Tag vergangen war. Und ich freute mich, daß ein Tag vergangen war und ich wieder einen Tag weniger hatte. Und ich freute mich auch, daß es kein harter Tag gewesen war. Die Feldarbeit war erträglich gewesen. (Lange Zeit machte mir die Feldarbeit angst.) Und ich hatte einen Tag weniger vor mir bis zum Himmel.

Für mich war die schönste Stunde die Morgenfrühe, nach der Messe des Novizenmeisters und der Danksagung, wenn ich ungefähr eine dreiviertel Stunde Zeit hatte, vor dem Frühstück, noch im nächtlichen Schweigen, und ich, die Kapuze über den Kopf gezogen, in den Gärten des Noviziats vor der Kulisse der Wälder und Hügel spazierenging und in der Bibel las, umgeben von Vögeln, Kaninchen, die zahm zu sein schienen, und Streifenhörnchen: meinen anderen Noviziatsgenossen.

Wenn es Sommer wurde und Ferienzeit, kamen mehr und mehr Postulanten, manche erst 15 Jahre alt. Und unter den Laien gab es mehrere Kinder von 13, der eine oder andere vielleicht sogar nur von 12 Jahren; sie sahen im Ordenskleid sehr lustig aus. Ich vermute, ihre Mütter hatten sie auf eine Art Freizeit geschickt. Daneben konnte man dann vielleicht einen Mann im T-Shirt und mit tätowierten Armen sehen, der gerade gekommen war, um Laienbruder zu werden. Zu uns ins Noviziat kam ein italienischer Priester mit langem Bart, der in Chile gewesen war, der jedoch auch eine Zeit in Indien verbracht hatte. Ein anderer war ein junger Priester, der in Japan gewesen war. Ein weiterer ein brasilianischer Benediktiner, der aus einem Kloster auf Trinidad kam. Andere kamen aus verschiedenen Priesterseminaren. Ein junger Karmeliter blieb nur wenige Tage und ging dann zu seinem Orden zurück. Auch die anderen verabschiedeten sich wieder. Man sprach von der Ankunft eines Missionars aus dem Amazonasgebiet, der jedoch nicht kam. Und von anderen Lateinamerikanern, einem Jesuiten und einem Franziskaner, die aber bald wieder gingen.

Die nordamerikanischen Novizen, in der Mehrzahl noch im

Schul- oder höchstens im Universitätsalter, waren typisch amerikanische Burschen, fröhlich, gesund und ohne irgendein besonderes Merkmal, was darauf hätte verweisen können, daß sie für dieses Leben berufen waren. Sie kamen in Hemden aller Farben, Jacken jeder Art, mit dem Haarschnitt, der gerade in Mode war. Unmöglich, sie sich im Ordenskleid vorzustellen, es schien, als hätten sie nichts Klösterliches an sich. Und wenn sie dann Novizen wurden und das Ordenskleid trugen, dann stand es ihnen so gut, daß es schwerfiel, sie sich in normaler Kleidung vorzustellen. Vielmehr schien es, als stünde ihnen das Ordenskleid besser als ihre andere Kleidung, obwohl der Laienbruder der Kleiderkammer sich nicht allzulange mit den genauen Maßen aufhielt. Man hatte das Gefühl, als sei etwas Lächerliches oder Schlechtsitzendes oder Abgeschabtes an jener anderen Kleidung, so sorgfältig sie auch in einem Laden ausgesucht worden war, denn man konnte zu groß oder zu klein oder zu dick oder zu dünn darin aussehen; das geschah aber nicht mit dem Ordenskleid der Mönche.

Am Tage Johannes des Täufers sagte uns Merton in seinem Vortrag für die Novizen (vier- oder fünfmal in der Woche hielt er uns solche Vorträge), unser Leben wiederhole ganz genau die Wüste von Johannes dem Täufer, auch wenn wir an einem bewohnten Ort seien, während es in der Wüste in den Vereinigten Staaten nur die Atombombe und die Häuser von Reichen gebe.

Oft hörte man die Kanonen von Fort Knox, das ganz in der Nähe lag, und oft flogen auch Kampfflugzeuge über das Kloster hinweg. Doch wo genau Fort Knox lag, erfuhr ich nie.

Einmal fuhren wir zu einer sehr weit entfernten Wiese, um Heu einzufahren, ich weiß nicht mehr, ob auf der Farm des Klosters oder auf einem anderen Gelände, denn wir fuhren mit den Lastwagen ein gutes Stück auf der Landstraße. Es gefiel mir, wieder einmal die USA zu sehen: große Anzeigentafeln für Coca Cola, Bier und vor allem Bourbon, was die Spezialität von Kentucky ist; die typischen nordamerikanischen Farmen: freundliche Landhäuser mit dem Auto vor der Tür, eine Schaukel, Blumen, spielende Kinder, ohne Hemden in der Sommerhitze, alte Männer in Jeans beim

136

Rasenmähen; Frieden und Glück, jedenfalls nach dem zu urteilen, was man von unseren Lastwagen aus sehen konnte. Das Heu, das wir einfahren sollten, war mit Maschinen geschnitten, in Ballen gepreßt und mit Hanfbändern zusammengebunden worden. Wir verrichteten die Arbeit im immer gleichen Schweigen, doch in großer Glückseligkeit und großem Frieden, nicht einem äußerlichen wie bei den Häuschen, sondern innen, wo man es nicht sah.

Es war angekündigt worden, daß in diesem Jahr die Hitze in Kentucky eine der schlimmsten werden sollte, von denen man je gehört hatte. Es wurde nicht so: Nur ein paar Tage lang wurde es heiß, und an manchen Tagen war es sogar richtig kalt. Ich betrachtete es wie ein Wunder, das extra für mich gemacht worden war. Doch fand ich es ein noch größeres Wunder, daß ich nicht einen Tag lang traurig, besorgt, ängstlich, gelangweilt, ernüchtert oder voll Heimweh gewesen war.

Einmal hatte ich meine Konversationsstunde mit Bruder Matthews, kurz nach dem 6. August, und er erzählte mir, daß ihn dieses Datum immer deprimiere, der Jahrestag des Bombenabwurfs auf Hiroshima. Er war damals als Berichterstatter der Regierung mitgeflogen und mußte den Report schreiben, der dann den Journalisten vorgelegt wurde. Er zeigte mir Kopien seiner Berichte, auf Papier, das den Aufdruck »Streng geheim« trug, und Fotos, die Sekunden vor und Sekunden nach dem Abwurf gemacht wurden; auf letzteren war nichts mehr zu sehen als eine große Wolke. Und er sagte: »Die Stadt, die hier zu sehen ist, mit ihren Häusern, Straßen und Menschen, ist in diese Wolke verwandelt.« Er sagte mir auch, die Wolke sei so groß gewesen, daß man sie bei der Rückkehr, als sie schon weit weg von Japan waren, immer noch am Horizont habe sehen können. Die Soldaten bei dieser Operation waren junge Kerle, wie die Jüngsten unserer Novizen. Ungefähr einen Monat zuvor hatte man sie ausgesucht, und keiner von ihnen wußte etwas von dem Plan. Viele Tage lang unternahmen sie Flüge nach Japan, ohne daß etwas geschah. Deshalb gab es keinen Verdacht, als sie die Bombe im Flugzeug hatten. Die Jungen langweilten sich. »Schon wieder der gleiche Quatsch«, sagten sie, wenn man sie zu den Flugzeugen rief. Das sagten sie auch, als sie wirklich die Bombe an Bord hatten. Sie war nicht vollständig zusammengebaut. Das wurde sie erst während des Fluges. Und da merkten die Jungen dann, was geschehen würde. Hiroshima sollte eigentlich gar nicht bombardiert werden, es hatte keine große strategische Bedeutung. Drei andere Städte waren zunächst ausgewählt worden, Hiroshima erst an vierter Stelle. Doch über den anderen war schlechtes Wetter, und so traf es Hiroshima. Der Pilot führte ein Logbuch vom Start an, darin beschreibt er, wie sie über Hiroshima ankommen, die Stadt sehen und die Bombe abwerfen. Als die Stadt verschwand, konnte der Pilot nur noch schreiben: »My God!« Und er führte die Notizen nicht weiter. Das Flugzeug mußte höhersteigen, damit die Wolke es nicht erreichte. Bruder Matthews war damals bei der Armee, und weil er Schriftsteller und Soldat war, hatte man ihn ausgewählt. Die Glocke läutete, um in den Chor zu gehen. Danach konnte ich mich keinen Augenblick auf das Gebet konzentrieren.

Diese kurzen Sommertage, sie waren, als habe man sich zum Mittagsschlaf gelegt und wache spät auf, und es ist fast schon Abend und Zeit, sich schlafen zu legen! Und die Nächte waren so kurz, daß sich mir »Komplet« und »Matutin« aneinanderreihten, das Gebet vor dem Schlafengehen und das Gebet nach dem Aufstehen, und ehe ich es richtig merkte, war ich schon wieder vor dem Altar an einem neuen Tag.

Das Gebet oder die Meditation war vergleichsweise kurz, wenn man bedenkt, daß es sich um einen kontemplativen Orden handelte: eine halbe Stunde am Morgen und eine Viertelstunde nachmittags. Doch das Schweigen und die Tatsache, keine Ablenkungen zu haben, sorgten dafür, daß man in einem Klima des Gebets lebte und die ganze Zeit über die Vereinigung mit Gott in sich spürte (nicht immer bewußt), bei der Arbeit, beim Hochamt, bei der Lektüre, im Kreuzgang und sogar noch beim Schlafen.

Merton sagte mir einmal im geistlichen Gespräch (jeder Novize hatte einmal die Woche eine solche Sitzung mit ihm), daß Christus scheu wie ein Reh ist. In seiner Beziehung zur Seele ist er sehr schüchtern, er nähert sich ihr oft und beobachtet sie, um zu sehen, ob sie es gewahr wird, doch wird er entdeckt, dann versteckt er sich vor ihr; und so nähert er sich laufend und versteckt sich wieder. So daß die Seele lernen muß, sich ein bißchen gleichgültig zu stellen, oder so, als merke sie nichts, damit er nicht verjagt wird.

Mein Gebet war keine Meditation in dem Sinne, der ihr oft gegeben wird, wie eine geistige Übung der Reflexion. In diesem Sinne meditierte ich über gar nichts, sondern fühlte mich einfach mit Gott verbunden. Mein Gebet war voller Ablenkungen des Geistes. Doch Merton sagte mir, das Gebet dürfe keine geistige Konzentration sein, das sei eher hinderlich. Auch im Gesang des Stundengebets oder beim Beten des Rosenkranzes solle man sich nicht auf jedes Wort konzentrieren, es reiche eine allgemeine Aufmerksamkeit, die Intention, das zu wollen, was man mechanisch wiederhole. Das Unbewußte mußte auch am Gebet teilnehmen, meinte er, und deshalb hatte er vor kurzem begonnen, sich für die orientalische Mystik zu interessieren. Im Abendland besteht die Tendenz, die Mystik zu sehr zu rationalisieren. Das Einschläfernde an der monotonen Wiederholung von Gebeten ruft eher göttliche Inspiration hervor als zu große mentale Konzentration, die allzuleicht die empfindlichen Inspirationen Gottes stört. Er sagte auch, das menschliche Wesen sei so geschaffen, daß sein Mittelpunkt Gott ist, so daß wir uns Gott nicht wie etwas uns Äußerliches vorstellen müssen, sondern wie das Innigste unseres Selbst. Deshalb bedeutet sich in sich zurückzuziehen, alles andere zu vergessen und mit sich allein zu sein, Gott zu finden. Genauso dürfen wir uns auch den Willen Gottes nicht wie einen äußerlichen Willen vorstellen, der sich dem unseren aufzwingt, sondern wie einen, der viel mehr der unsere ist, der innigste unseres Ich, das, was die Mitte unseres Seins sich wünscht. Über Gott zu meditieren oder an nichts zu denken oder abgelenkt zu sein, hatte keinerlei Bedeutung: Wichtig war, zu wissen, daß man ihn in sich trug und daß man sich mit ihm zurückziehen konnte, wann immer man wollte, nicht auf der rationalen Ebene des Bewußtseins, sondern im tiefsten Inneren des Seins, unabhängig, ob der Geist es merkte oder nicht.

Manchmal schlief ich während der halben Stunde Meditation am frühen Morgen in der Kirche ein, nach den Gesängen des langen Nachtgebets, und andere Male erwachte ich plötzlich im Bett und meinte, ich sei in der Kirche und unverhofft eingeschlafen.

Was mein Glücksgefühl anging, schien es mir, da es keine Unterhaltung noch Ablenkung noch Entspannung gab, offensichtlich, daß es nichts Äußerlichem geschuldet war, sondern völlig aus meinem Inneren kam. Der Abt hatte recht, als er mir sagte, als Trappist glücklich zu sein sei nicht natürlich, sondern könne nur als etwas »Übernatürliches« gesehen werden (trotz des Mißverständlichen dieses Begriffs).

In einem seiner Vorträge vor den Novizen fragte Merton jeden einzelnen, was ihm am Klosterleben am meisten gefalle. Bruder Plácido meinte, für ihn sei es die schweigend getane Arbeit. Seltsam bei ihm, der so gern Witze machte und so extrovertiert war; auch sehr aktiv und ein ganz typischer junger Nordamerikaner. Was zeigt, daß das Schweigen auch für solche Temperamente natürlich sein kann. Der typische junge Amerikaner, der sich das Schweigen wünschte, um in Frieden arbeiten zu können. Er bot sich immer für alle besonderen Arbeiten an, an Festtagen zum Beispiel, wenn Not am Mann war; oder wenn wir die zugeteilte Arbeit bereits beendet hatten. An seiner Antwort merkte man, daß er nicht nur die Arbeit liebte, sondern vor allem die schweigende, allein getane Arbeit.

Es kam der Tag, an dem ich offiziell mein Ordenskleid empfangen sollte. Eine feierliche Zeremonie mit der gesamten Gemeinschaft, bei der ich in der Mitte stand, wieder in meine weltliche Kleidung gehüllt. Ich fühlte mich seltsam darin, wie verkleidet. Der Abt nahm mir das Sakko ab und zog mir die einzelnen Teile des Ordenskleides an, und danach blieb ich auf Knien, während die ganze Gemeinschaft einen Psalm sang. Es war dafür das Fest der Sieben Schmerzen der allerseligsten Jungfrau Maria ausgewählt worden, der 15. September, an dem auch, ohne daß es hier bekannt war, die Unabhängigkeit Nicaraguas gefeiert wird. Ich fühlte, und so sagte ich es Merton an jenem Tage, daß meine Unabhängigkeit mit der Nicaraguas zusammenfiel. Die Liturgie dieses Tages sprach unter Halleluja vom befreiten Volk und bat Gott um den Schutz des Volkes vor seinen Feinden. Ich hatte immer, immer um das gebetet, was Filadelfo mir zu erbitten aufgetragen hatte, kurz bevor ich die Gangway zum Flugzeug betrat.

Merton sprach mit mir viel über die Neugründung in Lateinamerika. Weil mein Bruder in Ecuador studierte, um Jesuit zu werden, bat mich Merton, von ihm Informationen über Ecuador einzuholen, eines der Länder, die ihm am meisten gefielen. Der Abt hatte Landangebote aus Chile und Kolumbien erhalten, jedoch beide abgelehnt; sicherlich überzeugten sie ihn nicht. Merton dachte an Ecuador, irgendeine Region in den Anden, wo man ein wirklich armes und schweres Leben unter den Indios führen konnte und wo man die Indios nicht durch Predigten, sondern durch das Leben evangelisierte. Sie würden Priester sehen, die ganz anders waren als der sonstige Klerus in Lateinamerika und die die Erde bebauten wie sie selbst. Dort durften die Mönche nicht so sehr von den Maschinen abhängen wie in den USA. Nicht wie in Gethsemani, zum Beispiel, mit all seinen Autos, Jeeps, Lieferwagen, Lastwagen, Traktoren, Tankwagen für die Milch und sogar einem Feuerwehrauto. Dort wäre es besser, mit den Indios zu arbeiten und sie als »Oblaten« ins Klosterleben zu integrieren, wie Bruder Matthews einer war. Einer oder zwei Traktoren wären genug. Und das Kloster durfte sich nicht aus den sozialen und politischen Konflikten heraushalten, sondern mußte ein Ort sein, wo Menschen verschiedener Weltanschauungen zusammentrafen, um die Probleme zu studieren und nach Lösungen zu suchen. All dies wäre ganz anders, als der Trappistenorden bisher gewesen war, denn in Lateinamerika – so meinte er – müsse sich der Orden an die dortigen Verhältnisse anpassen.

Doch Merton gefiel auch die Idee einer Gründung in Nicaragua. Ich hatte ihm von der Schönheit der Wälder am Río San Juan erzählt. Ich schrieb an den Dichter José Coronel Urtecho, der seit mehr als 20 Jahren an den Ufern dieses Flusses lebte, er möge uns seine Meinung mitteilen. Er antwortete mit einem Brief an mich und an Merton, in dem er sagte, jene Wälder seien ein authentisches Paradies, die Schlangen eingeschlossen. Doch die Mönche könnten dort sicher nicht allein von der Landwirtschaft leben, das könnten nicht einmal die Einheimischen. Ein Schotte, mit dem ich befreundet war, Mr. Kinlock, der auch am Río San Juan wohnte, schrieb einen Brief, der Merton sehr gefiel. Er empfahl für eine trappistische Gründung den Hang eines der beiden Vulkane auf der Insel Ometepe im großen See von Nicaragua, wegen vielfältiger Anbauarten, die dort möglich sind, des frischen Klimas, der Schönheit der Landschaft. Beim Betrachten der Insel auf der Karte schien es Merton eine wunderbare Idee zu sein. Es kam ihm schon besser vor als Ecuador. Er sagte mir sogar, er glaube, es gebe keinen bessern Platz als diesen. Er hatte immer den Wunsch gehabt, nach Lateinamerika zu gehen. Er meinte, er sei Europäer (weil er in Frankreich geboren war) und fühle sich mehr im Einklang mit Lateinamerika als mit den Vereinigten Staaten. Auch P. Eudes, der Arzt, wolle sich an dieser Gründung beteiligen, sagte Merton. Und man müsse auch unter den Laienbrüdern jemanden suchen, der etwas von Landwirtschaft verstand.

In jenen Tagen reiste der Abt nach New York und beriet sich dort mit einem Freund (der noch enger mit Merton befreundet war) über die Gründung; er hieß Mr. Grace und war Besitzer der »Grace Line«, der berühmten Schiffahrtslinie, die in ganz Lateinamerika operierte, Besitzer vieler anderer großer Unternehmen in der Region und außerdem Förderer eines Trappistenklosters. Ich weiß nicht, was aus der Beratung mit Mr. Grace wurde. Merton erzählte mir, wenn sehr reiche Leute sich wegen seiner Bücher mit ihm anfreundeten, dann bemächtige sich der Abt immer dieser Freundschaften. So geschah es auch mit Henry Luce, dem Besitzer von »Time« und »Life«.

Unterdessen funktionierten die Berufungen aus Lateinamerika nicht besonders gut. Der Priester, der aus Chile gekommen war, mit einem wallenden Bart wie ein Anachoret, blieb gerade fünf Tage lang. Er hatte keinen Koffer mitgebracht, sondern eine hölzerne Truhe, die aus dem Museum zu stammen schien. Dann kam ein kolumbianischer Jesuit, der für eine Gründung in Kolumbien warb; er war sehr fröhlich, lachte im Gästehaus ein dröhnendes, ansteckendes Lachen, doch nachdem er die Schwelle zum Kloster überschritten hatte, verstummte sein Lachen. Später verlor er den Verstand und mußte in eine Klinik gebracht werden. Aus Kolumbien stammte auch ein junger Franziskaner; er verließ uns bald wieder, weil er nicht schlafen konnte. Er mußte jeden Tag duschen, und er tat das immer heimlich, mitten in der Nacht. Dann kam ein Puertoricaner, und ich bekam Erlaubnis, ihn im Gästehaus zu besuchen, um mich zu unterhalten; doch hatte er eine schlechte Gesundheit. Kurz bevor ich ihn besuchen konnte, erlitt er einen Ohnmachtsanfall und wurde fortgeschickt. Später kam ein argentinischer Seminarist, und auch er ging bald wieder.

Merton entdeckte, daß der Abt heimlich Spanisch lernte, und sah darin die Absicht, ihn, Merton, von der Gründung in Lateinamerika auszuschließen. (Das sagte mir nicht Merton selbst, ich habe es in einem seiner kürzlich veröffentlichten Tagebücher gelesen.)

Doch nicht nur die Lateinamerikaner kamen und gingen, auch ein junger ungarischer Flüchtling, der sich kurz zuvor am Ungarnaufstand gegen die Sowjetunion beteiligt hatte. Man gab ihm einen ungarischen Namen; und bald war er wieder fort. Auch Bruder Basilio, der riesengroß war, immerzu lauthals lachte – sogar noch während des Noviziats – und alle anderen mit seinem Lachen ansteckte, hörte plötzlich zu lachen auf. Ich hielt das für ein schlechtes Zeichen. Und dann ging er auch schon. Einmal, als Merton bei einem seiner Vorträge sagte, die Berufung des Mönches sei es, zu leiden, hatte er ihn unterbrochen und gesagt: »Ich frage mich nur, warum es ausgerechnet mich getroffen hat.« Als er fort war, erzählte man uns, er sei Düsenpilot gewesen. Ich erinnerte mich daran, daß er immer, wenn ein Düsenflugzeug vorbeiflog, den Kopf gehoben und ihm nachgesehen hatte. Vorher war auch schon ein Pilot dagewesen, den ich jedoch nicht mehr kennengelernt hatte. Nach meiner Ankunft gab uns irgendwann der Abt die Nachricht, daß er bei einem Flugzeugunglück ums Leben gekommen war.

Es kam auch ein Franziskaner, der Oberst der Armee und eine wichtige Person beim Pentagon in Washington war, wo er als Chef aller katholischen Feldgeistlichen der amerikanischen Armee fungierte, doch auch er ging nach kurzer Zeit, weil er an Schlaflosigkeit litt. Er trug unter uns sein Franziskanerordenskleid aus feinstem Stoff oder seine Militäruniform. Er reiste in einem teuren Auto an, das er beim Gästehaus abgestellt hatte.

Aus Syrien kam vorübergehend ein Eremit, der der Obere von so etwas wie einer Vereinigung von Eremiten war, die ungefähr zehn zählten und fast alle von der Orthodoxen Kirche übergetreten waren. Sie lebten in der Schweiz, wo genau, das sagten sie nicht, damit sie nie jemand besuchen käme. Ein Original, dieser Eremit, er erzählte dem Abt, er studiere nebenbei Finanzwissenschaften.

Auch Gethsemani hatte seinen Eremiten. Das war einer, der zuvor Laienbruder gewesen war. Schon mehr als 40 Jahre lebte er im Wald, in einer Hütte, die man ihm dort errichtet hatte. Merton sagte uns, er habe ein Radio und rauche Pfeife – warum nicht? An Wochenenden kam er ins Kloster, um die Messe zu hören, Verpflegung zu holen und sich zu duschen. Das mit dem Duschen war nicht, weil er es wollte, sondern weil man ihn dazu zwang. Er war Deutscher und hatte zuvor als Cowboy in Texas gelebt, und aus Texas kam er auf seinem Pferd bis hierher ins Kloster. Er ging nebenbei auf die Jagd, vielleicht auch zum Fischen. Und er starb in den Jahren, als ich dort war. Ich gehörte zu den Novizen, die am Tage nach seinem Tod losgeschickt wurden, seine Hütte zu reinigen. In der kleinen Küche stand eine Pfanne mit Resten von Eiern mit Schinken, was nicht zu unserer Diät gehörte.

Ein wichtiger Eintritt ins Kloster war der eines Vertreters für Landmaschinen, der erst kürzlich zum Katholizismus übergetreten war und beschlossen hatte, Laienbruder zu werden, und alle seine Maschinen mitbrachte.

Es hatte auch die Bewerbung um Aufnahme ins Noviziat von einem Ex-Benediktiner gegeben, der vor Jahren aus seinem Orden ausgetreten war, geheiratet hatte und dessen Kinder groß geworden waren, ohne vom Vorleben ihres Vaters zu wissen. Jetzt im Alter hatte er sich bekehrt; der Abt war ihn besuchen gegangen und von seiner Frömmigkeit sehr beeindruckt gewesen. Doch konnte er nicht aufgenommen werden, weil er unter Herzbeschwerden litt.

Einmal besuchte uns der Vorsteher eines Klosters aus Kalifornien, das der Abt von Gethsemani einst gegründet hatte, und erzählte uns, ein berühmter Journalist habe sie dort besucht und sei Laienbruder geworden. Er berichtete uns auch vom Fall eines Psychiaters, der zu einem Klosteraufenthalt gekommen war und gleich dablieb. Er verkaufte sein Auto, gab das Geld dem Kloster und ging mit den Mönchen zur Feldarbeit. Ein anderes Mal erzählte man uns, daß es dort in Kalifornien einen Novizen gab, der Sohn eines Multimillionärs war und den sein Vater enterbt hatte, weil er eingetreten war. Zuvor hatte der Vater versucht, es ihm auszureden, und angeboten, ihm zu kaufen, was er wolle, selbst einen Privatjet. Der Junge hatte geantwortet, den Himmel könne er ihm aber nicht kaufen.

Im Kloster wurde morgens und nachmittags gearbeitet, doch oft gab mir Merton literarische Arbeiten. Eine davon war es, die Fehler in der spanischen Übersetzung von »Der Berg der sieben Stufen« zu korrigieren. Es gab darin so viele Fehler, daß die Korrekturen nicht auf die Seitenränder paßten. Der ehrwürdige Verlag »Editorial Sudamericana« hatte jemanden mit der Übersetzung beauftragt, der nicht gut Englisch konnte oder die Übersetzung in rasender Geschwindigkeit angefertigt hatte. Dabei konnte ich feststellen, wie groß Mertons Bescheidenheit war. Daß sein berühmter Bestseller im Spanischen so entstellt worden war, machte ihm nichts aus. Der Unsinn, den man ihn dort sagen ließ, brachte ihn höchstens zum Lachen. Später sollte meine Arbeit die Übersetzung seiner Gedichte werden, nicht weil er sich mit einer korrekten Übersetzung nun doch wichtig tun wollte, sondern weil ihn Lateinamerika interessierte.

Im Einklang mit der Zisterziensertradition gab es keinerlei Bilder in der Kirche, außer dem Altarkreuz und einer Bleiglasdarstellung der Jungfrau an der Rückwand. Durch die ganze Länge des Kirchenschiffs zogen sich die beiden Reihen des Chors. Wenn man auch nur einen kleinen Augenblick zu spät kam, mußte man sich mit dem Gesicht zur Erde vor dem Altar auf den Boden legen und dann den Abt um Erlaubnis bitten, in den Chor eintreten zu dürfen.

Auch wenn man etwas auf den Eßtisch fallen ließ oder sonstigen Lärm machte, der Aufmerksamkeit erregte, mußte man sich mit dem Gesicht nach unten vor dem Abt zu Boden werfen und durfte erst wieder aufstehen, wenn er mit einem Glöckchen läutete. Wenn man in den Speisesaal trat, mußte man sich die Kapuze abnehmen; vergaß man es, konnte man dafür im Schuldkapitel angeklagt werden. Wenn einem beim Essen etwas fehlte, durfte man nicht darum bitten: Der Tischnachbar mußte mit Zeichen für einen darum bitten; doch durfte man den Tischnachbarn auch nicht darauf hinweisen, so daß dieser immer genau aufpassen mußte, ob einem etwas fehlte. Mich machte es wütend, etwas Leckeres nicht essen zu können, das der andere gerade genoß, ohne zu merken, daß ich es nicht hatte. Doch manchmal war ich derjenige, der nicht bemerkt hatte, daß dem anderen etwas fehlte.

Das Frühstück verlief schweigend; beim Mittag- und Abendessen wurde uns von einem Pult aus vorgelesen: Bücher und manchmal Zeitungs- oder Zeitschriftartikel zu religiösen Themen. Dabei wurde, wenn der Name Thomas Merton vorkam, dieser vom Vorleser übersprungen. Manchmal merkte man die Unterlassung am Zögern und am Zitat ohne Namen. Merton konnte in seiner Bescheidenheit ironische Bemerkungen über das Tabu machen, wie einmal, als er bei der Einteilung der Arbeit für die Novizen zweien von ihnen auftrug, die Bücher in der Bibliothek zu säubern, und sie warnte (wobei er uns alle zum Lachen brachte): »Aber vertrödelt eure Zeit nicht damit, in den Büchern des heiligen Thomas Merton zu blättern!«

Das Kapitel war die tägliche Versammlung der gesamten Gemeinschaft. Es wurde das Martyriologium, die Liste aller Märtyrer des Tages, und ein Kapitel aus der Regel des heiligen Benedikt, unsere Regel aus dem 6. Jahrhundert, gelesen. Der Abt gab Nachrichten und machte Ankündigungen. An Festtagen wurden Predigten gehalten. Manchmal gab es einen Vortrag eines Auswärtigen. Und an manchen Tagen das Schuldkapitel. Dies war eine Sitzung von Kritik und Selbstkritik. Ähnlich denen, die wir später in Nicaragua in der Revolution hatten. Im Kloster war sie (größtenteils) zu einer stereotypen, formalistischen Übung verkommen, so, wie es auch in den sandinistischen Parteisitzungen geschah. Obwohl es Risiken gab.

Der Abt rief überraschend jemanden auf, der inmitten der versammelten Gemeinschaft niederknien und sich irgendeiner Verfehlung bezichtigen mußte. Es war unmöglich, sich nicht zu bezichtigen. Tat man es nicht, warf sich die ganze Gemeinschaft mit dem Gesicht nach unten zu Boden, als Buße für solch verdammenswerten Hochmut. Das Schlechte war, daß man sich nicht einer abstrakten oder innerlichen Verfehlung bezichtigen durfte, wie: »Ich bin Egoist«, was leicht gewesen wäre, sondern eine konkrete, äußerliche Handlung nennen mußte. Für solche Gelegenheiten mußte man seine Verfehlung schon parat haben. Manchen fiel in ihrer Verwirrung nichts anderes ein als die Lappalie, daß sie vergessen hatten, sich die Schuhriemen zu schnüren. Glücklicherweise hatte ich als Lateinamerikaner immer eine Verfehlung, auf die ich zurückgreifen konnte, und zwar mein dauerndes Zuspätkommen. Die Gefahr bestand darin, daß man nach seiner Selbstkritik auch der Kritik der anderen ausgesetzt war; und dem, der sich der Lappalie mit den Schnürsenkeln bezichtigt hatte, konnten danach schwere Fehler vorgeworfen werden, so ernst und sichtbar, daß er selbst sie eigentlich nicht hätte übersehen dürfen. Ich wurde bezichtigt, die Türen zu laut zuzuschlagen. Und laut mit einem Besucher geredet zu haben, dem ich das Kloster zeigte (Pablo Antonio Cuadra).

Doch konnten die Beschuldigungen demütigend und verletzend sein, wenn sie nicht zutrafen. Im Speisesaal gab es, wenn wir mit dem Frühstück fertig waren, zwei Fässer: eines, in das der Kaffee gegossen wurde, der in unseren Krügen übriggeblieben war und noch einmal ausgeschenkt werden konnte; das zweite für das, was in unseren Tassen war und das den Schweinen gegeben wurde. Ein alter Mönch bezichtigte mich, in das Faß mit den Resten den Kaffee gegossen zu haben, den ich nicht angerührt hatte, und in das der Gemeinschaft den Rest aus meiner Tasse, der eigentlich für die Schweine bestimmt war. Es gab lautes Gelächter von den 200 Mönchen der Gemeinschaft, den Abt eingeschlossen. Und meine Antwort bestand in nichts weiterem, als rot zu werden. Ich hatte keine Ahnung, daß ich so etwas getan hatte, und ich hielt es auch nicht für möglich, bin ich doch nicht so extrem zerstreut. Ob er mich mit einem anderen Novizen verwechselt hatte? Obwohl es eigentlich auch unmöglich war, daß ein anderer jeden Tag solchen Unsinn tat. Es konnte auch nicht sein, daß der Mönch eine falsche Anschuldigung machte. Meine Erklärung ist, daß ich irgendwann einmal diesen Irrtum beging (und mich nicht mehr daran erinnerte), was eigentlich jedem mal passieren kann. Doch in diesem Fall hätte der Mönch sagen müssen: »Bruder Soundso hat *einmal* ...«, was weder ein solches Gelächter hervorgerufen hätte, noch so kritikwürdig gewesen wäre. Er selbst hätte gemerkt, daß diese Anschuldigung eine Banalität war. Was stattgefunden hatte, war eine kleine semantische Veränderung mit großen Folgen; anstatt zu sagen: »Der Bruder *hat* das und das getan«, sagte er: »Der Bruder *tut* das und das«. Wenn er es gesehen hatte, so hatte er es höchstens einmal gesehen, denn man verließ den Speisesaal nach dem Frühstück nicht geschlossen, sondern ein jeder ging, wenn er fertig war, und er konnte mich nicht jeden Tag gehen gesehen haben.

Eines Morgens, bevor wir zur Arbeit hinausgingen, stellte ich fest, daß man meine Arbeitskutte in die Wäscherei mitgenommen hatte, was sehr selten geschah, ungefähr so oft, wie ein Bischof starb. Mir blieb nichts anderes übrig, als in meinem normalen Ordenskleid zu gehen, das theoretisch strahlend weiß war. Man hatte uns gesagt, daß wir an jenem Tag in der Schinkenräucherei arbeiten würden, und ich ging davon aus, daß ich mich dort nicht schmutzig machen würde. Als wir hinkamen, gab man jedem von uns ein paar Hinterschinken und einen Topf mit Melasse, die wie schwarzer Schlamm aussah; damit mußten die Schinken eingestrichen werden. Ich wies den Laienbruder, der die Arbeit beaufsichtigte, auf mein weißes Kleid hin, und er schickte mich in ein Büro, wo Schreibtischarbeit verrichtet wurde. Tage später beschuldigte mich ein Novize, der mich nicht leiden konnte, im Schuldkapitel, ich hätte nicht in Arbeitskleidung zur Arbeit gehen wollen. Als ich sah, daß man eine schwarze Masse berühren mußte, hätte ich mich davor geekelt und die Arbeit verweigert, so daß der Laienbruder mich an einen Schreibtisch schicken mußte. Auch dieses Mal lachten alle, und der Abt hielt mir eine Predigt: daß ich mich nicht vor der Schinkenmelasse ekeln solle, daß sie kein Schlamm sei und daß ich mich auch nicht vor dem Schlamm ekeln solle, denn wir stammten aus der Erde, und zu Erde müßten wir wieder werden. Und dabei erinnerte ich mich daran, wie sehr ich es geliebt hatte, die Erde zu berühren, bei der bildhauerischen Arbeit, die mir verboten worden war!

Gleichgültig, was gesagt wurde, man durfte sich gegen nichts verteidigen noch irgend etwas erklären, denn auch in diesem Fall würde sich die ganze Gemeinschaft zu Boden werfen. Und das war sogar schon einmal geschehen, hörte ich sagen.

Ich gestehe, es machte mich traurig. P. Tarcisio, der stellvertretende Novizenmeister, merkte es und fragte mich, was mit mir los sei. Ich antwortete, ich sei im Schuldkapitel fälschlich beschuldigt worden, und man habe über mich gelacht. Er sagte mir, genau dazu sei das Schuldkapitel da, um Demütigungen zu empfangen, und daß das gut für einen sei.

Merton sagte uns, wir sollten vorsichtig sein mit unseren Anschuldigungen. Als er Novize war, gab es einen anderen, der ihm sehr unsympathisch war. Einmal beschuldigte ihn Merton, daß er alle naselang in den Speisesaal ging, um Milch zu trinken. Das schien ihm gut zu dieser Person zu passen. Viel später erfuhr er, daß der andere es auf Verschreibung des Arztes getan hatte, weil er an einem Magengeschwür litt, und er bereute sein Tun.

Freitags gingen wir nach dem Kapitel schnell in den Schlafsaal (alles geschah schnell), in unsere Kabinen, um uns zu geißeln. Das geschah mit einer Peitsche aus Riemen. Man zog sich das Hemd aus, und auf ein Signal hin peitschten sich alle, solange wie ein

Psalm »Miserere« dauerte und das Signal wieder erklang. Während dieses Zeitraums erschallte der ganze Schlafraum von den Peitschenhieben. In Wahrheit mochte man sich wohl gehörig schlagen wollen, doch ist es schwierig, auf sich selbst fest einzuschlagen. Im Winter, bei offenem Fenster und ohne Heizung, konnte die Geißel der Kälte eine größere Buße sein als die aus Riemen.

Ich habe erzählt, wie unendlich glücklich ich war, und es könnte so aussehen, als sei das die ganze Zeit über so gewesen. Doch so war es nicht. Nachdem ich schon eine Weile dort war, ich erinnere mich nicht mehr, wie lange, begann ich beim Aufwachen etwas sehr Häßliches zu spüren, ein schreckliches Gefühl von Angst und Erdrücktwerden. Es entstand daraus, daß ich mich einem neuen Tag gegenübersah, der genau gleich ablaufen würde. Der Schrecken, daß wieder genau dasselbe passieren würde.

In meinem Geist sah ich jenen versammelten Chor vor mir, der wieder und wieder das Gleiche sang. Doch dauerte das nur ungefähr drei Minuten. Hätte es den Rest des Tages über angehalten, dann wäre es mir unmöglich gewesen, dort weiter zu bleiben; ich wäre verrückt geworden. Doch bald darauf ging es vorbei, und ich war wieder so glücklich wie immer. Es war wie eine Kostprobe der Agonie im Garten von Gethsemane. Ich vermute, es war ein psychologisches Phänomen. Merton riet mir, ich solle nicht sofort aus dem Bett aufstehen, wenn die Glocke läutete, sondern einen Moment warten, bis es vorbei war.

Merton, dem es nie an Humor fehlte, hatte uns während eines Vortrags wie nebenbei gesagt, daß es eine Menge Mut brauche, sich um Mitternacht zum Gebet zu erheben, mit allen Teufeln um einen herum.

Und es begann das Nachtgebet, mit der Kirche im Dämmerlicht und der Orgel, die die ganze Zeit über ohne jegliche Variation nur einen einzigen Ton spielte. Da war es, wenn ich die meiste Ablenkung verspürte, wenn die Psalmen in meinem Geist meine gesamte Vergangenheit projizierten; zusammen mit jenen unheimlichen Namen, die jede Nacht wiederholt wurden: »Sehun, König der Amoriter, und Og, König von Basan«, in denen ich unsere Dikta-

toren sah. Meine Vergangenheit wurde projiziert wie einer jener
schlechten mexikanischen Filme von früher, absurd und langweilig, mit obszönen Passagen; und ich begann unweigerlich, mich an
eine Menge Gesichter zu erinnern, die absolut uninteressant waren, völlig banale Biertischgespräche, Kneipen mit dem Namen
»Zum Sportler«, »Der Olympiker«, »Copacabana« an der See-
promenade von Managua, deren Lichter sich im Schmutzwasser
der Kloaken spiegelten, die dort in den See flossen, und den angeb-
lichen Tänzerinnen, die Prostituierte waren: die Uferpromenade,
die auf dem Müll der Stadt ein Bürgermeister von Somozas Gna-
den gebaut hatte, Andrés Murillo, der sich selbst auf jenem Mist-
haufen auch noch ein lächerliches Denkmal errichtete ... Merton
meinte, ich solle mir keine Sorgen wegen der Ablenkungen machen, so sei der Geist der Psalmen, die um diese Zeit gesungen
würden; so sei der Zustand der ganzen Erde während der Dunkelheit, und daß Gott gewollt habe, daß auch die Seele sich dunkel
und umnachtet fühle, bis in der Kommunion Er käme. Ungefähr
um vier Uhr morgens wurde das Stundengebet der Laudes gehalten
(Laudate Domino), jetzt schon fröhlich, Gott mit der ganzen
Schöpfung preisend, Sonne, Mond, Schnee, Bäume, Vögel, Fische,
Drachen; den ganzen Kosmos in den Chor aufnehmend; und diese
Psalmen fielen im Sommer mit dem Aufwachen der Vögel draußen
zusammen, die so laut sangen, daß man sie drinnen hörte, trotz
unserer Stimmen und der Orgel.

Von diesem Nachtgebet handelt auch das folgende Gedicht:

Zwei Uhr morgens. Es ist die Stunde des Nachtgebets, und
                           die Kirche
scheint im Halbschatten voller Dämonen.
Dies ist die Stunde der Finsternis und der Fiestas.
Die Stunde meiner Gelage. Und meine Vergangenheit
                         kehrt wieder.
»Und meine Sünde steht immer vor mir.«

Und während wir die Psalmen singen, tritt die Erinnerung
in mein Gebet wie Radios oder Musikboxen.

Alte Filmszenen kehren wieder, Alpträume, einsame Stunden
in Hotels, Tanzabende, Reisen, Küsse, Bars.
Und es erscheinen längst vergessene Gesichter. Schreckliche
Dinge.
Somoza steigt ermordet aus dem Grab. (Mit
Sehun, dem König der Amoriter, und Og, dem König von
Basan.)
Die Lichter des »Copacabana« schillern grell im schwarzen
Wasser,
das an der Promenade aus Managuas Kloaken quillt.
Absurde Unterhaltungen nächtlicher Trinkgelage
die sich andauernd wiederholen, wie eine Platte mit Sprung.
Und die Schreie an den Spieltischen, und die Musikboxen
»Und meine Sünde steht immer vor mir.«

Das ist die Stunde, da die Lichter der Bordelle strahlen
und in den Kneipen. Das Haus des Kaiphas voll von
Menschen.
Die Lichter brennen im Palast Somozas.
In dieser Stunde tritt das Kriegsgericht zusammen
und die Folterknechte steigen in die Kerker nieder.
Die Stunde der Spitzel und Spione,
wenn Räuber und Ehebrecher um die Häuser schleichen
und man die Leichen wegschafft. Ein Bündel fällt ins Wasser.
Es ist die Stunde, da die Sterbenden den Todeskampf
beginnen.
Die Stunde des Schwitzens am Ölberg und der Versuchungen.
Draußen singen traurig die ersten Vögel
und rufen nach der Sonne. Es ist die finstere Stunde.
Und die Kirche ist eiskalt und so, als sei sie voller Dämonen,
während wir in der Nacht fortfahren, unsere Psalmen zu
singen.

Die Kartäuser teilen die Nacht in zwei Hälften. Sie schlafen vier
Stunden; um Mitternacht halten sie das Nachtgebet, ich vermute,
zwei Stunden lang, wie wir, und schlafen dann noch einmal vier
Stunden. Während wir Trappisten um zwei Uhr morgens zum
Nachtgebet aufstanden und damit gleich den Tag begannen. Man
hat gesagt, daß im Italien des 6. Jahrhunderts, als der Benediktiner-

orden gegründet wurde, die Bauern um zwei oder drei Uhr morgens aufstanden, so daß es damals nicht so außergewöhnlich scheinen mochte, daß die Mönche ihren Tag um zwei beginnen. (In Solentiname stand Don Alejito, ein uralter Campesino, um zwei Uhr auf, um sich sein Frühstück zu bereiten.) Merton meinte, wir führten ein normales Leben wie alle anderen Leute, nur mit umgedrehtem Zeitplan. Er erinnerte sich daran, wie er nach seinen Zechgelagen nach Hause kam und beschämt sah, wie alle anderen schon zur Arbeit fuhren. Und jetzt standen wir auf, wenn viele andere erst ins Bett gingen.

Gethsemani war das strengste Trappistenkloster in den USA. Die Trappisten waren ein Zweig, der sich im 17. Jahrhundert vom Zisterzienserorden trennte, um den weichgewordenen Orden wieder strenger zu gestalten. Die Zisterzienser wiederum hatten sich im 11. Jahrhundert aus dem gleichen Grund vom Benediktinerorden abgespalten. Daher ist der offizielle Namen der Trappisten »Zisterzienserorden von der strengen Observanz«. Und sie sind gleichzeitig Zisterzienser und Benediktiner.

Merton riet den Novizen, nicht der Versuchung zu erliegen, außergewöhnliche Bußen zu tun, außer wenn man lange genug geprüft hatte, daß man das normale Leben gut ertrug. Sonst liefe man Gefahr, sich das Leben zu schwer zu machen und es nicht aushalten zu können. Zusätzliche Bußen, meinte er, seien die schnellste Art, wieder zum Tor hinauszugehen.

Einmal war es mir bestimmt, zu denen zu gehören, die im Speisesaal den Mönchen die Post austeilen mußten. Die Briefe wurden auf die langen Tische des Speisesaals gelegt, an den Platz eines jeden. Die Plätze waren dem Alter entsprechend zugeteilt, und mir fiel auf, daß die Novizen und Jüngsten die meisten Briefe bekamen (einer meiner Mitnovizen hatte an die hundert), während die Ältesten höchstens die eine oder andere Postkarte erhielten, die ihnen ein entfernter Neffe geschrieben haben mochte, wie die, die ich gelegentlich bekam und die für den verstorbenen P. Lawrence bestimmt waren.

Außer an den vier Tagen im Jahr, wenn die Post ausgeteilt wurde, erfuhren wir wenig von dem, was außerhalb unserer Mauern geschah. In einer der Sitzungen geistlichen Gesprächs berichtete mir Merton vom Tode von Castillo Armas, der Marionette, die die USA in Guatemala einsetzten, nachdem sie Arbenz gestürzt hatten, und der in seinem eigenen Präsidentenpalast ermordet wurde. Ein anderes Mal erzählte er mir mit sichtlicher Befriedigung vom Sturz des Diktators Pérez Jiménez in Venezuela. Der Abt berichtete uns einmal, es gebe in Rußland einen neuen Herrscher, dessen Name unaussprechlich sei: Kru...tscho...w; und ein anderes Mal vom Start eines künstlichen Satelliten durch die Russen.

Wie Merton berichtet hat, erfuhr man vom Abwurf der Bomben auf Hiroshima und Nagasaki erst viel später, wieviel später, weiß ich nicht mehr, doch es war eine lange Zeit.

Bei unseren Unterhaltungen am Donnerstag kam Bruder Matthews manches Mal auf die unauslöschliche Bombe zurück. Eines Tages, als ich zu ihm kam, hatte er gerade einen Brief von Maurice Chevalier bekommen, dem großen französischen Schauspieler, mit dem er auch eng befreundet war. Es machte ihm großen Spaß, daß er immer von seinem Vater schrieb und daß dies sehr witzig war. Jetzt schrieb Chevalier von der atomaren Gefahr; und daß die Wissenschaftler, die versicherten, daß der Umgang mit Atomwaffen völlig risikolos sei, ihn an seinen Vater erinnerten. Sein Vater sammelte leidenschaftlich gern Pilze, und beim Abendessen pflegte er zu berichten, daß die, die er gesammelt habe, große Ähnlichkeit mit einer anderen Sorte hätten, die überaus giftig sei, und nur ein Experte wie er könne sie unterscheiden. Doch das erzählte er erst, wenn der Gast den Pilz schon längst gegessen hatte.

Eines Tages geschah das Ungeheuerliche: Im Kloster wurde laut geredet. Inmitten des Schweigens tönte sanft die Brandglocke. Alle rannten los, und auch ich half, ein paar lange Schläuche im Kreuzgang auszurollen, während einige Mönche mit lauter Stimme riefen. Doch bald war der Brandherd schon erstickt. Und wieder trat das Schweigen ein.

Wohin dies Schweigen führen konnte! Im Kapitel erzählte uns der Abt, vor kurzem seien zwei Mönche ins Krankenhaus gekommen, wo sie sich unerwartet trafen; als einer den anderen auf seinem Zimmer besuchte, sprachen sie kein Wort miteinander, ihre gesamte Unterhaltung lief in Zeichensprache ab, sicherlich aus Gewohnheit, denn sie waren dort an keine Schweigeregel gebunden.

Merton hielt die Strenge der Schweigeregel für irrational; sich nur mit Zeichen zu verständigen, wenn man mit ein paar leise gesprochenen Worten eine Menge Zeit sparen konnte, die man mit aller Art Zeichen und Gesten verschwendete, die das Schweigen eher noch störten.

Merton erzählte uns auch, daß die halbe Stunde Meditation am Morgen und die Viertelstunde nachmittags eine jesuitische Neuerung war, die erst im 19. Jahrhundert eingeführt worden sei. Das war auch den Wüstenvätern niemals eingefallen, noch entsprach es der benediktinischen Tradition. Die bestand vielmehr in einem allgemeinen Zustand des Gebets den ganzen Tag über, spontan wie das Atmen der Luft, ohne daß es einen bestimmten Zeitraum gab, der dem »Meditieren« gewidmet war. Im klösterlichen Leben entwickelt man auf natürliche Weise ein meditatives Temperament, ohne sich zur Meditation zwingen zu müssen. Das Gebet der Benediktiner zum Beispiel war es, unter den Bäumen spazierenzugehen oder ein Buch zu lesen, das zum Nachdenken anregt. Das nennt der heilige Benedikt *Lectio Divina* (»geistliche Lesung«, könnte man sagen). Für ihn bestand das Gebet im Lesen, langsam zu lesen oder mit einem Buch in der Hand zu meditieren: vor allem die Bibel; und die Heiligen Väter und die Wüstenväter, die wie eine Erweiterung der Bibel waren. Das waren vielleicht auch die einzigen Bücher, die man im 6. Jahrhundert zur Verfügung hatte. Die Zeiten haben sich so sehr geändert, und ich glaube, heute könnte man fast jedes Buch als Erweiterung der Bibel ansehen. Merton meinte zu mir, das Interessante an einer Gründung in Lateinamerika wäre es, diese Spiritualität bekanntzumachen, die so verschieden sei von der einzig bisher verbreiteten, der der Jesuiten.

Im Kapitel berichtete uns der Abt von einem jungen Mann von 21 Jahren, der in der Todeszelle darauf wartete, daß man das Da-

tum seiner Hinrichtung festlegte, und ans Kloster geschrieben hatte, um zu erzählen, er sei durch die Lektüre des Buches »Gott unter
den Mördern« von P. Reymond bekehrt worden, ein Buch, das ihm
sein Freund Tom in der Zelle hinterließ, bevor er auf den elektrischen Stuhl ging; auch Tom war durch das Lesen des Buches bekehrt worden. Der junge Mann sagte, er habe durch seine Bekehrung eine Freude empfunden, von der er, als er noch in Freiheit
war, niemals auch nur geträumt hätte. Weil er so isoliert war, empfing er nur einmal im Monat das Abendmahl, und die Messe hörte
er nie. Den Brief hatte er geschrieben, damit wir für ihn um Stärke
baten, wenn es zuende ginge. Einige Zeit später sprach der Abt
noch einmal von diesem Burschen und erzählte uns, er sei gestorben. Nicht auf dem elektrischen Stuhl, man hatte ihn vielmehr tot
aufgefunden.

Es kamen alle Arten von Briefen, in denen man um Gebete bat,
viele tragisch, manche zum Lachen. Beinahe täglich gab es einen
für jemanden, der krebskrank war. Die, welche die meisten Briefe
schrieben, waren Nonnen. Und manchmal auch Leute, die alles
andere schon versucht hatten und sich als letztes Mittel an
Gethsemani wandten. Sogar Atheisten baten um Gebete. Der
Gouverneur von Kentucky, der nicht Katholik war, bat uns um
Gebete. Ein Mädchen, das ich weiß nicht wie viele Male in der
Schule sitzengeblieben war, schrieb, man würde sie wieder sitzenbleiben lassen, wenn die Mönche nicht für sie beteten. Eine
Novizenmeisterin schrieb, alle ihre Novizinnen lehnten sich gegen
die göttliche Gnade auf. Die Mutter eines Jungen von 14 Jahren
schrieb, sie wolle ihren Sohn ins Kloster schicken, habe es aber
noch nicht mit ihm besprochen. Dann schrieb der Sohn und sagte,
man habe ihn gefragt, und er möchte gern kommen.

Merton sprach wieder von der Gründung in Lateinamerika mit
mir und meinte, sie käme erst in ungefähr zwei Jahren in Frage.
Und daß er vermute, der Abt würde vor der endgültigen Wahl des
Ortes eine Reise machen, um persönlich die Möglichkeiten in
Augenschein zu nehmen, und vielleicht nähme er ihn dabei mit
(was ihm sehr gefallen würde), denn der Abt sprach kein Spanisch.

Und P. Eudes, der Mönchsarzt, der immer Interesse gezeigt hatte, sich an der Gründung zu beteiligen und Merton sehr zugetan war, vertraute mir an, Merton solle der Obere dieser Gründung sein. Andererseits sagte mir Merton, er mische sich materiell nicht in diese Angelegenheit ein. Das Problem sei zu kompliziert für ihn; er werde nur spirituell aktiv, indem er für die Gründung bete; er sei sich sicher, daß auch die Jungfrau an der Angelegenheit interessiert wäre.

Merton gefiel nicht nur Nicaragua, sondern auch Venezuela. Und dann zog er Kolumbien vor, Cali, Popayán oder vielleicht Medellín. Auch schloß er nicht gänzlich die Idee mit Ecuador aus. Obwohl Popayán den Vorteil hatte, in der Nähe von Ecuador zu liegen.

Im Herbst waren die Wälder wunderschön und das Klima angenehm zum Arbeiten. Manchmal bestand unsere Arbeit darin, kleine Baumsetzlinge auszugraben, um sie in eine Baumschule zu bringen. Manchmal schlugen wir im Wald Tannenbäume für den Weihnachtsmarkt; Merton wählte dafür die besten, symmetrischsten aus. Und dann wurden ganze Lastwagenladungen dieser Bäume abgefahren. Im Oktober begann man, die Pakete mit den Weihnachtsbestellungen zu packen: die berühmten Käse des Klosters, von denen Tausende in Paketen per Post verschickt wurden, und die Schinken und Gewürzkuchen, die genauso berühmt waren. Den Käse aßen wir selbst alle Tage, die Gewürzkuchen zum Weihnachtsfest. Was den Schinken anging, hatten wir nur mit seiner Herstellung zu tun. Wir arbeiteten auch in der Konservierung von Birnen, Pfirsichen und Tomaten, die für das ganze Jahr eingemacht wurden. Und die Arbeit beinahe eines ganzen Jahres war das Holzhacken für die Heizung im Winter; das war eine große Maschine unter der Erde, wie der Heizkessel eines Schiffs.

Vom Tage meiner Ankunft an betrachtete ich die Traktoren und alle anderen Landmaschinen als heilig. Ich betrat die Werkstätten und Garagen mit großer Achtung. Der Dichter Coronel hatte mir kurz nach meiner Ankunft mit der Frage geschrieben, ob die Mönche die Maschinen verbannt hätten. Er, der ein so großer Feind aller Maschinen war. Und gewiß war ich der Meinung, ein Kontemplativer, der einen riesigen Lastwagen führe, heiligte diese Zivilisation und diese Technologie.

Allerdings mißfiel Merton die Geschäftstüchtigkeit des Klosters von Tag zu Tag mehr, vor allem in den oberen Etagen der Macht, die durch den Abt und sein mir unbekanntes Team repräsentiert wurde. Das Schlimmste war, daß man einer Werbeagentur die Werbung für die Produkte des Klosters übertragen hatte, die dies mit geschmacklosem Kommerz betrieb. Ohne Rücksicht auf die klösterliche Herkunft der Produkte. Dem Abt gefiel es, daß ihm jeder im Kloster Botschaften schickte (er wurde böse auf die, die das nicht taten, und ich weiß nicht, wo er die Zeit hernahm, sie alle zu lesen), die auf jene kleinen Zettel aus Altpapier geschrieben wurden. Und ich schrieb ihm einmal, daß in einer jener Anzeigen das Geschmackserlebnis des Käses mit Worten beschrieben wurde, wie der heilige Bernhard sie für die Schau Gottes benutzt. Merton, der dem Abt die Nachrichten zu überbringen hatte, las es vorher und riet mir, es nicht zu schicken. Meine Kritik würde auf den Abt keinerlei Einfluß haben, und die einzige Folge wäre, daß er mich das ganze Leben nicht mehr leiden könnte.

Merkantilismus des Klosters sei es auch, meinte Merton, daß ein Keramikbrennofen von bester Qualität einfach weggeworfen wurde. Er stand hinten im Garten des Noviziats, als sei er ein Stück Schrott, weil man der Ansicht war, die Keramik brächte nicht so viel Gewinn wie der Käse. Merton hatte gemeint, ich könnte mit diesem Ofen meine Tonarbeiten brennen, bevor man ihn wegwarf. Es hatte darin P. Juan de la Cruz sehr schöne Kruzifixe gebrannt, ein weiterer Kandidat für eine Klostergründung in Lateinamerika. Und er war so verärgert worden, daß er gesagt hatte, er wolle nie wieder in seinem Leben Tonarbeiten anfertigen.

Merton war auch gegen das unbegrenzte Geschäft mit Brot eines anderen Trappistenklosters im Staate New York. Unter dem Namen »The Monk's Bread«, der sehr berühmt geworden war, vor allem in New York City, stellte man täglich Tausende von Broten her, so daß das Kloster nur noch dafür lebte. (Schließlich verkauften sie das Rezept und den Namen für mehrere Millionen Dollar und bauten sich mit dem Geld ein neues Kloster.)

Bei anderer Gelegenheit vertraute mir Merton seine Bedenken in bezug auf eine Gründung in Lateinamerika an, weil fast alle im Kloster, vom Abt angefangen, Franco-Anhänger waren. Für sie verkörperte Franco das Ideal des christlichen Herrschers. Außerdem hatten sie eine völlig kapitalistische Mentalität. Und das Schlimmste war, daß der Abt ihm gesagt hatte, er wünsche, die Gründung in Lateinamerika würde nur von Nordamerikanern vorgenommen, nachdem so viele Lateinamerikaner gegangen waren. Merton fand die Vorstellung einer Gründung durch kapitalistische und imperialistische Mönche entsetzlich, weil es für das Volk dasselbe wäre wie eine Gründung durch ausbeuterische amerikanische Unternehmen. Dann wäre es schon besser, gar nicht hinzugehen oder den Trappistenorden zu ändern.

Hierin machte er einen Entwicklungsprozeß durch; und ich gezwungenermaßen auch. Denn als ich eintrat, idealisierte ich alles, was den Orden betraf, ohne daß es mir in den Sinn kam, irgend etwas in Frage zu stellen. Er meinte, ich solle mir vorstellen, es gäbe irgendwo in Lateinamerika ein Kloster mit 20 oder 30 Geistlichen, wo sonst meilenweit kein Priester wäre; und sie müßten sich weigern, zu taufen, zu lehren, einem Sterbenden beizustehen, oder der Orden ändere seinen Charakter. Und ein Mönchsarzt müßte sich weigern, die Notfälle unter den Bauern zu betreuen. Anders gesagt, um die Regeln zu erfüllen, müsse man gegen das Evangelium verstoßen. Außerdem sei dies ein landwirtschaftlicher Orden, und die Landwirtschaft sei immer komplizierter geworden. In Gethsemani gab es 15 Traktoren, ohne sie konnte man sich nicht ernähren. Doch ein vollständig eingerichtetes Kloster mit Kirche, Gästehaus für kontemplative Aufenthalte, Noviziat und so weiter, und vielen landwirtschaftlichen Geräten mußte in den Augen der armen Bauern nicht wie ein Beispiel von Bescheidenheit wirken, sondern wie eine mächtige ausbeuterische Firma. Deshalb hatten die Trappisten in Afrika aufgehört, Trappisten zu sein, und sich in einen anderen Orden verwandelt. Ich erinnere mich daran, ein Foto von einem jener Klöster gesehen zu haben, sehr schön, eine lange Hütte mit einem Strohdach.

Merton bereitete ein Buch über religiöse Kunst vor, das er, glaube ich, nie veröffentlichen konnte. Und aus diesem Grunde schrieb er an die Panamerikanische Union in Washington, wie damals die OAS, die Organisation Amerikanischer Staaten, genannt wurde, und es antwortete ihm José Gómez Sicre, der Direktor der Kulturabteilung. In seiner Antwort sagte er, er wisse, daß er in seinem Noviziat einen Nicaraguaner habe, der ein sehr guter Bildhauer sei. Tatsächlich war ich auf Anregung von Gómez Sicre Bildhauer geworden. Vorher hatte ich nur kleine Figuren aus Wachs modelliert, ohne das besonders ernst zu nehmen, und als er einmal durch Nicaragua kam, sah er sie und ermutigte mich, sie größer zu machen, weil sie sehr gut seien; und durch ihn gelangten diese großen Figuren auch in Ausstellungen der Panamerikanischen Union in Washington. Er hatte in Mexiko den noch sehr jungen Maler José Luis Cuevas entdeckt; und er machte auch unseren großen nicaraguanischen Maler Armando Morales berühmt. Mich machte er nicht berühmt, sondern zum Bildhauer, was viel wichtiger war. Aufgrund dieses Briefes begann Merton mir weitere Vorschläge zur Neugründung in Lateinamerika zu machen: ein kleines, revolutionäres Kloster, vielleicht ohne Ordenskleidung, in dem ein einfaches Leben in Verbindung mit der Erde gelebt würde, mit den Indios und mit Gott, und wo die Künste nicht einfach nur als »Apostolat« betrieben würden, sondern aus ihrem eigenen Wert heraus; und wo man auch in Kontakt stehe mit den Kunstbewegungen in der Hauptstadt, und es könnten Schriftsteller und andere Künstler kommen, um sich dort zu erholen oder zu arbeiten.

Vorher hatte er an die Jungferninseln gedacht, und einmal zeigte er mir ganz begeistert ein paar Bücher darüber, die er gerade studierte. Doch meinte er auch, P. Juan de la Cruz habe ihn entmutigt, als er ihm sagte, alle diese Plätze würden früher oder später von Touristen überschwemmt. Ich erzählte ihm von der Schönheit von Corn Island, einer Insel vor der Karibikküste Nicaraguas, die viel jungfräulicher sei als die Jungferninseln. Und da begeisterte er sich gleich mehr für Corn Island, so wie ich es ihm darstellte, und er schrieb sogar an den Bischof der Atlantikküste Nicaraguas, einen Nordamerikaner. Der Bischof antwortete ihm, die Insel sei tatsächlich paradiesisch und ein idealer Ort, um als Einsiedler zu leben; und daß er, der Bischof, sie sich selbst als Wohnort ausgesucht habe, wenn er pensioniert würde. Da überlegte Merton, ob er Einsiedler werden sollte. Doch weil ich ihm folgen wollte, akzeptierte er mich als Begleiter, bevor er sich zwischen den Jungferninseln und Corn Island entschieden hatte. Er akzeptierte auch P. Eudes und P. Juan de la Cruz, die ihn ebenfalls begleiten wollten. Obwohl Juan de la Cruz meinte, auf die Jungferninseln ginge er nicht. Auch sagte Merton mir, er könnte sogar noch eine vierte Person akzeptieren. Aber man müsse dies geheimhalten, sonst wolle das halbe Kloster mit ihm gehen. Es würde ausreichen, ein paar Kochgeräte mitzunehmen. Man könnte auf Steinen kochen. Ein paar unverzichtbare Werkzeuge. Die notwendigsten Bücher. Und er fügte hinzu, man müsse ein Kleinkalibergewehr haben, um jeden Bewerber in die Flucht zu schlagen, der zu kommen versuchte.

Hier muß ich zwei Konflikte nennen, die mir Merton verursachte. Einer bestand darin, daß er im geistlichen Gespräch immer kritischer wurde, was das Kloster und das klösterliche Leben im allgemeinen anging. Es ist immer gesagt worden – und das stimmt auch so –, daß das Noviziat die Flitterwochen im religiösen Leben sind. Und sie sind ebenso vergänglich wie die Flitterwochen in der Ehe. Ich genoß diese Flitterwochen, doch Merton war seit 18 Jahren Mönch und sah die Dinge auf andere Weise. Außerdem griff er schon dem 2. Vatikanischen Konzil vor, bevor es Papst Johannes XXIII. gab und irgend jemand daran dachte, ein Konzil einzuberufen. Er sagte mir zum Beispiel, das Leben, das wir führten, sei irrational. Daß die tägliche Observanz eines Klosters so sei, als drehe man eine Gebetsmühle. Unser Leben sei voller sinnloser Rituale und Regeln. Einmal sprach er über das Kloster als einem Zirkus. Andere Male nannte er es, wegen der Geschäftemacherei, die *Trappist Corporation*.

Ich verließ das geistliche Gespräch mit einem Gefühl der Beunruhigung. Einmal im Winter, es hatte schon zu schneien begonnen, kam ich aus einem dieser Gespräche, und während ich zusah, wie die Bäume alle langsam weiß wurden, fühlte ich eine große innere Verwirrung. Ohne jemanden zu haben, zu dem ich hätte gehen können. Ich erinnerte mich daran, daß mir José Coronel Urtecho als mein literarischer Mentor eine ähnliche Beklemmung verursacht hatte, weil er alle meine Konzepte durchbrach. Und Merton als mein religiöser Mentor durchbrach jetzt auch alle meine Konzepte.

Diese Dinge erzählte er mir; in seinen Vorträgen vor den anderen Novizen sprach er nicht davon. Sein Auftrag war es, die Novizen zu Trappisten auszubilden, nicht, sie abzuschrecken. Er bemühte sich um eine, sagen wir, objektive Darstellung der Dinge. Ohne seine subjektiven Urteile. Doch gab er gleichzeitig darauf acht, nicht etwas zu sagen, an das er nicht glaubte.

Zu mir sagte er, der Trappistenorden sei nicht für Dichter wie ihn und mich. So wie auch eine Kaserne oder eine Militärakademie nicht für Dichter seien. Diese Strenge und Disziplin seien vielleicht gut für einige, die die Ordnung brauchten. Er war der Ansicht, daß Gott schon einen Grund haben mußte, ihn und mich dorthin zu setzen. Doch müsse dies vielleicht nicht für immer sein. Nach und nach entwickelte ich mich auf diese Weise, so wie er selbst eine Entwicklung durchlaufen hatte. Zugleich entwickelte sich damit die Idee einer Gründung in Lateinamerika. Erst eine Gründung des traditionellen Trappistenordens, dann eine Reform des Trappistenordens, dann eine Gründung außerhalb dieses Ordens und schließlich eine kleine Gemeinschaft, die ein einfaches Leben ohne Regeln und Ordenskleid führte. Nach und nach identifizierte ich mich auch mit ihm in all diesem Erneuerungsdenken, und ich legte meine Unruhe ab. Jetzt war ich selbst Teil der Verschwörung.

Ein sehr junger Mann kam und blieb nur eine Woche. Merton erzählte mir, er sei wieder gegangen, weil er Diabetiker war und die Diät der Trappisten, die vor allem aus Kohlehydraten bestand, nicht für ihn geeignet war; sein ganzer Körper schwoll an in dieser Woche. Er sagte mir, der junge Mann sei sehr intelligent gewesen und habe gewirkt wie ein zukünftiger Thomas von Aquin. Und ich konnte nicht anders, als ihm zuzustimmen, als er sich über die Dummheit eines Systems beklagte, das eine solche Berufung wegen eines einfachen Problems von Kohlehydraten zurückwies. Ähnlich war es, als er mir erzählte, ein Novize, der ging, sei Künstler gewesen, und habe wegen seines künstlerischen Temperaments keinen Platz in diesem Orden gehabt, und nach seinem Weggang würde er sicher nicht in einen anderen eintreten: eine gute Berufung, die für jedes religiöse Leben verlorenginge, weil die Trappisten zu unflexibel waren.

Der zweite Konflikt, den Merton in mir hervorrief, war der, daß er jede Woche in mir eine große Erwartung weckte, wegen des unglaublichen Privilegs, von einem Meister des kontemplativen Lebens unterwiesen zu werden, der international so berühmt war und dessen Leben und Werk ich so viele Jahre lang verehrt hatte, und dann benutzte er die begrenzte Zeit, die wir zur Verfügung hatten, dazu, über nicht-spirituelle Dinge zu sprechen. Woche für Woche erwartete ich die großen mystischen Lehren, und er, er sprach von Nicaragua, fragte mich nach Somoza und den anderen lateinamerikanischen Diktatoren, den nicaraguanischen Dichtern, den Wäldern am Río San Juan, wo Coronel Urtecho lebte; er erzählte mir von seinen Freunden an der Columbia University: Robert Lax, der anscheinend sein bester Freund dort war und sehr witzig gewesen sein mußte, denn wenn Merton ihn nur nannte, mußte er auch schon lachen; oder von Mark van Doren, seinem Lehrer an der Universität. Oder er fragte mich, was ich zur Zeit lese, oder erzählte mir von seinen Lektüren, die zahlreich waren. Wenn die Zeit um war, fragte er mich, ob ich ein geistliches Problem habe. Normalerweise verneinte ich, denn für gewöhnlich hatte ich auch keines. Wenn ich doch eines hatte, zum Beispiel, daß mich die Ablenkungen im Chor beunruhigten, dann löste er es mir mit wenigen Worten, und ich konnte in Frieden gehen.

Doch ging ich auch mit einem Gefühl der Frustration. Einmal mehr war meine kostbare Zeit der spirituellen Lehre bei Merton verschwendet worden. Wenn das Noviziat vorbei wäre, würde ich keinen Kontakt mehr mit ihm haben. Doch wie sollte ich ihm sagen, daß ich mir eine besser genutzte Sitzung wünschte?

Dann aber begann ich zu verstehen. Wenn er mit mir über die Gründung sprach, sagte er, das kontemplative Leben sei etwas sehr Einfaches, das keine Komplikationen haben dürfe. Das Leben des Kontemplativen bestehe einfach darin, zu leben wie der Fisch im Wasser. Gibt es etwas Natürlicheres als einen Fisch im Wasser? Und ich merkte auch, daß ich mit dem Glauben ins Kloster gekommen war, ich müsse, um Kontemplativer zu werden, auf alles verzichten, was ich bisher gewesen war: auf das Interesse an meinem Land, an der Politik Nicaraguas und Lateinamerikas, den Diktatoren, dem Imperialismus, meinen Freunden, meinen Büchern, allem. Daß er mit mir im geistlichen Gespräch von all diesen Dingen redete, war eine spirituelle Lehre. Am Ende lehrte er mich, so zu sein wie er, für den das spirituelle Leben nie getrennt war von irgendeinem anderen menschlichen Interesse. Was Merton mir zeigte und was ich in der klassischen Mystik nicht hätte lernen können, war, daß mein Leben das einzige »spirituelle Leben« war, das ich haben konnte. Und daß Gott wollte, daß ich so sei, wie ich war.

Mir scheint auch, daß dies eine Lehre des Zen war, den Merton um diese Zeit entdeckte. Er begann Zen-Bücher zu lesen, die er sich aus anderen Bibliotheken geliehen hatte. Manchmal sprach er mit mir darüber. Ob er mir bewußt Zen-Lehren weitergab, weiß ich nicht. Doch war es Zen. Mich das spirituelle Leben zu lehren, ohne davon zu sprechen, war Zen. Vor allem verstand ich das so wegen einer Zen-Geschichte, die mir Merton selbst erzählte:

Es kam einmal ein Pilger von sehr weit her, angezogen vom Ruf eines sehr weisen Eremiten, der auf einem Berggipfel lebte. Er erklomm unter großen Beschwerden den Berg und fand dort nur einen alten Mann, der Feuerholz spaltete, und sagte zu diesem, er wolle den weisen Eremiten sprechen, damit er ihm das Wesen des Buddhismus erkläre. Der Alte meinte, dort gebe es niemanden außer ihm, und er wisse nichts vom Buddhismus, da er nur ein Holzfäller sei; und spaltete weiter sein Holz. Der Pilger stieg enttäuscht vom Berg herab, und unten erwarteten ihn einige, die wissen wollten, wie sein Gespräch mit dem Eremiten verlaufen sei. Er sagte ihnen, daß es dort gar keinen Eremiten gäbe, nur einen alten Holz-fäller, den er beim Holzspalten getroffen habe. Sie fragten ihn, wie er ausgesehen habe, und als er ihn ihnen beschrieb, sagten sie ihm, dies sei der Eremit gewesen. Da verstand der Pilger, daß er seine Lehre über das Wesen des Buddhismus erhalten hatte.

Ich hatte im Kloster ein Problem, und das war der Gesang. Ich erzählte schon, daß man mich gleich zu Beginn des Noviziats von den Gesangsstunden ausgeschlossen hatte, was ein Segen Gottes für mich war. Dann gab mir P. Philiph Sonderunterricht, der Gesangslehrer, der vorher die Sänger der Oper von Chicago unter-richtet hatte; er fand heraus, daß ich eine hohe Note nicht von ei-ner tiefen unterscheiden konnte. Er sagte, meine Stimme sei sehr schön, und ich könne sehr gut singen, wenn ich nicht ein so ver-kümmertes Gehör hätte. So entdeckte ich, weshalb ich nie zu tan-zen gelernt hatte. Er sagte, ich sei der schwerste Fall, den er in sei-nem Leben kennengelernt hätte, doch wollte ich ihm das nicht glauben. Und er meinte, wir sollten die größte Autorität der Welt auf dem Gebiet gregorianischen Gesangs abwarten. Der Mann würde bald kommen und solle mich testen.

Es kam Dom Dorequette aus dem Benediktinerkloster von Solesme, der unsere Gemeinschaft beim Gesang weit voranbringen sollte. Er untersuchte mich und meinte, dies sei angeboren, wie die Farbenblindheit auch. Ich fragte ihn, ob es stimme, daß ich ein so hoffnungsloser Fall sei, und er antwortete, er habe einen noch schlimmeren Fall gekannt. Er meinte, mit sehr viel Üben könnte ich es eventuell schaffen zu singen, doch daß es vielleicht die Mühe nicht lohne.

Das stellte ein Problem für meine Priesterweihe dar. Merton meinte, wenn ich nicht die Messe singen könne, könne ich auch nicht Priester werden. Die Alternative wäre, Oblate zu werden oder Laienbruder. Ich sagte ihm, daß ich beides akzeptiere, denn ich sei nicht zum Priester berufen (und wurde es auch später nicht), son-dern zum kontemplativen Leben. Doch als er mit dem Abt sprach, meinte der, man könne mich davon entheben, die Messe zu singen, und daß man im Hinblick auf die Gründung in Lateinamerika diese Ausnahme bei mir machen könne. Wenige Jahre später, als ich das Kloster schon verlassen hatte, vertrat Merton die Meinung, es solle auch Chormönche geben dürfen, die keine Priester seien, aber auch keine Laien. Tatsächlich war der Orden, den der heilige Benedikt gründete, ein Orden von Laienbrüdern, mit einer minimalen Anzahl Priester. Inzwischen nimmt man an, daß auch der heilige Benedikt selbst kein Priester, sondern Laie war.

P. Philiph staunte, wie ich das ertrug, was er für eine Qual hielt: siebenmal am Tag im Chor zu sein, ohne die Musik richtig zu hören oder singen zu können. Doch wenn die Musik mir auch keinen rechten Genuß bereitete, so ließ sie mich auch nicht leiden. Was meinen Fall angeht, so meine ich trotz solch fundierter Urteile, daß sich leicht schlimmere Beispiele finden lassen. José Coronel zum Beispiel, der zu sagen pflegte, ihm stünden die Haare zu Berge wie bei einem Hund, wenn er ein Klavier höre. Oder das, was ich über Wladimir Nabokov gelesen habe, der eine Abscheu gegen Klaviermusik gehabt haben soll. Für ihn wäre es vielleicht tatsächlich unerträglich gewesen, siebenmal am Tag im Chor zu sitzen und die Orgel zu hören, wenn er denn den Fehler begangen hätte, Trappist werden zu wollen. Ein anderer, der für die Musik taub war, war Ché Guevara, der auch nicht tanzen konnte.

Eine Last war es für mich, genau bei der richtigen Note die Seite des großen Gesangbuchs umzublättern; doch lästiger noch als für mich mußte es für den Nachbarn sein, der das Buch mit mir teilte. Wie schon berichtet, teilten sich je zwei Novizen den Psalter und das Antiphonale. Diese Bücher hatten Deckel, die viel größer waren als eine Zeitungsseite, und sehr dick, und mit Seiten, die rot und schwarz bedruckt waren. Der Novize auf der rechten Seite mußte die Seiten des rechten Buches umdrehen, und der auf der linken die des linken. Wenn ich, inmitten niemals zu entziffernder Noten, mit dem Umblättern an der Reihe war, dann wandte ich die Seite immer genau in dem Augenblick, wenn es die lange Reihe des Chors tat. Leicht konnte es geschehen, daß ich es nicht gut synchronisiert machte oder gar überhaupt nicht. Dann begab sich vielleicht der Nebenmann auf fremdes Terrain und blätterte eine Seite um, die nicht die seine war. Wie sollte ich ihm, mit meinem spärlichen Schatz an Zeichen, die Schlüsse auseinandersetzen, zu denen P. Philiph und Dom Dorequette in bezug auf mein Gehör gekommen waren? Ein Nebenmann, den ich übrigens lange Zeit neben mir hatte, blätterte meine Seite mit gewisser Brüskheit um. Sicher war er sehr sensibel für die klösterliche Liturgie. Doch dann ging er. Und begab sich vom Noviziat bei den Trappisten direkt zur Marineinfanterie.

Nein, es rief bei mir keine Traurigkeit hervor, als P. Philiph gemeint hatte, daß die Musik mir keinen Genuß verschaffte. Vielleicht war genau das das Traurige: eine Abwesenheit von Schönheit, ohne daß diese Abwesenheit traurig machte. Schmerz wegen des Fehlens von Musik, wie sich das P. Philiph vorstellte, konnte nur jemand empfinden, der die Musik so sehr genoß wie er, nicht jemand wie ich.

So wie ich im Kloster viele Stunden Musik hören mußte, die mir weder Schmerz noch Genuß bereiteten, mußte ich auch später während der Sandinistischen Revolution zahlreichen Musikveranstaltungen beiwohnen, weil ich sie eröffnete oder leitete. Der Unterschied war, daß ich bei diesen Veranstaltungen in innerliches Gebet versenkt sein konnte, während im Chor der Trappisten mein Geist von allen möglichen Ablenkungen weltlicher Dinge bevölkert wurde.

Eine ganze Zeitlang war im Trappistenchor mein Geist von meinen eigenen Gedichten bevölkert, das muß ich gestehen. Gestehen sage ich deshalb, weil man es als Narzißmus ansehen mag, daß ich mich, während die Psalmen gesungen wurden, an meinen eigenen Versen ergötzte, vor allem denen der »Stunde Null«, und ihren neuen Charakter innerhalb der lateinamerikanischen Dichtung bewunderte. Weil ich, als ich ins Kloster eintrat, mein gesamtes Werk unveröffentlicht zurückgelassen und Ernesto Mejía Sánchez zu seinem Verwalter ernannt hatte, wie den Verwalter des Werks eines Toten, mühte sich mein Geist, vermute ich, damit ab, diese Poesie nicht tot und begraben sein zu lassen. Das muß der

Grund für dieses unabhängige Verhalten meines Geistes gewesen sein.

Es mag paradox erscheinen, doch eine andere geistige Betätigung in den Stunden des Chors war die, eine Reihe Überlegungen anzustellen, die mich zu der sehr beruhigenden Überzeugung führten, daß ich kein Dichter war. Ich gestand mir ein, welche Anstrengung es mich immer gekostet hatte, Gedichte zu schreiben, nie war es mit spontaner Leichtigkeit vonstatten gegangen, jede Entwicklung war, in den verschiedenen Etappen meiner Poesie, erst spät eingetreten. Im Gegensatz zu Carlos Martínez Rivas mit seinem angeborenen Talent für die Poesie, seiner mühelosen Inspiration, der Frühreife in allen seinen Entwicklungsphasen. Das schrieb ich auch in einer meiner Notizen auf, zur eigenen Beruhigung. Ich gelangte sogar zu der Ansicht, daß ich, wenn man mich je wieder schreiben ließe, nicht mehr Poesie, sondern nur noch Prosa schreiben würde. Meine Poesie war nie religiöse Dichtung gewesen, und ich wußte auch gar nicht, wie ich sie schreiben sollte; die Schriften eines Mönchs mußten religiös sein. Was ich schreiben konnte, waren mystische Meditationen, Kommentare zum »Hohelied Salomos«, oder irgendein Werk kosmischen Charakters. Und ich hatte auch den Gedanken, daß Gott, wenn ich wirklich ein Dichter war und die Welt etwas verlieren würde, wenn ich aufhören würde, Poesie zu schreiben, dafür sorgen konnte, in Nicaragua einen Dichter entstehen zu lassen, der besser noch war als ich. Auch das schrieb ich auf. Zur eigenen Beruhigung. Und weiter sangen sie die Psalmen.

Einmal tat ich mich mit einem anderen Novizen im Kloster um, und wir fanden in einer Ecke den Sarg, mit dem man uns beerdigt. Dieser Sarg ist oben offen und wirkt eher wie eine Bahre. Man konnte sehen, daß er für Beisetzungen benutzt, aber nicht mitbeerdigt wurde. Der Fund beeindruckte uns nicht wenig, standen wir doch vor unserem eigenen Sarg (und wir gaben uns dies auch durch Zeichen zu verstehen). Es ist etwas anderes, wenn man in einem Beerdigungsinstitut einen Sarg sieht, der für jemand anderen bestimmt ist. Es war reiner Zufall, daß wir schon am nächsten

Tag diesen Sarg wiedersahen, doch nicht mehr leer, sondern belegt. Man trug auf ihm Bruder Matías, den italienischen Laienbruder, der im Gästehaus fegte und die Betten machte und der mir bei meiner Ankunft ein ums andere Mal gesagt hatte, wie schön Nicaragua sei. Auf dieser Bahre trug man ihn in die Kirche, wo bis zum nächsten Tag die Totenwache gehalten wurde. Die Mönche wechseln sich im Singen des Psalters am Leichnam ab. Manche sind nachts an der Reihe, wenn das ganze Kloster schläft. Ich war nicht nachts dran. Ich hatte vom Lächeln der toten Trappisten gelesen, und Bruder Matías war in diesem Sinne eine kategorische Bestätigung.

Der Beerdigungszug wurde von mir angeführt, der ich das Weihwasser trug. Man nahm Bruder Matías von der Bahre und warf ihn ins Grab, mit nichts anderem als seinem Ordenskleid. Der Abt hatte uns eine Weile zuvor im Kapitelsaal berichtet, man habe ihn am Magen operiert, doch nichts mehr für ihn tun können. Der Abt hatte daraufhin die Ärzte gebeten, es ihm zu sagen. Später wurde ihm, noch bevor er im Sterben lag, in einer feierlichen Zeremonie in der Kirche die Letzte Ölung gegeben: die gesamte Gemeinschaft sang Psalmen, die Glocken läuteten, der Kranke saß auf einem Stuhl vor dem Presbyterium, der Abt trug seine heiligen Gewänder und hatte mehrere Meßdiener.

Bruder Matías war in seiner Jugend Seemann gewesen. Seit 30 Jahren lebte er schon im Kloster, doch verlor er auch dort nie seinen Seemannsgang. Immer hatte er bei den Stationen des Kreuzwegs Tränen in den Augen, denn er besaß das, was man in der Mystik die Gabe der Tränen nennt.

Eine Gruppe von Wissenschaftlern kam ins Kloster, um die Mönche zu untersuchen. Der Hintergrund war, daß während des Krieges in Europa die Todesrate durch Herzerkrankungen drastisch zurückgegangen war, gegen alle Erwartungen, wenn man die Anspannung bedenkt, die ein Krieg hervorruft. Einige vermuteten, daß es an der kriegsbedingten Ernährung liegen könnte. Und man stellte fest, daß in den Dörfern japanischer Fischer, wo fast nur Fisch gegessen wurde, kaum einmal jemand an einer Herzkrankheit starb. Das war auch der Fall bei manchen Völkern in Afrika, bei denen kaum Fleisch gegessen wurde. Man hatte herausgefunden, daß es eine Substanz im Blut gibt, die Cholesterin genannt wurde, deren Überschuß Erkrankungen der Herzkranzgefäße hervorruft. Der erhöhte Cholesterinspiegel schien auf eine bestimmte Ernährung zurückzugehen. Die Regierung wünschte zweifelsfreie Belege dafür, denn wenn es zutraf, mußte man eine Kampagne starten, um die Ernährungsgewohnheiten der amerikanischen Bevölkerung zu ändern. Man konnte anführen, die Lebensbedingungen der japanischen Fischer seien zu verschieden von denen der Nordamerikaner, um Vergleiche anzustellen, und ebenso die der Afrikaner oder der Europäer im Krieg; und es mochte unbekannte Faktoren geben. Um jeden Zweifel auszuschalten, hatte man beschlossen, zwei Gruppen in den Vereinigten Staaten zu untersuchen, deren Lebensgewohnheiten einander glichen, die sich jedoch unterschiedlich ernährten: und das waren die Benediktiner und die Trappisten. Wie es hieß, enthielt die Nahrung der Benediktiner genau den gleichen hohen Anteil an Fetten wie die der übrigen Nordamerikaner. Es wurde ein detailliertes klinisches Bild von jedem Mönch angefertigt, außer den Novizen, die sich noch nicht lange genug nach den Ernährungsgewohnheiten der Trappisten richteten. Ich erinnere mich nicht, von wem ich hörte, daß ein sehr ehrwürdiger Mönch auf die Frage, ob er früher Alkohol getrunken habe, antwortete: »Ich bin Seemann gewesen, und mein ganzes Leben lang habe ich gespielt und getrunken, bis ich Mönch wurde.«

Man wiederholte die Untersuchungen mehrmals, sowohl in Trappisten- als auch in Benediktinerklöstern. Dabei bestätigte sich, daß der Anteil von Herzkrankheiten unter den Benediktinern sehr hoch ausfiel, sehr niedrig dagegen unter den Trappisten. Es war offensichtlich, daß die nordamerikanische Bevölkerung ihre Ernährungsgewohnheiten ändern mußte – und auch die Benediktiner.

Am Ende erklärte einer der Wissenschaftler, das, was ihn am meisten beeindruckt habe, sei die Tatsache, daß so viele Männer ein ganzes Leben zusammensein könnten, ohne daß es zu Spaltungen oder Streit käme.

Das Weihnachtsfest rückte näher. Der Advent kam, und es wurden nicht einmal Weihnachtslieder gesungen; doch man sah den Novizen keine Nostalgie an. Advent, das waren vier Wochen Fasten, und es glich einer kleinen Fastenzeit, doch für uns war das gleichgültig, weil unser Fasten im September begann und Ostern aufhörte. Der Advent hat in Wirklichkeit nichts mit Weihnachten zu tun, es wird nicht um die Ankunft Christi gebeten, der ja schon zu uns gekommen ist, sondern um die zweite Ankunft. Der Advent beginnt seltsamerweise mit den Prophezeiungen vom Ende der Welt, und während der ganzen liturgischen Zeit bittet die Kirche darum, daß die Welt untergehe, aber das ist etwas, was die Menschen nicht wissen. Tröstlich. Denn in den ersten Jahrhunderten interpretierten es die Christen auf ihre Weise, doch heute ist die Welt in jenem riesigen Weihnachtsbaum voller Glühbirnen symbolisiert, der zwischen den Wolkenkratzern des Rockefeller Centre in New York steht. Und die zweite Ankunft ist das Himmelreich.

Am Nachmittag des 24. wurde nicht mehr gearbeitet, nicht einmal geschmückt, damit alle langsam zur Ruhe kommen konnten. Statt um sieben wurde um fünf Uhr schlafen gegangen, ein Unterschied nur von zwei Stunden, und außerdem wurde es da in dieser Jahreszeit schon dunkel. Um neun Uhr abends erhoben wir uns wieder und gingen direkt in den Chor, um das Weihnachtsgebet zu beginnen. Merton hatte uns Novizen angekündigt, die erste Weihnacht bei den Trappisten sei unvergeßlich, und er hatte recht. Das Gebet endete gegen Mitternacht, und um Mitternacht wurde die Messe gefeiert, die sehr lang war, weil das Abendmahl nicht in einer Reihe ausgegeben wurde, sondern jeder einzeln und sehr langsam zum Altar kam, um es zu empfangen. Anschließend wurden die Laudes gesungen, das Frühgebet, und dann gingen wir ins Bett, ohne zu Abend gegessen zu haben, und schliefen bis halb sechs, was für die Trappisten ungeheuer spät ist.

Im Noviziat hatten wir einen Weihnachtsbaum, den zu schmükken ich beauftragt wurde, was ich mit modernen Figuren aus Balsaholz tat. Die Geschenke bestanden aus Zettelchen mit Vorhersagen für das neue Jahr, für jeden Novizen, die Merton geschrieben hatte und die von ihm verlost wurden, nach einer Anrufung des Heiligen Geistes; und Merton selbst nahm auch an der Verlosung teil. Meine Vorhersage lautete: »Liebe zum Gebet«. Mertons Vorhersage lautete, wie er mir hinterher erzählte, daß sich sein größter Wunsch erfüllen würde, und er sagte, sein größter Wunsch sei die Neugründung. Ich hätte gern gewußt, was die anderen Novizen bekommen hatten, doch niemand zeigte den anderen seinen Umschlag, noch bat einer die anderen um die ihren. So daß auch ich nicht zeigte oder fragte. Man konnte sehen, daß alle überrascht und bewegt waren. Das Weihnachtsgebet war gerade vorbei, und wir hatten eine kleine Pause im Noviziat, wenige Minuten bevor die Mitternachtsmesse beginnen sollte.

Im Winter war der Schlafsaal kalt wie ein Eisschrank. Er lag im dritten Stock, und es standen dort immer alle Fenster offen, auch wenn es geschneit hatte, damit er gut gelüftet war. Doch gab es eine Deckenkammer, und man konnte sich so viele Decken nehmen, wie man wollte. Ich hatte mehrere sehr große, die ich zweimal faltete, und man mußte sich so schnell wie möglich mit ihnen zudecken, in vollem Ordenskleid, nur ohne die Schuhe. Am schlimmsten war es, daß man, wenn man aufstehen mußte, um aufs Klo zu gehen, ohne Schuhe gehen mußte, um die anderen nicht zu wecken, und auf jenem Boden war das, als ginge man auf Eis. Vielleicht war dies ein Faktor, der dazu beitrug, daß mir von Zeit zu Zeit ein bitteres Mißgeschick widerfuhr: ins Bett zu machen. Etwas, was mir, glaube ich, seit meiner Kindheit nicht mehr passiert war. Man könnte es für eine weitere, wenn auch unsichtbare Bedrängnis des mönchischen Lebens halten. Und eine nicht zu beichtende. Das zwang mich dazu, selbst meine vorsintflutlichen Unterhosen zu waschen, die so selten gewechselt wurden und eher Hosen als Unterhosen waren.

Einmal gab es eine vernünftigere Reform, und der Abt verkündete, daß während des Sommers »weltliche« Unterhosen benutzt werden dürften. So nannte er die Boxershorts, zu denen T-Shirts

172

getragen wurden. Weil man im Sommer ohne Kutte schlafen durfte, hatten wir es in Boxershorts und T-Shirts nun noch etwas kühler. Mit dieser Unterwäsche und der Kutte darüber war es auch am Tag angenehmer (und mehr wie zu Zeiten des heiligen Benedikt, als die Mönche keinerlei Unterwäsche trugen, sondern nur die Kutte). Die Hitze von Kentucky ist ein Klima, in dem der Schweiß nicht verdunstet, und wenn wir uns schlafen legten, zogen wir ein schweißnasses Ordenskleid aus, und wenn wir es beim Aufstehen wieder anzogen, war es noch genauso schweißnaß.

In der Kirche gab es eine Heizung, doch weil der Raum so groß war, reichte sie längst nicht aus. Im Winter war es drinnen kälter, im Sommer heißer als draußen.

In der Karwoche starb wieder ein Laienbruder; er war 60 Jahre lang Mönch gewesen. Am Mittwoch läuteten die Sterbeglocken, und es wurden ihm die langen Litaneien und die anderen langen Sterbegebete gebetet; die ganze Gemeinschaft war auf der Krankenstation versammelt. Dann gingen wir nacheinander an seinem Bett vorbei, wie es der Brauch der Trappisten wollte, nach dem sich die gesamte Gemeinschaft von den Sterbenden verabschiedet; ein Brauch aus einer anderen Zeit, von dem ich nicht weiß, ob man ihn bei einer Gemeinschaft von 200 oder 250 Mönchen human oder inhuman nennen soll. Der Abt sagte ihm, wenn er nicht an diesem Tage sterbe, solle er auch nicht an den folgenden Tagen (Gründonnerstag, Karfreitag und Karsamstag) sterben, weil er dann keine Totenmesse in der Kirche haben könnte. Und es schien, als habe er diese Worte sehr ernst genommen, denn er starb erst, als wir alle im Chor versammelt und fertig für die Auferstehungsmesse waren, vier Minuten vor Mitternacht am Samstag. So daß er nach der Auferstehungsliturgie seine Sterbeliturgie und seine Totenmesse haben konnte.

Während der Karwoche waren wir abends immer ganz erschöpft von all den Zeremonien. Am Gründonnerstag wurde die Fußwaschung abgehalten, wie es in allen katholischen Kirchen geschieht: die Waschung der Füße der Armen, wie Christus es beim Abendmahl geheißen hatte. Wir Novizen sollten dabei nur Zuschauer sein; und ich war sehr interessiert an dieser Zeremonie, denn ich wollte wissen, wie diese Armen wohl aussähen. Ich fragte mich auch, woher man denn soviel Arme bekommen wollte, denn man brauchte einen Armen für jeden Mönch. Ich war überrascht, als ich sie in bunten Jacken und Sportsakkos sah, und fast alle ganz jung. Man erklärte mir später, es gebe keine anderen als diese Armen in der ganzen Gegend; es handele sich um bescheidene Bauern oder ihre Söhne, und sie kämen eher wegen der Zeremonie als wegen des Dollars, den man ihnen zusätzlich zur Fußwaschung gab. Dann bekamen sie im Gästehaus ein Mittagessen serviert, bei dem der Abt bediente. Nachmittags wusch der Abt uns Novizen die Füße (nachdem wir sie uns selbst sehr gut gewaschen hatten), und wir waren wirklich ärmer als die, die vorher gekommen waren, mit unseren zwei Kutten und einer Garnitur Unterwäsche, die im Sommer einmal die Woche und im Winter nur alle zwei Wochen gewechselt wurde, auch wenn man sie sich naßgemacht hatte.

Am Karfreitag bestand das Mittagessen nur aus Brot und Wasser, wobei die Feldarbeit genauso getan wurde wie sonst auch; doch war das nicht so schlimm. Eine andere Buße war es, den ganzen Tag über barfuß zu gehen, vom Aufstehen um zwei Uhr morgens an. Auf eiskaltem Boden, vor allem im Kreuzgang und in der Kirche. Manche Novizen, besonders die ganz jungen, die die Fröhlichsten sind, machte das noch fröhlicher; sie nahmen es als Spiel, denn der kalte Boden ließ sie springen und tanzen. Am Ende des Tages taten uns die Füße weh von soviel Kälte.

Im Kloster wurden alle liturgischen Zeremonien sehr feierlich begangen. Man könnte sagen, wir befanden uns in einem der wichtigsten liturgischen Zentren. Der Abt war Bischof, mit Mitra, Thron und allen anderen Kennzeichen eines Bischofs. Die Kirche des Klosters hatte den Rang einer Basilika.

An liturgischen Festtagen, die häufig waren, gab man uns Extrarationen zum Mittagessen, wie Schokolade, Pudding, Eiscreme, Pommes frites, Popcorn. Merton sagte uns, diese Dinge seien Teil der Liturgie und erfüllten die Funktion, Symbol des Himmels zu sein, wo ein endloses Fest schon begonnen habe.

Das Gute an diesen liturgischen Festen war auch, daß wir an ihnen eine wunderbare Freizeit hatten. Und ohne um Erlaubnis zu bitten in den Wald gehen konnten, der 300 Meter vom Noviziat entfernt lag. Und was war herrlicher, als dort mit einem Buch spazierenzugehen.

Im Kloster gab es kleine Dinge, die einem groß vorkamen; und es konnte sogar winzige geben, die dennoch wichtig waren. Wie das mit den Sternen, an das ich mich jetzt erinnere. Wenn der Tag mit dem Singen des Salve zuende ging, begaben wir uns alle zu Bett. Wir Novizen in unserer Reihe durch einige Gänge um ein paar Ecken zum Noviziat. Plötzlich hatte jemand den Einfall, den Weg abzukürzen und durch den Kapitelsaal zu gehen, der immer offenstand, auch wenn er im Dunkeln lag, dann durch den Garten neben dem Friedhof und ins Noviziat. So entstanden zwei Reihen: die traditionelle und die der Erneuerer. Letztere machten es aus Spaß, wegen der Abwechslung, oder einige auch, weil sie einfach den anderen folgten. Ich war in dieser alternativen Reihe, und ich hatte dafür einen gewichtigen Grund. Er bestand darin, daß ich so, in allen Monaten, wenn es dann schon dunkel war, die Sterne sehen konnte. Seit ich ins Kloster gekommen war, hatte ich bis dahin die Sterne nicht mehr gesehen. Denn wir gingen immer durch die Gänge ins Bett, und nach dem Aufstehen vom Bett in die Kirche.

Mit dieser neuen Abkürzung konnte ich die Sterne sehen, und ich ging langsam, um sie möglichst lange zu sehen. Bis Merton verkündete, es dürfe nicht mehr draußen entlanggegangen werden; es durfte nur eine einzige Reihe geben, und das war die über die Gänge. Das mag unbedeutend erscheinen, doch ist es das bestimmt nicht für den, der das Leben im Gefängnis kennt: ein Stück blauen Himmel sehen oder nicht; die Sterne sehen oder nicht. Da wurde mir klar, daß ich mit dem Zeitplan der Trappisten dazu verdammt war, mein ganzes Leben lang die Sterne nicht mehr zu sehen. Es war schwer, im Kloster Verständnis dafür zu finden, beinahe so schwer wie seinerzeit bei den Soldaten, die mich in Managua verhafteten. Doch ich mußte eines anerkennen: Als ich ins Kloster eintrat, hatte ich auf alles verzichtet, auch auf die Sterne.

Eines Nachmittags bestand die Arbeit darin, ein paar kleine Bäume zu pflanzen, ich glaube, es waren Kiefern. Die Laienbrüder hatten vorher die Löcher dafür gegraben. Als ich die Erde anfaßte, die man aus den Löchern geholt hatte, stellte ich fest, daß sie sehr klebrig war und gut zum Modellieren sein mochte. Tatsächlich war es phantastischer Modellierton, von weißlicher Farbe, einem gräulichen Weiß. Und er machte die Hände kaum schmutzig; er hinterließ, wenn er trocknete, nur eben ein wenig weißen Staub, der sofort verschwand, wenn man ihn abklopfte. Ich nahm mir einen Klumpen von dieser Tonerde mit ins Noviziat, um sie auszuprobieren, und fand heraus, daß sie so weich wie Wachs war und dann hart wie Stein wurde. Die beste Tonerde, die ich in meinem Leben kennengelernt hatte.

Ich modellierte ein paar Figuren daraus, darunter Stilisierungen von Trappistenmönchen mit ihren Kapuzen, die ich später in größerem Format wiederholen sollte. Ich zeigte diese Figuren Merton, und sie gefielen ihm sehr. Er wies mir ein paar Tage die Woche zu, um an den Nachmittagen daran zu arbeiten. Eine Gefahr, daß mir das Material ausginge, sehe er nicht, denn fast der ganze Staat Kentucky bestünde aus diesem Ton.

Ohne daß ich darum gebeten hätte, gab mir jemand ein paar Modellierwerkzeuge, die nicht benutzt wurden. Im Zahnlabor gab man mir ein Stück Steingips, wie ihn die Zahnärzte für ihre Formen benutzen und mit dem ich schon in Nicaragua gearbeitet hatte; er wird hart wie Marmor. Andere Male geschah es, daß ein Stück Material oder irgend etwas anderes, das ich brauchte, völlig unerwartet auftauchte, vielleicht plötzlich auf dem Boden lag. Einmal machte ich einen Christus aus ein paar farbigen Drähten, die ich herumliegen sah, wo Telefonleitungen installiert worden waren, und ein Novize erbat ihn sich für seine Schlafkoje; und andere baten mich, es für sie noch einmal zu machen. Ein anderes Kruzifix, das ich aus Steingips auf einem Stück Sperrholz für mich selbst machte, wollten die Novizen auch für sich wiederholt haben, und zwar alle (es waren ungefähr 30). Allmählich bekam ich wichtigere Aufträge: eine Christusfigur aus Zement für den Garten des Noviziats; eine andere, mehrfarbige für die Kapelle der Krankenstation; eine weitere für die Kapelle des Noviziats und dergleichen mehr. Merton war bemüht, meinen Ruf nicht über die Grenzen des Noviziats hinausdringen zu lassen, damit ich nicht kommerzialisiert würde, indem man mir das Anfertigen von Souvenirs auftrug, die im Laden an der Pforte verkauft werden konnten. Eine Fotografie des Kruzifixes des Noviziats wurde jedoch auf eine Ausstellung religiöser Kunst in Denver geschickt. Das Kruzifix war Teil von Umbauten, die an der Kapelle des Noviziats vorgenommen wurden. In seinem Tagebuch über diese Jahre schreibt Merton, daß ihm die Umbauten nicht gefielen und daß das einzig Gute, das die Kapelle enthielte, das Kruzifix von Bruder Lawrence sei. Und das kleine Kruzifix, das die Novizen für die ganze Gruppe wiederholt haben wollten, verwahrte Merton in dem fast schmucklosen Häuschen, wo er als Eremit in den letzten Jahren seines Lebens wohnte.

So war an manchen Nachmittagen meine Arbeit das Modellieren, an anderen das Säen. Die Erde war dieselbe: die, die ich modellierte, und die, in die ich säte. Obwohl mir scheint, daß sie mehr als zum Säen zum Modellieren taugte.

Ich hatte eigentlich den Wunsch, Tierfiguren zu modellieren, was ich immer gemacht hatte und was mich hauptsächlich reizte. Doch im Kloster mußten meine Skulpturen religiöse sein: Christusfiguren, Jungfrauen, Mönche, Heilige – so jedenfalls dachte ich. Doch als ich Merton danach fragte, meinte er, weshalb denn eigentlich. Heilige oder Tiere, beide wären sie doch Geschöpfe Gottes.

In einem geistlichen Gespräch erzählte mir Merton, er habe gerade einen russischen Dichter entdeckt, der Boris Pasternak hieße. Er war überrascht, daß ich ihn schon seit langem kannte; doch tatsächlich war es nur das: Ich kannte ihn, hatte ihn zu lesen begonnen, dann aber wieder fortgelegt. In einem Vortrag vor den Novizen sagte er, er interessiere sich für einen russischen Dichter und bete viel für ihn, er wisse selbst nicht, weshalb; und er bat die Novizen, auch für ihn zu beten. Ein anderes Mal erzählte er uns, er habe neun Meßstipendien bekommen. Die Priester des Klosters feierten Messen im Namen derer, die sie bezahlten (was »Meß-stipendium« genannt wurde). Nur selten hatten die Priester Messen frei, die sie im eigenen Namen feiern konnten; und in diesem Fall hatten sie ihm die Stipendien für neun Messen geschenkt, im Namen derjenigen, die er entschied. Er sagte, er habe sie folgendermaßen verteilt: drei Messen für die Novizen, drei für sich selbst und drei für jenen russischen Dichter Pasternak.

Er schrieb ihm einen Brief, von dem ich dachte, daß er ihn nicht erhalten und noch viel weniger beantworten würde; doch er antwortete postwendend, wenn auch ohne Unterschrift. Ab da unterhielten sie einen Briefwechsel miteinander. Eine Postkarte ohne Unterschrift schickte er aus einer Metrostation in Moskau ab. Dann erhielt Pasternak überraschend den Nobelpreis, und sein Fall kam in die Nachrichten, als die sowjetische Regierung ihm mit Repressalien drohte, wenn er den Preis annähme. Er nahm ihn dennoch.

Pasternak hatte sich selbst als »fast atheistisch« betrachtet; doch in einem seiner Briefe schrieb er, daß er das, was Merton ihm sagte, in seinem Inneren gespürt hätte, als habe er es selbst gesagt. Was Merton ihm mitgeteilt hatte war, daß er sich ihm in Gott sehr verbunden fühlte. In einem anderen Brief ohne Unterschrift sagte er, er erwache jeden Tag mit dem Gefühl der christlichen Märtyrer. Der Briefwechsel von Pasternak und Merton ist sehr bekannt geworden. Was allerdings wohl nicht bekannt ist, denn Merton hat es sicher nie erzählt, ist diese geheimnisvolle Vorahnung, die er hatte, bevor Pasternak den Nobelpreis bekam und weltweit berühmt wurde.

Merkwürdig war auch, daß er mir einmal sagte, er wolle für Cuba beten, und ungefähr vier Tage später floh Batista, und die Guerilleros zogen siegreich in Havanna ein. Ohne Zweifel waren die Aufständischen in den letzten Tagen auf dem Vormarsch gewesen, doch wie ich die nordamerikanischen Medien kenne, bin ich sicher, daß sie die Nachrichten nicht verbreitet hatten. Und die plötzliche Flucht Batistas um Mitternacht während der Silvesterfeiern hatte alle überrascht, sogar Batistas eigene Leute, die auf

Cuba festsaßen. Wie auch der Sieg Fidel Castros alle überraschte.

Und so verkündete Merton, kurz nachdem er mir gesagt hatte, er wolle für Cuba beten, uns Novizen den Sieg Fidel Castros, dessen Namen er vielleicht gar nicht kannte. Ich erinnere mich, daß er sagte, in Cuba habe eine Revolution gesiegt, die von einem jungen Katholiken angeführt werde, und daß wir Novizen für ihn beten sollten. Diese ersten Informationen, die Merton erhalten hatte, waren vielleicht nicht sehr realistisch, doch jene Gebete für die cubanische Revolution aus den Tiefen eines nordamerikanischen Klosters hatten, da bin ich mir ganz sicher, einen realen Wert.

Im Noviziat gab es ein schwarzes Brett mit Informationen, praktischen Hinweisen und höchst selten auch einer Nachricht von draußen, die Merton uns anschlug. Und ich erinnere mich, daß wir eines Tages einen Zeitungsausschnitt mit Portraits der wichtigsten cubanischen Guerilleros fanden. Ich betrachtete sie lange, erstaunt wegen ihrer Bärte und vor allem der langen, lockigen Haare. Nie zuvor hatten wir Männer unserer heutigen Zeit mit solchen Haaren gesehen. Dort mag Ché Guevara gewesen sein, Camilo Cienfuegos, natürlich Fidel – ich kannte die Namen nicht.

Später schrieb James Laughlin, Mertons Verleger und enger Freund, an Merton und sagte, die cubanische Revolution sei nicht so gut, wie er geglaubt habe. Mir scheint, Laughlin war nie eine Person, die ich revolutionär hätte nennen können. Und er schickte Merton eine Seite aus der Zeitschrift »Time«, wo geschrieben stand, daß in Cuba viele Menschen erschossen würden. Merton meinte, man könne der »Time« keinen Glauben schenken, weil es eine reaktionäre Zeitschrift sei.

Als Papst Pius XII. starb, war Monsignore Montini der Mann mit den größten Aussichten auf die Nachfolge, obwohl er nicht Kardinal war. Pius XII. hatte seinen engsten Mitarbeiter absichtlich nicht zum Kardinal ernannt, weil er dessen progressive Tendenzen fürchtete. Uns dagegen freute es sehr, daß Montini Papst werden könnte, denn wir glaubten, das würde die Gründungspläne begünstigen, gab es doch schon eine gewisse Beziehung mit Merton. Als Merton den Trappistenorden verlassen wollte, um

Kartäuser zu werden, hatte ihm Montini, damals Unterstaatssekretär von Pius XII., einen Brief von ungefähr acht Seiten geschrieben, um ihn davon abzubringen. Jetzt lagen die Dinge mit der Gründung anders, und wir glaubten, als Papst könnten wir Montini überzeugen. Besser gesagt, glaubte ich das; Merton war zurückhaltender.

Es wurde nicht Montini gewählt, sondern Johannes XXIII., der nun allerdings Montini zum Kardinal ernannte, was ihn wählbarer als je zuvor machte, und er wurde tatsächlich der nächste Papst: Paul VI. Merton schrieb Johannes XXIII. einen Brief, in dem er ihm von den Plänen einer Gründung in Lateinamerika berichtete und ihm sagte, wie wenig adäquat das wäre, außer der Orden unterzöge sich für Lateinamerika einiger Reformen und würde flexibler, wie es die Benediktiner seien (bei den Benediktinern ist jedes Kloster autonom). Der Papst antwortete ihm durch einen Sekretär und sagte, auch ihm erschiene eine Flexibilität wie die der Benediktiner für eine Gründung in Lateinamerika angeraten, doch dann sollten diese Gründung lieber die Benediktiner vornehmen und der Trappistenorden so bleiben, wie er immer gewesen sei.

Merton sagte mir, der Papst habe recht. Der Trappistenorden dürfe sich nicht ändern. Was wir tun müßten, sei vielmehr, den Orden zu verlassen, um die Gründung vorzunehmen. Mit Indios. Immer wiederholte er die Idee einer Gründung dort, wo es Indios gab.

Es war in bezug auf die Indios, daß Merton sich mir als Prophet offenbarte, im vollsten Sinne des Wortes. Er als Nordamerikaner, als Gringo, war es, der mir, einem Lateinamerikaner, den Wert der Indios entdecken half. Denn ich kannte den Wert unserer indianischen Kulturen höchstens in der Theorie. Und nicht nur ich, sondern auch die anderen lateinamerikanischen Schriftsteller. Wer von ihnen hat schon den Kontakt mit den indianischen Völkern gesucht, wo es so viele davon gibt in unserem Amerika? Eine Sache ist es, die großen archäologischen Denkmäler zu bewundern, doch eine ganz andere, zuzugestehen, daß es sich um lebendige Kulturen handelt, die uns heute noch beeinflussen können. Die Poesie, die

Kosmovision, die Weisheit, die Mystik unserer Indios wurde von den Schriftstellern ignoriert (nicht den Indioforschern), vielleicht mit der einzigen Ausnahme des Romanciers José María Arguedas, der unter Indios aufgewachsen war. Und dasselbe in den Vereinigten Staaten: keiner der nordamerikanischen Dichter, von Whitman zu T.S. Eliot oder Ezra Pound, war von der Poesie der Indianer beeinflußt worden, die in einigen Fällen fast so gut gewesen ist wie die chinesische oder die japanische. Und auch die Leserschaft kannte sie nicht. Einige wenige Anthologien indianischer Lyrik sind veröffentlicht worden, sehr gut, doch mit wenig Verbreitung. Die indianische Mystik wurde in den USA als etwas Exotisches oder Esoterisches angesehen, oder gar als extravagant. Die Verfassung der Vereinigten Staaten nahm Anleihen bei der Föderation der Irokesen, doch das ist nie eingestanden worden. Von der Zeitschrift »Life« hat man gesagt, daß sie in den 20 Jahren nach ihrer Gründung, in denen sie Reportagen aus der ganzen Welt veröffentlicht hatte, nicht einen einzigen Artikel über die nordamerikanischen Indianer brachte.

Merton zeigte mir den Reichtum unserer Indios, denen beider Amerikas: ihre tausendjährige Weisheit, ihre mystischen Erfahrungen, ihre Spiritualität, ihre Poesie. All dies entdeckte auch er in jenen Tagen. Einmal, als er mir das Buch von Covarrubias über alte mexikanische und zentralamerikanische Kunst zeigte, das er eben erhalten hatte, sprach er von der »liturgischen aztekischen Kunst«. Ich hatte das nie unter dieser Perspektive gesehen. Dom Dorequette, der berühmte Experte in gregorianischem Gesang, hatte den Chor von Gethsemani »seelenlos« gefunden. Und Merton meinte, während der Gesang von Gethsemani mechanisch sei, gebe es für ihn eine große religiöse Kraft in dieser indianischen Kunst.

So kam es, daß ich erst bei den Trappisten die ersten Bücher über indianische Spiritualität las, die Merton mir gab, der sie sich aus anderen Bibliotheken lieh, recht spezielle Bücher mit wenig Verbreitung. Und danach wurde ich im Verlauf der Jahre zu einem immer besseren Kenner dieser indianischen Themen, und ein großer Teil meiner eigenen Dichtung ist davon beeinflußt worden. Wer mich jedoch dabei initiierte, war Merton. Während der Phase seines Enthusiasmus für die Indios. Denn Merton war jemand, dessen Enthusiasmus wechselte: zuerst die mittelalterliche klösterliche Spiritualität; dann die Wüstenväter; die russisch-orthodoxe Mystik; als ich kam, war es Lateinamerika und die Indios; dann die pazifistischen Bewegungen; der Kampf um die Bürgerrechte in den Vereinigten Staaten; die Sufi-Mystik; der Zen-Buddhismus ... Es war nicht Flatterhaftigkeit, die ihn die Themen wechseln ließ, es interessierte ihn einfach alles, und einmal vertiefte er dieses Thema, ein anderes Mal jenes. Doch glaube ich, daß bei all dem, was über die verschiedenen Phasen von Merton geschrieben worden ist, die der Indios nicht genügend herausgestellt wurde, zum Teil, weil er nicht viel darüber schrieb, sondern das Thema eher durch Lektüre vertiefte, und wenigstens auch in diesen Unterhaltungen mit mir, die mein Leben so sehr beeinflußten.

Erst als die Beatgeneration und die Hippies auftauchten, begann man sich in den USA für die Indianer zu interessieren. Wenn man heute in eine gute Buchhandlung kommt, wird man feststellen, daß es viele Bücher über indianische Themen gibt. Doch früher war das nicht so, das entstand erst in den 70er Jahren. Als meine erste Sammlung indianischer Gedichte, »Für die Indianer Amerikas«, auf englisch veröffentlicht wurde, erschienen gerade erst ein paar Bücher über indianische Themen in den USA. Nicht, daß es dabei einen Einfluß von Merton gegeben hätte, und noch viel weniger einen Einfluß von mir. Merton war ganz einfach einer der ersten in diesem Prozeß der Entdeckung der Indianer. Und ich wollte das hier niederlegen, denn ich glaube, es ist nicht entsprechend wahrgenommen worden. Und auch, weil es in meinem Leben eine solch große Rolle spielte.

Merton sagte noch etwas anderes, das ich prophetisch nennen würde, im ganz biblischen Sinne des Wortes »Prophet«, und auch etwas sehr Kühnes: daß sich eines Tages die beiden Amerikas vereinen würden, und zwar in brüderlicher Weise. Von der Gründung in Lateinamerika sprach er zu mir als einem Versuch von »Panamerikanismus«, der noch nie unternommen worden sei. Der eigentliche Geist des Trappistenordens sei nicht das Schweigen und Fasten, wie es die meisten Menschen draußen sähen, sondern der Gemeinschaftssinn, man könne auch sagen, der Kommunismus. Es wäre, so sagte er einmal, eine perfekte kommunistische Gemeinschaft von Nord- und Lateinamerikanern, in der die Sprachbarriere durch das Schweigen abgeschafft sei.

Er betete für diese vereinigten Amerikas. Es war dies für ihn eine Bestimmung des Kontinents, der gegenüber keine Treue bewahrt worden war. Vor allem die Politiker waren ihr nicht treu gewesen. Die ungeheure Bestimmung, *Amerikaner* zu sein; des wirklich vereinten und freien Amerikas; des Amerikas von Christus, das auch das Amerika der Indios war. Einmal schrieb er von seiner »amerikanischen Bestimmung«, die darin bestand, zu diesem Amerika zu gehören und nicht nur ein Amerikaner der USA zu sein.

In jenen Tagen seines großen Interesses für Lateinamerika und die Indios heftete Merton ans Schwarze Brett Ausschnitte einer Zeitschrift mit herrlichen Fotos der Maya-Ruinen in Guatemala. Das inspirierte mich zu ein paar Notizen für ein Gedicht über die Mayas, das ich nach meinem Austritt aus dem Kloster unter dem Titel »Die verlorenen Städte« schrieb, das erste meiner indianischen Gedichte.

Auch das weckte in mir ein großes Heimweh nach Nicaragua und nach meinen indianischen Wurzeln. Es war kurz vor dem Mittagessen, und ich verspürte große Lust, etwas aus meiner Heimat zu essen, und ich bat Gott darum. Doch ich konnte mir nicht vorstellen, wie er es mir gewähren wollte, wenn es nicht das Reis- und Bohnengericht war, das wir ab und zu bekamen und das die tägliche Nahrung meines Volkes ist. Ich betrat den Speisesaal mit gewisser Erwartung, den Kopf unter der Kapuze versteckt, ich wollte nicht sehen, was auf den Tischen stand. Erst als ich mich an meinen Platz setzte, sah ich, daß man uns Maiskolben serviert hatte, die ursprünglichste indianische Speise, nicht nur in Mittelamerika, sondern in einem großen Teil des Kontinents, die Indianer der Vereinigten Staaten eingeschlossen: unsere Völker mit der Kultur des Mais. Und Maiskolben bekamen wir ab und zu auch im Kloster, doch so selten, daß ich nicht einmal daran gedacht hatte, als ich meine absurde Bitte betete. Ich aß diesen Maiskolben mit zärtlicher Dankbarkeit, mit einem Gefühl heiliger Kommunion, viel tiefer als der einfache Genuß am Essen. Und einem Genuß, der mir das Heimweh nahm, das mich auf gewisse Weise gequält hatte.

Fälle wie dieser, von eigenwilligen Bitten, die sich mir umgehend erfüllten, passierten mir manchmal, obwohl ich es nicht übertrieb mit diesen Bitten. Mir scheint, ich tat es nur, wenn ich dazu inspiriert wurde. In diesen Tagen, in denen Merton mit mir über die Indios sprach, fehlte mir ein Gedichtband über die nordamerikanischen Indianer sehr, den ich in Nicaragua gelassen hatte, der einzige gute Band mit indianischer Lyrik, den ich gehabt hatte. Und ich bat Gott darum, ihn wieder zu Gesicht zu bekommen. Wie? Unmöglich zu wissen, wie, in jener Isolation des trappistischen Klosters. Doch plötzlich legte Merton uns Novizen dieses Buch auf den Tisch, damit wir es uns ansehen konnten, zusammen mit anderen Büchern. Ich fuhr freudig erschreckt zusammen. Ich sagte nichts, so wie ich auch sonst in solchen Fällen nichts sagte: Es war ein heimliches Geschenk.

Heimweh gab es wohl, wie sollte es auch anders sein, inmitten der täglichen Freude. Hinter dem Speisesaal gab es eine Zwergbananenstaude, die so klein war, weil sie in jenem Klima nicht weiter wachsen konnte, und die nie Früchte tragen würde. Für mich war sie wie ein Symbol des Heimwehs nach meinem Paradies, und ich habe sie im »Cántico Cósmico« erwähnt, im Gesang »Heimweh nach dem Paradies«, und geschrieben, daß ich mich mit ihr identifizierte wie mit einem Gefährten im Exil. Wenn wir dort vorbeigingen, sah ich sie mit Mitleid an, das auch Selbstmitleid war.

Zum Brombeerenpflücken gingen wir in die Nähe des kleinen, künstlichen Sees, der meine Leidenschaft für die Seen neu belebte. Manchmal waren da welche, die illegal angelten oder zwischen Entenschwärmen badeten, zu meinem Neid, der ich sie sah, wenn wir im Gänsemarsch zur Arbeit gingen oder von der Arbeit kamen.

Als ich ein Jahr dort war und von neuem das Frühjahr begann, fühlte ich das Heimweh nach meinem Paradies noch stärker, denn von den vier Jahreszeiten in Kentucky ähnelte diese Nicaragua am meisten. Und davon spreche ich auch in einem Gedicht, das ich mit meinen Aufzeichnungen später schrieb, als ich nicht mehr im Kloster war:

> Der Frühling kam mit seinem Duft nach Nicaragua
> dem Duft nach regenfeuchter Erde, dem Duft nach Wärme,
> nach Blumen, nach freigewaschenen Wurzeln und tropfenden
> Blättern
> (und in der Ferne hörte ich das Muhen eines Rindes ...)
> Oder ist es der Duft nach Liebe? Doch ist diese Liebe nicht
> die deine.
> Und Liebe zum Vaterland war die des Diktators: der fette
> Diktator im Freizeitanzug und mit Cowboyhut
> auf luxuriöser Jacht in der Landschaft deiner Träume:
> er hat dies Land geliebt und dann geraubt und auch besessen.
> In seiner geliebten Erde liegt jetzt einbalsamiert der Diktator
> während dich die Liebe in die Verbannung brachte.

In diesem Frühjahr, fast auf den Tag genau ein Jahr nachdem ich nach Gethsemani gekommen war, empfing ich den Besuch von Pablo Antonio Cuadra, der sich auf einer Reise durch die USA befand, und es war der einzige Besuch, den ich im Kloster erhielt. Wenn man Besuch bekam, empfing man eine frischgewaschene und gebügelte Kutte, damit man seinen Besuch in tadellosem Weiß empfangen konnte. Dieser Besuch erfüllte mich mit großer Freude, denn Pablo Antonio war nicht nur ein von mir bewunderter Dichter, sondern auch ein sehr lieber Cousin, fast wie ein älterer Bruder, und wir waren immer sehr verbunden miteinander, bis uns die Revolution trennte; genauer gesagt, bis er sich wegen der Revolution von uns trennte (von mir und allen seinen Freunden). Nachdem wir auf seinem Zimmer im Gästehaus lange miteinander geredet hatten, gesellte sich Merton zum Gespräch dazu. Wir redeten von vielen Dingen, unter anderem der Gründung in Ometepe: der Insel im Großen See von Nicaragua, die vielleicht der beste Platz gewesen wäre, wäre die Wahl nicht später auf das benachbarte Archipel von Solentiname gefallen.

Am folgenden Morgen konnte ich Pablo Antonio das Kloster von innen zeigen. Und als große Ausnahme gestattete man mir, ihn zum Flughafen nach Louisville zu begleiten. Mir schien, das habe Gott absichtlich so gemacht, denn es war fast genau der Jahrestag meiner Ankunft, und das sollte mich an meinen Eintritt in Gethsemani erinnern, den glücklichsten Tag meines Lebens. Die Rückkehr vom Flughafen fand zu genau der gleichen Stunde statt, mit demselben Klima eines Frühlingsnachmittags, mit Schülern, die gerade aus der Schule kommen, und anderen, die auf die Jagd oder zum Angeln gingen. Es kam mir vor, als sei es nur der nächste Tag, und es sei nicht ein ganzes Jahr vergangen, daß ich im Kloster war. Und seltsam genug, kehrte ich, nachdem ich Pablo Antonio verabschiedet hatte, überhaupt nicht traurig zurück, sondern mit derselben Freude wie am ersten Tag.

Das Kloster begann sich erneut mit Vögeln zu füllen, genau wie im vorigen Mai. Jeden Tag kam eine neue Art Vögel ins Noviziat. Die schönsten sind die Kardinalsvögel, doch die bleiben das ganze Jahr über im Noviziat. Und jeden Tag auch mehr Kaninchen und mehr Streifenhörnchen – so stehen sie im Wörterbuch – *chipmunks*, die aus dieser Gegend der USA stammen, eine Art kleiner Eichhörnchen mit weißen Streifen, sehr lustig; und es begann sogar wieder wie im Jahr zuvor eine Wildkatze in der Nähe des Noviziats aufzutauchen.

Merton hatte sich sehr gut mit Pablo Antonio verstanden und unterhielt weiter einen Briefwechsel mit ihm. Er schrieb ihm auch einen langen offenen Brief, eigentlich ein Essay, mit dem Titel »Brief an Pablo Antonio Cuadra über die Riesen«. Die Riesen, die er darin angriff, waren die UdSSR und die USA, die wie in der Apokalypse Gog und Magog genannt wurden, die beiden Monster, die ein einziges werden, und der Brief war eine Verteidigung Lateinamerikas und der Indios. Es stand darin, daß die indianische Weisheit eine versiegte Quelle sei, die aber wieder zu fließen beginnen werde. Pablo Antonio Cuadra mit seiner dunklen Haut und seinem recht indianischen Gesichtsschnitt mag für Merton den Prototyp des indianischen Amerika dargestellt haben, und dies war vielleicht einer der Gründe, warum er diesen wichtigen Brief an ihn richtete.

Ein weiterer Grund für ihn, nach Lateinamerika zu gehen, war, wie er schriftlich hinterließ, um der Falschheit und Ungerechtigkeit in den USA zu entgehen, die nicht nur in der Gesellschaft im allgemeinen herrschten, sondern auch die Kirche und das Kloster in Mitleidenschaft zogen.

Ein paar Monate vor seinem Tode hatte er in Gethsemani mit einer Gruppe kontemplativer Nonnen Einkehrtage gehalten. Seine Vorträge und Gespräche mit ihnen wurden aufgezeichnet und sind erst jetzt, fast 35 Jahre später, veröffentlicht worden. Dort sagt er, wenn das Klosterleben zuende ginge, dann würde er eine andere Form der Gemeinschaft wählen, nicht kirchlich, sondern mit einer anderen Gruppe von Freunden. Wenn er einmal annehme, so sagt er, daß dieses Kloster geschlossen würde, dann wäre er zwölf Stunden später in Nicaragua, wo auf einer Insel ein ehemaliger Novize von ihm lebe, mit einem verheirateten Paar, einigen Bauernfamilien und ein paar Intellektuellen, und wohin er schon seit 15 Jahren gehen wolle. Daß man ihn gebeten hat, dort hinzukommen, und daß dies seine Gemeinschaft wäre, weil es seine Freunde seien. Und man könne dort interessante Dinge tun.

Merton war sehr antiamerikanisch eingestellt. Übertrieben antiamerikanisch manchmal. Wie zum Beispiel, als er meinte, die lateinamerikanische Dichtung sei besser als die der Vereinigten Staaten. Ich war nie einverstanden damit, denn ich war ein großer Bewunderer der nordamerikanischen Poesie und auch beeinflußt von ihr, und ich habe sie immer für eine Quelle der Erneuerung für unsere Poesie gehalten. Er sagte mir, weil er in Frankreich geboren sei, würde er sich nicht mit den Vereinigten Staaten identifizieren, sondern daß er sich Lateinamerika verbundener fühle, das wegen des Lateinischen mehr Affinität zu Frankreich habe. Er sagte auch, er sei eher ein lateinamerikanischer als ein nordamerikanischer Dichter, und daß seine Poesie besser auf spanisch als auf englisch

187

klinge. Das erklärt sein Interesse an der Gründung in Lateinamerika noch besser. In den so zahlreichen Studien, die über Merton gemacht worden sind, ist, wie mir scheint, nicht besonders auf seinen Lateinamerikanismus geachtet worden; oder das, was wir auch seine Idealisierung Lateinamerikas nennen könnten.

In einem seiner Tagebücher sagte er, nachdem er über die Kunst des alten Mexiko gesprochen hat: »Welch herrliche Welt, Südamerika und Mittelamerika!«

Als der Sommer nahte, sagte er zu uns Novizen, wir würden dieses Jahr viele verschiedene Gemüsesorten anbauen, nicht wie im vergangenen Jahr, als wir nur Tomaten gepflanzt hatten, um uns gut auf eine Gründung vorzubereiten. Ich beteiligte mich allerdings nicht an diesen neuen Kulturen, die morgens angelegt wurden, weil ich für den Morgen als Arbeit die Übersetzung von Mertons Gedichten ins Spanische aufgetragen bekam, damit sie in Mexiko in einer Ausgabe veröffentlicht werden konnte, die Mejía Sánchez verabredet hatte und die von unserem Maler Armando Morales illustriert werden sollte. Armando war begeistert von dem Auftrag, und Merton war begeistert von den Illustrationen.

Es wurde wieder August, und als ich meine wöchentliche Unterhaltung mit Bruder Matthews hatte, erzählte er mir, daß gerade der dreizehnte Jahrestag der Hiroshima-Bombe gewesen sei und er wieder sehr viel habe daran denken müssen. Wieder zeigte er mir die Fotos, die er vom Flugzeug aus gemacht hatte.

Er erzählte mir, inzwischen hätten sich überall die Filterzigaretten durchgesetzt, womit der Nikotinspiegel gesenkt werden sollte. Doch weil das auch den Geschmack senkte, machten die Zigarettenfabrikanten sie jetzt mit stärkerem Tabak, das heißt, mit mehr Nikotin, wofür auch die Blattadern verwendet wurden und sogar kleine Stengel, die früher nicht benutzt wurden. Gethsemani, das eine große Tabakplantage besaß, bekam auch entsprechende Aufträge, und sie mußten ausgeführt werden; so daß auch Gethsemani Komplize des Betrugs war, wie er mir lachend sagte. Wie Merton besaß auch er eine kritische Haltung gegenüber dem Kloster, doch war er gleichzeitig glücklich, dort zu sein. Und als der

Intellektuelle, der er war, gehörte er auch zu den besten Freunden von Merton.

Ich habe ziemlich viel davon erzählt, wie sehr Merton mich beeinflußte. Ich glaube, es hieße die Wahrheit verfälschen, wenn ich nicht auch einen Fall erwähnte, wo ich Merton beeinflußte und den mehr als ein Autor erwähnt hat. Michael Mott berichtet in seiner umfangreichen Biographie Mertons, an der er zwölf Jahre arbeitete, daß die Lektüre der »Stunde Null« die Dichtung Mertons veränderte. Das Beispiel dieser grundsätzlich dokumentarischen Poesie und ihre objektive Darstellung der Wirklichkeit machten es ihm möglich, die soziale und politische Dichtung zu schreiben, die er vorher nicht zustande gebracht hatte. Das Ironische daran ist (und das sagt Mott nicht), daß ich diese Methode ausgerechnet von der nordamerikanischen Poesie übernommen hatte, vor allem von Ezra Pound. In seinem Tagebuch meint Merton über die »Stunde Null«: »vielleicht die beste politische Dichtung des 20. Jahrhunderts«. Und er schrieb auch – ich weiß nicht, ob ich es ihm so gesagt hatte –, die Stunde Null sei meine Stunde Null gewesen und die Somozas. Somoza ermordet, und ich für die Welt gestorben. Und er schließt, indem er sagt, daß darüber viel zu forschen wäre.

Somoza wurde ermordet, doch folgte ihm erst der eine und dann der andere Sohn an der Macht. Mir erfüllte sich, um was ich im Gebet bat; doch was sich mir nie erfüllte, war das, was mir am wichtigsten war: der Sturz der Somozas. Das, worum mich mein Cousin Filadelfo zu beten bat, als ich ins Flugzeug stieg. Es wurde mir später hinreichend erfüllt, mit dem Sieg der Revolution. Und da verstand ich erst, weshalb es mir nicht vorher erfüllt worden war: weil es dann keine Revolution gegeben hätte.

Doch auf eine Art hatte ich diesen Grund schon erahnt. Einmal schrieb mir Pedro Joaquín Chamorro ins Trappistenkloster und fragte, in bezug auf den Sturz der Somozas, weshalb uns Gott nicht erhöre. Ich antwortete, weil er vielleicht noch etwas Besseres vorhatte. Und daß wir darauf vorbereitet sein müßten. Vor kurzem habe ich diese Antwort aus jener Zeit noch einmal lesen können.

Welche mystischen Erfahrungen hatte Merton? Er sprach eigentlich nie davon; und auch nicht von den mystischen Erfahrungen anderer.

Einmal, als er uns Novizen einen Vortrag hielt, unterbrach er sich kurz, und sein Gesicht zog sich zusammen. Ich hatte den Eindruck, er könnte eine Art Vision oder Verzückungszustand erlebt haben; aber es kann auch sein, daß er einfach einen Schmerz gespürt hatte: er hatte keine gute Gesundheit und litt an verschiedenen Krankheiten.

James Laughlin, sein Verleger und enger Freund, schreibt, daß Merton paradoxerweise niemals eine wichtige mystische Erfahrung gehabt habe, bis er sie in Sri Lanka wenige Tage vor seinem Tod hatte. Im Tagebuch seiner Asienreise spricht er über diese Erfahrung, die er angesichts der monumentalen Buddha-Figuren hatte. Er ist knapp in seinen Worten; er sagt, jetzt habe er gesehen, und er habe die Oberfläche durchdrungen und sei über den Schatten und die Simulation hinausgekommen.

Trotz dessen, was Laughlin sagt, berichtet Merton in einem seiner Tagebücher (von denen, deren Veröffentlichung er für 25 Jahre nach seinem Tod verboten hatte) über eine mystische Erfahrung, die er am 25. Oktober 1947 gehabt hatte. Und die Art, wie er sie erzählt, ist beeindruckend: »Es war ausreichend für ein ganzes Leben, denn es war gleichzeitig ein neues Leben. Es gibt nichts, mit dem man es vergleichen könnte. Man kann es ein Nichts nennen, doch es ist die unendlich fruchtbare Freiheit, von allen Dingen und von einem selbst losgelöst zu sein, im offenen Raum jener Seligkeit, die über allen Formen der Existenz zu stehen scheint.«

Was ich hier über das Gebet und die Kontemplation berichten kann, sind einige Dinge, die Merton sagte, und ein paar andere, die ich in Predigten oder Vorträgen anderer Mönche hörte oder in jenen Tagen im Kloster las. Vor allem meinte Merton, daß man, wenn man die Gebetsgrade liest, die die Meister des spirituellen Lebens aufzählen, nicht wissen wollen darf, in welchem Grad man sich befindet. Das war hinderlich für das Gebet.

Er sagte uns auch, daß diese Grade nicht ganz genau der Wirklichkeit entsprächen. Es waren eher Annäherungen, wie die alten geographischen Karten. Fast nie ergab sich ein ganz reiner Zustand, sondern sie waren vielmehr miteinander vermischt oder konnten sich in genau entgegengesetzter Reihenfolge zeigen, wie sie in den Büchern aufgezählt waren.

Die Grade sind die folgenden: das *mündliche*, das *mentale*, das *affektive* und das *kontemplative* Gebet.

Ein *mündliches* Gebet besteht aus Worten. Auf einer niederen Stufe ist es die einfache Wiederholung gelernter Formeln. Auf einer höheren Ebene ist es das spontane Gespräch mit Gott. Keine der beiden Formen ist abzulehnen, auch nicht die der auswendig gelernten Formeln; und ich glaube, es war Merton, der vom Beispiel eines Laienbruders berichtete, ich weiß nicht mehr, ob in Gethsemani oder woanders, der 40 Jahre lang Rosenkränze betete und einen hohen Grad der Kontemplation erreichte, wobei er sich oft bei einem einzigen Wort in einem Zustand der Verzückung aufhielt.

Das *mentale* Gebet sind Meditationen oder Reflexionen des Geistes. Das kann methodisch geschehen, mit einem gedruckten Buch zum Meditieren, oder spontan sein. Auf welche Art auch immer: diese Form des Gebets war schwer, wenn nicht unmöglich für mich. Im Kloster hatten wir zwei Gewissensprüfungen, eine am Mittag und die zweite vor dem Schlafengehen. Ich sagte Merton, diese Art des Gebets bereite mir große Schwierigkeiten; er meinte, dann solle ich sie nicht unternehmen, sondern mich einfach der Freude an der Vereinigung mit Gott hingeben. Eine einfache Art der Meditation ist die Meditation über eine Lektüre: man liest kleine Textstücke und denkt darüber nach. Merton riet uns, nicht allzuviel zu lesen, denn das wäre nicht mehr meditierte Lektüre, sondern einfach nur Lesen. Wenn man sich beim Gebet langweilte, entstand die Versuchung, es aufzugeben und nur noch das Buch zu lesen.

Das *affektive* Gebet ist durch seinen Namen definiert; es ist nicht mehr nur mündlich oder mental, sondern gefühlsmäßig. Es besteht einfach darin, Akte der Liebe zu Gott zu haben. Es besteht auf einer höheren Ebene als die beiden anderen. Und ob man es bekommt oder nicht, hängt nicht von einem selbst ab; es ergibt sich nicht einfach, wenn man will.

Das *kontemplative* Gebet, das höchste von allen, scheint mir das interessanteste zu beschreiben zu sein, denn obwohl es viele Menschen erreichen, wissen sie es nicht und versuchen sogar, es loszuwerden, weil sie es für Zeitverschwendung halten oder ein Hindernis für das Gebet, oder daß sie nicht fähig sind zu beten. Vor allem ist es ein Zustand der Passivität. Dieses Gebet hängt auch nicht von einem selbst ab, sondern kommt und geht, obwohl es oft etwas ganz Gebräuchliches werden kann. Seine Symptome sind, daß einem das mündliche Gebet unerträglich wird, manchmal gar unmöglich: und man will auch keinerlei Meditation noch gefühlsmäßige Akte. Man genießt ganz einfach diese Passivität, diesen Zustand des Nichtstuns. Man hat das Gefühl, alles Gebet sei zuende. Gleichzeitig ist der Geist voll von allen Arten von Bildern, oder man könnte sagen, Ablenkungen, kann doch der Geist nie ganz leer sein. Doch obwohl es diese dauernde Abfolge von Bildern im Geiste gibt, beeinträchtigt es diese Art von Gebet nicht, weil es nicht auf der Ebene des Geistes stattfindet. Daß man diese Ablenkungen hat, bedeutet nicht, daß man nicht mit Gott vereint ist; wenn man sich bemüht, ihnen Einhalt zu gebieten, unterbricht das eher diese Einheit. Das Zeichen, daß man mit Gott vereint ist, besteht in einem sehr subtilen köstlichen Gefühl. Man tut überhaupt nichts, und doch langweilt man sich nicht. Es besteht eine völlige Passivität der Seele, und man befindet sich in einer Art Betäubungszustand. Er gleicht dem Schlaf, und manchmal kann man leicht in den Schlaf hinübergleiten, vor allem, wenn man müde ist. Merton sagte uns, die einzige Form zu wissen, ob jemand in der Kapelle nicht mehr bete, sondern schon schliefe, sei, wenn er zu schnarchen beginne.

Etwas, das Merton mir sagte, war, daß ich, wenn ich las und plötzlich den inneren Ruf hörte, mich auf Gott zu konzentrieren, es sofort tun sollte. Wenn man es nur ein wenig verpaßte und später versuchte, ging es vielleicht schon nicht mehr, und man hatte diese Gelegenheit verschenkt.

Die Eltern Cardenals, Esmeralda und Rodolfo,
an ihrem Hochzeitstag.

Tanta Trinidad

Esmeralda, die Mutter Ernesto Cardenals.

Tante Trinidad und ihre Brüder. Oben links die Nonne, die noch im Tode ihrer Oberin gehorchte. Neben ihr Ernestos Großvater Salvador und Tante Trinidad.

Ernesto Cardenal und sein älterer Bruder Popo (Ernesto sitzend).

»Casa de los Leones«, das Löwenhaus in Granada,
wo Cardenal in seiner Kindheit lebte.

Oben: Das Haus der Großeltern in Granada.

Mitte: Haus der Tante Trinidad in León. Es ist heute zweigeteilt, sichtbar an den verschiedenen Farben.

Rechts: Flurportal des Hauses von Tante Trinidad.

Die Kathredale von León.

Haus der Kindheit Rubén Daríos in León.

Das León der Kindheit Cardenals.

Carlos Martínez Rivas *(links)*
und Ernesto Cardenal in Paris,
Oktober 1949.

Cardenal nach der Rückkehr von seiner Europareise.

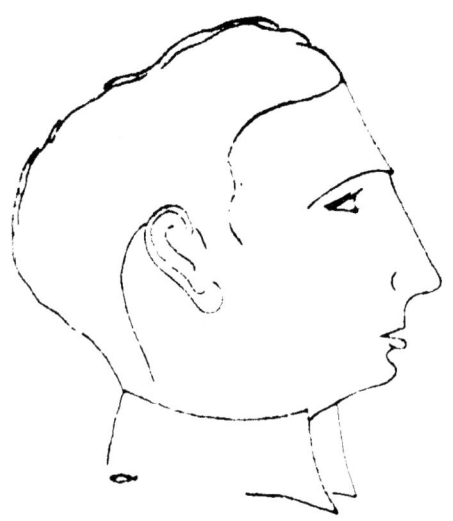

Cardenal im Alter von 21 Jahren, gezeichnet
von Pablo Antonio Cuadra in Mexico.

Cardenal im Alter von 19
Jahren zur Zeit seines Studiums
in Mexico.

Ernesto Cardenal als Student in Mexico, auf einem Boot in Xomimilco.

Cardenal im Alter von
22 Jahren, gezeichnet von
Francisco Amiguetti (in
Mexico).

Das Trappistenkloster von Gethsemani, Kentucky.

Thomas Merton

Christus-Figur von Cardenal, gestaltet im Trappistenkloster.

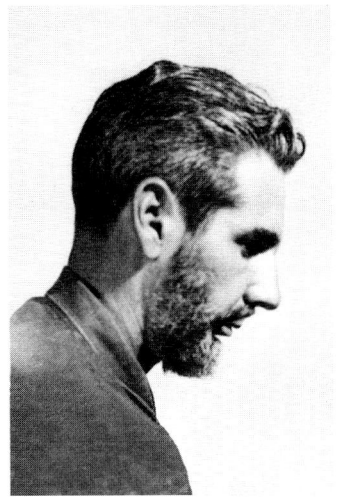

Cardenal in Cuernevaca.

Kapelle des Benediktinerklosters von Cuernavaca.

Fernando Cardenal und Ernesto.

Man sollte als Regel annehmen, das Gebet zu tun, zu dem man sich in diesem Augenblick am meisten hingezogen fühlt, weil dies das Gebet ist, das Gott von einem wünscht. Wenn man sich zu einer anderen Art von Gebet zwingt, fügt man sich Leid zu.

Manchmal geschieht es, daß man keinerlei Gebet haben will. Dann muß man sich tatsächlich zwingen und zu beten versuchen, auch wenn man es eigentlich nicht kann. Das ist das »Gebet in der Dürre«, und es heißt, das sei das verdienstvollste. Jemand hat auch gesagt, daß »Beten beten wollen« ist (unabhängig davon, ob man kann oder nicht). Ein Mönch sagte auch einmal während einer Predigt im Kloster, wenn man das Gebet genießt, ist es Gott, der die Zeche zahlt: wenn man keinen Genuß empfindet, zahlt die Seele die Zeche.

Einmal hatte ich eine Zeit der Dürre im Kloster. Es war ein sehr unangenehmes, fast schmerzhaftes Gefühl, in der Zeit, die dem persönlichen Gebet vorbehalten war. Ich wollte mich dem durch die Lektüre entziehen. Merton sagte mir, daß das, was mir da geschehe, sehr gut sei. Daß es einen Fortschritt im Gebet darstelle. Und dieses Gefühl, das ich hätte, sei ein Zeichen, daß Gott näher sei.

Ein anderer Mönch des Klosters sagte uns etwas sehr Praktisches, daß man nämlich manchmal nicht beten kann, wenn man ein Problem hat. Dann müsse man über das Problem beten. Sinnlos, es aus dem Kopf verbannen zu wollen, indem man ein ruhiges Gebet versuche.

Mystische Erfahrungen sind sehr verbreitet, viel mehr, als man sich vorstellen mag, bei allen möglichen Menschen. Diese Menschen halten sie nur fast immer geheim, und manchmal sind sie sich auch der Erfahrung nicht sehr bewußt, die sie gehabt haben. Gott schenkt sie, wie er will, denen, die er liebt, und nicht, weil man sie verdient hat. Und es hat jemand geschrieben, ich weiß nicht mehr, wer, daß er sie den Schwächsten zu geben pflegt, weil die Starken sie nicht brauchen.

Der heilige Johannes vom Kreuz, »Doktor des Nichts«, lehrt, daß man sich von allem lösen muß, auch von den mystischen Erfahrungen, und nur die Vereinigung seines Willens mit dem Willen Gottes in der Dunkelheit des Glaubens suchen soll, wo man nichts fühlt; in der dunklen Nacht.

Das ist auch der Fall der heiligen Theresa vom Kinde Jesu, die niemals eine mystische Erfahrung hatte, nicht einmal Gefallen oder Trost im Gebet fand; sie langweilte sich beim Gebet in der Kapelle, wie sie am Ende ihres Lebens aufschrieb; beim Rosenkranz schlief sie ein. Und dennoch glaubten die anderen Nonnen, daß sie im Gebet große Verzückung genoß, wegen des glühenden Eifers, mit dem sie betete. Und das war das legendäre Heldentum dieses Mädchens, das jemand mit Johanna von Orleans verglichen hat; er sagte, sie beide seien die größten Frauengestalten in der Geschichte Frankreichs gewesen. Ihre große Tat war es, eine so große Frömmigkeit zu erreichen, ohne vom spirituellen Leben mehr kennenzulernen als Dürre und Leiden.

Dann sagte uns ein berühmter Abt, der uns im Kapitelsaal einen Vortrag hielt, das mystische Gebet könne nicht immer gegen Mängel helfen, so sehr man auch darum bitte (vor allem die, die am demütigendsten, weil bekanntesten sind). Das ist so, weil Gott will, daß wir sie behalten, damit wir nicht eitel werden und uns für Heilige halten. Wenn wir manchmal schon mit all diesen Mängeln eitel werden, wie sehr erst dann, wenn wir sie nicht hätten.

Was das Wort »Kontemplation« betrifft, so sagte uns Merton, es stamme nicht aus dem Evangelium. Es war ein griechisches Wort aus der platonischen Tradition, das dann vom Christentum übernommen wurde. Das Evangelium jedoch spricht von nichts anderem als dem Gebet, ohne weiteren Zusatz: ob es nun kontemplativ ist oder nicht.

Ein Beweis dafür, wie sehr Merton an das Gebet glaubte, ist, daß er vor den Vorträgen, die er uns mehrmals die Woche hielt und die ziemlich informell waren, immer einige Augenblicke in der Kirche kniete.

Merton hatte nicht die Ausstrahlung eines Mystikers. Und auf den ersten Blick strahlte auch sein Gesicht nichts Außergewöhnliches aus. Im Gegenteil, was es ausstrahlte, wenn man es so sagen kann, dann dies, daß er eine völlig normale Person war. Wirklich außergewöhnlich an ihm war jedoch die große Sympathie, die er vom ersten Kontakt an vermittelte; er hatte die Gabe der Kongenialität, könnte man sagen. Es schien, als interessiere er sich für jeden Menschen, als sei ihm jeder sympathisch und als wecke er in jedem Sympathie. Er hatte einen außergewöhnlichen Humor, und er wußte ihn zu vermitteln. Er lachte viel, und sein Lachen war ansteckend. Die Vorträge, die er den Novizen hielt, strotzten nur so von guter Laune. Wenn man die Aufnahmen von jenen Vorträgen hört, die inzwischen sehr weit verbreitet sind, dann hört man das Gelächter, manchmal aus vollem Hals, der Novizen, während auch in seiner Stimme manchmal ein Lachen zu hören ist, auch wenn es um ernste Themen geht. Er war kein Humorist in dem Sinne, daß er Witze erzählte, er war einfach gutgelaunt, und die Dinge kamen ihm lustig vor. Ein lustiges Element in seinen Vorträgen war der häufige Gebrauch des *slang* – aus seiner Jugendzeit oder aus noch jüngerer Zeit, das vermochte ich nicht zu unterscheiden –, und das sorgte dafür, daß er sich immer gut mit den Novizen stand: *the gang*, wie er zu sagen pflegte, »die Bande«.

Einmal erzählte er mir, der Abt habe ihn gerufen, um ihm ein Buch zu zeigen, das man ihm, Merton, geschickt habe. Er wollte es ihm aber nicht aushändigen, weil es »vom Küssen sprach«. Und ein Beweis für den humorvollen Geist Mertons ist es, daß er mir dies nicht beleidigt oder voller Zorn berichtete, wie jemand anders das vielleicht getan hätte, sondern lachend. Er fand es komisch, daß man ihm ein Buch wegen ein paar Küssen verweigerte, bei den Erfahrungen, die er hatte, und den vielen Büchern, die er las und die nicht nur vom Küssen sprachen, sondern von noch ganz anderen Sachen. Es ist auch, denke ich, außer für seinen Humor ein Beweis für seine Bescheidenheit. Er war ein Heiliger, ohne so auszusehen, er war ein fröhlicher Heiliger.

Wie leicht es ihm fiel, mit jedem Freundschaft zu schließen, ganz gleich, wie er war, zeigt eine Anekdote, die jemand erzählte, der in einem Verlag arbeitete. Man schickte ihn zu Merton, nur damit dieser ein Dokument unterzeichnete, als Merton schon in seiner Einsiedelei in der Nähe des Klosters lebte. Der Mann hatte Angst, den großen Kontemplativen zu stören, und er war entschlossen, nur die Unterschrift einzuholen und sofort wieder zu gehen. Doch Merton hielt ihn zurück, stellte ihm eine Menge Fragen und unterhielt sich angeregt mit ihm; schließlich schlug er ihm vor, in der Nachbarschaft ein paar Flaschen Bier zu kaufen. Merton trank vier Flaschen, ohne daß ihm eine Wirkung anzumerken war; und sie unterhielten sich gut drei Stunden lang.

James Laughlin erzählte mir in New York, daß man nach dem Tode Mertons merken konnte, daß sich jeder seiner Freunde für den engsten hielt – und er war es tatsächlich auch. Er hatte in seinem Leben einen Konflikt, der nie gelöst wurde: Er liebte die Einsamkeit, und er liebte die Menschen; er liebte das Schweigen, und er liebte die Unterhaltung; er war gesellig, und er war ein perfekter Mönch.

Doch was ich bei Merton am außergewöhnlichsten fand – und ich wage es sogar als übernatürlich zu bezeichnen – war, daß er sogar im Trappistenkloster die Zeit fand, all das zu tun, was er tat.

Ein paar Monate vor seinem Tod hatte ihm eine Freundin geraten, er solle keine Bücher mehr schreiben, es seien bereits 36, die zahllosen Artikel gar nicht gerechnet (und nach seinem Tode erschienen weitere Werke). Und diese Freundin sah nicht einmal das, was ich sah: mehrere Regale mit Schriften Mertons, keine Artikel zur Veröffentlichung, sondern für den Gebrauch des Klosters oder anderer Klöster, zur Ausbildung der Mönche, Auftragsarbeiten, was weiß ich. Sein Buch »Der neue Mensch« schrieb er in fünf Wochen. Einmal fragte ich ihn, an welchem Buch er gerade arbeite, und er antwortete mir, an vieren. Und nicht alle seine Bücher waren frei geschrieben, was schneller gehen mag, sondern einige waren Forschungen und wissenschaftliche Texte, mit vielen Zitaten und schwierigen Übersetzungen, die er selbst anfertigte, zum Beispiel aus dem Latein des Mittelalters. Und dann die Arbeit, die die Zensur des Ordens nach sich zog. Er berichtet, sein Buch »Notizen über die Einsamkeit« habe er wegen der Zensur mindestens fünfmal neu schreiben müssen.

Dann die riesige Menge an Briefen. Im Merton Centre des Bellarmine College liegen Kopien von 7500 Briefen. Man weiß, daß das nicht alle sind, und nimmt an, daß er ungefähr 10.000 Briefe geschrieben hat. Er schrieb seine Briefe mit Durchschlagpapier, deshalb sind sie noch vorhanden, doch wird das zusätzliche Zeit gekostet haben.

Er schrieb auf seiner Maschine mit großer Geschwindigkeit, ohne Denkpausen, wie es schien, so als ob ihm jemand diktiere, und zwar rasend schnell, fast, als sei er ein Schreibautomat. Er hatte im Noviziat ein kleines Büro, in dem nur sein Schreibtisch Platz fand, ein Besucherstuhl und die Bücherregale. Normalerweise stand die Tür offen, doch schloß er sie, wenn er schrieb, und wenn man sich der Tür näherte, konnte man das Klappern seiner Schreibmaschine hören, die wie ein Maschinengewehr klang (so bedeutete es mir mit Zeichen einmal ein Novize, als wir gemeinsam in der Nähe der Tür standen).

Wenn er viel schrieb, so las er auch viel; und er muß mit außerordentlicher Geschwindigkeit gelesen haben, der großen Zahl von Büchern nach zu urteilen, die er verschlang. Durch Freunde entlieh er sie sich in öffentlichen Bibliotheken und Universitäten. Michael Mott schätzt in seiner Biographie, daß er ungefähr eine Stunde am Tag Exzerpte aus den von ihm gelesenen Büchern angefertigt haben muß. Wenn ich zum Lesen in den Wald ging, nahm ich ein Buch mit. Wenn Merton in den Wald ging, sah ich ihn mit mehreren Büchern und Heften.

Da waren auch die Vorträge, die er uns Novizen hielt, und die Zeit des geistlichen Gesprächs mit jedem einzelnen. Nachdem ich schon fort war, hielt er auch jeden Sonntag einen Vortrag vor allen Mönchen. Es sind 162 Tonbänder erhalten, von denen jedes vier Vorträge enthält, was nur ein kleiner Teil von denen ist, die er insgesamt hielt.

Und dann die Zeit, die ihn die Besuche in Anspruch nahmen. Dabei wurden es immer mehr, vor allem, als er in sein Eremitenhäuschen zog. Und die Besuche waren nicht immer kurz; manchmal dauerten sie ein paar Stunden, in manchen Fällen einen Tag oder gar zwei. Aus allen Teilen der Welt kam man ihn besuchen. Der Abt machte bei ihm diese große Ausnahme. Er sagte dauernd, er werde diese Ausnahme abschaffen, und Merton wollte das auch, doch war es nie zu machen. Manchmal waren es ganze Besuchergruppen, die zu einem Exerzitium mit ihm kamen.

Außerdem war da noch die Landarbeit, vor allem das Fällen der Bäume und das Pflanzen von neuen, denn er war der Waldhüter. Während seiner Zeit als Novizenmeister war er von einigen Gottesdienstzeiten befreit, doch nicht von vielen. In seiner Zeit als Eremit hatte er, wie er erzählt, vier Stunden mentales Gebet täglich. Außerdem mußte er noch Holz spalten.

Wie konnte Merton, wo er doch immer so beschäftigt war, auch noch ein Tagebuch führen? Und es gab eine Zeit, da führte er drei: ein literarisches, ein persönliches und ein ganz intimes, das erst 25 Jahre nach seinem Tode veröffentlicht werden sollte.

Dann die Sache mit den Sprachen. Er konnte so viele, daß man nicht weiß, wie er sie alle gelernt hatte. Als er den Briefwechsel mit Pasternak führte, dachte er daran, Russisch zu lernen, ließ es dann aber doch. Er schickte nur ein paar Briefe, deren Adresse er auf russisch geschrieben hatte. Danach versuchte er Chinesisch zu lernen, ließ es aber auch wieder.

Er begründete im Kloster eine literarische Zeitschrift: »Monks Pond«, von der nur wenige Ausgaben erschienen. Das war eine Publikation, an der er alles selbst machte. Eine Zeitlang widmete er sich auch der Malerei und fertigte Zeichnungen an, die er »Kaligramme« nannte und die an verschiedenen Orten der USA ausgestellt wurden. In seinen letzten Lebensjahren war er besessen von der Fotografie und verbrachte viel Zeit damit, Aufnahmen zu machen. Er verwandte auch viel Zeit darauf, Musik zu hören, eine weitere seiner Vorlieben.

Einige von denen, die über Merton geschrieben haben, geben ihrem Staunen darüber Ausdruck, wie er so viele Dinge hatte machen können, und verweisen dabei vor allem auf die große Zahl von Büchern, Artikeln und Briefen, doch ich glaube, niemand hat es bis jetzt als übernatürliches Phänomen gesehen. Niemand hat es genannt, wie ich es nenne: ein tatsächliches Wunder. Das große Wunder des Thomas Merton.

Als ich ins Kloster kam, litt ich unter Magen- und Kopfschmerzen. Diese Leiden gingen für eine Zeit vorbei, kamen jedoch wieder und verschlimmerten sich immer mehr. Die Kopfschmerzen wurden beinahe chronisch, und der Bruder Krankenpfleger weigerte sich, mir noch mehr Aspirin zu geben (das einzige Schmerzmittel, das zur Verfügung stand), weil er meinte, ich könne süchtig nach Aspirin werden. Ich beklagte mich darüber bei Merton, der mir antwortete, wenn das der Krankenpfleger sage, dann gäbe es nichts weiter zu tun als auszuhalten. So mußte ich mich an meine Kopfschmerzen gewöhnen, und sie wurden mir so selbstverständlich, daß ich manchmal nicht einmal mehr merkte, daß ich sie hatte. P. Eudes, der Mönchsarzt, kam aus Washington zurück, wo er eine Zusatzausbildung in Psychiatrie machte, und nahm meinen Fall ernst. Er schickte mich ins Krankenhaus von Louisville, und die Röntgenaufnahmen zeigten eine Vorstufe von Magengeschwür.

Später im Kloster erklärte mir P. Eudes, meine Krankheit sei psychosomatischer Natur. Die Kopfschmerzen wurden von der Magenreizung ausgelöst, diese wiederum entstand aus nervlicher Anspannung. Und die nervliche Anspannung? P. Eudes meinte, man sei immer voller nervlicher und gefühlsmäßiger Spannung, und im normalen Leben entlade sie sich auf verschiedenste Weise. Im Trappistenkloster entlud sie sich durch den Gesang beim Gebet und durch die Arbeit. Weil ich beim Gebet stumm war, entlud sie sich an den Magenwänden. Tatsächlich begann ich mich immer von da an schlecht zu fühlen, wenn die Glocke zum Gebet rief, und normalerweise ging es mir wieder besser, wenn das vorbei war. Vor allem die Feldarbeit, das Modellieren oder eine Lektüre, die mich interessierte, sorgten dafür, daß die Kopfschmerzen augenblicklich verschwanden. P. Eudes kam zu dem Schluß, ich könne nur geheilt werden, wenn ich das Kloster verließe, und wenn es nur dazu sei, um in einen anderen kontemplativen Orden einzutreten, bei den Benediktinern zum Beispiel, die flexibler sind als die Trappisten.

Ich lief beinahe weinend zu Merton, um ihm das Urteil mitzuteilen. Ich sagte ihm, ich wolle im Kloster bleiben, auch wenn ich mein ganzes Leben lang krank sein müsse. Er meinte, es sei absurd, daß ich viele Jahre meines Lebens nutzlos in einem Zimmerchen der Krankenstation verbrächte, wenn ich doch woanders nützlicher leben könnte. Etwas anderes wäre es, wenn ich eine Krankheit hätte, die auch woanders keine Heilung fände. Daß dies nicht der Wille Gottes sein könne, denn der sei niemals irrational. Später sagte er mir bei einem anderen Gespräch (denn ich wollte mich noch nicht entscheiden) sehr feierlich, er erkläre mir offiziell in seiner Funktion als Novizenmeister, das hieße als Repräsentant Gottes, daß dies nicht meine Berufung sei und daß ich austreten müsse. Er sagte mir auch, er hielte dies für einen Akt der Vorsehung. Das Kloster dachte inzwischen nicht mehr daran, eine Gründung in Lateinamerika vorzunehmen, noch irgendwo anders; und diese Gründung mußten wir außerhalb des Klosters vornehmen. Er vertraute mir etwas an, was ich nicht wußte, nämlich daß er dabei war, in Rom die Erlaubnis zum Austritt aus dem Kloster zu beantragen – die Exklaustration –, und es sei fast sicher, daß sie gewährt würde. Diesen Antrag betriebe für ihn Dom Gregorio Lemercier, der Prior des Benediktinerklosters von Cuernavaca. Und Merton dachte als ersten Schritt daran, zu Dom Gregorio zu gehen, um von dort aus zu sehen, was er tun wolle.

Der Zufall wollte es, daß am selben Tage, als Merton mir all dies erzählte, Dom Gregorio im Gästehaus weilte. Er war nur für ein paar Stunden gekommen, um Merton über den Stand der Dinge in Rom zu informieren, wovon der Abt nichts wissen durfte. Bevor er wieder abreiste, nahm mich Merton zu ihm mit und empfahl mich ihm, daß er mich in Cuernavaca aufnähme, wenn ich Gethsemani verließe. Wir sprachen nur ungefähr eine halbe Stunde miteinander, weil er sich auf den Weg machen mußte. Er fragte mich, ob Merton mich beeinflußt habe, und ich antwortete, er sei der Mensch, der mich im Kloster am meisten beeinflußt habe. Er meinte, dann gebe es nichts mehr zu bereden, denn wir würden uns sicher sehr gut verstehen. Ich könne in Cuernavaca in der Weise leben, die ich wünsche, denn es gebe dort die Gäste, die

Oblaten, die kein Gelübde ablegen, und die, die das Gelübde ablegen. Er erzählte mir, er wolle das Kloster hauptsächlich künstlerischer und kunsthandwerklicher Arbeit widmen, weswegen er eine Hühner- und eine Schweinezucht abgeschafft habe, die es vorher gegeben hatte. Es freute ihn zu hören, daß ich Ton modellierte, und er sagte, es sei auf dieser Reise einer seiner Aufträge gewesen, den Preis eines guten Brennofens einzuholen (was sich sehr gegen Gethsemani abhob).

Dann sagte mir Merton, mein Austritt wäre sehr angebracht, weil es nur noch zwei Monate waren, bis ich das zeitliche Gelübde ablegen sollte, das drei Jahre gilt, und im Falle, daß er austrete und die Gründung in Angriff nähme, könnte ich dann für drei Jahre nicht dabeisein. Er erzählte mir auch, daß er mir die Erlaubnis zur Modellierarbeit fast heimlich gegeben habe; man hatte ihm schon vor geraumer Zeit befohlen, sie mir wieder zu entziehen, und würde sie mir auf keinen Fall mehr geben, wenn ich das Gelübde ablegte und nicht mehr unter seiner Aufsicht stünde. Auch was das Schreiben anginge, könnte ich sicher sein, daß man es mir niemals mehr gestatten würde. Er sagte, außer meiner Krankheit seien auch dies Faktoren gewesen, die er bedacht hätte, als er mir offiziell mitteilte, ich solle austreten. Weil er sah, daß ich nicht zu diesem Leben berufen war. Sicher war er sich allerdings, daß ich eine Berufung zum kontemplativen Leben hatte – genauso sicher wie ich selbst.

Ich für mein Teil wurde mir immer mehr dessen bewußt, daß ich in weniger als zwei Monaten, wenn mein Noviziat zuende ginge und ich das Gelübde abgelegt hatte, keine weitere Kommunikation mit Merton mehr haben würde als durch Zeichen. Da schien es mir, Gott habe mich auf so seltsame Weise dorthin gebracht, weil er wollte, daß ich mein Noviziat bei Merton mache. Und jetzt, wo es zuende ging, brachte Gott mich woanders hin. Sicher war ich dort immer glücklich gewesen, doch hatte ich das für ein Wunder gehalten. Und ich erinnerte mich daran, daß Merton mir immer gesagt hatte, er glaube, Gott habe mich mit einem ganz besonderen Plan dorthin gebracht, denn eigentlich hätte ich nicht das Temperament zum Trappistenleben. Doch sei er sich vollkommen sicher, daß Gott mich gerufen habe, und außerdem sehe er, wie glücklich ich dort sei. (Er selbst hatte sich auch immer für wenig geeignet gehalten für das Trappistenleben.) Dann sagte er noch, Gethsemani habe mir schon alles gegeben, was es mir geben könne. Und man sieht, daß er das ernst meinte, denn er schrieb es auch verschiedentlich so nieder.

Tatsächlich hatte ich mich oft gefragt, weshalb mich Gott dort haben wollte, und ich hatte immer an die Möglichkeit gedacht, daß er mich plötzlich an einen anderen Platz berufen könne. So war es, als ich an der Schwelle zum Gelübde jene merkwürdige psychosomatische Krankheit bekam, die nach Meinung der Ärzte nicht ernst war, wenn ich das Kloster verließ, es jedoch werden würde, wenn ich bliebe; ein deutliches Zeichen für mich, daß Gott gesprochen hatte.

Mertons Rat war, ich solle in Cuernavaca abwarten, ob die Gründung möglich würde, die er plante. Wenn nicht, dann könnte ich mit einer kleinen Gruppe von Freunden, die mir folgen wollten, eine einfache kontemplative Gemeinschaft gründen, ohne die Ansprüche eines religiösen Ordens, am Río San Juan, auf der Insel Ometepe oder an jedem der anderen Orte Nicaraguas, von denen wir geredet hatten.

Eines wollte ich mit Merton klären: Als ich mich entschlossen hatte, Trappist zu werden, hatte ich auf mein Land verzichtet, meine Tropen, die ich so sehr liebte; denn ich war ein tropischer Mensch. Und nichts konnte ich mir so sehr wünschen, wie dort ein kontemplatives Leben zu führen. Doch hieße das nicht, meinem eigenen Willen zu gehorchen statt dem Willen Gottes?

Merton antwortete mir, daß unser eigener Wille und der Wille Gottes nicht immer im Widerspruch stehen müßten. Er hielt es für logischer, daß ich ein kontemplatives Leben in Nicaragua führte, weil ich Nicaraguaner war und mich mit Nicaragua identifizierte, und es gab keinen Grund, dieses Leben in einem anderen Land zu suchen. In Nicaragua konnte ich mehr Gutes tun und mehr Einfluß haben. Außer, ich fühlte den ausdrücklichen Ruf Gottes, woanders hinzugehen, wie ich es mit Gethsemani gespürt hatte. Gott würde mir mit aller Deutlichkeit und Schlichtheit zeigen, was er von mir wolle, das sagte Merton mir.

Als der Zeitpunkt meiner Abreise näher rückte, meinte er, ich solle seine Ankunft im Kloster in Cuernavaca abwarten. Wenn man ihn nicht gehen ließe, dann solle ich die Gründung vornehmen. Er riet mir jedoch, vorher ein Priesterseminar zu besuchen. Die katholische Kirche war noch sehr klerikal, jemand, der nicht Priester war, hatte nur wenig Autorität, und es würde mir schwer werden, Anhänger zu finden. Außerdem würde die Gemeinschaft auch einen Priester brauchen.

Ich schrieb ein paar Briefe, um über meinen Austritt zu informieren. Zu mir nach Hause. An meinen Bruder Fernando, der in Ecuador studierte, um Jesuit zu werden, an Odilie Pallais und an Mejía Sánchez in Mexiko. Es war Ende Juli 1959.

Der Abt war betrübt, als ich zu ihm kam, um mich zu verabschieden, es überraschte ihn sehr. Im Unterschied zu allen anderen Lateinamerikanern, die kamen und bald wieder gingen, hatte ich fast das ganze Noviziat absolviert. Er wußte, daß ich glücklich dort war, und muß sicher gewesen sein, daß ich am 15. September das Gelübde ablegen würde. Er bedauerte, daß ich es ihm nicht vorher mitgeteilt hatte. Ich antwortete, es sei eine ärztliche Entscheidung, die eben erst getroffen worden sei. Er wollte wissen, was man für meine Gesundheit tun könne, damit ich nicht austreten müsse. Ich sagte ihm, daß man es sehr genau untersucht habe und zu dem Schluß gekommen sei, daß ich dort nicht geheilt werden könne. Die Enttäuschung stand ihm ins Gesicht geschrieben.

Als ich ins Kloster eintrat, hatte ich 100 Dollar übriggehabt; das reichte für den Flug nach Mexiko, denn ich konnte eine Verbilligung in Anspruch nehmen, die Kirchenleuten gewährt wurde. Man riet mir, wegen meiner Gesundheit das Flugzeug zu nehmen. Ich zog jedoch die Reise im Zug vor, nicht nur, weil sie billiger war, sondern auch, weil ich so die Landschaft genießen konnte.

Ich war im Kloster unendlich glücklich gewesen, doch ich verließ es auch glücklich wieder, denn ich wußte, daß ich den Willen

Gottes tat, an welchem Ort der Erde auch immer. Ich konnte in Kentucky genauso glücklich sein wie in Cuernavaca oder Nicaragua.

Ich brauchte kaum Einkäufe zu machen für die Reise, mir fehlte nur eine Jacke. Als ich ins Kloster kam, trug ich einen Anzug, und ich wollte mir Jackett und Krawatte nicht mehr anziehen. Kleidungsstücke, die ich seither nicht mehr getragen habe. Mit einem Lastwagen des Klosters, der eines Morgens nach Louisville fuhr, reiste ich ab. Der Fahrer ließ mich an einer Tankstelle aussteigen, und ich ging meines Weges.

Doch bevor ich mir die weltlichen Kleider anzog, hatte ich mich von Merton verabschiedet. Er erwartete mich in seinem Büro, es war noch sehr früh am Morgen, und die anderen Novizen waren nicht zugegen. Er wiederholte, was er mir schon gesagt hatte: Wenn man ihn nicht austreten ließe, dann müsse ich die Gründung vornehmen. Ich kniete nieder, wie es bei den Trappisten üblich war, um seinen Segen zu empfangen. Ich sollte ihn nicht wiedersehen, bis ich nach meiner Priesterweihe nach Gethsemani zurückkam, damit er mir Weisungen für die Gründung in Solentiname gäbe, die ich vornehmen wollte. Und als wir uns dann wiedersahen, da war er es, der niederkniete, um meinen priesterlichen Segen entgegenzunehmen.

Notizen aus dem Noviziat

Gestern war mein erster Tag im Noviziat. Man brachte mich ins Refektorium, als gerade mit dem Mittagessen begonnen wurde, und als ich eintrat, fand ich alle Mönche aus vollem Hals lachend. Das kam daher, daß ihnen ein Brief des P. Abt vorgelesen wurde, der gerade die anderen Trappistenklöster der Vereinigten Staaten besuchte, und er schrieb ihnen eine Chronik voller Scherze. Im Kapitel, der familiären Zusammenkunft, die die Mönche jeden Tag haben, hielt der P. Prior, der den Abt vertritt, einen Vortrag über das Lachen der Mönche: Es sei nicht gut, allzuernst zu sein, aber auch nicht, allzuviel zu lachen. Das Motto des Klosters ist es, immer zu lächeln.

Tatsächlich grüßen sie sich, wenn sie sich treffen, mit einem spontanen Lächeln, dem man sofort ansieht, daß es weder konventionell noch gezwungen ist, sondern Ausdruck der inneren Freude von allen hier. Die Fröhlichsten sind natürlich die Novizen, mit ihrer doppelten Fröhlichkeit von Mönchen und von jungen Leuten.

Der heilige Benedikt meinte, seine Klöster sollten sogar noch in der Fastenzeit fröhlich sein. Mit wieviel mehr Grund in einer Zeit wie dieser, dem Frühjahr und der Zeit nach dem Ostern der Auferstehung, wenn die Felder voller Vögel sind und die Liturgie voller Halleluja.

***

Der Friede meiner Seele wie das Wasser der Lagune von Tiscapa.

***

Als wir Novizen die Tomaten sprengten, sprengte einer von ihnen einen anderen, statt der Tomaten. Am folgenden Tag bezichtigte er sich seines Fehlers öffentlich im Refektorium. Ich nehme an, man hatte ihm das als Buße aufgegeben. Das Geständnis brachte uns alle zum Lachen, sogar noch die ältesten und ernstesten Mönche; doch der, der am glücklichsten lachte, war der, der das Geständnis machte.

***

Die Stimme Gottes ist die melodische Glocke von Gethsemani, die mich über die Fichten zum Gebet ruft. Liebevoll und mütterlich.

***

Ich lese über das Leben des Bruders Lorenzo, der 30 Jahre als Koch in einem Kloster lebte. Das Betrachten eines Baumes ohne Blätter ließ ihn bei den Karmelitern eintreten.

***

Die Seele ist so schweigsam wie eine Frau. Wie Magdalena zu Füßen Jesu. Und sie verhält sich für gewöhnlich schweigend, in sich versunken und mit offenen Augen, während ihr Geliebter redet und redet.

***

Von allem Überflüssigen befreit, sind unsere Leben wie Hotelzimmer.

***

Ich näherte mich einer Blume, um ihren Duft zu riechen. Sie sah aus wie eine Lilie, und nachdem ich sie berührt hatte, blieb mir ein

Duft an den Händen, als hätte ich einem Mädchen die Hand gegeben.

***

Jeden Tag kommen neue Arten von Vögeln. Durch das Büchlein, das ich auf dem Flughafen von Miami kaufte, habe ich heute die *starlings* entdeckt, wie in meinem Wörterbuch die Stare heißen. Ich habe auch herausgefunden, daß die lärmenden *blue jays* unsere fröhlichen Eichelhäher sind, die ich einst in den Wäldern Ometepes sah, wo sie einen Heidenlärm machten. Der *robin* ist die Drossel, und der *wren* der Zaunkönig, Vögel, die es in Nicaragua nicht gibt. Noch haben wir die Amsel, die der *blackbird* ist. *Lark* ist die Lärche, die wir in Nicaragua auch nur aus der Literatur kennen.

Und jeden Tag bedecken sich mehr Bäume mit Blättern oder mit Blüten. Heute sah ich zum ersten Mal in meinem Leben die blühenden Pflaumenbäume. Und auch die Apfelbäume beginnen jetzt zu blühen, mit Blüten so weiß wie Brautkleider.

***

Hier ist unser Beruf die Liebe.

***

So wie Du mich liebst, erstaunt es mich jetzt nicht mehr – jetzt verstehe ich es –, warum mich die nicht liebten, die ich am meisten liebte.

***

Ich hoffe, ich werde immer die Frage vor mir sehen, die ich jetzt sehe und die sich der heilige Bernhard im Kloster immer stellte: »Wozu bist du gekommen, Bernhard?« Man hat sein Land und sein Haus und seine Freunde und Freundinnen nicht hinter sich gelassen, um es woanders wiederhaben zu wollen; um neue Bindungen zu haben, also.

***

Der heilige Benedikt spricht in seiner Regel vom »entsetzlichen Laster des Privatbesitzes«. Deshalb darf man hier auch nicht »mein« von einer Sache sagen, sondern nur »unser«: »unser« Heft, »unser« Ordenskleid, »unsere« Zahnbürste. Das gilt in bezug auf die Dinge. Doch heißt es nicht »unser Bein«, wenn man von seinem Bein spricht; und man sagt nicht »unser Egoismus«, sondern »mein Egoismus«.

***

In diesem Kloster sind wir Reisende ohne Gepäck. Deportierte, die in ihr Land zurückkehren. Befreite, die nichts aus den Zellen mitbringen, in denen sie gewesen sind, oder den Konzentrationslagern.

***

»Denn siehe, der Winter ist vergangen, der Regen ist vorbei und dahin. Die Blumen sind aufgegangen im Land, der Lenz ist herbeigekommen, und die Turteltaube läßt sich hören in unserm Lande.« »Laß mich hören deine Stimme...« »Dein Haar ist wie eine Herde Ziegen, die herabsteigt vom Gebirge Gilead.« »Dein Hals ist wie der Turm Davids.« »Deine beiden Brüste sind wie junge Zwillinge von Gazellen, die unter den Lilien weiden.« »Wie schön ist deine Liebe, meine Schwester, liebe Braut!«

***

Dies ist ein Leben wie auf dem Bauernhof, Landleben; vor allem zu dieser Jahreszeit. In dem Augenblick, da ich dies aufschreibe, höre ich die Kühe muhen. Wir sind immer von Natur umgeben. Jeden Morgen sehe ich durch die Fenster der Kapelle des Noviziats im Augenblick des Abendmahls die Sonne aufgehen, und während ich die Messe höre, sehe ich auch ins Feld hinaus. P. Merton hat uns gesagt, dies sei keine Ablenkung, denn die ganze Natur lobt den Herrn, und wir können die Danksagung der Kommunion in Vereinigung mit dem Gesang der Vögel tun, mit dem Sonnenaufgang und der gesamten Natur, die uns umgibt. Wenn ich die Danksagung in der Kapelle beende, gehe ich in den Garten hinunter, um sie mit dem Lesen in der Bibel zu verlängern, und ich genieße weiter die Natur, und manchmal lese ich nicht einmal, sondern betrachte nur die Natur. Dies ist unser Leben im Gebet: nicht viele Gebete sprechen, sondern einfach leben. Es ist eher wie ein Gemütszustand. Eine Atmosphäre, in der man lebt. Die Gegenwart Gottes, in der man zu allen Zeiten ist.

***

Die Bibel wird als Wort Gottes verehrt; wie eine andere Form, in der Christus gegenwärtig ist, nicht mehr körperlich, sondern in den Buchstaben. Und deshalb ist eine der Normen hier, daß man, wenn man die Bibel liest, die ersten Zeilen kniend liest.

***

Im Schuldkapitel wurde ein Novize beschuldigt, das Ei eines anderen gegessen zu haben. Die Ernährung der Trappisten kennt kein Fleisch, keine Eier und auch keinen Fisch; doch gibt man ein gekochtes Ei den Kranken und den jüngsten der Novizen. Nur so bekommt man sie, hartgekocht; ich nehme an, weil sie so leicht zuzubereiten sind und weil sie dann die Teller nicht beschmutzen. Ein Novize hat also nicht aufgepaßt, und als er zur anderen Seite sah, hat ihm sein Nachbar das Ei weggenommen. Der wurde dann im Kapitel beschuldigt, und alle lachten wir darüber.

***

Die Stille, die Gott ist. Doch erreicht man sie nicht von Anfang an, denn nach der äußeren Stille fehlt noch die innere; denn obwohl niemand mit einem spricht, ist man weiter voller Lärm, spricht mit sich selbst, hört den Krach seiner Vorstellungswelt, seiner Phantasie und seiner Erinnerungen. Die ersten Tage über machte mich dieser Lärm schier verrückt; in meinem Kopf ein ständiges Kommen und Gehen von Bildern; und von Gedanken, einige obszön, andere albern, andere deplaziert, andere intelligent, andere zwanghaft. Doch nach und nach zog die Stille in mich ein. Die Stille, in der ich hoffe, nichts weiter mehr zu hören als Gott.

***

Das Öl der Lampen der klugen Jungfrauen ist die Libido.

***

Sich von allem lösen: wie man eine Flasche nicht neu füllen kann, wenn man sie nicht vorher leert. Und wie der Verliebte sich nicht mit der vereinen kann, die er liebt, während sie noch einen andern liebt. Die Seele vereint sich, wenn sie aufhört, andere Wesen zu lieben, automatisch mit Gott. Die Formel ist sehr einfach. Doch sie tut so weh wie der Selbstmord (ohne daß man eine Neigung dazu hat).

Jede Liebe, sagt Max Scheler, ist die Liebe Gottes, die am Wegrand ausruht.

***

Eine unaussprechliche Beklemmung, die ich seit meiner Kindheit im Angesicht von allem Schönen fühle, rührt daher, so habe ich jetzt beim heiligen Johannes vom Kreuz herausgefunden, daß man es nicht besitzen kann. Und diese Beklemmung, vages Unbefriedigtsein, geheimnisvolle Angst, erfährt man auch mit Gott.

***

Corn Island werde ich nicht wiedersehen. Meine geliebte Insel in der Karibik vor der Küste Nicaraguas, mit ihrem glasklaren Wasser, in dem man den Sand am Grunde sehen kann, die Ketten und Anker und farbigen Fische; ihre Kokospalmen und ihre Vegetation des Zöllners Rousseau. Doch Gott wird mir die Essenz von Corn Island geben, ohne dort zu sein.

***

Im Künstler und seinem schöpferischen Instinkt sieht man das Erbe des Vaters. Jedes Kind ähnelt seinem Vater; daher der schöpferische Instinkt des Menschen; und nicht nur der Künstler: der Wissenschaftler, der Erfinder, der Entdecker, der Revolutionär, der Dichter ... ahmen den nach, der in jedem Tagesanbruch die Schöpfung erneuert, wie das Kind, das seinen Vater nachahmt.

***

Dieses Büchlein, in das ich jetzt meine Aufzeichnungen eintrage, habe ich aus Nicaragua mitgebracht. Es enthielt Seiten mit Notizen, die ich mir dort gemacht hatte. Eine will ich in die Notizen aus dem Kloster aufnehmen, die ich jetzt schreibe. Es war die letzte, die ich schrieb, bevor ich nach Gethsemani kam, ich schrieb sie auf dem Flughafen von Miami:

Wenn man sich von allem ganz gelöst hat – so wie ich es heute auf dem Flug nach Miami empfand –, dann fühlt man sich, als habe man schon von der Erde abgehoben, oder besser gesagt, als habe man die Schwerkraft der Erde überwunden und könne unverhältnismäßig schnell vorankommen, immer schneller und schneller, wobei man sich immer mehr einem anderen Schwerkraftzentrum nähert. Dieses Stück Reise heute von San Salvador nach Miami ist unwahrscheinlich gewesen, mein Gott. Eine tatsächliche Hochzeitsreise. In »Der Berg der sieben Stufen« beschreibt Merton seine Zugreise nach Gethsemani wie eine Reise durch die Stratosphäre.

***

211

Die Erscheinung Gottes vor Elias: erst ein starker Wind, der nicht Gott war; dann ein Erdbeben, das nicht Gott war; dann das Feuer, und auch das war nicht Gott; und dann ein »entferntes und sanftes Flüstern«, und Elias bedeckte sich mit seinem Mantel, denn das war Gott. Ähnlich dem, was mir mit den heulenden Sirenen Somozas und seiner Leibwache an jenem 2. Juni in der Avenida Roosevelt geschah; und dann sein Einzug wie das, was in dieser Übersetzung ein »entferntes und sanftes Flüstern« genannt wird.

***

Sein Kommen war wie eine unbeschreibliche Lust und ein unbeschreiblicher Schmerz. Und ich würde sagen, außer dem heftigen Schmerz auch so etwas wie Trauer oder Melancholie bei der (vielleicht irrtümlichen) Ahnung, daß mir diese Liebe von da an großes Leid bereiten würde; eine Art Selbstmitleid, denn ich sah mich in meiner Vorstellung wie mit einer Dornenkrone; und es überkam mich fast das Weinen, so, als stehe ich am Rande eines Ozeans des Weinens, doch ohne zu weinen; und der Schmerz immer größer; und größer der Schmerz als die Lust.

***

Im Mittelalter hatte Seuse so beschrieben, was ihm geschah: »Es war etwas ohne Form noch Weise, doch es hatte alle Formen und Weisen.« Ich könnte das gleiche sagen, trotz der unvermeidlichen Ungenauigkeit, die darin liegt. Ich könnte auch hinzufügen, daß der Genuß Gottes »bittersüß« ist, doch mit der Erklärung, daß er das unendlich Bittere und das unendlich Süße ist.

***

Mir scheint, man kann sagen, daß im Gebet die Seele manchmal kokett wird, wenn sie sich geliebt weiß, sich ihrer Reize bewußt ist

212

und ihrer Herrschaft über den Geliebten, Herrscherin und Beherrschte gleichzeitig.

**

Sein Kommen an jenem Tag, dem 2. Juni, ist in dem Psalm beschrieben, der »De Profundis« heißt (Psalm 130): »Aus der Tiefe, Herr, rufe ich zu dir.« Auch die Beschreibung des Unwetters, als sich die »Quellen der Wasser« öffneten.

Ich ergab mich ihm, wie man sich einem Tyrannen ergibt. Wie jemand, der jahrelang gegen Somoza kämpft und sich ihm schließlich doch ergibt.

Das sehe ich auch in der Hymne des Pfingstgebets beschrieben, wenn vom Lärm gesprochen wird, den man in der dritten Stunde spürte (neun Uhr morgens).

Man fragte Bernadette, ob sie die Worte, die sie die Jungfrau von Lourdes sagen hörte, wirklich gehört habe oder nur in ihrer Phantasie. Sie antwortete: »Ich hörte sie ganz wirklich, doch die Worte kamen von hier drinnen« (wobei sie sich auf die Brust zeigte). Dasselbe kann ich auch von jenem Male sagen.

**

Hier hat jede noch so unbedeutende Sache, irgendein Brief, einen großen Nachhall in einem. So wie die Schritte eines Menschen in einer Straße voller Menschen am hellichten Tag nicht wahrgenommen werden, doch in einem leeren Haus um Mitternacht laut widerhallen.

**

Das ganze Leben des Mönchs ist für die Liebe vorgesehen. Man ißt, um ein Leben zu erhalten, das der Liebe geweiht ist; man schläft, um auszuruhen und am folgenden Tag weiterzulieben. Der Gesang im Chor ist ein Gesang der Liebe; man liest, um mehr zu lieben; man meditiert in Liebe, man hört von der Liebe reden. Das Leben des Mönchs ist ein dauerndes Verliebtsein.

***

Die Zweifel über meine Berufung; wie beeindruckten mich die Geschichten von Bekehrungen (der heilige Augustinus, Merton usw.), ich sah meine Angst in der Angst gespiegelt, die sie empfanden; wie klopfte mir das Herz, als ich mich dem Schritt näherte, den sie taten, auch wenn ich noch nicht wagte, ihn zu tun. Das war die Liebe, die sich mir näherte, die mir das Herz schneller schlagen ließ, mich vor Angst erbeben ließ, und ich erkannte sie nicht als Liebe.

***

Über meine Verehrung der Schönheit der Mädchen kann ich dasselbe sagen, was der Psalm 135 über die Götzen sagt (sie waren meine Götzen): »Sie haben Mäuler und reden nicht, sie haben Augen und sehen nicht.«

***

Der Prophet Amos sagt, es werde eine Zeit kommen, da sieht der, der pflügt, hinter sich schon den, der erntet. Das ist genau das, was ich fühle, in diesen Tagen, die mir im Flug vergehen.

***

Die Arbeit ist poetisch hier. Poetisch waren auch die Weizenfelder in Italien und die Schnitter, die mit ihren langen Sicheln Garben schnitten, auf meiner Reise nach Neapel; doch diesen Weizen selbst zu schneiden, unter der heißen Sonne und mit schweiß-durchtränkten Kleidern, den Kopf ganz heiß, die Hände voller Blasen, ist in anderem Sinn poetisch, es ist nicht »konventionell« poetisch.

***

Unser Leben hier ist wie das Atelier eines Malers oder Bildhauers, wo es Schmutz und Unordnung nur für den gibt, der sich nicht auskennt: Zigarettenkippen, Flaschen mit Alkohol oder Terpentin, Zahnpasta- und Farbtuben, wie im Atelier von Armando Morales in Managua; oder in der Kunstakademie voller zerbrochener Gipsformen, entzweigesprungener oder halbfertiger Skulpturen, Ton, Sand, Drähte, Steine, rohbehauenes Holz. Und dort entsteht das Werk, das man später im Museum oder in der Sammlung findet. Dieses Leben sieht von außen ganz genauso aus.

**

Louis Bouyer (»The Meaning of Monastic Life«) erzählt von einem Abt, der die Postulanten um die Aufnahme ins Kloster zu fragen pflegte, ob sie jemals verliebt gewesen seien. Und wenn man antwortete: »Nein, niemals!«, dann wurde man nicht aufgenommen.

**

Von klein auf hatte ich die Angewohnheit, mit mir selbst zu reden; ich redete mit den Möbeln, wenn man es nicht sah; oder unter dem Tisch, beim Essen, redete und redete ich ohne Unterlaß. In Wirklichkeit redete ich nicht mit mir selbst, sondern mit einem eingebildeten Freund, den nur ich kannte, so nah, daß er wie ich selbst war, ein Ich in meinem eigenen Ich, und der, mit dem ich da redete – ohne daß ich es wußte –, warst Du. Ich war damals vielleicht vier Jahre alt. Jetzt habe ich dieses Gespräch wieder aufgenommen und verbringe die ganze Zeit damit, »mit mir selbst« zu reden, also mit Dir. Und ich kann das ganze Leben schweigend verbringen, das heißt, ohne mit den anderen zu reden.

**

Als Kind das Spielzeug zu zerstören, um zu sehen, was darin war, und herauszufinden, daß der Schimmel innen nur aus Holzwolle

215

bestand: das war die immer gleiche Suche, das Geheimnis der Geschöpfe wissen zu wollen und zu erfahren, daß es kein Geheimnis gibt. So ging es mir auch mit den Frauen, ich suchte das Göttliche, das ich in ihnen versteckt glaubte, und fand heraus, daß es nur Sägespäne und Luft gab. Das Unbefriedigende alles Geschaffenen. Alexander der Große, der, als er die Welt erobert hatte, wegen der Sterne weinte, die er nicht erobern konnte.

***

Mit dem gerade noch Unverzichtbaren, wie das Gepäck derer, die die Wüste durchqueren wollen.

***

Der P. Abt fragte mich während der Einzelsprechstunde, die er mit jedem zu halten pflegt, was mir im Kloster am meisten zu schaffen mache. Vor ihm kniend, wie man es immer tun muß, wenn man mit ihm spricht, antwortete ich ihm, die Hitze. Er meinte, in Nicaragua sei es doch auch sehr heiß. Ja, antwortete ich, aber dort habe ich nicht in der Sonne gearbeitet. Wenn es heiß war, trank ich kaltes Bier. Und in der heißesten Zeit fuhren wir ans Meer, um im Badezeug am Strand zu liegen. Er lachte darüber.

***

Vor kurzem habe ich erfahren, daß das Kloster Gethsemani neben dem Ort liegt, wo Lincoln geboren wurde und seine Kindheit verbrachte. Ich stelle mir vor, daß Lincoln hier als Kind umherstreifte, wo wir jetzt unter den Bäumen meditieren. Das hat mir viel Spaß gemacht.

***

Den jungen Novizen ist plötzlich eingefallen, Cowboy zu spielen. Spiele, die nur aus Gesten bestehen. Wenn einer auf den anderen

216

trifft, zieht er blitzschnell einen eingebildeten Revolver, schießt eine Salve und erklärt den anderen für tot. Sehr lustig, der Widerspruch, das im Ordenskleid der Mönche zu tun.

***

Bei einem Kartäuser, der anonym schreibt wie alle Kartäuser, habe ich gelesen, daß der Mönch sich weigert, das zu tun, was bei der Hochzeit getan wird, um zu lieben, was die Hochzeit bedeutet.

***

In Gethsemani ist alles schlicht und funktional. Die Kargheit der Zisterzienser, wie die eines Badezimmers.

***

Der heilige Ambrosius sagt, die heilige Agnes habe sich mit einer Seligkeit dem Tod genähert, wie andere sich der Hochzeit nähern.

***

Die Trappisten aus dem Kloster in Georgia haben uns vom Tode eines Mädchens geschrieben, Mary Ann, das eng mit ihnen befreundet war und das sie für eine Heilige halten. Seit ihrem dreizehnten Lebensjahr hatte sie im Gesicht Krebs, der zehn Jahre lang anhielt und fast ihr ganzes Gesicht aufzehrte. Sie lebte in einem Hospital und war die ganze Zeit glücklich und lächelte, und niemals hörte man von ihr die kleinste Klage, die ganzen zehn Jahre über.

***

To contact god ist der Begriff, den P. Philiph, der Musiklehrer, gebrauchte und den er sicher aus seiner früheren Welt beim Radio hatte. Er hat uns Novizen gesagt, wir bräuchten uns nicht wegen

217

unserer Fehler im Chorgesang zu sorgen, die anderen achteten nicht darauf, wie jeder sänge, weil jeder damit beschäftigt sei, Gott zu kontaktieren. Er war Gesangstechniker bei der Oper von Chicago und beim Radio. Neulich erzählte er uns, wie er hier im Kloster mit dem Gesang seine Bekehrung hatte. Er kam und hörte, daß viele falsch sangen, doch plötzlich überkam ihn ein unermeßliches Hochgefühl, und er blieb einfach da.

Er ist auch der Buchbinder hier, und wenn eine Gruppe von Novizen mit ihm arbeitet, darf geredet werden, er mit uns und wir mit ihm, nicht jedoch wir unter uns. Doch manchmal verständigen wir uns auf dem Umweg über ihn, oder einer hält Selbstgespräche, damit die anderen ihn hören, und so erfahren wir manchmal eine Neuigkeit, bevor er uns zum Schweigen bringen kann.

***

Das letzte Trappistenkloster, das in den USA gegründet wurde, ist das im Staate Virginia. Das Noviziat besteht aus fünf Novizen, und zwar den folgenden: ein konvertierter jüdischer Psychiater, Autor einer berühmten Autobiographie; ein Veteran des Krieges zwischen den Vereinigten Staaten und Spanien, der fast 80 ist; ein Marineoffizier; der Sohn eines Brigadegenerals; und einer, der Bartender und *bouncer* gewesen ist (der Rausschmeißer in einer Bar).

***

Ein Priester aus Kalifornien, der uns bei einem Einkehrtag anleitete, erzählte uns, im Herzen Hollywoods, im Zentrum der Welt des Films, gäbe es einen Konvent von Dominikanerinnen, die Tag und Nacht vor dem Allerheiligsten beten, und fast niemand weiß es. Auch gibt es im Herzen von Detroit, der Hauptstadt des Automobilbaus, Karmeliterinnen, die seit 40 Jahren kein Auto gesehen haben und weder Radio noch Fernsehen kennen.

***

218

Die Liturgie, die in der Kirche gesungen wird, bestimmt auch unser Menü im Refektorium. Das Essen ändert sich, je nachdem, ob es ein normaler Tag oder ein liturgischer Festtag ist, und je nach dem Rang des Festes: ob es ein Gebet mit drei oder zwölf Lektionen ist oder ein Fest mit Predigt usw. Doch wird kein anderes Fest gefeiert als die liturgischen, nicht einmal der 4. Juli, an dem genauso gearbeitet wird wie an jedem anderen Tag. Doch am Fest eines Apostels zum Beispiel, das draußen unbemerkt vorbeigeht, haben wir frei. Und es gibt viele liturgische Feste über das Jahr, von verschiedener Rangordnung. Jedes Marienfest ist feierlich. Und liturgisch gesprochen sind alle Tage Festtage, denn sie werden *feria* genannt, das lateinische Wort für Fest; und wenn es sich um einen Tag handelt, an dem kein Heiliger gefeiert wird, dann heißen sie *feria* des Montags, *feria* des Dienstags usw. Der Grund ist der, daß für die Kirche alle Tage Festtage sind seit der Auferstehung Christi, und es gibt nur noch einen einzigen Sonntag, der dies für alle Ewigkeit sein wird.

***

Der 1. November (Allerheiligen) ist eines der vier Male im Jahr, daß wir Briefe bekommen und beantworten dürfen. Ein Novize, der mit seinen Briefen beschäftigt war, reichte mir ein paar Fotos von einem sehr hübschen Mädchen in Nonnenkleidern und erklärte mir durch Zeichen, daß sie seine Freundin war und daß sie am selben Tag in den Konvent ging, als er in dieses Kloster eintrat, und daß ihr Konvent ganz in der Nähe von Gethsemani liegt (er stammt von hier, aus Kentucky). Mit meinen Zeichen fragte ich ihn, ob er sie liebe, und er antwortete, früher schon, doch heute nicht mehr. Bewundernswert, was man sich alles durch Zeichen sagen kann. Vor allem, wenn man Experte in Zeichen ist.

***

Im Kapitel hat man uns berichtet, daß eine Abteilung der Regierung das Rezept für den berühmten Käse aus Gethsemani heraus-

219

finden wollte, um es zu verbreiten. Sie beschlossen, daß es nur zwei Wege gäbe, um es zu erfahren: entweder gaben die Trappisten es preis, oder man entdeckte es im Labor. Sie verwarfen den ersteren, »weil die Trappisten nicht reden«. Da blieb ihnen nichts anderes übrig, als die Untersuchungen im Labor zu machen. Man stellte eine riesige Summe Geld dafür zur Verfügung. Am Ende hatten sie hunderttausend verschiedene Käserezepte ausprobiert. Doch das richtige entdeckten sie nicht, und so gaben sie schließlich auf. Es erschien sogar ein Buch, in dem sie von ihren Experimenten berichteten. Als der Laienbruder, der mit der Leitung der Käseproduktion beauftragt ist, das Buch las, standen ihm die Haare zu Berge: Bei einem ihrer Versuche waren sie ganz kurz vor der Lösung gewesen.

Ich hatte gehört, daß dies ein Käse ist, der seit dem 16. Jahrhundert in Höhlen im Süden Frankreichs hergestellt wird, und das geheime Rezept wurde von den ersten Trappisten mitgebracht, die Gethsemani gründeten und Franzosen waren.

Neulich hat man uns Novizen auf einen Rundgang mitgenommen, um die Käseherstellung kennenzulernen, vom Melken der Kühe bis zum Lagern der Käselaibe in den Kühlhäusern. Die Milch floß aus den Eutern in ein paar Röhren, ohne irgendeinen Kontakt mit der Luft.

**

Die Landschaft kahler Bäume hat die künstliche Zartheit der Bilder der berühmten nordamerikanischen naiven Malerin Grandma Moses. Wir gehen über das Eis, als zerbrächen wir Glas.

**

Merton erzählt mir, es falle den Nordamerikanern so schwer, sich an das Klosterleben zu gewöhnen, weil sie ein Leben völlig ohne Symbole geführt hätten. Sie verstünden nicht den Daseinsgrund auch nur eines einzigen Symbols.

***

Man braucht jemanden nur gut zu kennen, um ihn zu lieben, und das ist so, weil jeder in seinem Innern ein Bild des Göttlichen trägt. Die Mitglieder einer Familie lieben sich so sehr, weil sie zusammenleben und sich viel besser kennenlernen. Zwei, die sich lieben, waren vorher zwei Fremde, die sich in einem Zug kennenlernten, oder im Theater. Wieviel andere gibt es im Zug oder im Theater, die sich so sehr lieben könnten, wenn sie sich zufällig kennenlernten. Andere, die sie kennenlernten, lieben sie so sehr. Die Freunde aus der Kindheit, die Schulfreunde, alle Freunde, die man später hatte, waren erst nur Fremde, die man kennenlernt und mit denen man zusammenlebt, und die man deshalb liebt. Ein Unbekannter geht dort über die Straße, und wenn du ihn kennenlerntest, wie sehr würdest du ihn lieben. Enge Freundschaften sind in Nicaragua in Somozas Gefängnissen geschlossen worden, nur weil man so lange zusammen ist. Oder die, die aus Zufall Nachbarn werden. Und so ist es auch, wie man sich in der Gemeinschaft des Klosters liebt.

***

Der heilige Bernhard sagte, das Kloster sei ein Ort des Ausruhens.

***

Das klösterliche Leben hat nach der Erregung und dem Neuen der ersten Tage die Monotonie einer langen, langen Reise im Schnellzug durch ein Land, das man nicht kennt. Wie damals, als ich, gemeinsam mit dem Dichter Ernesto Gutiérrez, im Jahre 1949

Frankreich mit dem Nachtzug durchquerte. Eine langweilige Reise, wenn man alle Reklameschilder im Zug gelesen hat; und einen anderen Zeitvertreib gibt es nicht, weil man durch die Fenster nichts anderes sieht als das Glas der Fenster und den Nebel und die Nacht, so, als führe man durch einen Tunnel. Wir saßen auf unseren Koffern, weil es in jenem 2.-Klasse-Waggon keine freien Plätze mehr gab. So war unsere Fahrt durch Frankreich, bis zum Sonnenaufgang in den Pyrenäen; und man hörte nur die französischen Stimmen, die wir nicht verstanden, auf den großen Bahnhöfen, die Rufe der Gepäckträger und den Namen des Bahnhofs, den die Schaffner ausriefen, und einer dieser Namen kurz vor den Pyrenäen war Lourdes. (Ich sagte zu Gutiérrez: »Lourdes!«, und ihm bedeutete der Name nichts, weil er Atheist war, obwohl er Jahre später gerade in Lourdes eine tiefe religiöse Bekehrung erfuhr.) Und auf diesem Bahnhof stiegen viel mehr Leute ein und aus als auf den anderen. So ist unser Leben hier (auch wenn der Zug rast), mit nur wenigen Nachrichten aus der Welt, von denen wir nur einen Namen erfahren, ein paar Worte; wie neulich, als uns der Abt berichtete, es gebe einen neuen Herrscher in Rußland; und der Zug rast schnell, der Zug der Zeit, in Richtung auf die Ewigkeit.

***

Der größte Teil der Freuden dieser Welt sind Illusionen: die Freude über Dinge, die niemals geschahen oder nicht so geschahen, wie man es sich wünschte.

***

Die Trappistengründung in Lateinamerika wäre der einzig wertvolle Panamerikanismus. Endlich gäben die USA Lateinamerika etwas Gutes, als Wiedergutmachung für all das Schlechte: brüderliche Liebe. Klösterliche Gemeinschaft statt Imperialismus.

***

Jetzt habe ich in jedem Augenblick Ideen, und ich habe keine Zeit, sie aufzuschreiben. In der Welt hatte ich keine Ideen, nicht einmal literarische. Nie schrieb ich etwas auf. Das mag wegen des Lebens gewesen sein, das ich führte, absolut banal; die Ideen waren banal.

***

Es fällt mir ein, daß ich ein Gedicht über den Goldrausch hätte schreiben können, der auch durch Nicaragua seinen Weg nahm, mit all dem Material, das Luciano Cuadra sammelte. Und über die Annahme von Kolumbus, in Amerika das Paradies gefunden zu haben. Und über andere Themen, die auch mit dem Mythos vom Paradies in Amerika zu tun haben. Ich kam nicht mehr dazu, ein solches großes episches Gedicht zu planen, weil Gott eingriff und mich hierher brachte, wo ich nicht mehr über das Paradies schreiben kann, es vielmehr leben kann. Tatsächlich war mein halbfertiges Gedicht ein »Verlorenes Paradies« oder ein »Nicht gefundenes Paradies«.

***

Wir stehen um die Stunde auf, wenn Tachito schlafen geht. Und auch die Eulen schlafen gehen, die Fledermäuse und die Nachtgespenste.

***

Erinnerungen, die vor mir auftauchen: Städte, wo ich nur einmal war; Gesichter, die nach Jahren des Vergessens neu erstehen und wieder im Vergessen versinken; belanglose Unterhaltungen von vor vielen Jahren, vielleicht aus meiner Kindheit; Menschen ohne irgendeine Bedeutung in meinem Leben, wie ein Pförtner, ein Kellner; jemand, den ich in einer Stadt in Europa nach dem Weg fragte; Orte, an denen ich nie gewesen bin, die ich jedoch im Kino sah; Stücke aus schlechten, langweiligen Filmen, einem, den ich vielleicht in einem heruntergekommenen Freiluftkino in irgendeinem Dorf im Inneren Nicaraguas sah ... Und auch Erinnerungen an Träume.

***

Die Armut ist das Grundlegende und Natürliche, ohne künstliche Behandlung: der Teller aus Steingut, das Dach aus Stroh. Frank Lloyd Wright entdeckte in seiner Architektur die Schönheit der Armut in den nackten, natürlichen Materialien. Der Glanz der Armut ist der Glanz der nackten Materie, des Bildes oder der Skulptur oder des Körpers einer nackten Frau. Der arme Gegenstand hat einen besonderen Glanz: ein geflicktes Segel, eine verwaschene Blue jeans. Ich erinnere mich, daß Henry David Thoreau in Concord gern in einer geflickten Hose auf die Straße hinausging, womit er die Provinzgemüter im Concord des 19. Jahrhunderts erregte. Ein armer Gegenstand ist wirklicher als ein reicher, näher an der Natur (Erde, Wasser, Luft, Sonne – Quellen allen materiellen Reichtums). »Wir sind eines so großen Schatzes nicht würdig ...« Ein Tonkrug ist ärmer als einer aus Plastik, obwohl der aus Plastik billiger ist.

***

Unser Ordenskleid ist weiß wie ein Brautkleid, Christus beschreibt sich wie ein Bräutigam, der zur Braut kommt. Auch wenn wir biologisch männlich sind, sind wir die Braut.

***

Der Schnee legt sich sanft auf alle Dinge – Steine, Bänke, Bäume, Rasen – und macht alles weich und gleich. Wie Baumwollblüten. Alles mit weißen Kapuzen wie das Ordenskleid der Trappisten. Im Mondlicht vor dem Morgengrauen scheint es, als seien Feld und Wald plötzlich mit Zucker bedeckt. Dann, am Tag, sieht auch der

224

Mond so aus, als sei er aus Schnee, ein Schneeball. Der silberfarbene Glockenturm der Kirche scheint auch aus Schnee zu sein. Draußen heult der Wind wie ein Wolf.

***

Die Wintersonne silbrig-weiß wie der Mond. Der See gefroren, wie *ice-cream*. Die Schneematschpfützen Spitzendeckchen aus weißem Eis.

***

Dieses Leben, das wir führen, monoton, wie Routine, anscheinend steril, ist dennoch, wie man sagt, die höchste Form des Lebens, die es in der Kirche gibt. Es ist es auf verborgene Weise. Als »Mysterium« (Sakrament).

***

Wir sind die Wachen auf den Mauern von Zion, wie der Psalm sagt.

***

Ich habe P. Merton von dem Regen belangloser Erinnerungen erzählt, die mich quälen. Es sind unbedeutende Einzelheiten aus meinem vergangenen Leben, und oft genug unerwünscht und Anlaß zur Scham. Er antwortete mir, nichts davon sei belanglos in den Augen Gottes. Wie Jesus im Evangelium sagte: »Nicht ein nutzloses Wort ...« Er meint, Gott ließe dies alles an mir vorüberziehen, damit ich sähe, daß ich derselbe bin und kein anderer, und daß ich dem, der ich war, nicht ausweichen kann. Auch Gott will, daß ich sehe, wie ich früher war, und daß ich nicht ehrlich gewesen bin. Ein Restaurant auf Capri, wo ich kein Trinkgeld gab; ein Streit mit einem frechen Kofferträger in Venedig, ich nannte ihn mehr

225

für mich selbst *hijueputa*, Hurensohn, auf spanisch, und er verstand es; eine hitzige Diskussion mit einer alten Frau in Toledo um den Preis eines schmutzigen Pensionszimmers. Demütigende Erinnerungen, und P. Merton sagte mir, wahrscheinlich werde ich mich jetzt an alles Unangenehme erinnern, das ich früher gerade deshalb vergessen hätte. Und daß nichts davon belanglos sei, weil für Gott nichts belanglos ist, und Christus habe dies alles mit mir geteilt und erinnere sich jetzt mit mir daran, dies ist die Geschichte meiner Gnade und meiner Sünde, meines Ausweichens vor der Gnade, bis sie am Ende die Oberhand gewann; und schließlich ist dies alles das, von dem ich befreit worden bin, und dadurch, daß es mich demütigt, wenn ich mich daran erinnere, erfüllt es eine Funktion, es rettet sich mit mir, es ist die Errettung der Vergangenheit, die meine eigene Errettung ist; es ist die Verkörperung Christi in mir, in dem menschlichen Material, das ich zur Verfügung stelle, damit es entsteht: mit anderen Worten, sein Stall.

***

Das mit den Belanglosigkeiten: wie der Müll der Städte, die Abfälle von allen, Tonnen von Verbrauchtem und Nutzlosem und Häßlichem: und wenn die Stadt schon nicht mehr existiert, ist das das einzige, was von ihr bleibt.

***

Ich kam in irgendeine italienische Stadt und mietete ein Hotelzimmer und ging gleich wieder auf die Straße hinaus, denn das Zimmer bedeutete nur Einsamkeit für mich, ich wußte nicht, daß Gott darin war. Und auch draußen war Gott, im blauen Meer, in den Museen, in den hübschen Italienerinnen. Und auch dort fand ich Gott nicht. Und er liebte mich, doch konnte er nichts mit mir anfangen, ich war ein hoffnungsloser Fall.

***

Tonnen von Belanglosigkeiten. Doch in Wirklichkeit ist nichts belanglos, so wie für den Archäologen alle Überreste einer Zivilisation gleich wichtig sind, die Schrifttafel mit einem Erlaß oder über den Kauf von Olivenöl. Und tatsächlich ist das, was der Archäologe am meisten findet, das Gewöhnliche und Alltägliche. Das Merkwürdige an meinen Erinnerungen ist, daß sie nicht eine einfache Wiederholung des schon Gelebten in meinem Geiste sind, sondern daß ich sie in neuem Lichte sehe. Jedes Ereignis erscheint mit neuen Verbindungen, die ich damals nicht bemerkte. Eine Neuordnung der Vergangenheit. Und eine Person war so und so für mich im Jahre 1940, und ganz anders 1950 und noch einmal anders 1955. Vielleicht war mir jemand gleichgültig, geliebt, verhaßt und wieder gleichgültig. Doch zu jedem dieser Zeitpunkte war er nur eines von all diesem. In der Erinnerung fällt jetzt alles zusammen, und die Menschen erscheinen mit neuem Aussehen. Und meine Vergangenheit kommt mir seltsam vor. Es überrascht mich, daß ich undankbar zu jemandem war, eine Freundschaft vergessen habe. Auch erscheint alles im Lichte eines moralischen Urteils. Wodurch jede Belanglosigkeit wichtig wird; jede kleine Einzelheit kommt ans Licht.

***

Er hat gemacht, daß in jenem Augenblick Somoza mit seinen Sirenen vorbeikam, wie um mir zu zeigen, daß ich befreit worden war. Es war, als renne der Teufel heulend davon. Somoza und meine Sünden waren ein- und dasselbe. Er war in der Politik, was ich in meinem Privatleben war. Wir standen uns feindlich gegenüber, weil wir manches gemein hatten. Wir liebten das gleiche Geld. Ich hatte mir in mir selbst ein Denkmal errichtet. Ich war in meinem Innern wie einer seiner Schergen; und er war ein Erfüllungsgehilfe des Teufels, Ursprung aller Diktatur und allen Schreckens. Danach trat ich frei auf die Straße hinaus und konnte tun, was ich wollte. Ohne irgendeinen äußeren noch inneren Zwang (der immer äußerlich ist).

***

Der Reichtum ist die Lüge. Der Mensch im Paradies muß arm gewesen sein wie der heilige Franziskus und wie die Tiere. Er muß einen schönen Stein oder ein schönes Metall ganz unschuldig betrachtet haben, ohne es zu begehren. Man trägt einen Anzug oder fährt im Auto, so als ob Anzug und Auto man selbst seien. Während die Armut die Ehrlichkeit ist: Schätze mich wegen dessen, was ich bin, nicht wegen dessen, was ich habe.

Der Reichtum ist die Welt, für die Christus, wie er sagt, nicht betet. Sein Urteil über das Geld hat er schon abgegeben: »Gebt dem Kaiser ...« Was auch eine Verdammung des Kaisers ist. Es ging ihm nicht darum, zwei Welten zu unterscheiden, sondern eine davon zu verdammen, wie als er zu Pilatus sagte, sein Reich sei nicht von dieser Welt, der Welt des Reichtums und der Macht. Das Geld ist des Tiberius. Der Kopf auf den Münzen jener Zeit war der des Tiberius: die Vergötterung, die Schreckensherrschaft und der Schrecken. Die Ehrlichkeit der Armut, Properz erahnte sie, als er sich rühmte, ein Mädchen nicht mit Geld, sondern mit seiner Poesie erobert zu haben.

Der Reiche glaubt, daß der, der das alles besitzt, er selbst ist. Er glaubt auch, die Seele könne etwas Materielles besitzen. Somoza sah ein herrliches Stück Land, das sich im Wasser spiegelte. Er kaufte es. Und es war ihm genauso fern wie zuvor. So mochte er kaufen und kaufen und hatte nie genügend Land. Der, der bei Sonnenaufgang singend im Boot durch diese Landschaft paddelt, der genießt sie tatsächlich; immer vorausgesetzt, er fährt nur durch sie hindurch, ganz losgelöst, ohne etwas zu begehren. Paulus sagt, der, der hat, soll sein, wie der, der nicht hat; der, der kauft, wie der, der nicht kauft; der, der heiratet, wie der, der nicht heiratet.

***

Draußen ist der Glaube fast ausschließlich spekulativ, auch wenn er für den wahren Christen etwas ist, das praktiziert, das gelebt wird. Für uns hier ist es der einzige Grund unserer Existenz.

***

Der gregorianische Gesang ist mehr Gebet als Gesang. Die Silben werden in die Länge gezogen, um sie zu meditieren, zu betonen und dem Wort mehr Intensität zu verleihen, und um in einem in die Länge gezogenen Wort den Gedanken mehrmals zu wiederholen.

***

Draußen vermutet man nicht, welche Freiheit hier herrscht. Sie merken nicht, in welcher Sklaverei sie leben; Dinge zu tun, die man nicht tun will; das zu bereuen, was man getan hat. Sie glauben, daß sie frei sind, weil die Tyrannei aus ihrem Innern quillt, der Tyrann ist in ihnen, und sie glauben, sie sind der Tyrann, doch sind sie seine Opfer.

***

Wie das Kaninchen frißt: eher zerstreut, ohne viel darauf zu achten, was es frißt: wie ein Philosoph oder Mönch statt wie ein Gourmet. Es reißt die Gräser zufällig aus, ohne sie auch nur anzusehen, ins Leere blickend. Wenn es erschreckt wird, flieht es kauend, außer der Schreck ist sehr groß, und durch die Eile fällt ihm der Stengel aus dem Mäulchen. Wenn er ihm nicht herausfällt, dann kauen seine Kiefer mechanisch weiter, auch wenn es vor Erregung zittert und genau alle Bewegungen dessen beobachtet, der es erschreckt hat. Wenn ihm der Stengel aus dem Mäulchen fällt, macht es ihm nichts, es reißt einen anderen aus und frißt weiter. Es reißt den aus, der ihm am nächsten steht, so wie Thoreau, der, wie es heißt, bei Banketten antwortete, wenn man ihn fragte, welches Gericht er wolle: »Das, das am nächsten steht.« Die Nahrung des nächsten Tages kümmert es nicht. Es ist wie ein Eremit, der sich nicht von seiner Zelle entfernt; er weiß, daß er von Gräsern umgeben ist und es keinen Grund gibt, diesen Winkel des Noviziats zu verlassen. Wenn es ihm hier nicht reichen sollte, kann er zur verlassenen alten Mühle gehen, und wenn es ihm auch dort nicht reicht, kann er das Kloster verlassen, in den Wald gegenüber gehen, der voller Gräser ist; und auch der Staat Kentucky ist voll davon, die USA sind es.

Doch solange es nicht nötig ist, rührt er sich nicht aus seinem Winkel im Garten des Noviziats, wo er das benediktinische Gelübde der »Stabilitas« geleistet hat, und gibt so den Novizen ein Beispiel des Schweigens und kontemplativer Einkehr.

***

Wegen der vielen Briefe, die er bekommt, braucht Merton manchmal die Hilfe anderer. Mich hat er damit beauftragt, die Briefe zu lesen, die er auf spanisch bekommt, und in seinem Namen diejenigen zu beantworten, die mir am wichtigsten erscheinen. Ich las einen ganz besonderen. Ein junger Spanier von 24 Jahren schrieb, er habe ein Leben geführt, das sein Beichtvater für zehnmal schlimmer hielt als das des heiligen Augustinus, bis ihn eine geheimnisvolle Lähmung befiel, die ihn an den Rollstuhl fesselte. Augenblicklich fühlte er die Gegenwart von etwas Sonderbarem, das in ihn einfuhr und ihn vollkommen veränderte. Es fand in ihm eine solche Bekehrung statt, daß er sich, wie er sagte, dagegen wehrte, daß man ihn nach Lourdes brachte, denn er wollte nicht geheilt werden, weil er in diesem Rollstuhl glücklich war und sein ganzes Leben Invalide bleiben wollte, wenn das die Berufung war, die Gott ihm zugedacht hatte. Für mich war dieser Brief eine Lektion, denn ich sah, daß das Leben im Kloster gar nicht so abgeschlossen und längst nicht so eingeengt war wie in einem Rollstuhl.

Mir schien, daß nicht ich diesen Brief beantworten sollte, sondern Merton selbst. Doch war er zur Feldarbeit gegangen, und so schrieb ich an den jungen Mann und sagte ihm, ich täte es, weil man mir diese Arbeit zugeteilt habe, doch weil sein Brief so beeindruckend sei, würde ihm vielleicht später der Novizenmeister etwas schreiben, wenn er ihn zu Gesicht bekäme. Ich berichtete Merton von dem Fall und sagte ihm, mir schiene, er müßte ihm ein paar Zeilen schreiben, damit er nicht nur meinen Brief bekäme. Ich weiß nicht, ob er es tat, aber ich hoffe es.

***

Das Nachtgebet ist das Fest, das uns jede Nacht um den Schlaf bringt.

***

Weil das Trappistenleben aus soviel Routine besteht, gab Merton in seinem heutigen Vortrag uns Novizen eine Verteidigung der Routine. Die Routine ist befreiend. Durch die Routine müssen wir nicht auf die unwesentlichen Dinge des Lebens achten, weil sie mechanisch ausgeführt werden, und so kann man sich auf wichtigere Dinge konzentrieren.

***

In einer Gegend in Zentralasien verließ ein Mann sein Dorf, um Holz zu schlagen. Er war in der Nähe der sowjetischen Grenze, wurde von den Sowjets gefangengenommen und in die Rote Armee gesteckt, und man schickte ihn quer durch die Sowjetunion, an die Kriegsfront gegen Deutschland. Die Deutschen nahmen ihn gefangen und schickten ihn an eine Front in Frankreich. Dort nahmen ihn die Amerikaner gefangen und schickten ihn in ein Kriegsgefangenenlager in den USA. Als der Krieg vorüber war, nahm man die Kriegsgefangenen genauer unter die Lupe und fand einen Mann, dessen Sprache niemand kannte. Aus verschiedenen Universitäten wurden Linguisten herbeigeholt, doch keiner von ihnen wußte, welche Sprache das war. Schließlich meinte einer, sie schiene zu einer Sprachfamilie aus Zentralasien zu gehören. Man holte einen Experten, und durch ihn konnte man sich endlich mit dem Mann verständigen. Er meinte, daß er vor allem, nach so langer Zeit des Schweigens, eine Frage stellen wolle: Weshalb war denn überhaupt gekämpft worden?

***

Merton hatte uns schon früher von Gandhi erzählt. Heute erzählte er noch mehr und spielte uns eine Platte mit seiner Stimme vor. Gandhi ist eine Entdeckung, die Merton erst kürzlich gemacht hat.

231

Er hat uns klar gemacht, daß mit ihm zum ersten Mal in der Politik die evangelische Verzückung praktiziert worden ist. Eine politische Bewegung, die auf der Feindesliebe basiert und Böses mit Gutem vergilt; und es hat Erfolg gehabt und Millionen von Menschen mitgerissen und den englischen Imperialismus besiegt. Er hatte auch gewisse klösterliche Elemente, etwa ein Leben im Gebet, die handwerkliche Arbeit, die Armut und das Fasten. Der heilige Benedikt gründete eine Organisation, um im Einklang mit dem Evangelium zu leben, doch von der Welt getrennt, in Klöstern. Der heilige Franziskus seinerseits versuchte, eine soziale Bewegung aufzubauen, die auf der Armut gründete, aber die scheiterte und degenerierte in einen religiösen Orden. Mit Gandhi siegt zum ersten Mal eine soziale Revolution, ohne Waffen, Macht oder Geld, die nur auf das menschliche Material zählt. Ungemein beeindruckend jene Schallplatte, auf der Gandhi vor einer Million Menschen spricht. Man hört starken Applaus, und er bittet mit einer sehr sanften und vom Alter geschwächten Stimme, man möge nicht applaudieren, denn dann kann man nicht hören, was er ihnen sagen wolle. Und seine schwache Stimme bringt die Million Menschen zum Schweigen.

***

Merton sagte mir, daß ich diesen Frieden später verlieren müsse. In unserer heutigen Zeit lebt die Welt in Angst, der Zustand der Menschen draußen ist ein Zustand der Angst. Und es ist notwendig, daß der Mönch des 20. Jahrhunderts auch an dieser Angst der anderen Menschen teilnimmt.

***

Du bist meine Freunde und meine Frau und mein Vaterland. Wegen dir habe ich meine Heimat gehaßt.

***

Bei manchen Kartäusern akzeptiert man keine Bitten um Gebete, um sich nicht vom kontemplativen Gebet ablenken zu lassen. Für mich sind das keine Ablenkungen vom Gebet, sondern mein Gebet selbst. Ich habe herausgefunden, daß es die beste Art ist, im Gebet die Psalmen zu beten, wenn man alle Bedürftigen vor sich sieht, die, die im Gefängnis sind oder unter der Zwangsarbeit, oder die im Konzentrationslager oder vor dem Kriegsgericht stehen, die Vertriebenen, die politisch Verfolgten, die Exilierten, die Kriegswaisen, die Gefolterten, die Armen überall, Nicaragua. Diese Psalmen, die seit dreitausend Jahren jeden Tag gebetet werden und die das offizielle Gebet der Kirche sind, sprechen immerzu von den Armen, Verfolgten, Unterdrückten; und von den Tyrannen, »die mein Volk aufessen, als sei es Brot«. Alle diese Psalmen haben mehrfache Bedeutung: die persönliche Situation des verfolgten Psalmisten; die Situation Israels, die im Psalmisten symbolisiert ist; Christus, der auch in jedem Psalm gegenwärtig ist; die wie Christus verfolgte und unterdrückte Kirche; und jeder einzelne Mensch, der leidet, und jeder Arme, einschließlich des Mönchs, der diese Psalmen rezitiert. So muß ich, um meine Aufmerksamkeit auf diese Psalmen zu richten, sie auch auf das richten, was in der Welt geschieht. Was man mir in den Briefen schreibt und mir nachher nicht aus dem Kopf geht, ist für mich keine Ablenkung von den Psalmen, sondern bringt mich zu größerer Aufmerksamkeit für sie. Wenn ich ein Buch schreiben könnte, in dem ich die Psalmen auf diese Weise übersetze!

***

Mir kommt folgendes Gleichnis in den Sinn: Ein Reisender war sehr verliebt in seine Frau; doch wegen seiner Arbeit mußte er viel Zeit weit weg von ihr verbringen. Und trotz der Tatsache, daß er sie so sehr liebte, hörte er nicht auf, sich zu anderen Frauen hingezogen zu fühlen; doch obwohl er dieses fühlte, blieb er seiner Frau treu, war er doch so verliebt in sie. So ist die Keuschheit der Mönche.

***

P. Eugene Boylan ist Abt eines Zisterzienserklosters auf einer englischen Insel und ein berühmter Buchautor. Er war hier und hat uns bei einem Einkehrtag angeleitet. Er sagte uns, daß jeder Fehler und jede Sünde, so schwer sie auch sein mag, dazu genutzt werden kann, einen Akt der Demut und Hingabe an die Barmherzigkeit Gottes zu vollziehen. Sogar noch der Stolz und die Unfähigkeit, Demütigungen hinzunehmen, kann dazu dienen, uns zu demütigen und durch die Demut Gott näher zu kommen. Andersherum kann jede Tugend unseren Stolz steigern; wir können noch stolz darauf sein, so demütig zu sein, und uns so weiter von Gott entfernen. Deshalb darf uns die Tugend nichts bedeuten, noch die Perfektheit, noch heilig zu sein – im Sinne des Besserseins als die anderen –, sondern allein die Vereinigung mit Gott.

Die Fehler und Defekte hören nicht auf zu existieren und dürfen uns nicht stören. Gott läßt sie bestehen, damit wir uns demütigen, und deshalb müssen wir froh sein, sie zu haben. Sie verschwinden erst in der letzten Phase des spirituellen Lebens, und dies ist eine Gabe Gottes, die er denen gibt, die er liebt, und nicht etwas, das man durch eigene Anstrengung erreicht.

***

Am Nachmittag kommt immer ein silberfarbenes Flugzeug vorbeigeflogen. Ich erinnere mich an das, von dem aus ich zum ersten Mal Gethsemani sah. Ich schätze, es muß zur Stunde der Laudes gewesen sein. Als die Sonne am Horizont aufging. Es mag fünf Uhr gewesen sein, als ich den Flughafen verließ. Der Taxifahrer sagte: »*What a day!*«, und ich antwortete: »*Yes*«, weil ich nicht wußte, was ich antworten sollte. Ich wußte nicht, ob er sagen wollte, welch ein schöner oder welch ein schlechter Tag; es kam mir etwas kühl vor. Doch ich dachte, es war vielleicht der erste Frühlingstag, und daß dies der Sinn seines Satzes wäre. Und dies war ein Zeichen, das Gott mir geben wollte. Mich durch den Taxifahrer wissen zu lassen: Der Frühling ist gekommen, meine Freundin.

***

In der Hingabe zu Gott ist, wie bei einem Raumflug, das Schwierige der Start; dieser wird immer schwerer und schwerer, bis man den Einfluß der Schwerkraft überwunden hat und an den *point of no return* gelangt. Und ab da wird die Reise immer leichter, und man wird mehr und mehr von dem Ort angezogen, zu dem man hinfliegt.

***

Wenn man von Gott für ein besonderes Leben und einen besonderen Platz geschaffen wurde, wird man ihm woanders nichts nützen. So wie ein wichtiges Teil des Motors eines Autos am Rande der Landstraße ohne das Auto nichts als ein Stück wertloses Eisen ist.

***

Wir misteten den alten, verlassenen Schafstall aus; große Schaufeln voller Mist wie Schaufelladungen Gold (die gelbliche Mischung des Mistes mit dem Stroh). Es roch nicht gut, aber ich empfand es wie Gold.

***

Hier ist das Schwierige das Normale, so wie die »leichten« Foltern von Somoza jr. schlimmer sind als die schweren. Man widersteht mit der in gewisser Weise übernatürlichen Widerstandskraft der Märtyrer: durch Wunder.

***

P. Martindale berichtet, als man Bernadette nach den Erscheinungen von Lourdes Renaissancebilder der Jungfrau zeigte, um zu sehen, ob sie dem ähnelten, was sie gesehen hatte, da wandte sie sich unangenehm berührt ab. Fra Angélico ertrug sie. Doch nur die Jungfrauen aus den byzantinischen Mosaiken und Wandgemälden waren ihr angenehm.

***

Die Diktatoren werden mit der Zeit alle verrückt, denn wenn man nicht die Kontrolle durch das Urteil der anderen hat, weiß man nicht, woran man sich halten soll. Wenn alle um einen her lügen, kann man die Wahrheit nicht mehr unterscheiden. Deshalb werden sie auch immer exzentrischer. Somoza war in seinen letzten Jahren wahnsinnig, wie man von den ihm Nahestehenden gehört hat. Der alte Somoza. Das war nach der Aprilverschwörung 1954 bis zu seiner Ermordung im Jahre 1956.

Und jetzt denke ich an Tachito Somoza, den Sohn. Er wachte immer erst mittags auf. Wenn es Abend wurde und die Eulen auf ihre nächtlichen Streifzüge gingen, wenn das Wasser der Lagune von Tiscapa langsam dunkler wurde und in Managua die Lichter angingen, begann im Präsidentenpalast das rege Treiben. Wenn es dann Nacht war und die Arbeiter ruhig schlafen gingen, war es vorbei mit der Ruhe in den Kerkern, es gab Kettenrasseln und das Klappern von Schlüsseln in den Zellentüren, die Foltern gleichzeitig mit dem lauten Gelächter von Tachito; oben das Fest, und unter den Salons die Verhöre; die Lagune jetzt ganz schwarz oder vom Mond beschienen, und Scheinwerfer, die den Nachthimmel nach Flugzeugen absuchen. Zu dieser gleichen Stunde die Lichter in den Bars von Managua. In einer davon saß ich. Wenn der Morgen dämmert, wird es still im Präsidentenpalast, und die Gefangenen können endlich ruhig schlafen. Im Morgengrauen das Brüllen der Löwen im Präsidentenpalast, im kleinen Zoo, den es im Garten gab und wo man manchmal auch Gefangene in Käfige sperrte; leere Käfige, neben denen mit den Bestien.

***

Die Raben ziehen ihre Kreise am Himmel und bellen wie Hunde. Schwärme schwarzer Hunde. Wenn einer krächzt, krächzen gleich alle, und wenn ein Schwarm krächzt, antwortet mit seinem Krächzen ein anderer Schwarm in der Ferne.

***

Ein Februartag, als sei es Frühling. Die Luft so frisch wie am »Crucero« in Nicaragua. Die Schweine liegen auf der Wiese in der Sonne, sie schlafen alle; das Flüßchen plätschert fröhlich, fröhlich die Hupen der Autos auf der Landstraße; Gackern von Hühnern und Muhen von Kühen; die Vögel zwitschern; in der Ferne der melodiöse Lärm einer Diesellokomotive, die durch die Felder fährt; fröhlich auch der Lärm eines Flugzeugs am Himmel. Wer würde meinen, daß dieser lachende Morgen in einem Trappistenkloster stattfindet!

**

Jetzt hat es noch einmal geschneit, und es sieht aus, als liege das Kloster zwischen Baumwollfeldern.

**

P. Merton hat uns gesagt, daß der amerikanische *football* ein Akt unterdrückter Religiosität sei. Und auch das Lynchen.

**

Dieses kontemplative Leben ist wie das verliebter Vögelchen im Frühling.

**

Als ich mich an jenem Tag völlig entleerte, war es, als zöge sich das Meer plötzlich zurück und ließe den ganzen Boden unbedeckt.

**

Wie als der berühmte englische Dandy Brummell, in seiner Verbannung in Calais wahnsinnig geworden, sich an die Tür seiner ärmlichen Behausung stellte und die Ankunft der Mitglieder des englischen Hofes ankündigte: so sind jetzt meine Erinnerungen.

**

Unser Leben ist perfekter Kommunismus. Und es ist der einzig reale Kommunismus. Herrlicher und wirklicher Kommunismus. Nach der Regel des heiligen Benedikt, der vom »entsetzlichen Laster des Privateigentums« spricht.

***

Ich habe Sehnsucht nach den Museen von New York verspürt. Vor allem dachte ich an das Museum für Moderne Kunst. Danach setzte ich mich mit dem wunderbaren »Tagebuch der Helena Morley« auf eine Bank am Waldrand neben dem Noviziat. Plötzlich landete ein Insekt zwischen den Zeilen, teils grau, teils transparent, mit schwarzen Gliedmaßen und Extremitäten. Und mit diesem Wesen sagte mir Gott, daß die moderne Kunst von Ihm kommt: Klee usw. Die Welt ist voller surrealistischer Schöpfungen, die er vollbringt und die dann wieder zu Ihm gehen, und auch ich gehe zu Ihm mit diesen Schöpfungen. Ich habe auf teilweise Schönheit zugunsten vollkommener Schönheit verzichtet: Das war die Nachricht, die das Insekt mir brachte. Es wollte gar nicht weggehen, und es war so schön, daß ich nicht lesen konnte, während es dort saß, zwischen den Buchstaben. Ein weiterer Buchstabe, sehr geheimnisvoll, mit merkwürdigen Zügen und voller Bedeutung. Es hatte schwarze Beinchen und graue Punkte und trug einen Kopfputz und gläserne Flügel. Ich mußte es schließlich vertreiben, um weiterlesen zu können. Am Ende flog es widerwillig auf und verlor sich im Universum.

***

Gestern stand beim Dunkelwerden ein Vollmond über dem Wald vor dem Noviziat. Ich betrachtete ihn ein Weilchen und wollte diese Landschaft besitzen, bis ich dessen müde wurde; ich merkte, daß es nutzlos war, eine Landschaft ist hermetisch, undurchdringlich, man kann sie nie begreifen.

***

Wie wenn ein Mädchen jung gestorben ist und jung und frisch in der Erinnerung bleibt, so erinnert auch der, der die Welt jung verlassen hat, immer eine junge, frische Welt, mit ihrer Schönheit unberührt, den Freundinnen auf ewig jung, und ohne daß die Träume und die Illusionen welken.

***

Mein Leben in der Welt war immer voller Verpflichtungen, die mich fesselten, nie konnte ich tun, was ich wirklich wollte. Nie lernte ich Nicaragua kennen, das ganze Landesinnere – nur ein paar wenige Orte –, weil ich nicht frei war, immer hatte ich Verpflichtungen. Im Himmel werde ich es kennenlernen.

***

Solange es Arme gibt, ist der persönliche Reichtum illegitim. Es ist ungerecht, reich zu sein. Ohne sie wäre der Lebensstandard aller auf dem bescheidenen Niveau der religiösen Orden. Und wenn es keine Armen gäbe? Niemand wäre reich, wenn alle reich wären.

***

Und diese Freude hier, es scheint mir, daß sie vielleicht wie die Fröhlichkeit der Kindheit ist.

***

Jetzt, da fünf Minuten freie Zeit ein Schatz sind, bedauere ich die Zeit, die ich in Nicaragua verlor, als alle meine Zeit frei war und ich sie nicht einmal für die Poesie, die Bildhauerei oder dazu nutzte, Nicaragua kennenzulernen. Eine oder zwei oder drei Stunden einfach dazuliegen, ohne etwas zu tun, war ganz normal für mich.

***

Der Menschen Sohn hat nicht, sein Haupt zu betten ... Er mag es abends gesagt haben, als er sah, wie die Tiere in ihre Höhlen und Nester zurückkehrten; wie sich die Häuser im Familienkreis zu erhellen begannen, die Teestunde mit den Freunden, der Besuch, das Treffen der Pärchen, das Abendessen miteinander. Er mag die Einsamkeit gespürt haben, ein Fremdling in einer fremden Stadt; der Wunsch, einen Freund zu haben – vielleicht war es, bevor er Jünger hatte, daß er es sagte. Und auch unser Leben ist das Leben von Reisenden, die nicht wissen, wohin sie ihr Haupt legen sollen.

***

Der Mangel an Zeit zum Lesen, der hier herrscht ... Die Alten lasen kaum Bücher. Whitman war ein Mann mit wenig Büchern. Man muß sagen, daß heute zuviel gelesen wird.

***

Der Kommunismus will in der Gesellschaft das Lebenskonzept der religiösen Orden verwirklichen. Ist dies vielleicht nur möglich unter der Kontrolle religiöser Orden? Vor allem derer mit strenger Klausur.

***

Die Zeit, die wir hier zum Leben haben, ist die, die vielleicht ein Arbeiter hat.

***

Mein früheres Leben: Melancholie, Unruhe, Angst, Sorgen, Bitterkeit, Enttäuschung, Langeweile, Verzweiflungen. Und die Zeiten, als ich dachte, eine Rede von Churchill wäre wichtig.

***

Ich habe gelesen, der gregorianische Gesang sei der, der am meisten den Worten unterworfen ist. Der Gesang, der am wenigsten Musik besitzt und sich am meisten am Text orientiert von allen Arten Gesang, die existieren.

***

Ein Doktor in Theologie, der seine Zeit damit verbringt, Zwiebeln zu pflanzen, was jeder Tagelöhner für ihn tun könnte. Doch wenn es jeder Tagelöhner tun kann, kann auch er es tun. Weshalb den Tagelöhner verachten? Es gibt eine Berufung, die darin besteht, das zu tun, was die Arbeiter und Bauern tun. Die Arbeiter- und Bauernpriester (von den Trappisten) sind die Solidarität mit dem Armen, dem Proletarier, und sind ein Protest.

***

Und unsere Berufung ist wie die des heiligen Simeon, dem Styliten, der auf einer Säule lebte. Es war die Berufung, Zeuge der Existenz Gottes zu sein. Wie viele mag er von dieser Säule aus bekehrt haben?

***

Unser Leben ist wie der Tod der Märtyrer, ein langsamer Tod. (Ein langsamer Tod, der das ganze Leben währt, doch kann er auch fröhlich sein wie der Tod der Märtyrer im Circus Maximus, die singend starben.)

***

Der Reiche, der den Armen ausbeutet und damit barmherzige Werke tut ...: besser, als Almosen zu geben, ist es, nicht reich zu sein.

***

Der, der von seinem Geld gelassen hat, wird im Himmel einen Schatz bekommen ... Und die, die wir von Dingen gelassen haben, die wir mehr liebten als das Geld? Das, was für mich mehr wert war als Geld: die Liebe, die Poesie, die Kunst, Nicaragua zu kennen.

***

Wie sehr hätte meine Poesie gewonnen, wenn ich demütig gewesen wäre. Die Demut ist auch eine literarische Tugend. Die Verse, die ich stärker korrigiert hätte, die Kritik von Freunden, die ich besser genutzt hätte, die Dinge, die ich ehrlicher geschrieben hätte, und vor allem das, was ich gar nicht geschrieben hätte, wenn ich demütiger gewesen wäre.

***

Heute kam mir die Skulptur eines Kopfes von Darío in den Sinn, wie die riesigen Steinköpfe der Olmeken, die in den mexikanischen Urwäldern gefunden wurden; denn sein Gesicht ähnelte diesen Köpfen; ein plattnasiges Gesicht, wie es so viele gibt in Nicaragua und Lateinamerika. Doch glaube ich nicht, daß ich jemals Gelegenheit haben werde, es zu modellieren.

***

Mit der Schlichtheit der Bibel schreiben können. Der Schlichtheit, mit der im Buch Tobias geschrieben steht: »Und der Hund des Knaben ging mit ihnen.«
***

Ein wunderbarer Tagesanbruch. Der Halbmond golden über dem Wassertank, und ein großer, goldener Morgenstern. Der Himmel blau, als es Tag wird. Zwei Kaninchen, die sich im Gras verfolgen. Ein Kardinalsvogel flog rasch ganz nah vorüber. Alle Arten von Gezwitscher, Pfeifen, Gesang, Gurren. Eine Krähe fliegt krächzend am Himmel vorbei; später ein riesiger Schwarm Krähen. Grunzen der Schweine auf der unteren Weide. Hunde im Wald gegenüber, und weiter fort, wohl auf einem anderen Hof, Hähnekrähen.

Merton sagte uns, daß sich das Leben hier im Kloster sehr der Natur annähere. Und er fragte die Novizen: »Wann seid ihr jemals, bevor ihr hierherkamt, auf der Straße stehengeblieben, um den Vögeln nachzusehen?«

***

Heute bin ich im Nachtgebet eingeschlafen, und danach mußte ich daran denken, wie ich früher um diese Stunde im Terraza-Club eingeschlafen war, mit Freunden, die mich nicht unterhielten, in Begleitung eines Mädchens, das mich nicht besonders anzog. Und ich weiß noch, wie einmal Pepe Sandino, der im gleichen Zustand war wie ich, mit leiser Stimme zu mir sagte, daß wir dieselben Bußübungen täten wie die Trappisten oder die Kartäuser, ohne irgendeinen Gewinn.

***

Der Rebell und Revolutionär ist der, der im religiösen Leben am meisten Gehorsam leistet. Denn dieser Gehorsam ist revolutionär, man muß gegen sich selbst rebellieren, um ihn zu leisten.

***

P. Merton las mir einen Satz des katholischen Diktators von Ecuador im vergangenen Jahrhundert vor, García Moreno: »Ich habe das Recht, streng zu den anderen zu sein, weil ich es mit mir selbst gewesen bin.« Er sagt mir, die, die ihren Körper hart behandeln, neigen auch dazu, hart zu anderen zu sein. Die Gefahr des Asketentums, das in der Diktatur enden kann.

***

Mitten im Atomzeitalter findet in den USA die Renaissance des mittelalterlichsten aller Orden statt, mit dieser Zeichensprache, in der wir uns verständigen, und die aus dem 12. Jahrhundert stammt; den Unterhosen aus dem 16. Jahrhundert, die wir tragen (und die bis unter die Knie reichen); der Regel aus dem 6. Jahrhundert; den Ehrenbezeugungen aus dem alten Orient; die Anbetung Gottes mit Niederwerfen, die aus der Etikette der Steinzeit stammen; so archaische Gesänge wie: »Sie mit ihren Streitwagen und Pferden ...« Und wie Merton auch sagt: mitten im Atomzeitalter durchqueren wir immer noch das Rote Meer.

***

Hier sind wir frei von allen Belanglosigkeiten der modernen Welt, Anzüge, Filme, Gehälter, Zigaretten, Zeitungen, Reisen, Besuche, Politik, Feste, Beerdigungen. Ein Meer von Belanglosigkeiten, das einen ertränkt und aus dem man nicht entkommen kann, denn all dies Belanglose hält man für wichtig. Am Ende all dieser Belanglosigkeit ist auch der Tod belanglos.

***

Und das Leben unwirklich wie ein Film. Wie Bilder von verstorbenen Schauspielern auf der Leinwand.

***

Es stimmt. Nicht einmal die Landschaft, die man von meiner Haustür aus sieht, hatte ich vorher wahrgenommen. Und danach wurde ich nicht müde, sie zu betrachten. Genauso die Umgebung von Managua oder wo immer ich auch hinging. Während ich vorher nicht auf die Natur achtete, sondern nur auf ihre malerischsten und spektakulärsten Seiten. Danach sah ich dann eine Natur ganz voller Schönheit. Voll vom Widerschein Gottes.

***

Jeden Morgen der kleine Zug mit der Diesellokomotive, wie der, der am Managuasee entlangfährt. Er heißt »Louisville & Nashville« und hat hier einen kleinen Bahnhof, der »Gethsemani« heißt, obwohl ich den Bahnhof noch nie gesehen habe, noch den Zug, noch die Bahnlinie, noch weiß, wo genau er pfeifend vorbeifährt. Das Frühlingswetter erinnert mich auch an Nicaragua, denn dies ist die Luft, die man in Nicaragua atmet, wenn es geregnet hat. Wie tropisch ich bin! Das ist das Heimweh nach dem Paradies.

***

Ich ging die Straße hinter dem Noviziat entlang und roch einen Duft, als sei dort irgendwo eine Dame. Es waren wilde Blumen in ihrer Frühlingsblüte.

***

Halleluja. Ostern. Jetzt muß ich erst um vier aufstehen, nicht um viertel nach zwei. Ich wache zu den Laudes auf, nicht zur Matutin. Heute morgen war das erste, was ich tat, aus dem Fenster zu sehen, um die Sonne so rot aufgehen zu sehen, wie sie es jetzt jeden Tag getan hat, wie ein Kelch voll Blut, rot und riesig. Doch zu meiner Überraschung sah ich nichts, nur den bewölkten, grauen Himmel. Als wir von den Laudes kamen und die Stufen zur Kapelle hinaufstiegen, um die Messe P. Mertons zu hören, überraschte es mich, durch den Nebel über dem Wald eine silbrig-weiße Sonne zu sehen, in der Richtung, wo der Eremit wohnt. Es schien mir plötzlich, als ginge der Mond im Osten unter. Dann fühlte ich, als sei mir in Gestalt der weißen Sonne Christus erschienen, »strahlend wie der Schnee«, noch in das Schweißtuch eingehüllt, bevor er zum Vater auffuhr.

***

Wer nicht glaubt, daß man, wenn man für Gott allem entsagt, von Gottes Seligkeit erfüllt wird, der glaubt praktisch nicht an Gott.

***

Nach dem Abendmahl sah ich eine Wildkatze, die sich den Bienenstöcken näherte, um sie herumstrich und sich in dem Wäldchen versteckte, das am Flüßchen liegt. Sie schlich mit großer Vorsicht, verbarg sich immer hinter Büschen und streckte sich beinahe wie eine Schlange. Dann fand ich »mein« Kaninchen. Lange sahen wir uns an. Es sah mich genauso interessiert an wie ich es, und es wurde nicht müde, mich zu betrachten. Es ist genauso ganz in Weiß wie ich. Als die Glocke läutete, wandte es die Ohren in Richtung des Kirchturms und hörte aufmerksam die Glockenschläge.

***

Aus Barcelona schrieb mir der Dichter José María Valverde, der mit mir im Jahre 1950 eine Woche lang durch Florenz streifte, und er erinnerte mich an den Besuch, den wir bei den Kartäusern von Florenz machten. Er sagte (ich erinnere mich nicht mehr daran), daß wir, staunende Touristen, auf englisch den Mönch-Führer nach dem Speiseplan fragten: »*No meat?*« Woran ich mich wohl erinnere, ist die morbide Neugier, die das Kloster in mir weckte, und die Angst. Von weitem sahen wir einen alten Kartäuser, der über einen Gang lief. Ohne zu ahnen, daß ich selbst Mönch werden würde, den manchmal ein paar Touristen mit dem gleichen Staunen und der gleichen Angst, die ich damals empfand, von weitem auf einem der Gänge sehen. Sie sehen mich mit Neugier an. Ich senke den Blick, so wie es ein Mönch tun soll, doch amüsiere ich mich innerlich köstlich.

***

P. Merton sprach mit uns darüber, warum es verboten ist, die Beine zu zeigen, wenn man sich in Gegenwart der anderen umzieht. Er sagte, es habe damit zu tun, daß man die ganze Zeit nur mit Männern eingesperrt sei. Daß die, die lange genug im Kloster lebten, vielleicht eines Tages das Vernünftige an diesem Verbot begreifen könnten.

Im Waschraum paßte ein Novize nicht auf und zeigte ein paar muskulöse, behaarte Beine. Bruder Plácido, der immer zu Scherzen aufgelegt ist, machte ihm mit einem Pfiff ein Kompliment.

***

Im Gebet ist es besser, die beharrlichen Ablenkungen nicht zu verdrängen, sondern sie zum Gegenstand der Meditation oder des Gebets zu machen. Normalerweise sind es die Dinge, die uns Sorgen machen oder uns interessieren, und dann muß man mit Gott darüber reden.

***

Francisco, der argentinische Seminarist, hat mir erzählt, daß er die Vereinigten Staaten nicht kennt. Er kam abends in Miami an und verließ den Flughafen nicht, weil er noch in der gleichen Nacht nach Louisville weiterfliegen mußte. Im Morgengrauen kam er in Louisville an, und weil er kein Englisch spricht und nicht wußte, wie er zum Kloster kommen sollte, nahm er ein Taxi. Um sechs Uhr morgens kam er hier an, im Dunkeln, weil es Winter war. Ich glaube, das ist ein einmaliger Fall in den USA: Er lebt in den USA, ohne sie zu kennen. Und im Herzen dieses Landes, in Kentucky.

So viele Menschen auf der Welt träumen davon, die USA kennenzulernen. Und dieser junge Mann von 22 Jahren ist mittendrin und kennt sie nicht; und hat anscheinend auch keinerlei Bedürfnis, sie kennenzulernen. Ich habe die Erlaubnis, jederzeit mit ihm zu sprechen, denn weil er das Englische nicht beherrscht, kann er sich nur mit Merton und mit mir unterhalten. Doch sehr selten nutzen wir diese Erlaubnis auch, nur wenn es um etwas Wichtiges geht. Bei allem anderen verständigen wir uns durch Zeichen. Ich spüre nie das Bedürfnis, zu reden; ich habe es in diesem einen Jahr, das ich jetzt hier bin, kein einziges Mal gespürt. Und wie es aussieht, geht es ihm genauso. Das letzte Mal, daß wir ein paar Worte wechselten, war vor mehr als einem Monat.

***

Merton ist zu einer Operation im Krankenhaus gewesen. Das Krankenhaus war so überfüllt, daß man ihn zu den Wöchnerinnen legte: wo er Tag und Nacht das Plärren der Kinder hörte und die Gespräche der Frauen und die Radios, die sie alle an ihren Betten haben, und die Schreie der Gebärenden, und sogar noch den Streit, den einige ihrer Männer anfangen, die nur erscheinen, um sie zu beschimpfen, weil sie ein Kind bekommen haben. Er schrieb uns von dort, er verstünde nicht, wie ein Mensch, der bei Verstand sei, in der Welt leben könne.

***

Welch phantastisches Sommermittagessen gab es heute! Als wir ins Refektorium kamen, sahen wir, daß jeder auf seinem Teller nur eine große rote Tomate, eine große grüne Gurke und eine große Zwiebel hatte. Die frischgeerntete Tomate war von denen, die wir gepflanzt hatten; das machte sie noch wohlschmeckender für mich. Mit Lust verzehrte ich diese karge, doch so saftige Mahlzeit der drei rohen, mit Salz gewürzten Gemüse. Doch nach dem Mittagessen bekam ich eine schlimme Migräne und einen übersäuerten Magen. Für jemand, der wie ich unter Übersäuerung leidet, ist eine so gesunde Ernährung wie das rohe Gemüse offensichtlich nicht so gesund.

***

Seht die Vögelchen, die keinen Kunstdünger haben und keine Traktoren noch irgendwelche Landmaschinen, und sie essen das

Korn, das die Mönche von Gethsemani mit so vielen Maschinen und soviel Mühe ernten und das die Lastwagen auf die Straße niederfallen lassen.

***

Ein argentinischer Arzt ist hergekommen, ein hochangesehener Chirurg aus einem Hospital in Pittsburgh, um ins Noviziat einzutreten, doch obwohl er fest entschlossen ankam, verließen ihn im Augenblick des Eintritts seine Kräfte. Ungefähr einen Monat verbrachte er im Gästehaus, ohne zu wissen, welche Entscheidung er treffen sollte. Er kam zum Arbeiten zu uns ins Noviziat. Einmal gab man mir Erlaubnis, mit ihm zu reden. Er sagte mir, er traue sich nicht, seine Familie zu verlassen, seine Freunde und die Medizin. Ich antwortete ihm, seine Familie habe er auf jeden Fall schon verlassen, weil sie in Buenos Aires lebe. Was die Medizin anginge, so habe Gott ihn vielleicht dazu bestimmt, sie in der Gründung in Lateinamerika auszuüben; oder auch hier, weil wir im Augenblick ohne Arzt wären, denn P. Eudes mache eine Ausbildung zum Facharzt in Psychiatrie in Washington. Schließlich ging er doch. Er erzählte Merton, wenn er in Pittsburgh operierte und die anderen Ärzte redeten und scherzten, dann war er ins Gebet versenkt und führte das Skalpell erfüllt von Gott. Im Gegensatz dazu dachte er hier, wenn er Tomaten schälte, an nichts anderes als an seine Operationen. Und zwar haben wir Novizen nach der Tomatenernte auf großen Tischen Tausende von Tomaten geschalt und zerteilt, die dann von einer Maschine in Ein-Gallonen-Dosen eingemacht werden. Und bei dieser Arbeit steckten wir bis zu den Ellenbogen im roten Saft.

***

Etwas Absurdes. Das schlimm hätte sein können, doch es nicht wurde. Ich habe mich in den Vereinigten Staaten verirrt. In diesen Tagen haben wir auf einer Tabakpflanzung gearbeitet, zu der wir mit dem Lastwagen fahren. Wir biegen auf die Landstraße und fahren etwa 20 Minuten auf ihr, weil die Pflanzung zu einer anderen Farm gehört. Eine Fahrt, die mir sehr gefällt, weil wir ein Weilchen die USA sehen: grüne Wiesen, Silos, Scheunen und die kleinen Häuser mit ihren Fernsehantennen und den Autos davor. Gestern fuhren wir noch weiter, zu einer anderen Pflanzung, um bei einem Kleinbauern Tabak zu pflücken, der das aus irgendeinem Grund nicht selbst tun konnte. Er wird sich mit dem Kloster geeinigt haben. Wir pflückten den Tabak, der höher war als wir selbst. Plötzlich begann es stark zu regnen. Ich verließ die Pflanzung, um zu sehen, was die anderen taten, und fand niemanden. Es gab keinen Zweifel, sie waren mit dem Lastwagen davongefahren, als es zu regnen begonnen hatte, ohne daß ich es gewahr wurde und ohne daß sie meine Abwesenheit bemerkten. Da stand ich nun, auf einem unbekannten Feld, weit weg vom Kloster und ohne überhaupt zu wissen, wo ich war. Der Lastwagen war um viele Ecken und in viele Wege eingebogen, um dorthin zu gelangen. Und ich befand mich in einem starken Regen. Ich ging los, ohne zu wissen, wohin. Ich entdeckte eine leere Scheune und stellte mich darin unter, um zu warten, bis der Regen aufhörte. Es gab nur zwei Möglichkeiten: dort die Nacht zu verbringen und zu hoffen, daß sie im Kloster meine Abwesenheit entdeckten und mich mit dem Lastwagen holen kämen; oder zu Fuß losgehen, wenn der Regen aufhörte, mit meiner nassen und verschlammten Kutte, und an der Straße fragen, wo das Kloster lag. Es stellte sich dort auch ein alter Farmer unter, der der Besitzer der kleinen Pflanzung gewesen sein muß, und ein blondes, ärmlich gekleidetes Mädchen. Der Alte sagte mir, daß die Novizen nicht gegangen waren, sondern daß sie in einem anderen leeren Hause Schutz gesucht hatten, auf der anderen Seite der Pflanzung, und er zeigte mir den Weg. In diesem Augenblick hörte es auf zu regnen, und ich konnte zu ihnen hinübergehen, gerade rechtzeitig, bevor uns der Lastwagen holen kam. Als ich gehen wollte, kam der Farmer auf mich zu, um mir die Hand zu drücken, und sagte mir ganz bewegt: *»Pray for us!«*, auf eine Weise, die mich beeindruckte. Und da schien es mir, daß Gott mich vielleicht nur deshalb dort hingebracht hatte, damit ich für ihn betete. Mir scheint, er bat mich darum, weil er in einer schwierigen Situation war. Als wir am Nachmittag zur Arbeit aufgebrochen waren, hatte ich nicht im entferntesten daran gedacht, daß ich außerhalb des Klosters auf Fremde treffen sollte. Niemand erfuhr davon, weil man meine Abwesenheit gar nicht bemerkt hatte. Und wie sollte ich dies alles durch Zeichen erklären? Ich konnte gar nichts erklären.

***

Ich hatte die Brandwache um Mitternacht, und dabei kam ich an der Kapelle der Krankenstation vorbei und stellte mir vor, was Er gefühlt haben könnte, als Er mich vom Tabernakel aus sah: meine Gestalt dort aufrecht in der Kapellentür stehend, im seltsamen Kleid der Trappisten, mit meiner Wächteruhr am Gürtel und von einem Ledergurt quer über die Schulter gehalten; mit meiner Taschenlampe und den weißen Tennisschuhen; und meinem an die Wand geworfenen Schatten, der so zittert wie die Flamme der Lampe des Tabernakels. Es muß für Ihn wie die Erscheinung einer göttlichen Gestalt gewirkt haben.

Dies ist die Brandwache, die ein jeder reihum halten muß und die die Brandversicherung verlangt. Drei von uns müssen sie jede Nacht machen, in drei Schichten zu zwei Stunden: von acht bis zehn, von zehn bis zwölf, und von zwölf bis zwei. Bei jeder Schicht muß man zweimal alle Einrichtungen des Klosters umrunden (des alten Teils), und nach einem gewissen Stück muß man mit einem speziellen Schlüssel die Uhr stechen, als Beleg dafür, daß und um wieviel Uhr man dort vorbeigekommen ist. Die Taschenlampe braucht man, weil das Kloster völlig im Dunkel liegt, und die Tennisschuhe trägt man, um beim Gehen keinen Lärm zu machen und die Schlafenden nicht zu wecken. Alle schlafen, und man ist der einzige, der wacht im Kloster unter den Sternen. Ich liebe diese Arbeit der Nachtwache.

***

Nach der Wahl des neuen Papstes, Johannes XXIII., hat man uns im Refektorium Zeitungsartikel vorgelesen, mit einer Menge Einzelheiten über ihn. In einem stand, daß er raucht und daß er der erste Papst in der Geschichte sei, der dies tut. Der alte P. Philiph, der Gesangslehrer, hob die Augenbrauen als Ausdruck seiner Überraschung. Dann stand da weiter, daß er drei Zigaretten am Tag rauche, nach jeder Mahlzeit eine; und er zuckte die Schultern, als wolle er sagen: »Das ist ja fast nichts. Er ist entschuldigt.«

***

Wir haben den Vorteil, keine Zeitungen zu lesen, weshalb wir eine klarere Sicht des Ganzen haben, fast so klar wie die Geschichte.

***

Heute bei Tagesanbruch war alles tiefverschneit und der Schnee voller Kaninchenspuren; ihre Läufe und ihre Spiele blieben wie mit den Buchstaben einer fremden Sprache aufgeschrieben, ein Text in Keilschrift. Nicht ein Fleckchen Schnee, der nicht von ihren Spuren bedeckt wäre.

***

Mit dem Frost scheinen die Bäume aus Glas zu sein, und im Licht des Mondes glänzen ihre blattlosen Zweige, an denen lange Eiszapfen hängen, als seien sie aus Glas. Der Schnee strahlt im Mondlicht mit goldenen Kristallen wie Morgensterne, wie die kleinen Kristalle, die im Sand des Meeres glänzen. Im Garten liegen die Büsche und jungen Kiefern am Boden, niedergedrückt vom Schnee, und auch die Zweige der großen Bäume biegen sich unter der großen Last des Schnees. Der Rasen knirscht, wenn man ihn betritt, als trete man auf Glas. Und es sieht aus, als sei auf den Bäumen plötzlich ein Regenguß gefroren, Eiszapfen hängen herab, und die Zweige klirren im Wind. Und sie wirken wie Aluminium oder wie Chrom in der Sonne.

***

Alle Dinge sind eine einzige weiße Masse: Bänke, Mauern, Bäume, Hügel und Häuser. Alles bedeckt von einer riesigen weißen Decke. Ein Novize mit seinem weißen Ordenskleid und der Kapuze auf dem Kopf ist kaum zu sehen, weiß auf weiß, und so sehe ich dieses Weiß in einem größeren Weiß enthalten, das Gott ist. Der Weg ist glatt. Man zerbricht beim Gehen das Eis auf den Pfützen.

***

Auf der Landstraße habe ich den Geruch nach Benzin wahrgenommen, ein Geruch nach Reisen. Die Felder der USA: voller Konservenbüchsen und leerer Bierdosen.

***

Auch wenn ich keine Gedichte schreibe, ist die Handarbeit, die das Reinigen von Klos einschließt, eine Stilübung, weil die Demut und Einfachheit dieser Arbeiten sicherlich meinen literarischen Stil vervollkommnen wird, indem sie mir größere Einfachheit, Klarheit, direkten Ausdruck schenkt.

***

Seit meiner Bekehrung habe ich das Gefühl, daß meine Seele offensteht und ich den Schlüssel jemandem gegeben habe, der ein- und ausgeht, wie es ihm beliebt. Das zu sagen heißt nicht, sentimental zu werden.

***

253

Der wirkliche Gourmet ist der, der nicht nur komplizierte Gerichte zu schätzen weiß, sondern auch den Genuß der einfachen Nahrung, schlicht, rein, wie ein Maiskolben, eine gekochte Kartoffel, den Reis oder das Brot.

***

Merton sagt, die Klöster sind dazu da, jetzt schon die brüderliche Gesellschaft zu leben, von Gleichheit und Liebe, die die gesamte Menschheit in der Zukunft leben wird. Heute wird sie unter künstlichen Bedingungen gelebt, wie Versuche in einem Labor. Deshalb ist unser Leben nicht normal, von der Welt getrennt, geschützt durch diese Klostermauer. Doch soll dieses Leben auf normale Weise in der Welt gelebt werden, in den Familien, den Dörfern und den Staaten. Dafür starb Christus, daß die gesamte Gesellschaft dieses Leben lebe, das Himmelreich auf Erden, nicht nur kleine klösterliche Gruppen.

***

Sehr früh am Morgen, nach der Kommunion, noch im nächtlichen Schweigen, ging ich im Garten spazieren, und Bruder Alberico machte mir ganz aufgeregt Zeichen. Ich näherte mich und sah die Reste eines Kaninchens im Schnee. Sicher hatte es ein Fuchs gerissen. Bruder Alberico wird wissen, daß ich die Kaninchen mag, weil er gesehen haben wird, wie ich sie oft beobachte. Er gehört zu den Jüngsten im Noviziat, vielleicht ist er sogar der Jüngste, und dieses Klosterleben muß für ihn ein großes Abenteuer sein. Neulich hatte er mir schon einmal ganz aufgeregt Zeichen gemacht, weil er in dem Flüßchen, das wir überqueren müssen, um in den Wald zu gelangen, eine Wasserschlange entdeckt hatte. Er warf mit Steinen und Stöcken nach ihr. Es ist uns verboten, die Schlangen zu töten, weil sie die Ratten fressen (auch wenn es welche gibt, die giftig sind). Wenn es nötig ist, wegen einer Schlange einen Umweg zu machen, müssen wir den Umweg machen. Ich glaube nicht, daß er

sie töten wollte; in seiner Erregung sagte er mir ein ums andere
Mal, mit lautlosen Mundbewegungen, das Wort *snake*.

***

Die Sterne stehen noch am Himmel, wenn wir im Morgengrauen
das Gebet der Laudes beenden; und am Abend, vor dem letzten
Gebet, Komplet, liegt die Kirche schon im Dunkeln, und die Fledermäuse fliegen über uns hinweg.

***

Hier habe ich zum ersten Mal die Liebe ohne Eifersucht kennengelernt.

***

Unser Schweigen ist wie das derjenigen, die Musik hören (meine
ich).

***

Eine Frostwelle; als sei ein Regenguß gefroren. Alle Tropfen zu Eiszapfen erstarrt, die von den Bäumen hängen. Und der Wald, als sei
er aus Glas, überall klirren Zweige aneinander. Sie klingen wie
Kristallüster.

***

Merton hat bei dem ecuadorianischen Bildhauer Jaime Andrade
eine große Jungfrau aus Mahagoniholz bestellt. Ich glaube, er ist
zur Hälfte Indio. Er ist auch links und antikirchlich eingestellt. Er
hat Merton gerade geschrieben, er habe die Arbeit mit wenig Interesse begonnen, nur als Auftrag, doch in ihrem Verlauf habe er eine
spirituelle Transformation gespürt, so daß er sie noch einmal be-

255

gann, mit einem neuen Sinn. Und er möchte zu Besuch nach Gethsemani kommen.

***

Ein Gefangener schrieb mir aus Nicaragua, daß er nach 60 Tagen, in denen er das Tageslicht nicht sah, das Buch »Der Berg der sieben Stufen« bekommen konnte und alles Licht ausnutzte, um es zu lesen. Das hat mir den Sinn unseres Lebens in der Abgeschlossenheit gezeigt; es gibt uns Zugang zu Orten, die für andere unzugänglich sind.

***

Ein Novize ist gegangen, der auf mich den Eindruck machte, als sei er wenig intelligent; vielleicht, weil er mehr Einkehr pflegte als die anderen. Doch als er fort war, berichtete man uns, er sei ein glänzender Ingenieur gewesen, ein Experte für den »Sputnik«, den künstlichen russischen Satelliten, der die Welt in Staunen versetzt hat, dessen Umlaufbahn er durch alle möglichen Berechnungen bestimmt hat. Das Geheimnis, warum einige bleiben und andere nicht.

***

Einer von denen, die in den Vereinigten Staaten gute religiöse Kunst fördern, Frank Kancmarcik, hat uns besucht. Im Kapitel hat er uns gesagt, die christliche Kunst sei etwas, das das ganze Heim einbeziehen muß und sich nicht auf das Kruzifix im Wohnzimmer beschränken darf: das ganze Wohnzimmer und den Eßtisch und die Weihnachtskarten und sogar den Sarg noch. Und daß die religiöse Kunst von religiös lebenden Menschen gemacht werden müsse, als Frucht einer religiösen Erfahrung. Denn ein großer Teil der modernen religiösen Kunst wird von guten Künstlern gemacht, die aber nicht religiös sind. Diesen Vortrag hatte er vor kurzem auch auf einem Kongreß von Bischöfen gehalten.

Merton hat mir gesagt, als Kancmarcik mein Kruzifix in der Kapelle des Noviziats sah, habe er gemeint, es sei das modernste Kruzifix, das er in einem religiösen Gebäude gesehen habe. Doch sei er der Ansicht gewesen, daß es nicht dort hingehöre, weil es nicht passend sei für einen Hochaltar, das heißt um einer Messe vorzustehen. Wegen seines mehr dekorativen Stils gehöre es eher in einen Wohnraum, einen Empfangsraum oder Konferenzsaal. Ich glaube, er hat recht, doch Merton sagte, daß er nicht dieser Ansicht sei, man solle es dort belassen, und daß es ihm von Tag zu Tag mehr gefiele.

***

Hier in Gethsemani lieben wir uns, ohne uns zu kennen. Keiner weiß irgend etwas vom anderen, seine Vergangenheit, sein Leben, wer er ist. Wie Kinder, die sich nicht kennen und nicht einmal ihre Namen wissen und zusammen spielen.

In der Fastenzeit bekommt jeder ein Buch, das er zur Buße lesen muß. Früher waren dies furchtbar schwierige und langweilige Bücher zur Spiritualität, wirkliche Bußübungen. Merton gab mir ein völlig neuartiges Buch über die Armut. Ich las es fasziniert auf einer Bank im Garten, als Alberico den Titel des Buches las, »Poverty«, und spöttisch zu lachen begann und mir durch Zeichen sagte, ich sei in der Welt sicher sehr reich gewesen.

***

Die nackten Apfelbäume in der Karwoche: ihre Äste zum Himmel erhoben wie eine Ansammlung von Kreuzen (doch die Arme dieser Kreuze voller Knospen). Ein Wald aus Kreuzen. Das sah ich, als wir auf dem Heimweg von der Arbeit am Apfelgarten vorbeikamen.

***

Die Liebe, die ich zu den Mädchen empfand, läßt mich wissen, wie Deine Liebe ist. Ja, wie Du mich liebst. Denn auch ich habe geliebt. Ich weiß sehr wohl, wie zwanghafte Liebe ist. Wie es ist, verrückt zu sein vor Liebe, verrückt nach einem Menschen. Ich weiß also, was Du für mich empfindest.

***

Zweimal habe ich an Festtagen nach dem Essen das Geschirr spülen müssen. An normalen Tagen machen das die Laienbrüder. Beide Male ist es an Tagen gewesen, an denen man uns die Post ausgehändigt hat. Hart, denn während die anderen ihre Briefe lasen, mußten wir fast den ganzen Nachmittag bei dieser Arbeit verbringen. Danach war keine Zeit mehr, sie zu lesen, und ich mußte es auf den nächsten Tag verschieben. Die Teller liegen alle in einer großen Wanne aus Aluminium, um einiges größer als eine Badewanne, und werden mit einem starken Strahl heißen und kalten Wassers gewaschen, und dann mit viel Seifenschaum. Unsere schmutzige, stinkende Arbeitskutte wurde dabei unweigerlich noch mit Seife und Fett vollgespritzt.

Dieses zweite Mal erwartete ich Post mit Nachrichten über den Einfall nach Nicaragua unter Führung von Pedro Joaquín Chamorro. Viele meiner Freunde hatten ihn mitgeplant, so wie auch ich es getan hatte, von den Anfängen bis zu meiner Abreise hierher. Ich bot meine Arbeit beim Geschirrspülen für den Sieg im Guerillakampf. So habe auch ich vom Kloster aus daran teilgenommen, ohne daß es jemand wußte.

***

Mai: Zum ersten Mal in meinem Leben habe ich den Stieglitz gesehen; ein Vögelchen aus Gold. Der Gesang des Kuckucks: Kukkuck – Kuckuck, auf einer Zeder.

***

Es wollte regnen, und der Wind schüttelte die blühenden Pflaumenbäume, und ein Pferd lief über die Wiese, und es blitzte, und die Wolken zogen schnell vorüber, und die schwarzen Stare flogen in alle Richtungen, und ein Laienbruder stak Heu in der Heuscheune.

***

Man hat mich zum Küster der Novizenkapelle ernannt. Weil nicht gesprochen werden darf, bekommt man die Anweisungen für ein Amt oder einen Auftrag immer schriftlich. Man gab mir ein kleines Stück Pappe mit den Instruktionen für mein Amt, in denen es unter anderem hieß, ich müsse auf die Karaffe mit dem Meßwein achten, denn sonst könnte ihn irgendein Novize austrinken, wüßte man doch nicht, »welche Vergangenheit jeder gehabt hat«. Ich mußte innerlich lachen, als ich an die Vergangenheit dessen dachte, der jetzt damit beauftragt ist, den Meßwein zu hüten. Doch noch mehr mußte ich hinterher innerlich lachen, als ich wirklich einmal nicht aufpaßte und jemand ihn austrank. Das muß ein Novize ohne irgendeine Vergangenheit gewesen sein.

***

Die Erfindung, Eigennamen klein zu schreiben, ist, soviel ich weiß, Ezra Pound zu verdanken, und mehr noch e.e. cummings (der sogar seinen Autorennamen klein schreibt). Das ist in der modernen Poesie inzwischen ziemlich verbreitet und sogar in der Werbung übernommen worden, in der Gestaltung von Texten usw. Der Name der Buchhandlung, die ich mit Reynaldo Antonio Téfel hatte, wurde klein geschrieben: *nuestro tiempo*. In sehr eleganten Buchstaben. Hier bei den Trappisten, zumindest im Noviziat, stehen unsere Namen auf den Listen am Schwarzen Brett immer kleingeschrieben: wenn es um Aufgaben und Pflichten geht, die wir tun müssen. Sehr hübsch sehen unsere Namen da aus. Zum Beispiel: lawrence. Sie sind irgendwie demütiger. Als ob man in Sandalen ginge, statt in Schuhen. Merton unterschreibt für seine

Freunde oft in Kleinschrift: tom merton. Oder mit seinem offiziellen Klosternamen: fr. m. louis. Ich unterzeichne oft auch als fr. m. lawrence.

***

Merton hat uns gesagt, wenn wir auf dem Feld einen Stier eine Kuh bespringen sähen, dann sollten wir nicht den Blick abwenden, als sei das etwas, was man nicht sehen dürfe. Wir sollten es uns aufmerksam ansehen.

***

Die Natur, die unablässig mit sich selbst Kommunion feiert: sich selbst ißt und sich zu essen gibt.

***

Der Mensch ist zum Schweigen geschaffen, das zeigt die Tatsache, daß es uns hier nichts ausmacht, nicht zu reden. Das Schweigen ist für den Menschen so natürlich oder natürlicher noch als die Sprache, genauso wie für das Tier. Das Tier singt, und es verständigt sich, wenn es notwendig ist, doch es versteht zu schweigen. Die Enten schauen schweigend den ganzen Nachmittag. Sie sind Teil dieses Nachmittags und dieser Landschaft. Und wir sind Teil von Gott in unserer Kontemplation. Ich erinnere mich an einen Angler am Río San Juan, vor dem Hause von Coronel. Coronel sagte, dieser Angler sei Teil der Landschaft. Er war die Landschaft, wie er da mit seinem Strohhut und seiner Angelrute auf dem kleinen Anlegesteg saß.

***

Wieder wollte es regnen. Blitze und ein Wind, der die Bäume im Garten ausreißen zu wollen schien. Die schwarzen Vögel sehr hoch fliegend, vom Wind emporgeschleudert. Mit großen, grauen Wolken, Donner, hellen Blitzen. Und ich betrachtete hinter dem Glas des Fensters den grenzenlosen Frieden dieser Landschaft, die überraschende Ruhe dieses Gewitters hinter dem Glas: Gewitter, das für mich reine Stille und Schweigen ist.

***

Um viertel nach zwei, wenn wir aufstehen, ein Halbmond wie ein Frauenprofil im Fenster. Der Wassertank und das Zinkdach, als seien sie aus Silber, und das Feld in warmen Nebel gehüllt (Juni).

***

Merton fuhr mit James Laughlin, der ihn besuchte, nach Lexington, und als sie dort beim Frühstück saßen, lasen sie in der Zeitung die Nachricht vom Einfall nach Nicaragua und seinem Scheitern; der größte Teil der Guerilleros ist gefangengenommen worden. Zufall, daß ausgerechnet an jenem Tag die Nachricht in der Zeitung stand. Oder Gott hat es so eingerichtet, damit ich es erführe. Merton hat in der Kapelle des Noviziats eine Messe für die nicaraguanischen Revolutionäre gefeiert. Die Nachricht hat mir einen heftigen Ischiasschmerz verursacht, der mich nicht arbeiten ließ.

***

Diesen Sommer hat mir die Hitze nicht so sehr zu schaffen gemacht, weil ich wenig Feldarbeit tun mußte. Meine Handarbeit ist zum großen Teil das Übersetzen gewesen, und ein paar Tage Modellieren. Jetzt habe ich schon wieder Lust, die Felder zu sehen. Wir haben Tomaten, Zwiebeln, grüne Bohnen, Rüben, Kohl, Melonen und Erdbeeren gepflanzt. Auf den großen Äckern säen die Laienbrüder: Mais, Weizen, Alfalfa, Tabak. Die Überschüsse verschenkt das Kloster an die Armen. Die Armen kommen im Auto, um Almosen zu erbitten. Man gibt ihnen Kartons mit großen Konservendosen.

***

Mir ist folgende Statue in den Sinn gekommen: Sandino, nur als Silhouette. Mit seinen weiten Hosen, seinem Hut, seinem Halstuch, seinem Patronengurt und vielleicht einer Hand am Gürtel. So müßte das Sandino-Denkmal in Nicaragua aussehen. Ich werde aber keine Gelegenheit haben, es auszuführen.

***

Gott sagte zu Abraham: »Geh aus deinem Vaterland und von deiner Verwandtschaft.« Meine Verwandtschaft sind die Somozas. Bernabé Somoza, der Strauchdieb, Großvater des Diktators, war mein Ururgroßonkel. Der Sohn von Don Bernabé war ein Anastasio Somoza, und der Sohn von diesem Anastasio der Diktator, und ein Sohn von ihm ein weiterer Anastasio. Diese Verwandtschaft darf ich nicht vergessen. Noch daß Gott mich in die Freiheit gerufen hat, als er mich Nicaragua entsagen ließ mit allem, was dazugehört, einschließlich dieser Verwandtschaft, die entfernt sein mag und dennoch wirklich ist.

***

Mein Verlangen ist, seit ich mich mit Gott vereint habe, so groß geworden, daß mir die Welt jetzt eng vorkommt, und dies ist einer der Hauptgründe, nicht von hier wegzugehen, auch wenn ich mein ganzes Leben lang deswegen krank sein muß. Ich wäre unersättlich, zahllose Leben reichten mir nicht aus: die ganze Zeit Museen zu besuchen, unermüdlich zu lesen, unablässig zu reisen, dauernd die Natur zu betrachten, das ganze Leben lang Skulpturen schaffen, die ganze Zeit Nicaragua von einem Ende zum anderen bereisen. Die körperlichen Freuden empfände ich als unbefriedigend, abstoßend. Fünf-Sterne-Restaurants wären mir unerträglich.

***

Immer habe ich für meine Heimat Nicaragua die Neugier und das Interesse und die Überraschung eines Fremden empfunden. Wie als ich nach Jahren der Abwesenheit zurückkehrte und sie mit den staunenden Augen eines Fremden sah, und tatsächlich sah ich sie auch weiter so. Und ich liebte sie auch wie ein Fremder.

***

Heute bin ich erst um vier Uhr aufgestanden, weil ich Nachtwache gehabt hatte. Der Mond wie ein Silberfaden, im Osten, wo die Sonne aufgeht. Vor dem Sonnenaufgang der Osten, orangerot, und purpurfarbene Wolken. Die Felder unter rosarotem Nebel, aus dem nur ein Hügel hervorstak wie eine grüne Insel. Nur die nächsten Bäume sieht man, blaß, geisterhaft.

***

Die Laienbrüder in blauen Overalls geben den Schweinen ihr Abendfutter. Über ihnen ein luftfarbener Mond. In der klaren Luft klingen die Blechtröge der Schweine wie Silberglocken.

***

Im Kies der Gartenwege habe ich Fossilien von Trilobiten gefunden, kleine, platte Tiere wie drei Würmer in einem. Sie waren Meerestiere, und ihre Gegenwart zeigt uns, daß diese Hügel von Kentucky einmal am Grunde des Meeres lagen. So viele Dinge sind geschehen von den Trilobiten bis zu mir! Doch jetzt sind wir beisammen, sind wir Zeitgenossen. Und noch etwas eint uns: Er ist mein Vorfahre; ich stamme von ihm ab; das Leben, das er hatte, ich habe es jetzt. Er wurde erschaffen, damit ich später leben konnte. Ich bin für die Auferstehung erschaffen worden, und die Vereinigung mit Gott. Und meine Auferstehung wird auch die deine sein, Bruder Trilobit, und der Grund deiner einsamen Existenz im unwirtlichen Meer, das Kentucky vor Millionen Jahren bedeckte. Das Kentucky, das ich jetzt verlassen werde.

***

Ich freue mich auf meine Reise nach Cuernavaca, aber ich bin auch traurig darüber, von hier wegzugehen. Ich weiß nicht, was ich empfinden werde, wenn das Taxi mich durch die Allee vor dem Eingang des Klosters davonbringt, durch die ich fuhr, als ich das erste Mal hineinkam, und durch die wir so oft gefahren sind, wenn wir zur Arbeit auf der anderen Seite der Landstraße gezogen sind; oder wenn ich das letzte Mal die Mönche im Chor singen höre.

Die Tage von Cuernavaca

An einer Tankstelle in Louisville setzte mich der Lastwagen des Klosters ab, und als erstes kaufte ich mir eine Schachtel Zigaretten. Der Rauch brachte mich zum Husten, und ich konnte keine Lungenzüge machen, rauchte aber dennoch weiter. Dann gab ich meinen Koffer am Bahnhof auf, denn mein Zug sollte erst später abfahren.

Ich betrat ein kleines Schnellimbißrestaurant, auf der Suche nach ein paar Hamburgern. Als ich die Tür öffnete, wich ich erschrocken zurück, denn von drinnen schlug mir der unerträglich laute Lärm einer Musikbox entgegen, und ich dachte, es wäre besser, Hunger zu leiden, als bei diesem Krach zu essen. Wegen der sommerlichen Hitze war im Restaurant die Klimaanlage eingeschaltet, und als ich durch das große Fenster hineinsah, hatte ich angenommen, es herrsche drinnen tiefste Stille, bis ich die Tür öffnete. Das kam mir wie ein Symbol davon vor, wie die Welt war: Von außen schien sie ruhig zu sein, wenn man sie zum Beispiel vom Kloster aus sah, doch wenn man in sie eintrat, war sie schrecklich. Ich wählte ein anderes Restaurant, nachdem ich mich vergewissert hatte, daß es ruhig war, doch kaum hatte ich zu essen angefangen, da begann auch schon die laute Musik, und ich mußte mich in mein Los schicken.

Die Straßen fand ich unerträglich; voller Anzeigetafeln, Läden, die alle dasselbe verkauften, Restaurants und Kinos. Und ich hatte in diesen Straßen nichts verloren. Alles, was diese Läden verkauften, war für mich völlig nutzlos. Ich erinnerte mich an das, was Sokrates angesichts der Läden Athens sagte: »So viele Dinge, die ich nicht brauche!«

Ich fand, daß die Welt unerträglich war. Und mir wurde klar, weshalb so viele von den Burschen, die das Noviziat verlassen hatten, nach kurzer Zeit wieder um Aufnahme baten. Ich erinnerte mich an den jungen Maler aus New York, der vor wenigen Monaten gegangen war und nach zwei Wochen zurückkehren wollte, weil er das Leben in New York nicht mehr aushielt. Und ich dachte, wenn ich aus freien Stücken das Kloster verlassen hätte, um in die Welt zurückzukehren, dann hätte diese Ankunft in Louisville gereicht, um reumütig um Wiederaufnahme zu bitten. Nach so langer Zeit hinter Klostermauern hatte ich gemeint, es wäre zumindest interessant, die amerikanischen Städte wiederzusehen, und ich fand sie ganz und gar langweilig. Wie langweilig, durch diese Straßen zu gehen, in denen es nichts gab, was von Interesse war. Und dies war auch die Botschaft, die ich den Novizen durch Merton schickte, als ich nach meiner Ankunft in Mexiko den ersten Brief schrieb: Ich berichtete ihnen, daß mir die Welt unerträglich war, und wenn sie aus Illusionen über die Welt das Kloster verließen, dann würden sie draußen bitter enttäuscht werden.

Die Leute auf den Straßen kamen mir wie verrückt vor. Zugleich merkte ich, daß ich bei ihnen Argwohn hervorrief. Später wurde mir klar, daß das wohl daran lag, daß ich so kurzgeschorene Haare trug, und man muß gedacht haben, ich stamme aus einem Zuchthaus oder dergleichen. Ein anderer Grund für das Mißtrauen mochte sein, daß ich lächelte. Das freundliche Lächeln der Trappisten. Wenn ich mich jemandem näherte, um nach einer Adresse, einem Preis zu fragen, spürte ich den Unterschied zwischen den ernsten, düsteren Gesichtern und meinem lächelnden Ausdruck. Ich hatte das Gefühl, man wolle mir am liebsten ausweichen. Und da versuchte auch ich, mich so wenig wie möglich den anderen Menschen zu nähern.

Man muß wissen, daß im Kloster das Dankeszeichen war, die Finger an die Lippen zu führen, als werfe man jemandem einen Kuß zu. Mehrere Male war ich auf der Straße beim Bedanken versucht, dieses Zeichen zu machen. Zum Glück ging ich nicht so weit, irgend jemandem Küsse zuzuwerfen, was man wahrscheinlich für unglaublich gehalten hätte, und für noch unglaublicher, wenn es einem Mann gegenüber geschehen wäre.

Ich war froh, die USA zu verlassen. Mexiko, die Hauptstadt Mexico-City, begann den USA immer ähnlicher zu werden, doch wenigstens gab es dort ein paar Dinge, die mich interessierten, ich hatte Freunde dort, außerdem wollte ich nur für ein paar Tage bleiben.

In der Jesuitenuniversität, wo ich Freunde hatte, unter ihnen den Rektor, der Nicaraguaner war, brachte man mich kostenlos unter. Und Mejía Sánchez versammelte für mich die Freunde aus der Studienzeit, Tito Monterroso, Fedro Guillén, Rosario Castellanos, die Brüder González Casanova. Sie waren überrascht, mich so kahlrasiert und abgemagert zu sehen. Die meisten von ihnen glaubten nicht an Gott, oder er war ihnen gleichgültig, und sie wurden nicht müde, mich nach dem merkwürdigen Leben der Trappisten zu fragen; und ich, ich wurde nicht müde, ihnen bei ein paar Zusammenkünften mit Rum oder Tequila davon zu erzählen, bevor ich mich in Cuernavaca von neuem ins Kloster begab.

Am Tage nach meiner Ankunft in Mexico-City fuhr ich nach Cuernavaca, um Dom Gregorio Lemercier, dem Prior des Benediktinerklosters, im Namen Mertons einige Hinweise zu seinen Verhandlungen in Rom zu geben. Dinge, die Merton ihm dringend mitteilen wollte, was er jedoch nicht brieflich tun konnte. Tatsächlich war meine Abreise aus Gethsemani vorzeitig geschehen, Merton hatte sie wegen dieser Dringlichkeit beschleunigt; eigentlich hatte ich später reisen wollen, in aller Ruhe. Die Verhandlungen in Rom waren streng geheim, denn wenn der Ordensgeneral oder der Abt des Klosters etwas davon erführen, dann würden sie Himmel und Hölle in Bewegung setzen und Mertons Austritt für immer vereiteln. Es war logisch, daß sie seinen Austritt als Katastrophe für den Orden ansehen mußten, war Merton doch jemand, der den Trappisten soviel Zulauf brachte. Und die große Menge Geld, die Mertons Bücher dem Kloster einbrachten, war sicher auch etwas, das in die Waagschale fiel.

Merton hatte als geistlichen Führer den Jesuiten und Schriftsteller P. Jean Daniélou, der später Kardinal von Paris wurde. Sein Austritt aus dem Kloster mußte von Daniélou befürwortet werden,

sonst konnte er nicht gehen. Und Daniélou hatte nicht zuge-
stimmt. Merton sagte mir jedoch, Daniélou habe nicht richtig verstanden; er meine, es ginge darum, daß Merton nicht mehr Mönch
sein wolle, anstatt eine andere Art des Klosterlebens zu führen.
Man müßte ihm das erklären, dann würde er es bestimmt geneh-
migen. Das gehörte zu den dringenden Punkten, die ich Dom
Gregorio weitergeben sollte. (Später gab es übrigens einen Skandal
beim Tode von Kardinal Daniélou, der in seinen späten Jahren ein
strenger Befürworter des Zölibats war und in einem Pariser Bordell
einem Herzanfall erlag. Die Kardinalskurie erklärte, er habe an diesen Orten incognito apostolisch gewirkt, doch glaubten die meisten das nicht; eine Prostituierte namens Mimi sagte, er sei in ihren
Armen gestorben. Seine Beerdigung in Rom wurde von seinem
großen Freund Paul VI. geleitet, und manche hielten es für be-
zeichnend, daß in der Messe so ausführlich auf die menschlichen
Schwächen und die Barmherzigkeit Gottes eingegangen wurde.
Merton erfuhr davon nichts mehr, weil er schon gestorben war.)

Ich verabredete mit Dom Gregorio meine Ankunft im Kloster
für die nächsten Tage, um dort als Gast oder als Postulant aufgenommen zu werden – das wurde noch nicht entschieden.

Das Benediktinerkloster stand an einem herrlichen Ort, etwas
außerhalb von Cuernavaca, an einem hochgelegenen, einsamen
Platz, umgeben von tropischer Vegetation. Von dort aus konnte
man das ganze Tal von Cuernavaca sehen, mit der Stadt tief unten,
umgeben von hohen Bergen, im Hintergrund Vulkane. Man beendete gerade den Bau der Kirche: schlicht und modern und sehr
originell, sicherlich eines der schönsten architektonischen Werke
Mexikos. Es baute sie ein junger Architekt, der Mönch in diesem
Kloster war, Bruder Gabriel, der vielleicht zu den besten Architekten Mexikos gehörte.

Ich muß berichten, daß mir bei meiner Ankunft etwas Seltsames
geschah, und zwar überkam mich ein Gefühl der Traurigkeit und
so etwas wie eine Bedrückung. Eigentlich ganz unerklärlich, war
doch alles so fröhlich dort. Es war das ideale Kloster, wenn man
mich vorher eines hätte auswählen lassen. Doch noch die gregoria-

nischen Gesänge, die spanisch gehalten wurden, mißfielen mir; es fehlte mir die von Gethsemani, die auf Latein gehalten wurden und die ich kaum verstand. Das graue Ordenskleid aus Baumwolldrill kam mir häßlich vor, obwohl ich sah, daß es sehr gut entworfen war: eine moderne Tracht aus Hosen und einer Jacke mit Kapuze. Meine innere Melancholie schien mir mit dem freudestrahlenden Ausdruck von Bruder Gabriel zu kontrastieren, der mich an die Freude erinnerte, die ich in Gethsemani empfunden hatte, als ich eintrat, und die ich behielt, solange ich dort war. Die Stimme Gottes. Wie seltsam ging es mir da. Denn nach ein paar Tagen kam ich wieder ins Kloster, entschlossen, solange zu bleiben wie nötig, unabhängig davon, wie traurig ich mich fühlen würde. Und bei diesem zweiten Male spürte ich schon keine Traurigkeit mehr. Doch war es so, daß ich beim ersten Mal nicht wußte, ob ich dort das Gelübde ablegen würde oder nicht; beim zweiten Mal aber war ich schon entschlossen, kein Gelübde abzulegen, sondern den Austritt Mertons abzuwarten, um die Gründung vorzunehmen, die wir planten, wo immer sie auch sein würde; oder um mich in einem Seminar zum Priester ausbilden zu lassen, wenn sich dies nicht ergäbe. Ich hatte also beschlossen, kein Benediktiner zu werden, und da fühlte ich mich wieder glücklich und zufrieden.

Ich hätte in Mexiko-City bleiben und als Dozent lehren können, denn an den Universitäten suchte man Dozenten, die einen akademischen Titel hatten; es wurde gut bezahlt. Doch daran wollte ich gar nicht denken.

Meine Gastritis wurde nicht gleich besser, als ich Gethsemani verließ, sie verschlimmerte sich eher noch, möglicherweise durch die Anspannung der Reise, die lang und beschwerlich war. Nach meiner Ankunft in Mexiko fühlte ich mich manchmal gut, aber viele Male auch schlecht.

Am Abend, bevor ich nach Cuernavaca ging, erhielt ich einen Brief von Merton. Er sagte mir, ich sei mit idealen Bedingungen nach Gethsemani gekommen, um dort Glück und Frieden zu finden. Ich hätte mich ganz Gott hingegeben, und alles sei mir dort angenehm und leicht gewesen, und mein erstes wirkliches Kreuz, das ich als Antwort auf Gott gefunden habe, sei es gewesen, dort aus Gehorsam weggehen zu müssen. Doch ich müsse dies als einen neuen Grad der Entwicklung meiner Berufung sehen. Ich hätte mich dort Gott sehr angenähert, sagte er. Und er fügte hinzu: »Doch wenn du hiergeblieben wärest, dann hätte der Geist der Unruhe in der Gemeinschaft und die wachsende Angst vor der Falschheit, die viele unserer besten Berufungen erfaßt und zum Austritt gebracht hat, auch dich ergriffen. Und dann hättest du schon dein Gelübde abgelegt gehabt und wärest in einer sehr viel schwierigeren Situation gewesen.«

Mein drohendes Magengeschwür, so sagte er, sei »eine Ankündigung der schmerzhaften und schädlichen Erfahrungen gewesen, die dich erwarteten, wenn du hiergeblieben wärst, und ich versichere dir, daß die Glückseligkeit, die du im Noviziat kennenlerntest, nicht lange gedauert hätte.

Und jetzt? Jetzt mußt du geduldig warten, im Gebet, und in Frieden. Niemand kann jetzt schon wissen, ob du in ein anderes Kloster eintreten sollst. Ich weiß nicht, ob du an einem anderen Ort, wo es einen Chor gibt, glücklich werden würdest, da du ja nicht singen kannst. Ich rate dir, nicht allzuviel darüber nachzudenken, ob du glücklich bist oder nicht. Das Glücksgefühl, das du hier erlebtest, wird sich dir nicht wiederholen, denn es wäre nicht normal, wenn dies geschähe. Du hättest dieses Glück auch nicht gehabt, wenn du hiergeblieben wärst. Dein Leben wird jetzt ernst und vielleicht sogar traurig sein. So muß es geschehen. Wir haben nicht das Recht, in ein Glück zu entfliehen, das die meisten Menschen nicht teilen können. Dies ist ein sehr düsteres, schreckliches Jahrhundert, und wir müssen in ihm die Trauer und Verantwortung mit dem Rest der Welt erleiden. Doch du darfst nicht glauben, daß Gott dir jetzt weniger nahe ist. Ich bin sicher, daß du Ihm jetzt näher und auf dem Weg zu einer neuen und sonderbaren Wirklichkeit bist. Laß zu, daß Er dich führt.«

Es tat mir gut, diesen Brief am Vorabend meines Eintritts in Cuernavaca zu bekommen, und so ging ich ruhig und gut unterwiesen ins Kloster, und in guter Stimmung.

Im Gästehaus gab man mir ein Zimmer mit einem Fenster, das so breit war wie der ganze Raum und von dem aus ich das ganze Tal und die Stadt Cuernavaca sehen konnte, und im Hintergrund den Popocatépetl. Und abends die Lichter von Cuernavaca wie einen Sternenhimmel.

Die Kirche von Bruder Gabriel lag ein wenig in die Erde hineingebaut. Sie war rund, und ihre Wand war eine kreisförmige Mauer aus unregelmäßigen Steinen unterschiedlicher Farbe und völlig fensterlos. In der Mitte des Daches, das wie ein Zirkuszelt wirkte, gab es ein mit Glasbausteinen bedecktes Loch, durch das das Licht hereinfiel und der Himmel zu sehen war. Man fühlte sich wie in einem Brunnen, der den Himmel zum Fenster hatte. Der Altar, aus einem einzigen Felsblock gehauen, stand in der Mitte, um ihn herum stieg kreisförmig in Stufen der Chor an. Auch die Stufen waren aus Stein, wie in einem Amphitheater. Der Boden bestand aus unregelmäßigen Kieseln. Kein anderer Schmuck als die Felsen; man hatte das Gefühl, als sei man in einem Loch in der Erde, in einem Krater, einer Höhle, einer Katakombe. Sehr eindrucksvoll vor allem das Komplet-Gebet am Abend, das im Dunkeln abgehalten wurde.

Ich hatte ein paar kleine Skulpturen mitgebracht, von denen, die ich in Gethsemani angefertigt hatte, und sie gefielen dem Bruder Gabriel sehr, der nicht nur Architekt, sondern auch ein guter Bildhauer war, und bald begann ich, im Kunstatelier des Klosters an meinen Werken zu arbeiten, gemeinsam mit einem Novizen, der dort Christusfiguren aus Holz schnitzte.

Kurz nachdem ich in Mexiko angekommen war, wurden meine Epigramme und »Die Stunde Null« veröffentlicht, Mejía Sánchez hatte das veranlaßt. Ich war 34 Jahre alt, und dies waren meine ersten Buchveröffentlichungen, so daß man mich einen Autor mit späten Erstveröffentlichungen nennen kann. Wohl hatte ich in Nicaragua einen kleinen Verlag für Poesie gehabt, *El Hilo Azul,* »Der blaue Faden«, in dem ich die Werke anderer Dichter herausbrachte, nicht aber meine eigenen. Irgend jemand hat das einmal ein Beispiel für Bescheidenheit genannt. Tatsächlich war ich anfangs zu Recht der Ansicht, daß meine Gedichte eine Veröffentlichung als Buch noch nicht verdienten; auch mein dichterisches Werk hat spät begonnen. Als ich dann meine Epigramme veröffentlichen wollte, ging das nicht wegen der Zensur Somozas. Deshalb schickte ich die politischen Epigramme an einige Adressen in Lateinamerika mit der Unterschrift »unbekannter Nicaraguaner«, und so gelangten sie auch in die Hände von Pablo Neruda, der sie mit dieser Unterschrift in einer Zeitschrift veröffentlichte, die er damals leitete, die »Gaceta de Chile«. Ich weiß nicht, ob Neruda je erfuhr, wer dieser unbekannte Nicaraguaner war; vielleicht ahnte er es Jahre später, als ich bekannt geworden war.

Ich muß also erklären, daß meine Bescheidenheit, mich nicht selbst im »Blauen Faden« zu veröffentlichen, nur mit der richtigen Einschätzung zu tun hatte, daß ich es noch nicht verdiente. Es war also höchstens die Bescheidenheit, nicht unbescheiden zu sein, auf jeden Fall eine relative Bescheidenheit. In Zeitschriften veröffentlichte ich hingegen häufig, hielt ich sie doch für aktuelle, vergängliche Publikationen.

Unter den Aufzeichnungen, die ich bei den Trappisten verfaßt hatte, waren einige, die sich wie Gedichte lasen, und bald begann ich in Cuernavaca diese Gedichte aus meinen Tagebüchern zu einem kleinen Buch zusammenzustellen, »Gethsemani, Ky« (das Ky stand für Kentucky), das in Mexiko-City veröffentlicht wurde. Aus diesen selben Tagebüchern stellte ich auch die wichtigsten Passagen über mystische Themen zusammen, einige nach meiner Bekehrung in Nicaragua geschrieben, die meisten jedoch in Gethsemani, und sie bilden *Vida en el amor*, »Das Buch von der Liebe«. Sowohl dieses Buch als auch der Gedichtband haben ein Vorwort von Merton. So wurden die Tagebücher ihrer mystischen und poetischen Teile beraubt; doch blieb in ihnen noch genügend Material, um als »Notizen« einmal als autobiographisches Zeugnis jener Tage zu dienen.

Meine »Stunde Null« erschien mit Illustrationen des großen mexikanischen Malers Pedro Coronel. Und es war auch etwa zu jener Zeit, daß in der Nationaluniversität von Mexiko meine Übersetzungen der Gedichte Mertons herauskamen, mit den herrlichen

Illustrationen von Armando Morales, der damals schon in Südamerika eine Bekanntheit zu erlangen begann, die seither stetig
zugenommen hat.

Von Anfang an gab mir Prior Dom Gregorio eine angenehme
Arbeit: eine neue Übersetzung der Psalmen, direkt aus dem Hebräischen. Zunächst für den Gebrauch des Klosters, dann vielleicht
auch zur Veröffentlichung. Zwei Mönchen und mir. Einer der beiden konnte Hebräisch und gab uns den genauen Sinn wieder, mit
Hilfe von genügend Nachschlagewerken. Der andere und ich über-
trugen sie dann ins Spanische; für den Rhythmus, die Musikalität,
den poetischen Ton war ich zuständig. Wir trafen uns täglich in der
kleinen Bibliothek des Klosters. Und die Psalmen wurden wunderschön. Ich weiß nicht, ob diese Arbeit fortgesetzt wurde, nachdem
ich ins Priesterseminar ging; möglicherweise nicht. Das ganze Kloster wurde ja geschlossen. Doch wir wollen den Ereignissen nicht
vorgreifen, denn dies geschah erst viel später, nachdem ich das Kloster längst verlassen hatte.

Meine Zeit teilte sich also zwischen Gebet und Messe in der
herrlichen Kapelle von Bruder Gabriel, der Arbeit an den Psalmen,
der Arbeit im Bildhaueratelier an den Nachmittagen, dem Studium des Lateinischen – das ich mehrere Male in meinem Leben zu
lernen begann und doch nie richtig lernte –, der Lektüre, dem
Schreiben, dem Gebet. Ein Leben im Schweigen, ohne einen Augenblick Freizeit oder Entspannung.

Das Essen war so ähnlich wie bei den Trappisten. Allerdings
schmeckte es mir besser, weil es mexikanisch war, vor allem wegen
der *tortilla*, dem Maisfladen, und den Bohnen. Und Pfeffer-
schoten, soviel wir wollten, auch wenn die, wie es hieß, nicht eben
gut für Magengeschwüre waren.

Meine Magenbeschwerden hörten nicht auf, manchmal entstanden sie aus offensichtlicher nervlicher Anspannung, meistens
gab es jedoch keinen erkennbaren Grund, sondern irgendeine Anspannung oder Erregung, die mir nicht bewußt war.

Mein Gemütszustand war: Wir sollen uns wegen nichts sorgen.
Seit jener Reise mit dem Zug, die lang und beschwerlich war, mit

drei Tagen Aufenthalt in New Orleans, und die insgesamt eine Woche dauerte, hatte ich körperlich gespürt, daß Gott mich an der Hand führte. Und ich spürte es weiter während jener friedlichen Tage in Cuernavaca. Ob so körperlich wie während jener Reise mit dem Zug, das weiß ich nicht mehr.

Ich faßte den Entschluß, nichts zu verweigern, worum man mich bat. Was man im Gästehaus am meisten von mir erbat, waren Zigaretten, denn viel anderes hatte ich nicht zu geben. Geld besaß ich nur sehr wenig; wenn man etwas von mir lieh, gab ich es und behielt selbst nichts, und das Problem war erledigt, bis ich wieder welches hatte. Um Zigaretten bat man mich häufiger. Ich hatte immer nur sehr wenige, und auch wenn es meine letzten waren und ich kein Geld hatte, um welche zu kaufen, verweigerte ich sie nicht. Und ich weiß nicht wie, niemals fehlte es mir an ihnen. Eines Abends bat mich jemand um eine Zigarette, und ich gab ihm die einzige, die ich besaß und die ich für den nächsten Tag aufheben wollte. Als er sah, daß es die letzte aus der Schachtel war, wollte er sie nicht nehmen, doch drängte ich ihn dazu. Als ich dann mein Zimmer betrat, lag eine ganze Schachtel auf dem Schreibtisch, die irgend jemand aus wer weiß welchem Grunde dorthin gelegt hatte. Bei einer anderen Gelegenheit hatte ich die letzte geraucht oder hergegeben und besaß keinen Centavo, um welche zu kaufen, und es war keine Lösung in Sicht – was mir allerdings auch nichts ausmachte –, da hörte ich durchs Fenster, wie man mich von unten herauf rief; meine Schwester und mein Schwager waren aus Nicaragua gekommen und besuchten mich für ein paar Stunden. Wir gingen in die Stadt zum Essen, und als mein Schwager sah, daß ich keine Zigaretten hatte, kaufte er eine ganze Stange, zehn Schachteln, und nötigte mich, sie zu nehmen.

Mein Vater, der einmal reich gewesen war, war inzwischen bettelarm. Er schickte mir jeden Monat fünf Dollar für kleine Ausgaben. Mehr konnte er mir nicht schicken, und ich hätte es auch nicht zugelassen. Im Kloster brauchte ich nichts zu bezahlen, ich leistete meinen Beitrag durch meine Arbeit; doch gab es immer kleine Nebenkosten. Manchmal mußte ich unbedingt für einen

Tag nach Mexiko-City fahren; dafür brauchte ich ungefähr fünf Dollar. Ich machte mich reisefertig, weil ich dorthin mußte, ohne einen Centavo zu haben; und am Abend vor der Reise kam der Postbote und brachte den Brief aus Nicaragua mit den fünf Dollar. Andere Male geschah es, daß ich nichts erhalten hatte; und ich ging zu Fuß nach Cuernavaca, um von dort aus nach Mexiko-City zu fahren. Ich betrat das Postamt, um zu sehen, ob dort vielleicht ein Brief für mich war, den man noch nicht zum Kloster gebracht hatte, und fand den Brief mit den fünf Dollar. Wir sollen uns um nichts sorgen, das war mein Leitgedanke. Und er war richtig.

Ich dachte auch nicht an die Zukunft. Ich lebte in der Gegenwart, eins mit dem Willen Gottes.

Santa María de la Resurrección, die heilige Maria von der Auferstehung, das Benediktinerkloster von Cuernavaca, war ein Ort, wo man neue Formen des Klosterlebens ausprobierte. Es war beinahe wie ein neuer Orden, und es wurde langsam auf der ganzen Welt bekannt und bekam immer mehr Besucher. Das sehr moderne Kunsthandwerk des Klosters, zum größten Teil von Bruder Gabriel entworfen, war in ganz Mexiko und auch darüber hinaus berühmt.

Eine Neuerung war zum Beispiel die Abschaffung des Latein im Gebet. Die Psalmen wurden im gregorianischen Gesang auf spanisch gesungen.

Es gab neben dem Prior nur einen anderen Priester, Bruder Pedro. Ein weiterer studierte in Rom für das Priesteramt. Das war in Übereinstimmung mit der Idee des heiligen Benedikt, daß es sowenig Priester wie möglich geben solle; nur gerade so viele, wie die Gemeinschaft braucht. Alle waren Laienbrüder, weshalb man die Kategorie von »Laien« als Mönche zweiter Klasse abgeschafft hatte. Und damit waren auch die sozialen Klassenunterschiede abgeschafft. Es war wunderbar zu sehen, wie sie sich von Gleich zu Gleich behandelten, die Indios, die Analphabeten gewesen waren, und die Akademiker, Architekten und Rechtsanwälte. Alle duzten sich, und auch der Prior wurde von allen geduzt.

Für die Mönche gab es keinerlei Restriktionen in bezug auf Besuche von Familienangehörigen und Freunden. Dom Gregorio sagte mir, er wolle sowenig Regeln wie möglich. Wenn die Eltern kein Geld hatten, um ihre Söhne zu besuchen, bezahlte das Kloster die Reise. Bevor jemand sein Gelübde ablegte, schickte man ihn für einen Monat nach Hause, damit er das Familienleben und die Welt noch einmal richtig genießen konnte und völlig überzeugt zurückkam, daß es nicht das war, was er wollte. Bruder Arsenio war schon alt, als er sein Gelübde ablegen sollte, er stammte aus einem Dorf irgendwo in Mexiko, wo man Ponchos machte; seine Familie machte Ponchos, und dies war auch seine Arbeit gewesen, sein Leben lang. Als ich dort im Kloster war, schickte man ihn für diesen Monat nach Hause. Nach drei, vier Tagen kam er zurück, weil er es nicht mehr aushielt, und bat darum, man möge ihm diesen Monat draußen erlassen.

Ich erinnere mich an einen Alten, Don Pancracio, der im Chor seinen Platz mir gegenüber hatte, auf den Stufen des Amphitheaters in der Kapelle, und der für mich wie der typische Frömmler aus einem Dorf aussah, sicher ein ehemaliger Küster. Ohne ihn weiter zu kennen, war er mir unsympathisch, nur wegen seines Aussehens. Und ich sagte zu mir selbst: »Das Kloster sollte eigentlich keine Frömmler aufnehmen.« Doch dann erzählte mir Dom Gregorio, er sei Soldat in der Revolutionsarmee von Pancho Villa gewesen. Und ein paar Tage später stellte man Don Pancracio und mich auf der gleichen Stufe nebeneinander, anstatt im Rund gegenüber, und es bewegte mich, wenn er mir den Friedenskuß gab und »Der Friede sei mit dir« sagte, während ich ihm dasselbe zurückgab, er jedoch noch ein »Bruder« hinzufügte. Es schien mir, als habe er gerade seinen Karabiner zu Boden gelegt, um mir Frieden zu wünschen. Wer von denen, die ihn bei Pancho Villas Truppen sahen, hätte wohl gedacht, daß er in einem Kloster landen würde?

Man begann gerade damit, im Wald um das Kloster herum ein paar Zellen zu bauen. Dom Gregorio hatte die Vorstellung, später getrennt zu leben, statt alle Zellen in einem einzigen Gebäude zu haben; so wie der heilige Benedikt in Subiaco begann, wo alle Mönche in so etwas wie Höhlen lebten, bevor Montecassino gegründet wurde. Dom Gregorio sagte mir, er glaube, der heilige Benedikt habe mit der Lebensweise in Subiaco bessere Ergebnisse erzielt als mit der von Montecassino, die bis heute beibehalten worden ist. Und er wollte auch noch weiter entfernt Häuschen bauen, näher an Cuernavaca, für diejenigen, die als Eremiten leben wollten und einmal die Woche ins Kloster kämen, um die Messe zu hören und sich verpflegen zu lassen. In einer der Zellen, die um das Kloster herum gebaut wurden, wollten sie auch Merton unterbringen, wenn er käme.

Merton schrieb mir im Oktober des Jahres, zwei Monate nach meiner Ankunft, daß ihm die Erlaubnis zum Verlassen des Klosters (»*indult*«, Begnadigung, war der Terminus technicus dafür) anscheinend bald von Rom aus gewährt würde. Es mußten nur noch die Ordensoberen konsultiert werden; dies konnte ein Hindernis darstellen, doch würden sie schließlich nachgeben müssen. Er sprach von dem Touristenvisum für die Einreise nach Mexiko, das er sich in Albuquerque, New Mexico, besorgen wollte, was er dazu nutzen wollte, die Puebloindianer zu besuchen und sich vielleicht zu Exerzitien in die Wüste zurückzuziehen. Er kündigte mir auch an, er wolle mir schon ein paar Bücherpakete schicken, damit ich sie für ihn aufbewahre. Sein Brief schloß folgendermaßen: »Es ist sehr wichtig zu versuchen, die Einfachheit des klösterlichen Ideals in die Praxis umzusetzen und sich von aller Künstlichkeit zu befreien, die in der Institution des Klosters wächst. Beten wir dafür, das Ideal eines einfachen kontemplativen Lebens finden zu können, fern von der Institution, in den Bergen, in wirklicher Armut und Einsamkeit. Unterdessen hoffe ich, daß es bald ein Häuschen für mich gibt, wenn ich bei Euch ankomme.«

Ich schrieb ihm mit dem Vorschlag, erst ein paar Tage in Mexiko-City zu bleiben und sich dort die wichtigsten Dinge anzusehen, die ihn interessieren könnten: die Basilika von Guadalupe, die Pyramiden von Teotihuacán, die Wandmalereien, die Buchhandlungen, ein paar Freunde, bevor er sich nach Cuernavaca zurückzog; und ich konnte ihm während dieser Tage als Führer dienen. Ich riet ihm auch, in normaler, weltlicher Kleidung zu kommen, da in

Mexiko die Ordenskleider verboten waren; manche Priester trugen den römischen Kragen, doch war es nicht sehr gebräuchlich.

Merton antwortete mir, diese Vorlaufzeit in Mexiko-City sei eine gute Idee. Er wolle die Atmosphäre schnuppern, sich akklimatisieren, sich langsam an das Land gewöhnen und nicht nur irgendein amerikanischer Tourist sein. Er wollte nicht wie eine berühmte Persönlichkeit empfangen werden, jemand, der etwas zu sagen oder etwas zu tun hatte. Das wäre von Nachteil für unser Projekt. Es solle keinerlei Rummel um die Tatsache geben, daß er Kloster und Orden verlassen habe. Das würde später schon verstanden werden, wenn die Gründung begonnen werde. Die für den Moment geheimgehalten werden solle. Es wäre fatal für ihn, sich von Menschen umgeben zu sehen, die ihm Fragen stellten und Kandidaten oder Postulanten sein wollten, begierig, in den »neuen Orden« einzutreten. Was die Kleidung anging, so wolle er in einfacher weltlicher Garderobe reisen; er wolle nicht in Schwarz kommen wie ein Zeuge Jehovas. Er stimmte mit Pablo Antonio überein, daß ein Ort wie Ometepe alle notwendigen Bedingungen für eine kontemplative Gründung erfüllte, die eine wichtige Rolle in der Kultur und Gesellschaft Lateinamerikas spielen konnte. Ometepe, die Insel im Großen See von Nicaragua, gefiel ihm besser als Corn Island, das Naturschönheit besaß, doch mehr auch nicht. Ometepe wurzelte in der indianischen Kultur. Außerdem schrieb ihm der Bischof der Diözese, zu der Corn Island gehörte, nachdem er zuerst einverstanden gewesen war, nun in einem zweiten Brief, er wolle nur zustimmen, wenn Merton von seinen Oberen geschickt würde. (Merton vermutete, der Abt von Gethsemani habe dem Bischof Angst eingejagt.)

Schließlich sagte er mir, es ginge darum, ein einfaches Leben zu führen und so gut wie möglich die Schwächen eines allzu organisierten religiösen Lebens zu vermeiden. Und er gab mir weiter, was eine Frau ans Kloster geschrieben hatte: »Wir hatten erwartet, daß gerade die Trappisten Christus wieder in den Mittelpunkt der Weihnacht stellen würden, statt dessen habt ihr den Käse in die Messe eingeführt.« Das bezog sich auf eine dieser Werbesendungen, die wir Mönche aus Gehorsam, doch voller Scham hatten verschicken müssen und in der zu lesen stand, der Trappistenkäse gäbe der Weihnacht ihren wirklichen Geschmack.

Sowohl meine als auch Mertons Briefe trugen die Aufschrift *conscience matter*, was bedeutete, daß kein Oberer sie lesen durfte. Diese »Bewußtseinsangelegenheit« galt im Orden fast soviel wie das Beichtgeheimnis und war eine Freiheit des Mönchs, eine ganz persönliche Korrespondenz zu führen. Den Abt störte es sehr, daß wir diesen Briefwechsel unterhielten, möglicherweise hegte er schon einen Verdacht in bezug auf Mertons Pläne. Einmal rief er ihn zu sich, zeigte ihm einen verschlossenen Umschlag von mir und meinte, er überlege noch, ob er ihn ihm geben solle oder nicht (denn diese Briefe konnten nicht geöffnet, wohl aber zurückgewiesen werden). Schließlich händigte er ihn widerwillig aus.

Merton trug mir auf, an seinen Freund und Verleger James Laughlin zu schreiben und ihm von allen Plänen und Bemühungen zu berichten, die unternommen wurden. An Laughlin, der nicht einmal katholisch war, konnte er keine als »Bewußtseinsangelegenheit« deklarierten Briefe schreiben wie an mich. Und weil Laughlin ihn um Weihnachten besuchen wollte, konnte er uns als Bote dienen, um Nachrichten auszutauschen, für den Fall, daß Merton dann immer noch in Gethsemani war.

Laughlin war Besitzer des berühmten Verlages »New Directions«, und er war sehr reich, doch nicht wegen des Verlages; im Gegenteil: weil er sehr reich war, konnte er sich den Luxus leisten, einen solch exklusiven Verlag zu unterhalten. Sein Reichtum stammte aus seinem Erbe als Enkel eines Stahlmagnaten. Und als Merton ihm bei einem seiner Besuche von mir berichtete, erzählte ihm Laughlin, sein Vater habe mit Somoza Geschäfte gemacht und sei dabei sehr schlecht gefahren. Später wurde Laughlin auch mein Verleger.

Was mich anging, wollten meine Magenbeschwerden und Kopfschmerzen nicht aufhören. Weil P. Eudes in Gethsemani gesagt hatte, daß ich, wenn es mir nach meinem Austritt weiter so ginge, einen Psychoanalytiker aufsuchen sollte, schickte mich Dom

Gregorio zu einem sehr berühmten, der in Cuernavaca lebte, ein Freund des Klosters war und für seine Angehörigen Sonderpreise machte. Er war ein Schüler von Erich Fromm, der damals auch in Cuernavaca lebte und einer der berühmtesten Psychoanalytiker der Welt war, Begründer einer eigenen Schule, die in Mexiko viele Anhänger besaß und die sich von der Freudschen Schule unterschied. (Leider hatte auch Fromm ein Magengeschwür ...)

Auf jeden Fall sagte mir dieser Psychoanalytiker, ich sei kein Fall für eine Analyse, denn wenn ich mit meiner Berufung glücklich sei und keinen geistlichen Konflikt habe, dann könnten meine Beschwerden keine psychischen Ursachen haben, sondern müßten organischen Ursprungs sein. (Er war nicht gläubig.) Er schlug mir vor, einen Magenspezialisten aufzusuchen. Meine Schmerzen mochten von den Nerven herkommen, den gastrischen Nerven, doch nicht von der Psyche. Es seien Probleme, die man mit Medikamenten behandeln könne. Er selbst gab mir eines, das mir sofort half. Doch dann konnte ich auf einmal nicht mehr lesen, die Buchstaben verschwammen vor meinen Augen. Ich meinte, blind zu werden. Dieses Medikament war auf der Grundlage von Belladonna zubereitet, und das wirkte sich auf meine Augen aus. Als ich die Medizin absetzte, gab sich das bald wieder.

Ich mußte also einen anderen Arzt aufsuchen, auch in Cuernavaca, auch er ein Freund des Klosters, dessen Angehörigen er keine Honorare berechnete. Er begann, Röntgenaufnahmen zu machen, bei einer von ihnen meinte er, er traue seinen Augen nicht. Mich durchfuhr ein gelinder Schreck. Da sagte er mir, ich habe das Herz auf der falschen Seite. Ich fühlte, wie mir das Herz stehenblieb, gleichgültig, wo es gerade sein mochte – ich hatte es immer links schlagen gefühlt. Und plötzlich meinte der Arzt, er habe sich nur geirrt und die Röntgenaufnahme verkehrt herum gehalten. Er war eigentlich ein guter Arzt, wirklich. Doch so ist es tatsächlich geschehen, ohne daß ich mich über ihn lustig machen möchte. Auf anderen Aufnahmen zeigten sich Magen und Darm von Nervenkrämpfen zusammengezogen. Das gehörte zu meinem Leiden; und auch er riet mir, einen Magenspezialisten aufzusuchen.

Mejía Sánchez erreichte, daß mich der beste Magenspezialist Mexikos, mit dem er ein wenig befreundet war, gratis behandelte. Der meinte, ihn kümmere es nicht, ob meine Beschwerden psychische Ursachen hätten oder nicht; sie seien Magenbeschwerden, und er werde versuchen, sie zu heilen. Er berechnete mir seine Behandlung zwar nicht, doch mußte ich die Medikamente bezahlen, zwei oder drei, die er mir pro Woche verschrieb und die fast immer teuer waren, und fast jede Woche verschrieb er mir andere, die genauso teuer waren. Doch an Geld dafür fehlte es mir nie, nicht ein einziges Mal mußte ich darauf verzichten, die Medikamente zu kaufen, durch diese unerwarteten Dinge, von denen ich vorher berichtete. Nur daß ich jetzt größere Mengen ausgab, einschließlich der Kosten für die wöchentliche Fahrt nach Mexiko-City, aber auch die unerwartet erhaltenen Geldmengen waren größer. Jener Dr. Fournier, ein Mann in recht fortgeschrittenem Alter und der beste Spezialist zur damaligen Zeit, bemühte sich monatelang eifrig, mich zu heilen. Ein wenig Besserung erzielte er, aber heilen konnte er mich nicht.

Ich merkte, daß all die neuen Medikamente stark auf mich wirkten. Sie halfen gegen meine Beschwerden, doch nach ein paar Tagen war alles wieder wie vorher. Auch wenn ich eine andere Krankheit bekam, eine Grippe zum Beispiel, verschwand die vorige. Es schien, als sei es etwas, was ich mir selbst zufügte. So, als wolle ich mich bestrafen. Einem Psychiatriestudenten zufolge, der als Gast im Kloster war, wandte sich meine unterdrückte Aggressivität gegen meinen Magen. Seiner Meinung nach hatten diejenigen, die sich nicht selbst unterdrückten, wie der ehemalige Präsident Mexikos, der Multimillionär Miguel Alemán, nicht solche Beschwerden.

Kurz bevor ich das Trappistenkloster verließ, hatte ich an José Coronel Urtecho geschrieben, der in Europa weilte, und er antwortete mir nach Cuernavaca: »Was Ihren Wechsel nach Cuernavaca angeht, will ich Ihnen nur das sagen, was schon Emerson meinte: ›Gesegnet sei alles, was geschieht.‹ Wir stehen alle in Gottes Hand. Denken Sie an das, was unser Alfonso sagte: ›Man muß sich den

Pfaffen an den Rockzipfel hängen.‹ Sie müssen das bei Ihrer eigenen Soutane tun.« (Er bezog sich dabei auf einen Satz, den unser großer wahnsinniger Dichter Alfonso Cortés im Irrenhaus gesagt hatte.)

Und er fuhr fort: »Das mit den Magengeschwüren ist eine Geschichte ohne Bedeutung, solange Sie keine Geschwüre in der Seele haben, und um die zu heilen, braucht man nur Gott und seine heilige Mutter anzurufen. Denken Sie an meine Seele, die so leprös gewesen und inzwischen fast ganz geheilt ist, wenn auch voller Narben und Schrunden. Wir können keine Siegeshymnen singen, wenn wir es nicht in den Himmelschören tun. Doch auf gewisse Weise können (und müssen) wir hier auf Erden damit anfangen, so wie Sie es getan haben. Wir müssen uns gegenseitig helfen. Deshalb möchte ich, daß Sie mir schreiben, wenn es Ihnen gegeben erscheint, in aller Offenheit, als sei ich, wenn nicht Ihr geistlicher Vater, so doch Ihr geistlicher Bruder oder, wenn Sie so wollen, Ihr geistlicher Onkel, wie ich es ja auch in Wirklichkeit bin. Bis wir uns am Río San Juan wiedersehen.

Der Fluß ist für uns ein Symbol des Paradieses. Dort müssen wir uns dereinst treffen, in dieser Welt oder in der anderen, die keine »andere« ist, sondern diese Welt andersherum, besser gesagt, richtig herum, die Seite, die Gott sieht.

Was ich tun möchte (und zu tun versuche) ist, Poesie zu schreiben, doch gelingt es mir nicht, ich trage sie in mir und kann sie nicht herausbringen, nicht etwa, weil es mir an der Zeit fehlt, sondern an Ewigkeit, ein paar Stückchen Ewigkeit.«

Der Bischof von Cuernavaca, Mons. Sergio Méndez Arceo, vollbrachte, gemeinsam mit Bruder Gabriel, eine große architektonische Tat: die Renovierung der Kathedrale von Cuernavaca. Unter dem empörten Aufschrei vieler und der Bewunderung der Kenner ließen sie diese riesige Kirche aus dem 16. Jahrhundert vollständig nackt, mit bloßen Wänden: Sie holten alles aus ihrem Inneren heraus, was sich im Laufe von vier Jahrhunderten angesammelt hatte, Heiligenfiguren, Bilder, Altäre, Ornamente und Dekorationen aller Art, verschiedene Wandverkleidungen und mehrere Schichten

Farbe. Zur gleichen Zeit beauftragte der Bischof Bruder Gabriel damit, alles neu zu gestalten, in modernem Stil, Hochaltar, Tabernakel, Taufbecken, Bänke, Kreuzweg, Kelch und Schale und sakrale Ornamente ... und außerdem einen bronzenen Bischofsstab und einen Christus aus Stahl, die ich, beauftragt von Bruder Gabriel, anfertigte. All diese moderne Kunst war von nackten Wänden eingerahmt. Am Abend des 24. Dezember 1959 wurde die renovierte Kathedrale eingeweiht, und mit ihr mein Bischofsstab und mein Kruzifix auf dem Hochaltar.

Doch erinnere ich mich an jene Weihnacht als eine traurige Weihnacht. Merton hatte mir aus einem Hotel in Louisville geschrieben und gesagt, ich solle mich vom Briefkopf des Hotels nicht in die Irre führen lassen, er habe seine Reise noch nicht begonnen. (Ich nehme an, er schrieb von dort aus, um die Zensur des Klosters zu umgehen.) Und daß er erwarte, wenn alles gut ginge, vor Weihnachten in Mexiko zu sein. Er werde sich telefonisch melden, bevor er ankomme. Er schätze, seine Ankunft sei gegen halb sieben, sieben, und er werde in der Jesuitenuniversität übernachten. Alle Nonnen des Karmeliterinnenklosters von Louisville beteten für diesen Plan.

Zwei Tage vor Weihnachten erhielt Dom Gregorio einen Umschlag von Merton mit einem Brief für ihn und einem zweiten für mich. Er hatte vom Prior die Genehmigung zum Schreiben bekommen, unter Ausnutzung der Abwesenheit des Abtes, der erst am nächsten Tag von einer Reise zurückkehren sollte. In beiden Briefen gab er uns die gleiche Nachricht: Er hatte endlich den Brief aus Rom erhalten, doch mit einer definitiven Absage, so definitiv, daß er keinerlei Freiheit hatte, noch irgendeinen Versuch zu unternehmen. Es blieb ihm nichts anderes übrig, als es hinzunehmen und zu gehorchen. Er hoffte, Dom Gregorio könne noch irgend etwas für ihn tun, auch wenn er nicht wußte, was. Der Abt war eilig nach Rom gereist und hatte erreicht, daß die bereits gewährte »Begnadigung« annulliert wurde. Merton berichtete, der Abt habe in Rom als Argument die Meinung eines Psychiaters benutzt, daß Merton, wenn er das Kloster verließe, mit einer Frau durchbrennen würde (obwohl dieser Psychiater Merton kaum kannte), und jetzt habe er, Merton, in Rom einen äußerst schlechten Ruf. Auf jeden Fall hatte er versprochen, nicht auszutreten, außer die Kirche setze ihn an einen anderen Platz. Er war gefaßt, und dieses Annehmen der Entscheidung habe ihm eine große innere Freiheit gegeben. In Abwesenheit des Abtes hatte er vom Prior die Erlaubnis erhalten, an Dom Gregorio zu schreiben, und dies sei auch die letzte Gelegenheit, mir zu schreiben.

Dom Gregorio zeigte mir nicht den Brief, den Merton ihm geschrieben hatte, und erst jetzt, da die fünf fast vollständigen Bände mit den Briefen von Merton veröffentlicht worden sind, konnte ich auch den lesen, den er damals an Dom Gregorio schrieb, in dem es einen Absatz gibt, der mit mir zu tun hat und folgendermaßen lautet: »Außerdem muß ich Ihnen erzählen, als Dom James [der Abt] mir den Briefverkehr mit Cardenal verbieten wollte und ich ihm meine Gründe gab und sagte, ich betrachte Cardenal als einen engen Freund, da konnte ich seinen Gesichtsausdruck genau erkennen. Er triumphierte. Zu sagen, ich habe einen engen Freund, bedeutete einfach eine besondere Freundschaft anzuerkennen. Wie er sich da freute. Er fühlte sich völlig bestätigt. Ich war homosexuell ... Stellen Sie sich vor, wie er zu seinen Urteilen kommt. Und wegen der Gründe, die ein Oberer dieser Art gab, hat die Kongregation meinen Antrag abgelehnt.«

Der Brief schließt folgendermaßen: »Ich danke Ihnen für Ihre Barmherzigkeit – die gewiß sehr groß ist. Gott wird sie Ihnen entlohnen. Ich bete für Sie und bleibe mit Ihnen verbunden und mit allen Mönchen von Cuernavaca. Und mit Ernesto. Ich bedaure, daß ich ihm nicht einmal ein paar kurze Worte schreiben kann. Wenigstens im Himmel werden wir uns wiedersehen. Doch hoffe ich, daß es auch schon früher möglich sein wird. Mit viel Barmherzigkeit, verbunden in Frieden und Armut, in Christus, der arm ist.«

Wir, die wir Merton jeden Augenblick erwartet hatten, waren bestürzt, vor allem ich. Dom Gregorio wollte weitere Versuche unternehmen, doch ob er Erfolg haben würde?

Der Bischof von Cuernavaca, der in jenen Tagen nach Rom reisen mußte, war entschlossen, mit dem Kardinal der Kongregation zu sprechen, der für diese Dinge zuständig war, und wenn es sein mußte, mit dem Papst persönlich. Doch für den Augenblick war alle Kommunikation gestoppt.

Für mich bedeutete es, daß ich aufs Priesterseminar gehen mußte. Auf welches, das wußte ich noch nicht. Zwei Mönche des Klosters waren auch dazu bestimmt worden, sich für das Priesteramt ausbilden zu lassen, und Dom Gregorio entschied, daß sie den ersten Teil der Ausbildung, die philosophischen Studien, im Kloster in Cuernavaca absolvieren und erst danach aufs Seminar gehen sollten, nur noch für den theologischen Teil des Studiums. Und er schlug mir vor, gemeinsam mit den beiden Mönchen auch im Kloster Unterricht zu nehmen und weiter als Gast hierzubleiben. Nach den Weihnachtsfeiertagen begann der Unterricht. Das Gute daran war, daß nicht allzuviel studiert wurde; weder der Lehrer noch wir drei Schüler interessierten uns besonders für die Philosophie.

Die Tage in Cuernavaca waren wunderbar. Jene seltsame Melancholie, die ich am ersten Tag verspürt hatte, war nichts anderes gewesen als ein Hinweis Gottes, daß ich dort nicht für mein ganzes Leben als Benediktinermönch eintreten sollte (und außerdem bestand das Kloster auch nicht mehr lange, nachdem ich fortgegangen war).

Es gibt ein Gedicht, in dem ich jenes Tal beschreibe, das ich Tag und Nacht von meinem Fenster aus betrachtete:

Tal von Cuernavaca
vom Kloster aus gesehen

Nach dem Regen
ist die Luft klarer im Tal
weißer der Rauch aus den Hütten
blauer die Vulkane
und heller die Glocken.
Über den Kopfsteinpflasterweg
treibt ein barfüßiger Junge
ein paar Kühe.

Auf den blauen Bergen, blauere Schatten:
die Schatten ihrer Hänge
oder der Wolken.
(Und auf der Telefonleitung, das
rote Vögelchen.)

Es steigt der Rauch der Hütten
in den Maisfeldern, und aus der Ziegelei.
In der Ferne eine Fabrik, am Fuß der Berge
mit einer hohen Rauchsäule.
Und über der bläulichen Ebene
die lange Rauchfahne des Zuges, und sein langes Pfeifen.

Der Lärm der Autos, die beschleunigen,
und der Busse auf der Landstraße.
Und das Klick-Klack des Steineklopfers
der die Steine klopft.
Dort auf der anderen Seite:
keucht ein schwerer Lastwagen
die Anhöhe hinauf.

Die Ziegen kommen mit ihren Glöckchen
und hinter ihnen bleibt in der Luft ganz leicht
der warme Duft von Ziegen zurück
und der von Ziegenmilch.

Die Vögel zwitschern
und in Santa María de Ahuacatitlán
läuten die Glocken.

Die Sonne sinkt und vergoldet den Teposteco
und malt den Schnee des Popo rosarot
                    – so rosarot wie Ice Cream –
wie eine rosarote Eistüte.

Der Mond geht auf hinter dem Popocatépetl.
(Ein Mond, so zart wie eine Wolke,
und eine Wolke über dem Popocatépetl, schneefarben,
und der Schnee des Popocatépetl mondfarben.)

Fern pfeift ein Zug. Pfeift
in der Nacht. Pfeift traurig
dreimal.
Es ist der alte Zug nach Mexiko.
Es klingt, als singe ein einsamer Vogel
und rufe sein Weibchen, das es nicht gibt.

In der Ferne flimmern die Lichter von Cuernavaca
und ferner noch die von Cuautla, fast schon im Himmel,
ganz klein und dicht gedrängt wie die Plejaden.
Draußen im Feld singt man in einem Radio ein Volkslied.
Verliebte Grillen zirpen auf der Wiese,
zirpen und schweigen und zirpen gleich erneut.
Schlafen denn die Grillen nie?
Und im Himmel funkeln die verliebten Sterne.
Die Glühwürmchen funkeln auf der Wiese wie Cuautla
und wie Cuernavaca. Und auch sie, sie lieben sich.
So wie die Sterne und wie ich
verglühen sie vor Liebe.

Der »Palast der schönen Künste« in Mexiko-City veranstaltete einen Bildhauerwettbewerb, die Arbeiten sollten im Alameda-Park
ausgestellt werden, und für die preisgekrönten Stücke sollte es viel
Geld geben. Den Bedingungen zufolge mußten die Stücke höher
sein als einen Meter. Ich beschloß teilzunehmen, doch hatte ich
noch nie große Skulpturen geschaffen. Ich überlegte, daß ich etwas
Langes, Schlankes darstellen mußte, damit sie mehr als einen Meter hoch wurde. Und natürlich mußte sie schlichte Linien haben,
denn so sind meine Skulpturen. Ich kam zu dem Schluß, daß die
geeignetste Figur ein Reiher wäre. Körper und Hals des Vogels
waren an sich schon eine Skulptur, so wie ich sie schuf. Was aber
sollte ich mit den Beinen machen? Schon früher in Managua hatte
ich oft genug Reiher zu stilisieren versucht, doch nicht gewußt, was
ich mit den Beinen anstellen sollte. Ähnlich war es auch gewesen,
als ich im Trappistenkloster an meinem Pult saß und Zeichnungen
möglicher Skulpturen anfertigte, darunter auch Reiher. Nun hatte
ich für den Wettbewerb die kühne Idee, einen Reiher ohne Beine

zu schaffen, und es bedeutete einen großen Sprung für meine Arbeit als Bildhauer. Von da an konnte ich eine große Zahl verschiedener Reiherfiguren schaffen, denn ein Reiher ist in jeder seiner Bewegungen wie eine eigenständige Skulptur. Dieser erste Reiher besaß Linien, die an den »Mechanischen Vogel« von Brancusi im Metropolitan Museum of Modern Art in New York erinnerten, und so waren auch die des bronzenen Bischofsstabes, den ich für die Kathedrale von Cuernavaca gemacht hatte. Der Bischofsstab hatte als Ursprung den des Hirten: ein an seinem Ende gebogener Stab, mit dem man die Schafe einfangen konnte, die sich von der Herde entfernten. Doch formte ich ihn nicht mit jener spiralartigen Biegung des traditionellen Bischofsstabes (mit dem man das Bein eines Schafes gar nicht mehr festhalten könnte), sondern mit einer weit offenen Biegung, wie der halb gebogene Hals eines Reihers. Meine Skulptur gewann keinen Preis. Sie wurde nicht einmal in die Ausstellung aufgenommen, aus Gründen, die ich nie mitgeteilt bekam. Ich erfuhr nicht einmal, ob die Ausstellung überhaupt stattfand.

Mejía Sánchez und ich stellten eine Gedichtsammlung zusammen, die wir *Poesía revolucionaria nicaragüense* nannten, »Revolutionäre Gedichte aus Nicaragua«. Sozialkritische und politische Gedichte, die meisten davon gegen Somoza. Oder gegen die Yankees. Oder gegen beide. Alle schon verstorbenen Dichter nannten wir mit ihren Namen. Alle lebenden führten wir als »unbekannte Dichter« auf – auch wenn es darunter welche gab, deren Gedichte vorher unter ihrem richtigen Namen veröffentlicht worden waren –, um sie vor Repressalien zu schützen. Nur Alfonso Cortés nannten wir mit Namen, weil er im Irrenhaus und damit außerhalb der Reichweite der Unterdrückung war. Von ihm wählten wir ein verrücktes, unzusammenhängendes Gedicht, das aber eindeutig gegen das System gerichtet war.

Erst vor kurzem ist eine russisch geschriebene Rezension dieser Gedichtsammlung bekannt geworden, die 1963 in der Sowjetunion veröffentlicht wurde und von Pablo Neruda stammte. Nur den russischen Text hat man gefunden, nicht das spanische Original. In dieser Rezension meint Neruda: »Für mich ist Nicaragua eines dieser kleinen, unergründlichen, im grünen Dunkel versteckten Länder, die immer ein Geheimnis bleiben. Sie sind wie riesige, von tropischen Wäldern bedeckte Schluchten, wo sich alles im undurchdringlichen Dunkel verliert. Doch manchmal wird dieses Dunkel von flammendem Licht durchbrochen. Ein leuchtender Blitz entreißt dann dem Dickicht den Tyrannen und den Helden und erleuchtet grell Liebe und Haß. Heute geschieht in Nicaragua meiner Meinung nach etwas sehr Wichtiges. Die revolutionäre Dichtung dieses Landes ist geboren worden. Dieses Büchlein hat mir das Herz versengt. Erneut sah ich einen grellen Blitz, der die Dunkelheit jener geheimnisvollen Länder durchbrach.«

In diese Sammlung nahm ich eine große Zahl eigener Gedichte auf. Manche von ihnen hatte Neruda wohl vorher in seiner Zeitschrift »Gaceta de Chile« mit dem Vermerk »unbekannter nicaraguanischer Autor« veröffentlicht. Vielleicht erinnerte er sich ja daran, als er in seiner Rezension schrieb: »Der wichtigste Autor dieser Anthologie ist der unbekannte Autor, mehr als die Hälfte der Gedichte stammt von ihm. Anscheinend ist es nicht immer derselbe, und offensichtlich hat er nicht immer dasselbe Alter.«

500 Exemplare der Sammlung schickten wir nach Nicaragua, über den richtigen Umschlag legten wir einen falschen Schutzumschlag, auf dem als Titel stand: »Wie tanze ich richtig Twist?« Ein unglücklicher Titel. Denn zu jener Zeit war der Twist ein beliebter Tanz, der überall Furore machte. Am Zoll von Managua, wo die Bücher dem jungen Schriftsteller Rolando Steiner übergeben werden sollten, sah ein Beamter den Titel und begann, die Verrenkungen des Twist zu machen, während er gleichzeitig in jenem phantastischen Büchlein blätterte, das zeigen sollte, wie man ihn tanzt. Der Schreck stand ihm im Gesicht, als er Zeilen las wie: »Im Kerker heulen wieder mal die Hunde«, oder: »Morgen, mein Sohn, wird alles anders sein«. Oder vielleicht: »Die Somozas – werden sie stärker sein als der Haß des Volkes?« Er zeigte den Fund seinem Vorgesetzten. Und dies war das Aus für jene Bücher.

Ich schickte noch 500 Exemplare an mich selbst als »Padre

Ernesto Cardenal« an die Adresse der erzbischöflichen Kurie in Managua, zu Händen des Priesters Federico Argüello, eines sehr engen Freundes, der damals als Sekretär der Kurie fungierte. Ich rechnete mir fälschlich aus, daß der Erzbischof, ein Anhänger Somozas, gar nichts von dieser Sendung erfahren würde. Doch als er sah, daß sie an mich gerichtet war, befahl er, die Kisten zu öffnen, entdeckte die Bücher und übergab sie zornig dem Zoll oder der Polizei. Zornig auf mich, weil, wie er sagte, ich selbst die Bücher gesandt, dazu die Kurie mißbraucht und mich außerdem als Priester ausgegeben hatte, der ich nicht war; doch bezichtigte er auch den armen Pater Argüello, Komplize der Verschwörung zu sein, was nicht stimmte. Pater Argüello war Feldgeistlicher der Guerilleros gewesen, die bei Olama und Mollejones gelandet waren, und deshalb konnte man ihn jeder Schandtat für schuldig halten.

Erst langsam, in einzelnen Exemplaren, gelangte das Buch, das Nerudas Herz versengt hatte, nach Nicaragua und durchbrach den »scheißernen Vorhang«, der unser Land umgab. Den Ausdruck hatte Carlos Martínez Rivas in einem Brief an mich aus Los Angeles geprägt, weil man damals nicht mehr nur vom »Eisernen Vorhang« sprach, sondern auch vom »Bambusvorhang« und dann vom »Rohrvorhang«. Mejía Sánchez fand diesen Ausdruck sehr lustig und machte ihn sich zu eigen, um ein Epigramm zu schreiben.

Der gescheiterte Einfall einer Guerillatruppe nach Nicaragua, die Somoza stürzen wollte, ist nach den Orten benannt worden, wo sie stattfand, »Olama und Mollejones«. Der Name deutet schon auf die wichtigsten Gründe des Scheiterns. Die gut 100 Guerilleros paßten nicht alle in das einzige Flugzeug, das zur Verfügung stand, so daß der Transport in zwei Flügen stattfinden mußte. Nachdem das erste Kontingent in Mollejones gelandet war, vereitelte die Luftwaffe Somozas die Landung des zweiten am selben Ort, und die Maschine mußte weit entfernt in Olama niedergehen. Durch die Teilung der Truppe war es für die Armee Somozas leichter, sie zu bekämpfen. Zudem lagen beide Orte in der Nähe von Straßen,

so daß die Armee bequem mit Fahrzeugen dorthin gelangen konnte, während sich die Guerilleros zu Fuß bewegten, ohne das Gelände genau zu kennen. 300 berittene Bauern sollten sie am Ort der
ersten Landung erwarten, doch es erschienen nur drei. Eine innere
Front sollte parallel in Aktion treten, doch verhängte Somoza augenblicklich den Ausnahmezustand und ließ allein in Managua
500 Oppositionelle verhaften, und die Oppositionsführer, die
nicht eingesperrt wurden, versteckten sich oder flohen. Begleitend
zur Landung der Guerillatruppe sollte ein Generalstreik stattfinden, und er begann auch mit großem Erfolg im ganzen Land, doch
die Repression Somozas und das Fehlen von Führern ließ ihn
schon am zweiten Tag zusammenbrechen. Sowohl die Guerilleros
in Mollejones als auch die in Olama wurden von der Armee gefangengenommen oder ergaben sich, als sie sich geschlagen sahen.
Viele Tage waren sie gelaufen, fast ohne zu essen und ohne zu schlafen, mit wunden Füßen, im strömenden Regen und unter dem
Bombardement der Luftwaffe, dicht gefolgt von den Soldaten.
Eine Revolution, bei der alles schiefging. Und eine militärische
Aktion, die scheiterte, doch heldenhaft war. Und bei der es kaum
Tote gab.

Pedro Joaquín Chamorro und seine kleine Truppe, entschlossen,
sich nicht zu ergeben, fing man in einem Gebüsch, während sie
schliefen. Der Leutnant, der die Patrouille anführte, die sie fest-
nahm, rettete ihnen das Leben, indem er sie ins benachbarte Dorf
brachte und vor der Bevölkerung vorbeimarschieren ließ. So konnte man sie nicht mehr einfach ermorden und hinterher behaupten,
sie seien im Kampf gefallen.

Die Gefangenen wurden nicht gefoltert, und hier stimmte einmal das, was Luis Somoza an Merton geschrieben hatte, daß nicht
gefoltert würde. Es war vielleicht das einzige Mal, daß der Präsident nicht log, und das einzige Mal auch, daß sein Bruder Tachito,
Chef der Armee, weder folterte noch mordete. Denn die meisten
dieser 100 Guerilleros waren junge Männer aus der Großbourgeoisie, den bekanntesten Familien des Landes, und manche
waren sogar Söhne von Anhängern Somozas. Viele waren Ver-

wandte von mir, aus verschiedenen Familienzweigen, und manche enge Freunde. Es war, glaube ich, die einzige Guerilla-Armee aus der Großbourgeoisie, die es auf der Welt gegeben hat. Aus Gründen der Diplomatie verhinderte Luis Somoza, daß sein blutrünstiger Bruder zu den üblichen Methoden griff. Ein Massaker an diesen jungen Leuten wäre eine Katastrophe für den Präsidenten gewesen. Es kam hinzu, daß die Mütter der jungen Männer und viele andere Frauen ungefähr eine Woche lang demonstrierten und dabei Tag und Nacht den Rosenkranz beteten.

Nach einem Jahr Haft wurden die Gefangenen begnadigt. Pedro Joaquín ging nach Washington, um sich wegen seines lädierten Rückgrats behandeln zu lassen, und von dort aus schrieb er mir nach Cuernavaca und meinte, wenn sie gesiegt hätten, »dann hätten wir die einzige sozialchristliche Revolution Amerikas geschafft«. Hier lag eine Verwechslung von Begriffen vor. Er glaubte an eine authentische Revolution, doch nannte er sie »sozialchristlich« und stellte sie der marxistischen gegenüber. Diesen Irrtum teilte ich damals mit ihm, genau wie Reynaldo Antonio Téfel, unser Chefideologe, und andere Freunde, doch gaben wir ihn später auf. Pedro blieb an ihm haften. In einem anderen Brief schrieb er mir, man müsse genau dasselbe machen wie Fidel, nur als Christen und nicht als Atheisten. Doch es hat niemals, weder in Amerika noch sonstwo, irgendeine christliche Revolution gegeben. Ich sollte später in Cuba lernen, daß es keine christlichen oder atheistischen Revolutionen gibt; die Revolution ist eine einzige auf der ganzen Welt.

Weil wir gerade von Cuba sprechen: Mejía Sánchez nahm mich in Mexiko-City in ein Hotel mit, um den cubanischen Schriftsteller Cintio Vitier kennenzulernen. Seither sind er und seine Frau Fina, auch sie Schriftstellerin, enge Freunde von mir und meinen Freunden und von Nicaragua und seiner Revolution gewesen, als wir diese Revolution hatten, die eine Schwester der cubanischen war. Und es war vor allem wegen Cintio und Fina, daß ich mich Cuba annäherte. Cintio, ein großer Kenner von José Martí, wie Mejía Sánchez auch, war damals nach Mexiko gekommen, um an einer Gedenkveranstaltung für Martí teilzunehmen; und er bat Mejía um ein Gespräch mit mir. Cintio war ein tiefgläubiger Katholik, genau wie Fina – sie sind es immer geblieben –, und er wollte mich um einen Rat bitten, wegen der religiösen Erfahrung, die ich hatte. Eine schwierige Bewußtseinsfrage: Cuba hatte sich als kommunistisch erklärt; mit dem Marxismus wurde auch der Atheismus dominierend. Hatten sie als Katholiken nicht die schmerzliche Pflicht, Cuba zu verlassen?

Ich glaube, ich bat um eine Eingebung Gottes, bevor ich antwortete. Die schwierige Aufgabe, über fremde Leben zu befinden. Auf jeden Fall orientierte ich mich an einer Predigt, die kurz zuvor der Prior von Cuernavaca während einer Sonntagsmesse gehalten hatte. In dieser Predigt hatte Dom Gregorio von den kommunistischen Ländern gesprochen und, indem er sich besonders auf Cuba bezog, den Standpunkt vertreten, daß in diesen Systemen die Christen ihr Zeugnis als Christen geben mußten, statt zu fliehen; daß der Christ in einem atheistischen Regime immer wie ein Christ leben oder wenigstens als solcher sterben konnte. Das, was Cintio mir darstellte, war komplizierter. Für ihn und für Fina gab es keine Schwierigkeiten. In Cuba gab es keine religiöse Verfolgung. Das Problem waren die beiden kleinen Söhne. Bald würde es in Cuba eine atheistische Erziehung geben. Ich bat also um eine Eingebung, und ich glaube, es war aus dieser Eingebung und nicht aus logischen Argumenten heraus, daß ich in jener Hotellobby auf dem Rat beharrte, daß sie in Cuba bleiben sollten. Und er stimmte mir schließlich zu.

Später erhielt ich einen Brief von Cintio, in dem er mir schrieb: »Am 15. beginnt der Unterricht. Bete für uns und für sie, auf daß wir nicht über unsere Kräfte hinaus auf die Probe gestellt werden und unserem Land und Gott gerecht werden können.«

Acht Jahre später unternahm ich, jetzt schon zum Priester geweiht, meine erste Reise nach Cuba, zu der mich Cintio Vitier motiviert hatte, der inzwischen vollkommen die Revolution unterstützte. Eine meiner ersten Fragen war die nach seinen Söhnen. Cintio und Fina berichteten mir, der ältere sei Atheist, der jüngere ein glühender Katholik. Beide stünden sie vollkommen hinter der Revolution. Dem Älteren habe man bei der Einberufung zum Militärdienst einen Fragebogen vorgelegt, in dem unter anderem gefragt wurde, ob er einer »religiösen Sekte« angehöre. Er weigerte sich, diese Frage zu beantworten, mit der Begründung, sie verstoße gegen die Bewußtseinsfreiheit. Es hatte ihn dabei auch gestört, daß alle Religionen, einschließlich der katholischen, »Sekten« genannt wurden. Es kam zum Streit, eine höhere Instanz wurde befragt. Er akzeptierte deren Spruch nicht. Man zog eine noch höhere Instanz hinzu, und auch die akzeptierte er nicht. Und schließlich noch eine andere, die zugestand, daß er das Recht hatte, die Frage nicht zu beantworten. Und da sagte er, er werde ihnen seine religiöse Überzeugung offenlegen: »Ich bin Atheist.«

Dabei erinnere ich mich an die Predigten Dom Gregorios: Er sprach in der runden Kirche, die Bruder Gabriel entworfen hatte, hinter dem Altar aus weißem Stein, auf einem gleichfalls weißen Stein sitzend, etwas erhöht, damit ihn der Altar nicht verdeckte. Dies war sein »Sitz«, sein »Katheder«. Seine Predigten waren sehr modern, und manchmal erboste er das Publikum, das jeden Sonntag in großer Zahl mit dem Auto aus Cuernavaca oder Mexiko-City herbeikam. Einmal sorgte er für Aufregung, als er meinte, in der modernen katholischen Moraltheologie gäbe es die, welche die Masturbation nicht für eine Sünde hielten. Und genauso viel Aufregung gab es, als er sagte, die Tendenz zur Homosexualität als solche sei weder schlecht noch pervers, sondern genauso wie die heterosexuelle etwas, mit dem man zur Welt komme und dessen man sich nicht zu schämen brauche.

Man wußte, daß viele Briefe nach Rom geschrieben wurden, um ihn zu denunzieren. Ein paar Seminaristen kamen immer mit großen Tonbandgeräten, um seine Predigten aufzunehmen, für Rom. Ihn kümmerte das nicht viel.

Ein anderes Mal sorgte er für noch mehr Empörung, allerdings nicht mit einer Predigt. Das war, als er den Mönchen die Genehmigung erteilte, sich untereinander zu küssen. Wichtige mexikanische Laientheologen, Freunde und Mitarbeiter und häufige Besucher des Klosters kritisierten diese Entscheidung heftig. Sie meinten, in einem so vom »Machismo« geprägten Land wie Mexiko würde man das Küssen unter Männern niemals als etwas Normales ansehen. Und daß man damit das Kloster als einen Zufluchtsort von *jotos*, von Schwulen, ansehen würde. (Ich glaube, es gibt kein anderes Land auf der Welt, wo der landläufige Ausdruck für Homosexuelle so entwürdigend ist wie in Mexiko das Wort *joto*.) Dom Gregorio Lemercier war als Belgier vielleicht weniger empfänglich für bestimmte Vorurteile, die die Mexikaner betrafen. Mir sagte er im privaten Gespräch, er habe das so bestimmt, weil er »das Tabu des Kusses unter Männern« aufheben wollte.

Tatsächlich ist dieses Tabu ja nicht allen Kulturen eigen. Jesus und seine Jünger küßten sich, Judas küßte ihn auch, als er ihn verriet, und Jesus küßte sich sicher nicht nur mit Judas, sondern der Kuß war vielmehr eine Form der Begrüßung. Doch in Mexiko sorgte das nicht gerade für einen guten Ruf des Klosters. Ob sich einige nicht mit brüderlichem Gruß küßten, sondern aus körperlicher Anziehung untereinander, weiß ich nicht. Das Gästehaus lag vom restlichen Kloster getrennt, und ich kümmerte mich nicht um das Privatleben der anderen. Klatsch hörte ich wohl, doch stammte er aus nicht besonders glaubwürdigen Quellen, ich hätte ihn bestätigen müssen, und das interessierte mich nicht. Außerdem hatte das keinerlei Bedeutung – so hätte es Dom Gregorio Lemercier formuliert, und ich wäre einverstanden gewesen damit.

Noch andere Skandale gab es um das Kloster von Dom Gregorio Lemercier, aus Anlässen, die sehr mutig von ihm waren, die ich jedoch für gerechtfertigt halte.

Im Kloster wurde jeder aufgenommen, der eintreten wollte, gleichgültig, welche Schwächen, Laster oder schlechten Angewohnheiten er haben mochte. Im Gegensatz zu anderen religiösen (oder nicht-religiösen) Institutionen wurde dem Kandidaten keine strenge Aufnahmeprüfung auferlegt, man verlangte keine Empfehlungsschreiben noch sonst etwas. Dom Gregorio behielt in seiner Gemeinschaft Leute, die man in einem anderen religiösen Orden keine zwei Wochen geduldet hätte. Und bei den Trappisten wären sie nicht einmal angenommen worden, verlangte man dort doch gleich zu Beginn ein psychiatrisches Gutachten. So schien es einem in Cuernavaca manchmal eher, als sei man in einem Irrenhaus und nicht in einem Kloster. Da gab es einen Schizophrenen, der mit dem Messer auf die anderen losging. Einer wollte sich mit Tabletten das Leben nehmen und mußte im Ordenskleid um Mitternacht ins Krankenhaus nach Cuernavaca gebracht werden, wo man ihm den Magen auspumpte. Ein anderer, der gerade erst eingetreten war, betrank sich im Nachbarort Santa María de Ahuacatitlán völlig und blieb auf dem Heimweg liegen; mit dem zwangsläufigen Skandal, daß die Bauern einen gefallenen, trunkenen Mönch im vollen Ornat auflesen und ihn auf den Schultern ins Kloster tragen mußten. Ein Novize litt unter starken Angstanfällen, wegen irgendeiner Geschichte, die ihm in seiner Kindheit widerfahren war und die mit einem Hund zu tun hatte, und in manchen Nächten mußte man ihn mit Gewalt festhalten, weil er sich in eine Schlucht stürzen wollte; ich erinnere mich nicht mehr, ob es derselbe war, der die Tabletten geschluckt hatte. Ein weiterer hatte eine krankhafte Abscheu gegen Milch, weil er in seiner Kindheit Milch ausgespuckt und sein Vater ihn gezwungen hatte, das Erbrochene zu schlucken. Wieder ein anderer schloß sich für lange Zeiträume in seiner Zelle ein und wollte niemanden sehen. Ein weiterer bedrohte Dom Gregorio, weil der ihn wegen etwas zurechtgewiesen hatte, danach warf er sein Ordenskleid zu Boden und verließ das Kloster, wobei er schrie, er habe den Glauben verloren; am selben Abend kam er reumütig zurück, und Dom Gregorio nahm ihn wieder auf. Es gab noch einen anderen Mönch, dem man eine abgelegene Zelle gegeben hatte, weil er unter Tobsuchtsanfällen litt – Dom Gregorio berichtete mir ganz ruhig, man habe ihm erzählt, der Mönch habe einen Haufen Steine gesammelt, um ihn damit zu steinigen, wenn er vorbeikäme, und er würde als Antwort darauf einfach nicht dort vorbeigehen. Ein anderes Mal floh ein Novize mit einem jungen, hübschen Postulanten, der eben angekommen war, und man hörte nie wieder von den beiden.

All dies geschah, weil Dom Gregorio sich zur Norm gemacht

hatte, niemanden auszustoßen. Er sagte, das sei unmoralisch, denn es hieße, die Menschen in die Gesellschaft hinauszustoßen, damit die sich um sie kümmere. Wo es doch die Institution war, zu der sie gehörten, die das Problem lösen mußte: sie ändern, korrigieren, und wenn das nicht ging, sie ertragen. Für ihn waren es Kranke, die geheilt werden mußten. Er schickte sie in psychoanalytische Behandlung, und manche befanden sich tatsächlich auf dem Wege der Besserung, einige waren schon geheilt worden. Man kann dies wahrlich als eine christliche und wissenschaftliche Weise bezeichnen, diese Fälle zu behandeln.

Und was die Gäste anging, so wurde jeder aufgenommen, der kam, ob er bezahlen konnte oder nicht. Wenn er nicht zahlen konnte und es nicht nur für kurze Zeit war, daß er blieb, gab man ihm irgendeine Arbeit: saubermachen, Gartenarbeit, was immer gerade zu tun war. Und es gab Gäste, die unbegrenzt dort wohnten. Priester, die von ihren Bischöfen suspendiert oder gemaßregelt waren. Der eine oder andere Pfarrer, der sich rehabilitierte. Irgendein hochneurotischer Seminarist, den man nicht zum Priester weihen wollte und dort unter Beobachtung gestellt hatte. Ein Geisteskranker, der sich von einer Elektroschockbehandlung erholte. Ein atheistischer Student, der nur kam, um in Ruhe seine Examensarbeit zu schreiben. Es gab einen jungen Mann, der dort Zuflucht gesucht hatte, weil er sonst nirgendwo hingehen konnte; er haßte seine Mutter (Dom Gregorio sagte mir, dies sei eine sehr seltene psychische Störung); er stammte aus einer reichen Familie in Cuernavaca und diente Dom Gregorio als Fahrer. Es gab noch einen anderen Fahrer, das war ein Krimineller. Welches Verbrechen er begangen und weshalb man ihn aus dem Gefängnis entlassen hatte, weiß ich nicht. Er sah aus wie ein echter Gangster und war wie ein treuer Hund zu Dom Gregorio; doch alle anderen haßte er. Wenn Dom Gregorio nicht da war, weigerte er sich, für uns als Fahrer zu arbeiten, auch wenn sein Chef es ihm befohlen hatte. Und wir hatten Angst vor ihm. Da war ein armer Junge aus der Nachbarschaft, der ab und zu zum Essen ins Kloster kam; er war Epileptiker, und mehr als einmal sah ich Dom Gregorio vom Tisch aufstehen und ihm das Essen aus dem Mund nehmen, weil er daran zu ersticken drohte. Gäste und Mönche aßen nämlich gemeinsam.

Die Sache mit der Psychoanalyse kam allmählich, es war der Grund, weshalb das Kloster später geschlossen wurde. Es begann mit der psychiatrischen oder psychoanalytischen Behandlung der pathologischen Fälle, von denen ich erzählt habe. Diese wurde dann auf alle ausgedehnt, die ins Kloster aufgenommen werden wollten. Dann wurden nach und nach auch die älteren Mönche einbezogen (die reifen und völlig gesunden wie Bruder Gabriel zum Beispiel). Ärzte und eine Ärztin kamen zu Einzel- oder Gruppensitzungen ins Kloster. Manche fanden in Cuernavaca oder Mexiko-City statt. Anfangs waren es Analytiker der Frommschen Schule, später auch die der Freudschen, denn Dom Gregorio, ein alter Frommianer, wollte darin nicht mehr sektiererisch sein. Auch er selbst absolvierte eine Analyse. Zuerst vertrat er die Ansicht, die Psychoanalyse könne dem Klosterleben zuträglich sein; dann hielt er sie für unverzichtbar und erklärte sie zur Pflicht. Niemand konnte gesund sein, wenn er nicht eine Analyse absolviert hatte. Er plante, neben dem Kloster eine Klinik für Psychoanalyse zu eröffnen. Und da kam es zum Bruch mit Rom.

Auch ich hatte meine Psychoanalyse, nachdem der namhafte Gastroenterologe, Dr. Fournier, mich nicht heilen konnte. Schon P. Eudes hatte zu einer Analyse geraten, wenn ich nicht auf übliche Weise geheilt werden könne. Und ich mußte gesund sein, um aufs Priesterseminar gehen zu können. Im Kloster gab es keinen festen Stundenplan, der mich einengte; da konnte ich also ohne Probleme mit Kopfschmerzen im Bett liegen. Auf dem Seminar würde das anders sein. Dom Gregorio suchte mir einen Analytiker in Mexiko-City, den er zwar nicht persönlich kannte, den man ihm jedoch empfohlen hatte; er gehörte zur Frommschen Schule.

Dom Gregorio bot an, die Behandlung zu bezahlen, doch ich fand selbst eine Lösung für dieses Problem. Denn man hatte mir gesagt, damit die Analyse einen Nutzen habe, müsse man sie selbst bezahlen. Man mußte reden, reden und nochmals reden, doch manchmal hatte man keine Lust, überhaupt etwas zu sagen. Der Analytiker hörte nur zu. Es konnte also vorkommen, daß man fast die ganze Sitzung über schwieg. Wenn man bezahlen mußte und sehr genau wußte, was jede Minute kostete, dann verschwendete man seine Zeit nicht so leicht. Wie mag es wohl diesen Filmschauspielern ergehen, die Jahr für Jahr mit der Analyse verbringen und für die Geld nichts bedeutet? Oder wenn die Institution die Sitzungen bezahlt, wie es später im Kloster der Fall war, als alle analysiert wurden?

Ich beschloß also, selbst zu bezahlen, und weil es dazu dienen sollte, aufs Priesterseminar zu gehen, mußte Gott mir helfen. Er hatte mir die ganze Zeit vorher geholfen, bei viel unbedeutenderen Dingen. Jetzt mußte die Hilfe größer sein. Und wenn er nicht wollte, daß ich aufs Seminar ginge, dann würde er mir eben nicht helfen, und ich wäre es auch zufrieden. Dann ginge ich eben nach Nicaragua und lebte am Ufer des Río Coco als kontemplativer Laienmissionar bei den Miskitos, in der Schönheit des tropischen Regenwaldes und des Flusses. Ob ich Priester wäre oder nicht, machte mir kein Kopfzerbrechen, das war Gottes Angelegenheit. Und jene Psychoanalyse war teuer. Wieviel sie kostete, weiß ich nicht mehr, aber es hätte auch keinen Sinn, wenn ich mich erinnerte. Weder der damalige Wert des mexikanischen Peso noch der des Dollar hat Bezug zur heutigen Kaufkraft. Doch es war sehr teuer. Und es fand zweimal die Woche statt, mit den zusätzlichen Kosten der Fahrt nach Mexiko-City. Ich bekam das nötige Geld, als ich es zu brauchen begann. Eine Dame, die in Chicago einen Laden für religiöse Kunst hatte, besuchte das Kloster, sah meine Skulpturen und gab mir einen Auftrag über 100 Dollar: Jungfrauen, Christusfiguren, eine heilige Theresita in mehreren Farben. Und auch wenn es seltsam klingen mag, es kam ein texanischer Millionär ins Kloster und bestellte bei mir das Drehbuch für einen Fernsehfilm und bezahlte mir dafür gleich 1.000 Pesos. Das war alles ziemlich viel Geld, zumindest für mich.

Der Psychoanalytiker meinte, meine Beschwerden würden mit der Behandlung vollständig verschwinden. Doch sei die Behandlung lang: Fast immer dauere sie mehrere Jahre. Und auch wenn meine Beschwerden schnell verschwinden sollten, müsse ich mit der Analyse weitermachen, denn sonst sei die Heilung nur vorübergehend, und ich würde wieder genauso krank werden wie vorher.

Die Behandlung war lästig für mich, allein wegen der Anreise, zwei Stunden im Bus hin und zwei Stunden zurück. Und außerdem teuer. Doch sah ich ein, daß mir nichts anderes übrigblieb, wenn ich geheilt werden wollte. Sonst konnte ich nicht aufs Seminar gehen. Und wenn ich sah, daß meine Heilung tatsächlich Fortschritte machte, dann mußte ich in ein Seminar in Mexiko eintreten. An Seminaren fehlte es dort nicht, doch leider waren sie besonders reaktionär. Aber das mag andernorts ebenso gewesen sein.

Der Psychoanalytiker begann an mir Dinge zu entdecken, die ich nie gewußt oder geahnt hatte. Einige fand ich offensichtlich, andere nicht so sehr. Ob alles, was er sagte, richtig war? Wer konnte das wissen. Vielleicht stimmte es auch auf gewisse Weise, aber nicht so, wie er sagte.

Zunächst war da meine krankhafte Angst, in der Öffentlichkeit zu sprechen. Wie sich zeigte, hatte ich in meinem Leben nur ein paar kleine Ansprachen gegeben, bei einer Hochzeit, ein Toast bei einem Festessen – wenn ich betrunken war. Ich hatte wohl auch große Reden gehalten, doch immer mit dem Text in der Hand. Ich gestand, daß man mich vor kurzem auf einen Landsitz bei Cuernavaca zum Essen eingeladen hatte, Fedro Guillén und noch ein paar Freunde. Wir waren ungefähr acht Personen, unter ihnen der Botschafter Venezuelas, den Fedro mitgebracht hatte. Während wir einen Schluck tranken, erhob sich der Botschafter plötzlich und hielt eine Lobesrede auf mich und auf meine Poesie, die er in Venezuela kennengelernt hatte, ohne es zu unterlassen, die Ideale Bolívars zu erwähnen, wie es sich für einen Venezolaner gehört. Ich saß da wie versteinert. Man erwartete meinen Dank, aber ich wußte nicht, was ich antworten sollte, mein Kopf war wie leergefegt. Und ich konnte nichts sagen. Ein Zeichen, meinte der Analytiker, für meine tiefe Neurose. Jemand wie ich, der so weltgewandt gewesen war, in einer so entspannten Atmosphäre, mit so wenigen Personen, bei einem Umtrunk: Und da hatte ich Angst zu reden! Das war völlig anomal. Beschämt stimmte ich ihm zu.

Doch wenn ich es heute rückblickend überlege, war es genauso anomal, daß in einer so entspannten Atmosphäre, mit so wenigen Personen, bei einem Umtrunk, der Botschafter Venezuelas aufgestanden war, um jene protokollarische Rede zu halten, die mich wie versteinert gelassen hatte.

Später las ich, daß Jorge Luis Borges, als er schon in der Mitte seines Lebens stand, während einer Armutsperiode das Angebot bekam, an einem Gymnasium zu unterrichten, und es zurückwies, aus Angst, vor den Schülern sprechen zu müssen. Derselbe Jorge Luis Borges, der als alter Mann durch die ganze Welt reiste und Vorträge hielt, ohne Manuskript oder irgendwelche anderen Aufzeichnungen, weil er ja blind war.

Genau wie Borges überwand auch ich diese Schwäche, als ich zum Priester geweiht wurde und bei jeder Messe sprechen mußte. Im Priesterseminar trainierte ich vorher, soviel ich konnte, indem ich immer, wenn es mir möglich war, in der Öffentlichkeit das Wort ergriff. Ich merkte, daß es der Mehrzahl der Seminaristen genauso ging wie mir, oder noch schlimmer. Bei einer der kleinen Predigtübungen, die wir abhielten, wurde einer von uns von Panik ergriffen, als er vor den anderen Seminaristen sprechen sollte, und konnte kein einziges Wort herausbringen. Und er war vorher Arzt gewesen.

Später, während der Revolution, als ich Kulturminister war, mußte ich unzählige Male in der Öffentlichkeit reden, manchmal vor riesigen Menschenmengen, ohne ein Blatt Papier in der Hand. Obwohl, das gestehe ich, es immer Nervosität bei mir auslöste. Doch sogar der große Redner Fidel Castro erklärte in einem Interview mit Tomás Borge, er sei immer nervös, wenn er sprechen müsse, außer bei sehr formellen Gelegenheiten, denn da habe er seinen Text schriftlich bei sich, zum Beispiel bei einer Rede vor den Vereinten Nationen. Und erzählt nicht auch Plutarch in »Parallele Leben«, daß Demosthenes niemals in der Öffentlichkeit sprechen konnte, wenn er den Text nicht schriftlich vor sich hatte?

301

Eine andere Eigenart, die der Psychoanalytiker an mir entdeckte, war die, daß ich unter Gefühlskälte litt, daß ich meine Empfindungen nicht zeigte. Um mich besser kennenzulernen, hatte er meine Gedichte gelesen, und er fand, daß dort nicht das leiseste Gefühl durchschien. Mein Hinweis, es sei eine bewußte literarische Technik, meine Gefühle indirekt auszudrücken, fruchtete nichts. Seinem Urteil zufolge war meine Poesie kalt, leidenschaftslos, unpersönlich, es mangelte ihr an jeglichem Gefühl und menschlicher Wärme. Nicht, daß ich kein Gefühl und keine Leidenschaft besäße, ich hätte sie in großer Fülle, doch unterdrücke ich sie. So hatte ich auch mit gespielter Ruhe die Nachricht Mertons vom Scheitern der Guerilla-Aktion in Olama und Mollejones aufgenommen; doch hatte ich einen starken Ischiasschmerz verspürt, der mich an jenem Tag nicht zur Arbeit gehen ließ. Es schien, als schämte ich mich, anderen mein Inneres offenzulegen.

Ich redete und redete und redete (wenn ich nicht gerade ab und zu schwieg, weil ich absolut nichts mehr zu sagen hatte, und so kläglich mein Geld verschleuderte), und er entdeckte weitere krankhafte Aspekte meiner Persönlichkeit. Oder die er dafür hielt.

Er fand heraus, daß ich den Witz, den Humor, die Freundlichkeit meiner Kindheit verloren habe, die mir einst die Sympathie meiner Mitschüler eingetragen hatten, und mich in die verschlossene, scheue Person verwandelt hatte, die ich heute war. Und dies wegen der familiären Unterdrückung, die er seiner Meinung nach erlitten hatte.

Eine weitere Anomalie war meine Angst vor anderen. Daß es mir schwerfiel, nein zu sagen. Ich war eine unterwürfige Person; ein passiver Mensch; jemand, der sich seiner selbst nicht sicher und ganz und gar unentschlossen war.

Einmal träumte ich, ich führe mit dem Auto meines Vaters auf einer gefährlichen Straße. Mein Vater saß auf dem Rücksitz. Ich verspürte große Angst, fahren zu müssen, es war fast ein Alptraum. (Im wirklichen Leben hatte ich nie am Steuer gesessen, wenn mein Vater mit im Wagen war; es war immer er, der fuhr.) Dies zeigte meine Angst davor, hervorzustechen, an der Spitze zu stehen.

Nach den Sitzungen ging ich immer irgendwie erleichtert auf die Straße hinaus, so, als hätte sich etwas in mir entladen. Ich ging mit festerem, entschlossenerem Schritt. Bereit, ein offeneres Gesicht zu tragen, ohne Angst, meine Gefühle zu zeigen, spontaner. Obwohl ich glaube, daß das nur kurz anhielt.

Einmal träumte ich, ich befände mich in einem Zimmer, dessen Wände voller Scheiße waren. Das war, so sagte er mir, die Wahrnehmung, die ich von der Welt und vom Leben hatte. Mein Universum bestand aus Exkrementen. Mein Inneres mußte sehr düster und melancholisch aussehen. Er hatte Mitleid mit mir. Welcher Unterschied zu dem, der ich in meiner Kindheit gewesen war, so fröhlich, so lustig! Das war seine Meinung.

Der Analytiker darf nur zuhören, heißt es, und höchstens Fragen stellen. Doch dieser hier redete auch, gab seine Meinung von sich, zwang mir seine Ansichten auf und erhob sogar anklagend den Finger. Das wäre mir gleichgültig gewesen, wenn er mich geheilt hätte, wie er es mir versichert hatte. Doch mein Zustand verbesserte sich nicht. Und die Behandlung war teuer. Und es war da noch etwas Schlimmeres:

Dom Gregorio meinte, ein guter nicht-gläubiger Psychoanalytiker sei besser als ein schlechter katholischer. Er brauchte also nicht Katholik zu sein, doch er mußte das religiöse Leben verstehen, wenn er Ordensleute analysierte. Dieser hier verstand jedoch gar nichts davon. Mein Desinteresse an weltlichen Dingen hielt er für neurotisch. Mein Eintritt ins Trappistenkloster war ihm zufolge masochistisch gewesen; niemand, der bei Verstand war, wählte ein Leben im Kloster. Das konnte Dom Gregorio nicht mehr hinnehmen. Er untersagte mir ein- für allemal, zu diesem Arzt zu gehen, und ich tat es auch nicht wieder.

Dabei glaubte Dom Gregorio so sehr an die Psychoanalyse! Ich war da schon mißtrauischer geworden. Es hieß, der Psychoanalytiker müsse sich selbst analysieren lassen, um analysieren zu können. Nach der Analyse war er angeblich vollständig gesund, ohne Neurosen, und konnte so andere heilen. Doch in jenen Tagen war ein Psychoanalytiker aus Cuernavaca (und zwar der, der mich zuerst untersucht hatte) in die USA gegangen, um sich noch einmal analysieren zu lassen, nachdem seine Frau seine Homosexualität entdeckt hatte. Das erfuhr ich, weil es mir ein Freund von ihm und seiner Frau erzählte: Dom Gregorio.

Ich will klarstellen: Nicht daß ich nicht an die Zweckmäßigkeit, ja sogar Notwendigkeit der Psychoanalyse in vielen Fällen glaube. Doch muß man sich einen guten Analytiker suchen, um nicht die Erfahrung zu machen, die ich hatte.

Das mit dem Filmdrehbuch hatte sich so ergeben: Ein texanischer Millionär, der erst kürzlich zum Katholizismus übergetreten war, kam ins Kloster und fragte, ob unter den Mönchen vielleicht ein Schriftsteller sei. Man erzählte ihm von mir, der ich der einzige dort war. Er bat darum, mich im Empfangszimmer sprechen zu können, und schlug mir vor, das Drehbuch zu schreiben.

Einem nordamerikanischen Priester, der in Cuernavaca eine Gemeinde hatte, stahl man das Geld aus dem Opferstock in der Kirche. Er erstattete Anzeige. Wenig später rief man ihn an und sagte, man habe den Dieb gefaßt. Er ging zur Polizei und wollte den Dieb sehen. Man führte ihm ein Kind von zwölf Jahren vor. Der Pfarrer wurde wütend und bestand darauf, daß man den Jungen freiließ. Doch dazu ließen sich die Polizisten erst überreden, als er sagte, er werde dieses Kind in seine Obhut nehmen. Anfangs hatte das Kind Angst vor dem Pfarrer, dann schöpfte es immer mehr Vertrauen. Zwei kleine Freunde des Jungen baten den Pfarrer, auch bei ihm wohnen zu dürfen. Zuerst wollte er diese Belastung nicht auf sich nehmen, doch schließlich gab er nach. Die Nachricht verbreitete sich im Viertel, und man brachte ihm ein weiteres elternloses Kind, und dann noch eines. Er wollte sie nicht aufnehmen, doch die Nachbarn setzten ihn unter Druck, indem sie Decken brachten, Essen, Kleider. Inzwischen hatte dieser Pfarrer ein Haus, wo über 300 Kinder glücklich lebten.

Der kürzlich übergetretene Millionär wollte diesem Werk helfen, indem er 36 Filme von jeweils 30 Minuten Länge finanzierte. Jeder Film sollte die Lebensgeschichte eines der Kinder sein, von ihm selbst erzählt, und der erste Film, mit dem er mich beauftragte, handelte davon, wie das Werk mit jenem Jungen begonnen hatte. Ich schrieb das Drehbuch und erhielt die tausend Pesos, mit denen ich die Honorare für die Psychoanalyse begleichen konnte. Weitere Drehbücher wollte er nicht von mir, und ich glaube, es wurde keiner der Filme, die er plante, je gedreht, weshalb, weiß ich nicht. Was mich anging, so brauchte ich kein Honorar für Drehbücher mehr, weil ich die Analyse schon aufgegeben hatte. Glück für mich: frei vom Psychoanalytiker und von Drehbüchern für Hollywoodfilme.

Doch genauso interessant wie die Geschichte vom Beginn des Waisenhauses, die der Millionär mich zu schreiben beauftragte, war auch die Geschichte des Millionärs selbst, die er mir erzählte.

Daß ich Nicaraguaner war, überraschte ihn sehr. Denn es war in Nicaragua gewesen, wo er seine Bekehrung erfahren hatte. Eigentlich wollte er dort eine Raffinerie aufbauen, die erste in Nicaragua, und natürlich mußte am Geschäft Somoza beteiligt werden. In jenen Tagen wohnte er im »Gran Hotel«, mit wunder Seele, weil seine Ehe in den USA gerade gescheitert war. Er glaubte nicht an Gott, doch verspürte er plötzlich das Bedürfnis, in eine Kirche zu gehen. Der Taxifahrer brachte ihn zur Kirche der Jesuiten, Santo Domingo, wo er Pater Iriarte traf. Es war nichts Besonderes, was der ihm sagte, noch gab es viel zu sagen in seinem Fall. Doch ihn beeindruckte tief das Lächeln von Pater Iriarte. Und die, die wir jenen Jesuitenpriester gekannt haben, erinnern uns noch gut an das ständige verzückte Lächeln auf seinem Gesicht eines Kindes mit grauen Haaren. Der Texaner blieb in der Kirche und betrachtete jenes unaufhörliche Lächeln. Und da sagte er sich: Ich bin sehr reich und dennoch unglücklich. Dieser Mann aber ist voller Seligkeit, und ich muß das Geheimnis dieser Seligkeit ergründen, damit ich so glücklich sein kann wie er.

Er verließ Nicaragua mit dem Entschluß, das religiöse Leben kennenzulernen, das ein solches Lächeln hervorbrachte. Und so nahm er in den Vereinigten Staaten Kontakt zu anderen Jesuiten auf, und das war seine Bekehrung.

Die Raffinerie wurde nie gebaut, denn er wollte, daß sie zur einen Hälfte ihm gehörte und zur anderen dem Staat, während Somoza diese andere Hälfte für sich haben wollte, ohne irgendeinen Nutzen für den Staat oder für das Volk.

In Nicaragua ist man immer der Überzeugung gewesen, daß Somoza dumm war. Dieser Millionär erzählte mir jedoch, daß er sehr klug gewesen sei, zumindest was das Ölgeschäft anging. Daß die Berechnungen und mathematischen Operationen in jenem Bereich sehr kompliziert sind und nur große Experten sie beherrschen, und Tachito Somoza begriff das alles sehr schnell, ohne Erfahrung in dem Zweig zu besitzen, soweit man wußte. – Ich hörte später nichts mehr von diesem guten Ölbaron aus Texas.

Zu jener Zeit trug ich schon einen Bart: um mich nicht rasieren zu müssen und weil es auch klösterlicher aussah. Er war für mich ein Ersatz für das Ordenskleid, das ich aufgegeben hatte. Ich erinnere mich, daß Coronel mir geschrieben hatte, wenn ich nach Nicaragua zurückkehre, dann müsse ich ein religiöses Gewand tragen, eine Soutane, eine Tunika oder dergleichen, und wenn das nicht, dann wenigstens einen Bart.

Mein Bart begann schon leicht grau zu werden. Ich hatte nicht vergessen, daß meine Freundin Adelita mich immer mit einem Bart hatte sehen wollen. Sie sagte, mit einem Bart müsse mein Profil herrlich sein. Ich ließ mich in einem drittklassigen Fotoatelier in Cuernavaca fotografieren, um dieses griechische Profil zu sehen, das mir der Bart sicherlich verschaffte (so glaubte ich zumindest). Oder wenigstens das Profil zu sehen, bei dem der Bart ein wenig die große Nase ausglich, deretwegen ich immer einen Komplex gehabt hatte. Ich erlag dieser Eitelkeit, der Eitelkeit eines Häßlichen.

Ich trug Sandalen, wie die Mönche des Klosters; wir alle benutzten die Sandalen der mexikanischen Bauern, *guaraches*. Und ich trug Blue jeans und eine blaue Jacke aus demselben Stoff, die ich auf dem Markt von Cuernavaca gekauft hatte und die mein Freund, der alte spanische Dichter León Felipe, mit dem Ausdruck der Bewunderung »Eisenbahnerjacke« nannte.

Der größte Teil der Mönche begann, Bart zu tragen. Auch Dom

Gregorio höchstpersönlich ließ ihn sich stehen, bei ihm sah er schon ziemlich weiß aus. Später machte er ihn zur Pflicht, außer man nannte einen Grund, keinen zu tragen, zum Beispiel, wenn man nicht genügend Bartwuchs hatte.

In jenen Tagen kamen auch in den Vereinigten Staaten und dann in der ganzen Welt Bärte in Mode. Diejenigen, die ihn einführten, waren die Beats, jene Bewegung der literarischen Gegenkultur, die abschätzig *Beatniks* gerufen wurden und die die Vorläufer der Hippies waren. Die Beats übernahmen Bart und Mähne von den cubanischen Guerilleros, und das wurde in den USA zum Symbol für nicht-konformes Leben, sowohl an ihnen als auch an den Hippies. Doch als in Cuba die jungen Leute so herumlaufen wollten, verboten es die Behörden, weil es eine Mode der Gringos war.

Ich erinnere mich, daß in den USA jemand als Antwort auf die Kritik an dieser Mode in einer weitverbreiteten Zeitschrift schrieb, man brauche nur irgendein Lexikon aufzuschlagen, dann sähe man, daß die Mehrheit der Männer der Geschichte Bart und lange Locken getragen hätten, angefangen bei Jesus Christus. Und genauso in der religiösen Kunst: so sähe die Mehrheit der männlichen Gesichter auf Kirchenfenstern, Fresken und Skulpturen aus. (Was Nicaragua anging, so konnte langes Haar damals der Anlaß dafür sein, eingesperrt zu werden.)

Es war in jenen Tagen, daß die Beats ins Kloster kamen. Und damals hatte ich auch damit begonnen, Beat-Dichter zu übersetzen, um eine Sammlung nordamerikanischer Gedichte zu aktualisieren, die ich seit Jahren mit José Coronel vorbereitete. Ich entdeckte sie in einer Buchhandlung in Cuernavaca, die englischsprachige Bücher verkaufte, und in einer anderen in Mexiko-City, und ich begann sie zu übersetzen, Ginsberg und all die anderen.

Der erste, der zu uns kam, war Philip Lamantia, der katholische Beat. Die Zeitschrift »Life« hatte ein großes Foto von den Gründern der Beat-Bewegung veröffentlicht, unter ihnen auch Philip Lamantia, und man schrieb dazu, seine beiden Hauptinteressen seien Theologie und Drogen. Lamantia erzählte mir, als dieses Foto von ihnen erschien, habe er den anderen gesagt, dies sei das Ende der Bewegung, weil sie nun vom System geschluckt würde. Und ich glaube, so kam es auch, genauso wie später bei der Bewegung der Hippies.

Lamantia verteidigte nicht Drogen allgemein, sondern das Marihuana, das für ihn keine Droge war. Erst war er opiumsüchtig gewesen; die Opiumsucht hatte er mit Morphium überwunden, die Sucht danach wiederum mit Heroin, der schlimmsten aller Drogen, wie er meinte. Und die Heroinabhängigkeit hatte er mit Marihuana überwunden, das ihm zufolge gar keine Abhängigkeit verursachte. Weil er aus einer italienischen Familie stammte, war er sein ganzes Leben lang Katholik gewesen, doch nur dem Namen nach. Aber dann hatte er eine tiefe religiöse Bekehrung. Kein katholischer Geistlicher hatte dies bewirkt, sondern der Priester einer indianischen Religion. Es geschah während eines Kommunionsritus mit Peyote, einem halluzinogenen Kaktus. Da hatte er seine Gotteserfahrung. Er erzählte sie dem Priester und sagte ihm, er möchte zu dieser Religion gehören. Weil der Indianer aber wußte, daß er katholisch gewesen war, riet er ihm, Katholik zu bleiben: Der Gott der Katholiken und der der Indianer und aller anderen Religionen sei ein und derselbe. (Was ich im Kapitel über das Noviziat schrieb: daß die Beats und die Hippies die nordamerikanischen Indianer entdeckten, doch zuvor hatte sie, einsam in einem Kloster, Thomas Merton entdeckt.)

Lamantia ließ sich in jenen Tagen in der hübschen kolonialen Kirche von Santa María de Ahuacatitlán, dem Nachbardorf des Klosters, kirchlich trauen, und ich war sein Trauzeuge, während alle anderen Beat-Freunde zu Gast waren.

Dann kam die Bekehrung von zwei weiteren Beat-Dichtern, Harvey Wolin und Howard Frankl. Harvey war in Mexiko-City bei Lamantia und seinen Freunden, als er sich für den Katholizismus zu begeistern begann. Er beschloß, sich im Kloster von Cuernavaca religiösen Lehren zu unterziehen, wo es, wie man ihm gesagt hatte, einen Beat-Mönch gab (das war ich). Er hatte einen Freund in New York, Howard Frankl, und aus einer Eingebung heraus schickte er ihm ein Telegramm und sagte ihm, er müsse sofort nach Mexiko kommen, sie hätten etwas sehr Wichtiges entdeckt. Er sagte ihm nicht, was; doch Howard, der in diesem Augenblick eine tiefe Gotteserfahrung gehabt hatte, flog, ohne zu wissen, weshalb man ihn herbeirief, sofort nach Mexiko, und stellte fest, daß das, was sie entdeckt hatten, Gott war: dasselbe, was er gerade in New York entdeckt hatte.

Howard hatte seine Gotteserfahrung beim Marihuanarauchen. Er stammte aus einer jüdischen Familie, in der jedoch niemand praktizierte; von klein auf war er Atheist gewesen. Dies war für ihn auch der einzige problematische Punkt der christlichen Doktrin, die ich den beiden vor der Taufe, die sie empfangen wollten, mit einem Katechismus beibringen mußte. Howard und Harvey akzeptierten unterwürfig diese gesamte Lehre (jene christliche Doktrin der Zeit vor dem Konzil!), die ich ihnen Tag für Tag erklärte. Sogar noch die Rechtmäßigkeit des »Index verbotener Bücher« akzeptierten sie. Doch Howard protestierte gegen den Punkt, an dem der Katechismus sagte (auf der Grundlage einer These des heiligen Thomas von Aquin), es könne niemanden geben, der nicht auf dem Grunde seiner Seele ein Stückchen Bewußtsein von Gott habe. Er meinte, er selbst sei ein solcher reiner Atheist gewesen, und weil er es an sich erfahren hatte, konnte er den Katechismus nicht akzeptieren. Ich mußte schließlich aufgeben, ermüdet von jener »Halsstarrigkeit« meines Schülers, und ich sagte ihm: »Was macht das schon: Laß doch den Katechismus sagen, was er will!«

Howard, der Atheist reinsten Wassers, hatte in seinem kleinen Zimmer in New York gelegen, Marihuana geraucht und dabei in der Zeitschrift »Time« einen Artikel über die Ausdehnung des Universums gelesen. Plötzlich hatte er ein Gefühl, als sei er selbst das Universum, als dehne er selbst sich aus, und als gäbe es in seiner Ausdehnung und der des Universums die Gegenwart eines Wesens unendlicher Liebe und grenzenloser Schönheit, und er erkannte sofort, daß dieses Wesen der war, den die Leute »Gott« nannten und an den er niemals auch nur ein ganz klein wenig geglaubt hatte. Und von da an liebte er Gott sein ganzes Leben lang.

Nachdem er in Mexiko Harvey getroffen hatte, kamen sie gemeinsam nach Cuernavaca, um mich darum zu bitten, sie zu taufen. Ich konnte sie nicht taufen. Ich konnte ihnen nur den Katechismus beibringen und sie als Taufpate ans Taufbecken bringen. Sie wurden in derselben Dorfkirche getauft, wo Lamantia geheiratet hatte. Sie wollten eigentlich im Kloster von Dom Gregorio in Anwesenheit aller Mönche getauft werden, aber Dom Gregorio lehnte das ab. Der, der sonst in allen Fragen von Theologie und Moral ein Vorreiter gewesen war, zeigte sich, was das Marihuana anging, als intolerant. Anfangs war er sogar dagegen, daß sie überhaupt getauft würden, wenn sie nicht vorher dem Laster des Marihuana abschwörten. Ich versuchte ihn zu überzeugen, so wie sie mich zuvor überzeugt hatten, daß das Marihuana weder Laster noch Sünde sei, doch hatte ich keinen Erfolg. Zwar rauchten sie höchstens ab und zu noch, denn in ihrer neuen religiösen Haltung brauchten sie es nicht mehr, doch hatten sie gleichzeitig das Gefühl, nicht abschwören zu sollen. Und ich gab ihnen recht. Das Äußerste, das Dom Gregorio zugestand, war, daß ich sie mit in die Dorfkirche nahm, damit sie dort der Gemeindepfarrer taufte. Sie zeigten keinerlei Groll gegen Dom Gregorio. Entweder hatten sie ihm verziehen, oder sie waren noch großzügiger und empfanden nicht einmal eine Beleidigung, die verziehen werden mußte. Sie freuten sich so sehr über ihre Taufe, daß es nichts ausmachte, wo sie stattfand.

In jenen Tagen war das Marihuana mit den Beats in den USA in die Öffentlichkeit gelangt; und so sollte es bald auf der ganzen Welt sein. Bis dahin war es immer nur mit Kriminalität, Gefängnis und Unterwelt in Verbindung gebracht und eher den armen Ländern zugeschrieben worden. Die Beats beharrten mir gegenüber darauf, daß Marihuana den Kriminellen zugeordnet wurde, weil die Kriminellen es rauchten, nicht weil Marihuana kriminell machte. Und daß es bald auch die Oberklasse konsumieren würde.

Philip Lamantia, »Life« zufolge der Experte in Theologie und Drogen, sagte zu mir, Marihuana sei schon in der Bibel erwähnt, wenn auch nur versteckt. Man priese es im »Hohelied Salomos«. Es tauche auch in der Schöpfungsgeschichte auf, wo es heißt, daß am dritten Tage der Schöpfung Gott die Erde Gras hervorbringen ließ (sie nannten ja das Marihuana *grass*). Er meinte auch, das Großkapital der Tabak- und Schnapsindustrie sei gegen Marihuana, weil der, der Marihuana rauchte, keine Zigaretten mehr konsumierte – und da man sein Marihuana im Blumentopf zu Hause anbauen konnte, konnten die Zigarettenfabriken kein Geschäft damit machen. Und jemand, der Marihuana rauchte, tränke auch keinen Alkohol mehr. Sie nahmen höchstens ein Glas Wein oder Bier zu sich, wegen des Geschmacks, aber nicht, um sich zu betrinken. Die Beat Generation, wie sie sich selbst nannte, war nicht so wie zuvor die Lost Generation, die von Hemingway, eine Generation von Trunkenbolden. Lamantia sagte mir, das Marihuana mache die Menschen freundlich, friedlich, gewaltfrei. Er erzählte mir, in San Francisco habe man eine Pille entdeckt, die Liebe hervorbringe. Die Behörden waren dagegen, weil das System am Ende wäre, wenn sich die Menschen untereinander liebten. Es hatte den Plan gegeben, diese Substanz in die Trinkwasserreservoirs von San Francisco zu werfen, damit am nächsten Tag die Bevölkerung sich untereinander liebe, doch ließ man davon ab, weil es gegen die Prinzipien der Gewaltfreiheit verstieß; die Annahme mußte freiwillig geschehen. (Später erfuhr ich, daß diese Pille das LSD war.) Und Lamantia schrieb in jenen Tagen auch einen wirklich sehr schönen, persönlichen, nicht-öffentlichen Brief an Präsident Kennedy, in dem er ihn aufforderte, der Bevölkerung Nordamerikas diese Gabe der Natur, das Marihuana, nicht vorzuenthalten, und in dem er über die Verschwörung der Tabak- und Spirituosenindustrie sprach und über diese eben erfundene Pille, die Liebe hervorbrachte und Schluß mit den Kriegen machen würde. Ein Brief, den Kennedy, glaube ich, nie beantwortete.

Mich wollten sie oft genug dazu überreden, Marihuana zu probieren; es würde mich beim Gebet unterstützen und könne meine Kopfschmerzen lindern. Ich traute mich jedoch nie (und habe es bis heute nicht getan), denn ich fürchtete, meine Berufung zu riskieren. Howard erzählte mir, es sei etwas, das keine Sucht nach sich zog: Die, die es probiert hatten, rauchten es weiter, weil es ihnen gefiel, nicht, weil sie abhängig wurden. Tatsächlich war ich Zeuge, wie er es ohne Schwierigkeiten aufgab, als er sich taufen lassen wollte; dagegen fiel es ihm entsetzlich schwer, das Zigarettenrauchen aufzugeben, und ganz schaffte er es nie. Und er meinte, eine große Zahl ihrer Freunde habe Marihuana probiert, ohne irgendwelche negativen Folgen. Nur in einem Fall habe er einem Freund, mit dem er zusammen auf einer Parkbank saß, Marihuana zu probieren gegeben, und der habe zu weinen und zu schreien begonnen und habe in ein Irrenhaus gebracht werden müssen, aus dem er nicht wieder herauskam. Als sie mir vorschlugen, Marihuana auszuprobieren, mußte ich immer an die Schreie dieses Freundes auf der Parkbank denken.

Einmal brachten sie einen Beat zu mir, der auf der Flucht vor der Polizei war und den ich verstecken sollte. Es war ein krimineller Dichter, obwohl ich glaube, mehr Krimineller als Dichter, allerdings vielleicht weniger kriminell, als das FBI meinte, das ihn für den Rest seines Lebens einsperren wollte. Wie er mir erzählte, war er seit seinem neunten Lebensjahr fast immer hinter Gittern gewesen. Zuerst in Waisenhäusern oder Erziehungsheimen und dann, für unterschiedliche Dauer und aus verschiedenen Gründen, im Gefängnis. Denn wenn man erst einmal mit dieser Laufbahn anfing, meinte er, dann landete man wegen jeder Kleinigkeit gleich wieder dort. Vor kurzem hatte man ihn auf Bewährung freigelassen, und er war in einen anderen Bundesstaat geflohen. In jenen Tagen hatte es einen Banküberfall gegeben, bei dem vier Menschen ums Leben kamen. Ihn hatte man mit dem Überfall in Verbindung gebracht, obwohl er nicht daran beteiligt gewesen war, zumindest nicht am Tode der vier Menschen. Ich erzählte Dom Gregorio die Geschichte, und er stimmte zu, den Mann zu verstecken. Er gab ihm ein Häuschen ganz tief im Wald, das fast niemand kannte; dorthin schickte man ihm auch sein Essen. Aber der Mann war zu nervös, so daß er sein Versteck verließ und uns im Kloster aufsuchte. Seine Frau kam, und er wurde noch nervöser. Man riet ihnen, nach Cuba zu gehen, dort blieben sie für immer vom FBI verschont. Nach ein paar Tagen ging er, wir erfuhren nicht, wohin.

Unter anderem kam auch ein kommunistischer Beat-Dichter polnischer Abstammung, der seine alte Heimat Polen besucht hatte, wo ihm aber das System mißfiel. Er kam vorbei auf dem Weg nach Cuba, wo er eine zweisprachige, beat-kommunistische Zeitschrift mit einem hübschen Titel gründen wollte: »Pa'lante«, Vorwärts. Doch er kam zurück, als er sah, daß es nicht möglich war. Das kommunistische Cuba war nicht in der Lage, mit den Ausschweifungen der Gringo-Beatniks umzugehen, auch wenn deren Haartracht von der Sierra Maestra inspiriert war, wo Fidel mit seinen Truppen gekämpft hatte; und auch die Beats konnten sich der kommunistischen Disziplin auf Cuba nicht unterwerfen. (Das war, als Ginsberg aus Cuba wegen seiner Erklärungen zur Homosexualität ausgewiesen wurde und Ché Guevara das Kulturinstitut »Casa de las Américas« rügte, weil es Ginsberg eingeladen hatte.) Und der Pole kam mich nach seiner Rückkehr aus Cuba wieder im Kloster besuchen und meinte, er wolle auch weiter Kommunist bleiben, doch er wisse nicht, in welchem Land der Erde er den Kommunismus finden würde, den er suche.

Ich konnte ihm nicht viel helfen, denn ich war Antikommunist. In meinem Briefwechsel mit Merton, der veröffentlicht worden ist, gibt es einen Brief, den ich ihm aus Cuernavaca schrieb und in dem es in bezug auf Cuba heißt: »Man hat dort einen Imperialismus gegen den anderen ausgetauscht: eine Sklaverei gegen die andere, und die neue ist schlimmer als die vorige. Cuba ist heute tatsächlich ein sowjetisches Land.« So dachte ich, bis ich nach Cuba kam.

Solche Dinge sagten Mejía Sánchez und ich auch Fernando Gordillo, der geduldig unsere Leier von Stereotypen ertrug. Das war, als er uns in Mexiko im Hause von Mejía Sánchez besuchen kam. Gordillo war der marxistische Kopf der »Revolutionären Nicaraguanischen Jugend«, einer eben entstandenen Bewegung um die Zeitschrift »Ventana«, die er und Sergio Ramírez leiteten. Gordillo war ein sehr guter Dichter und ein großer Studentenpolitiker, obwohl er die meiste Zeit im Bett oder in einem Rollstuhl verbringen mußte, wegen einer unheilbaren Krankheit, Myastenia gravis, an der er, noch sehr jung, starb. Zwischen uns gab es einen ideologischen Graben, unüberbrückbar, wenn auch nur eingebildet: sein Atheismus. Aus Liebe zu den Armen war er unerbittlich gegenüber seinem früheren Glauben und dem der anderen. Er vertraute uns an: Als er bei den Salesianern Unterricht hatte, war er sehr gläubig gewesen. Damals wollte er Priester werden. Inzwischen hatte er seinen Glauben völlig verloren, doch hatte sich am Grunde seiner Seele ein Vakuum aufgetan, wo einst Gott gewesen war. Hier in Mexiko hatte er sich einer schweren Operation unterziehen müssen, bei der er nur zwölf Prozent Überlebenschancen gehabt hatte, und er vertraute uns auch an, daß er, weil es so leicht ist, in solchen Momenten auf Gott zurückzukommen, einen Brief geschrieben hatte, in dem er sagte, er stürbe als Atheist, ohne an ein Jenseits zu glauben. Doch er fügte hinzu: »Vielleicht war ich nur so großmäulig, um mir selbst Mut zu machen.« Während jenes langen Gesprächs war es mir gegen Ende des Abends vorbehalten, ihm den Sinn des Eingeschlossenseins in einem Kloster zu erklären: schon von heute an, in künstlichen Bedingungen wie in einem Laboratorium, die brüderliche und gleiche Gesellschaft zu leben, die in der Zukunft allen Menschen bestimmt war. Das bewegte ihn tief. Er meinte, erst jetzt verstünde er das überhaupt. Und daß es viel mehr Klöster geben müßte auf der Welt.

Harvey Wolin heiratete die nordamerikanische Dichterin Margaret Randall, und zusammen gründeten und führten sie die zweisprachige Zeitschrift »El corno emplumado«, die in den beiden Amerikas, Nord und Süd, und in zwei Sprachen, Englisch und Spanisch, berühmt wurde, mit einer bunten Mischung von Autoren: Beatniks, Mönche, revolutionäre, unpolitische Menschen, Verrückte, gute und schlechte Dichter. Später führten sie nicht mehr Margaret und Harvey, sondern Margaret und ihr neuer Mann, Sergio Mondragón. Weil die Zeitschrift es wagte, das so verkrustete mexikanische System zu hinterfragen, machte man ihr das Leben schwer und schloß sie schließlich. Margaret mußte nach Cuba fliehen. Von Harvey hörte ich nichts mehr.

Howard, der auf Gott stieß, als er Marihuana rauchte, unterhielt eine sehr zarte Beziehung mit Ihm. Und so ist es bis heute gewesen, da ich diese Zeilen schreibe. Er hatte als Mönch ins Benediktinerkloster von Cuernavaca eintreten wollen. Einen Tag vor seinem Eintritt überlegte sich Dom Gregorio, daß er es nicht tun sollte, weil er ein Kind aus einer früheren Ehe hatte, das ihn als Vater brauchen würde, und das war wichtiger, als Mönch zu werden. Da ging er in seine Heimat Kalifornien zurück, und dort lebt er seither wie ein Mönch in der Welt.

Eine Begebenheit, wegen der ich Dom Gregorio noch mehr bewunderte: Einmal kam er aus Mexiko-City zurück und erzählte den Mönchen lächelnd, er habe eine Krebserkrankung am Auge und müsse es sich am nächsten Tage entfernen lassen. Die Mönche meinten, er mache einen Scherz; als sie jedoch merkten, daß es stimmte, waren sie erschüttert. Er aber lachte nur und sagte, das habe keine Bedeutung, man würde ihm ein Glasauge einsetzen. Er war zum Augenarzt gegangen, weil er so seltsame Lichter sah. Am folgenden Tage nahm man ihm das Auge heraus. Glücklicherweise hatte sich der Krebs nicht ausgebreitet, doch der Arzt meinte, eine oder zwei Wochen später wäre jede Hilfe zu spät gekommen. Ich besuchte ihn im Krankenhaus und sagte ihm, daß ich den Geist bewundere, mit dem er das angenommen habe. Und er antwortete, daß es doch eine bedeutungslose Sache sei. Es war etwas Natürliches, daher habe er es auch ganz natürlich aufgenommen.

Überraschend erhielt ich einen Brief von Merton, nach mehr als einem Jahr ohne Verbindung, seit der Abt allen Briefverkehr untersagt hatte. Offensichtlich fürchtete er nicht mehr, daß Merton noch einmal einen Versuch unternehmen könnte, auszutreten, und hob das Verbot auf. Von da an schrieben wir uns wieder regelmäßig. Im ersten Brief erzählte er mir, daß er jetzt eine Eremitenklause habe, wo er seine so lang ersehnte Einsamkeit genieße. Damals schlief er noch nicht in ihr, durfte aber einen Teil des Tages dort verbringen. Ein ruhiger Platz auf einem Hügel, durch die Tannen vor dem Kloster verborgen. Ein weißes Haus aus Zementblöcken, mit einem Kamin und einer kleinen Terrasse vor dem Eingang. Der

Ordensgeneral war dort gewesen und hatte sie genehmigt, indem er sagte, dies sei »die Lösung des Problems«. Auch Merton hoffte, daß es das wäre, und er fügte hinzu: »Mein Leben besteht aus wachsenden Widersprüchen und häufiger Dunkelheit.« Er sagte auch: »Das Leben ist überhaupt nicht so einfach, wie es sein sollte: Es gibt so viele Konflikte, nicht nur zwischen guten und schlechten Menschen, sondern auch zwischen guten und guten.« In der Klause hing eines meiner Tonkruzifixe, die ich im Kloster zurückgelassen hatte. Nach und nach verbrachte er immer mehr Zeit in dieser Klause, bis er ganz dorthin zog, und das war bis zu einem gewissen Grade wirklich »die Lösung des Problems«.

Am Ende dieses Jahres, 1961, verließ ich Cuernavaca, um auf ein Priesterseminar in einer Gebirgsgegend Kolumbiens zu gehen, in den Ausläufern der Anden, und danach im Großen See von Nicaragua eine kleine Gemeinschaft zu gründen.

Nicht lange nach meinem Weggang erhielt Dom Gregorio aus Rom den eindeutigen Befehl, die psychoanalytischen Praktiken des Klosters einzustellen. Die Kirche erlaubte Ordensleuten und Priestern die Psychoanalyse nur in besonderen Fällen und aus schwerwiegenden Gründen, doch nicht als alltägliche Praxis, und viel weniger noch, daß sie zur Pflicht gemacht wurde. Dom Gregorio lehnte sich dagegen auf und bat um seine Entlassung aus dem Kloster. Die anderen überredete er, das gleiche zu tun. Nur drei oder vier folgten ihm nicht, unter ihnen Bruder Gabriel, der in ein anderes Benediktinerkloster eintrat.

Das, was einst das Kloster »Santa María de la Resurrección« von Cuernavaca gewesen war, verwandelte sich in ein psychoanalytisches Zentrum, das bis zu seinem Tode von Gregorio Lemercier geführt wurde (inzwischen ohne seinen Benediktinertitel *Dom*).

Als man Merton ein Zeitungsfoto von Lemercier mit der jungen Frau zeigte, die er gerade geheiratet hatte, wurde er sehr traurig, weil ein Versuch klösterlicher Erneuerung zuende gegangen war, mit dem er sich sehr im Einklang gefühlt hätte und an dem er sich zu beteiligen gedachte.

Erste Jahre

Das letzte Kapitel schloß damit, daß ich aufs Priesterseminar in Kolumbien gehen wollte. Doch zum Schluß dieses ersten Bandes meiner Erinnerungen will ich in einen anderen Raum und in eine andere Zeit zurückgehen.

Meine erste Erinnerung überhaupt stammt aus Granada, aus der Calle Atravesada, der »Querstraße«, der Straße der Händler. Es trägt mich auf ihren Armen Dominga, die *china*, wie in Nicaragua die Kindermädchen genannt werden, und in meiner Erinnerung fragt eine andere Frau auf dem Gehsteig, ob ich ein Mädchen oder ein Junge sei. Und Dominga antwortet, ein Junge; ich weiß nicht mehr, ob die Antwort mein Interesse erregte oder ob ich sie wie eine schlichte Information aufnahm. Ich glaube, ich war noch keine drei Jahre alt, das Alter, in dem man angeblich normalerweise seine ersten Erinnerungen bewahrt, und trug wohl so etwas wie ein Kittelchen, weshalb man nicht sehen konnte, ob ich ein Junge oder ein Mädchen war. Mir scheint, das muß das erste Mal gewesen sein, daß ich mir bewußt wurde, ein Junge und kein Mädchen zu sein, denn sonst wäre diese Erinnerung wohl im Meer des Vergessens untergetaucht.

Die Erinnerungen sind seltsam. Denn ich weiß noch ganz genau, daß wir auf der rechten Straßenseite standen, wenn man in Richtung Markt geht, und Dominga war wohl mit mir unterwegs zum Markt, oder in eines der Geschäfte in dieser Straße.

Die zweite meiner Erinnerungen datiert einige Zeit später, ich muß drei oder schon vier Jahre alt gewesen sein, denn ich sehe mich selbst in meinem Geiste größer, nicht mehr wie das Kleinkind, das noch auf dem Arm getragen wurde. Ich bin in einem Raum im ersten Stock des »Löwenhauses« in Granada, das eigentlich einem Onkel von mir gehörte, in dem jedoch eine Zeitlang unsere Familie wohnte. Ich trage ein Handtuch und sage, daß ich ein Theaterstück aufführen will. Und ich stehe auf etwas Hohem, einer Art Bühne, wo ich mein Stück aufführen will, und halte etwas in der Hand, das ein Stock sein könnte. Und ich sage, daß der, den ich in meinem Stück darstellen werde, der heilige Sebastian ist. Das Fest des heiligen Sebastian ist der 20. Januar, mein Geburtstag. An diesem Tag führt man in den Straßen von Diriamba den »Güegüense« auf, das berühmte Volkstheaterstück aus der Kolonialzeit, zweisprachig, auf spanisch und auf nahuatl, der indianischen Sprache der Einheimischen. Und mir muß man etwas vom »Güegüense« erzählt haben, von den bunten Kostümen und Masken, denn deshalb wollte ich Theater spielen. Vielleicht war es ein Hausmädchen aus Diriamba, das davon sprach, denn in meiner bürgerlichen Familie wußte man sicher nichts von diesem Straßentheater, erst viel später wurde der »Güegüense« von den Intellektuellen entdeckt und wurde zu dem, was er heute ist: eines der wichtigsten Werke der nationalen Literatur. Woran ich mich erinnere ist, daß ich rezitiere oder rede, vielleicht vor einem der Dienstmädchen, vielleicht ganz allein.

Es war ein zweistöckiges Haus, deren es in Granada nicht viele gibt. In jenem provinziellen, fast dörflichen Granada war dieses Haus beinahe ein Palast. Warum wir dort wohnten, das will ich später erzählen, um nicht von meinen ersten Erinnerungen abzukommen.

Ich erinnere mich an meine Mutter, wie sie auf der Veranda des Innenhofs an der Nähmaschine sitzt; ich bin hinter ihrem Rücken im Hof; ich trage kurze Hosen, und ich untersuche meine Genitalien, als hätte ich sie nie zuvor gesehen.

Ich erinnere mich, wie mir auf dieser gleichen Veranda, in der Nähe der Wohnzimmertür, meine Großmutter Mimí die Passionsgeschichte erzählt, die Geschichte vom Leiden Jesu, und ich vor lauter Entsetzen weine. Vielleicht auch aus Rührung, doch wohl mehr vor Entsetzen.

Ich erinnere mich, wie ich im Eßzimmer mit einem Möbelstück spreche, vielleicht einem Geschirrschrank oder so etwas. Ich erinnere mich ganz genau, daß er in der rechten Ecke des Eßzimmers stand. Ich meine, es habe eine besondere Beziehung zu diesem Möbelstück gegeben, so, als habe es sich auf geheimnisvolle Weise um ein menschliches Wesen gehandelt. Ein Vertrauter vielleicht.

Verschwommene Erinnerungen auch daran, wie ich in die Schule der Nonnen der hilfreichen Jungfrau ging, die einen halben Block von meinem Haus entfernt lag. Ich ging mit meinem Bruder Popo dorthin, der ein Jahr älter war als ich.

Das Haus war kein Palast, wohl jedoch das zweiteleganteste Gebäude Granadas. Das eleganteste war das Haus meines Großvaters, das, in entgegengesetzter Richtung, auch einen halben Block entfernt lag, am Kirchplatz, neben der Kathedrale. Das Haus, das wir bewohnten, gehörte meinem Onkel Julio, dem ältesten der Söhne meines Großvaters. Und wir wohnten dort, weil es eine Tragödie gegeben hatte. Seine Frau war von einem tollwütigen Hund gebissen worden, ihrem eigenen Hund, der ihr immer treu ergeben gewesen war; doch plötzlich schien es, als kenne er sie nicht mehr, er stürzte sich auf sie und grub ihr die Reißzähne in die Venen. Nicht einmal eine rasche Impfung konnte sie mehr retten, sie starb an der Tollwut. Es heißt, sie habe auf dem Totenbett meinen Onkel angeschrien, er solle sich ihr nicht nähern, weil sie den Drang verspürte, ihn zu beißen. Nach ihrem Tode wollte mein Onkel nicht mehr in dem Hause wohnen, und so zog mein Vater mit uns ein. Wir wohnten dort ungefähr vier Jahre lang, bis mein Onkel noch einmal heiratete und wieder in sein altes Haus zog.

Das Haus hat ein großes steinernes Portal (das einzige steinerne Portal, das es in Nicaragua gibt), mit zwei in Stein gehauenen Löwen an jeder Seite, weshalb es das »Löwenhaus« genannt wird, und außerdem zwei Paar Säulen, und große Blumenmuster, und oben ein Wappen mit der Inschrift »VIVA DON FERNANDO VII« und der Jahreszahl 1809 (als Fernando VII. Gefangener Napoleons war und in den Kolonien seine Freiheit gefordert wurde, von denen, die auch die Unabhängigkeit von Spanien verlangten). Das Haus war jedoch viel älter, es hatte den Gouverneuren aus Costa Rica als Sitz gedient. In jüngerer Zeit war es ein Theater gewesen, und dann hatte es mein Onkel Julio restauriert und modernisiert, wenn man den Genueser Stil oder was immer es auch war so nennen kann. Heute ist es eine internationale Kulturstiftung, die der österreichische Schauspieler Dietmar Schönherr mit meiner Unterstützung in den Jahren der Sandinistischen Revolution dort gründete. Doch entferne ich mich allzusehr von dem, was ich gerade erzählte, der Geschichte von der Tragödie.

Den tollwütigen Hund brachte mein Vater mit nach Hause, als noch nicht bekannt war, daß er Tollwut hatte. Und dort starb er wohl. Doch wir spielten mit dem Hund, und meinem Bruder Popo verpaßte er mit seinen Krallen ein paar Kratzer; und ich, der ich ein Jahr alt war, kippte mir aus Versehen einen Eimer mit dem Schaum, den der Hund erbrochen hatte, über den Körper. Man hatte uns zwar geimpft, doch nach dem Tode meiner Tante, die auch geimpft worden war, bekam meine Mutter Panik und brachte uns mit dem Schiff nach El Salvador, damit man uns dort noch einmal impfte, vertraute sie doch nicht auf die Impfungen in Managua. Dabei begleitete uns Pablo Antonio Cuadra, der ungefähr zehn Jahre älter ist als ich (ein riesiger Unterschied in diesem Alter), und der auch irgend etwas von diesem Hund abbekommen hatte. Ich habe eine Erinnerung an unseren Besuch in El Salvador, ich sehe mich dort in einem Haus, doch muß dies falsch sein, weil ich ja erst ein Jahr alt war. Vielleicht erinnere ich mich einfach an das, was man mir später erzählt hat.

Eine Erinnerung stimmt ganz gewiß, und zwar ist es die Erinnerung an eine Grausamkeit, die ich beging. Ich tötete einen kleinen Papagei. Ich hielt eine Kokosnuß in der Hand, und die ließ ich auf ihn fallen. Die Dienstmädchen wurden böse und traurig, schimpften mit mir und fragten mich, weshalb ich das getan hätte. Sie zeigten mir das tote Vögelchen, und ich brach in Tränen aus. Heute weiß ich nicht mehr, weshalb ich das tat, und wahrscheinlich wußte ich es auch damals nicht. Vielleicht geschah ein großer Teil des Bösen, das ich in meinem Leben tat, wie jenes Mal, ohne daß ich wußte, weshalb. Gott, den die Moslems jede Minute gnädig und barmherzig nennen, wird das berücksichtigen. Man mag sagen, ich habe es aus Grausamkeit getan. Doch dann würde ich fragen, weshalb ich grausam war. Vielleicht tat ich es, weil ich nicht wußte, daß es so enden würde. Ich hätte ihm die Kokosnuß auf den Kopf fallen lassen können, ohne daß ihm etwas geschah. Aber er war tot. Dies war vielleicht mein erstes Zusammentreffen mit dem Tod.

Einmal nahm man mich zu Verwandten mit. Als wir wieder gingen, sah ich in der Nähe der Tür die Spielsachen meiner Vettern, darunter eine kleine Eisenbahn. Niemand achtete auf mich, und da nahm ich einen der Eisenbahnwagen und steckte ihn mir in die Tasche. Danach bekam ich große Angst. Als wir nach Hause kamen, ging ich in den Hof, und ohne daß jemand etwas merkte, vergrub ich den Wagen.

Im »Löwenhaus« wurde meine Schwester Maruca geboren, die vier Jahre jünger ist als ich.

Wir stehen am Seeufer oder auf dem Schiffsanleger, und es nähert sich, noch ganz in der Ferne, der Dampfer »Victoria«, das einzige Schiff, das den See befuhr. Und man sagt mir, daß dort mein Vater kommt. Mein Vater war zu jener Zeit in Europa gewesen. Denn meine Großeltern hatten sich auf einer Europareise befunden, und in Neapel erlitt mein Großvater einen Schlaganfall. Meine Großmutter bat darum, daß man ihnen bei der Rückfahrt half, und der, der geschickt wurde, war mein Vater. Doch konnte mein Vater nicht mit diesem Schiff über den See aus Europa kommen. Der Meereshafen war in Corinto, am Pazifik. Man machte sich sicher einen Scherz mit mir. Oder man log mich an, wie man Kinder belügt. Das einzig Wahre an dieser Geschichte ist, daß mein Vater nicht da war. Und daß ein Dampfer über den See gefahren kam.

Eines Abends liege ich im Bett, und meine Mutter kommt und gibt mir einen Kuß, sehr angenehm nach Parfüm duftend und in einem eleganten Kleid, denn sie geht auf ein Fest. Das Fest fand im Hause von Verwandten statt, den Zavalas, die einen großen Park hatten. Ich stelle mir hinterher dieses Fest vor und meine Mutter in einem wunderschönen Park. (Oder erzählte mir vielleicht das Kindermädchen von dem Fest?)

Dann wohnen wir nicht mehr im »Löwenhaus«, sondern im

Hause von Mimí, meiner Großmutter mütterlicherseits, die nicht so reich war wie die Familie Cardenal, und deshalb ist ihr Haus auch nicht so elegant. Mein Onkel Alejandro (der nur ein paar Jahre älter war als ich) und seine Freunde und Popo und ich spielen »Chalupa«. Das ist ein Glücksspiel der Erwachsenen, ein bißchen wie Roulette oder wie Bingo, mit Spielkarten, die aber keine Zahlen tragen, sondern Figuren. Es fiel uns nicht leicht, alle Figuren zusammenzutragen, die wir für das Spiel brauchten, denn manche waren nur schwer zu bekommen. Eine dieser Figuren war der Teufel; den bekamen wir aber leicht, denn Mimí hatte eine prachtvolle Ausgabe von Dantes »Göttlicher Komödie«, mit Illustrationen von Doré, in der es viele Teufel gab. Wir schnitten aus dem Buch nicht nur einen, sondern gleich mehrere Teufel aus, auch wenn wir nur einen einzigen brauchten. Mimí explodierte fast, als sie sah, daß wir ihren Dante zerschnitten hatten, doch ihr Zorn dauerte nur ein paar Sekunden.

Bei der Erwähnung dieses Buches muß ich an Don David Arellano denken. Die Arellanos waren verrückt. In Granada sagt man, daß alle Arellanos verrückt sind. Don David Arellano war ein Verrückter von denen, die anderswo ins Irrenhaus gesteckt werden. In Granada gab es ein solches Haus, und deshalb liefen die Verrückten frei herum. Im allgemeinen gab es in Granada in jedem Haus einen Verrückten oder eine Verrückte. Und manchmal auch mehr als einen, wenn es der Familie Arellano gehörte. Don David kannte nur ein Thema, von dem er wie besessen war: die Hölle. Er hielt die Leute auf der Straße an, um sie zu fragen, ob sie an die Hölle glaubten. In allem anderen war er ganz normal. Ich weiß noch, wie er, als ich schon etwas größer war, zu Mimí kam und unverwandt die zerfledderte Ausgabe von Dantes »Göttlicher Komödie« betrachtete. Mimí verwahrte ihre Bücher in einer verschlossenen Glasvitrine und erlaubte nie, daß der Verrückte das Buch mit nach Hause nahm. Mein Freund Pepe Sandino Arellano – ein Neffe von David Arellano und auch verrückt, doch nicht so sehr wie sein Onkel, gab man ihm doch einen Posten im diplomatischen Dienst – erzählte mir einmal, sein Onkel David habe ihn auf dem Gehsteig angehalten, um ihn zu fragen, was man mit einem Mann machen könne, der in der Hölle wäre und sich durch keine Kunst und Wissenschaft überzeugen ließe. Mein Freund Pepe antwortete: »Ein solcher Mann ist bestimmt ziemlich beschissen dran.«

Meine Tante Tina, die jüngere Schwester meiner Mutter, hatte geheiratet, war schwanger geworden und hatte einen dicken Bauch. Mein Bruder Popo nahm mich beiseite und fragte mich, ob ich wisse, woher die kleinen Kinder kämen, und ich antwortete, nein. Und er meinte: »Aus dem Bauch, natürlich.«

Wir sind im Hof des Hauses von Mimí, Popo und ich, und wir baden uns nackt. Wir sind ganz aufgeregt, weil wir morgen von Granada wegziehen. Wir werden in León leben. Ich bin fünf Jahre alt.

Die Reise wurde mit dem Zug unternommen, es gab damals noch keine richtigen Überlandstraßen, nur die Eisenbahn. Der Zug fuhr gegen acht Uhr morgens aus Granada ab und kam bei Einbruch der Dunkelheit in León an. Unterwegs hielt er an vielen Haltestellen, an manchen länger, an anderen kürzer; und sehr lange hielt er in Managua, fast auf halber Strecke zwischen Granada und León. Bei jeder Haltestelle fragte ich meine Mutter, ob das jetzt endlich León wäre, und jedesmal antwortete sie, nein.

Ich erinnere mich daran, wie ich auf allen vieren unter dem Eßtisch herumkrabbele, und die Erwachsenen sitzen am Tisch und unterhalten sich. Es mag am gleichen Tage gewesen sein, als wir ankamen. Was ich dort unter dem Tisch machte, weshalb ich dort herumkroch, das muß man jenes kleine Kind fragen. Vielleicht wollte ich allein sein; vielleicht redete ich dort unten mit mir selbst.

Das Haus, in das wir zogen und in dem wir sieben Jahre wohnten, gehörte meiner Großtante Trinidad Cardenal, der Schwester meines Großvaters. Sie war schon fast eine Greisin, denn sie war ein ganzes Stück älter als mein Großvater, und mein Großvater war alt.

Wir waren nach León umgezogen, weil mein Großvater, ein reicher Kaufmann, drei Geschäfte hatte, in Granada, in León und in

Managua, und meinen Vater nach León schickte, um das dortige Geschäft zu führen.

Das Haus meiner Tante Trinidad in der Calle Real, der »Königsstraße«, war ein großes Anwesen mit vier Innenhöfen. Es war mehr als 200 Jahre alt, so erzählte uns unsere Tante, und war zur Familie gekommen, als ein junges, frischverheiratetes Paar dort einzog. Doch hatte es lange vorher bestanden. Und auch der aus rustikalem Holz getischlerte Eßtisch war wohl 200 Jahre alt. An ihm wurde ohne Tischdecke gegessen, alles stand direkt auf der Tischplatte. Und man saß nicht auf Stühlen, sondern auf zwei langen Bänken an jeder Tischseite. Der Tisch wurde mit Kernseife gewaschen und abgeschrubbt, mit *paste*, einem sehr rauhen Naturschwamm, und dann mit *hoja chigüe*, einer Pflanze, die wie Sandpapier ist; und das weiße Holz blieb so sauber, als sei es ein weißes Tischtuch, und glänzte von dem vielen Schrubben über so viele Jahre hinweg. Ein Holz, das so hart wie Stein war.

An diesem Tisch erzählte meine Tante zum Nachtisch ihre Geschichten. Von dem, was zur Zeit in León geschah, wußte sie nichts, doch kannte sie alle Geschichten der Familie und sogar der ganzen Stadt, und sie erinnerte sich an alles aus ihrer Jugend und Kindheit, und an das, was man ihr von der Jugend und Kindheit ihrer Eltern erzählt hatte, und der Eltern ihrer Eltern, glaube ich.

Der erste Cardenal, der nach Nicaragua kam, war ihr Großvater, also mein Ururgroßvater, Don Lorenzo Cardenal. Er stammte aus Tolosa, einer Stadt im Baskenland. Sein Großvater wiederum war aus Altkastilien dorthin gekommen, wo auch der Vater des Großvaters geboren war, und bis dahin, nach Kastilien, läßt sich unser Familienname zurückverfolgen. Manche sagen, es müsse eine jüdische Familie gewesen sein, weil sich die konvertierten Juden religiöse oder kirchliche Namen zu geben pflegten, um ihre Herkunft zu verschleiern; doch das ist Spekulation. Don Lorenzo legte sein Patent als Hochseelotse ab und kam auf einem Segelschiff nach Amerika. Er fuhr um das Kap Hoorn und die Pazifikküste hinauf nach Norden, bis er an die Küste Nicaraguas kam, wo er anscheinend an Land gehen wollte, im einzigen Hafen, den Nicaragua damals besaß, El Realejo. Ein Sturm ließ ihn in der Nähe von Realejo Schiffbruch erleiden, und so kam er nach León. Bis vor kurzem konnte man im Hause der Familie meines Ururgroßvaters in Spanien noch das Bett sehen, in dem er in der Nacht vor seiner Abreise nach Amerika geschlafen hatte. Sicher warteten sie auf seine Rückkehr, zu der es, wie bei so vielen anderen Spaniern auch, die nach Amerika reisten, nicht kommen sollte.

In León freundete er sich mit einem anderen Spanier an, der auch aus dem Baskenland stammte, Don Pedro Ayerdi, und heiratete dessen Tochter. Mit der Zeit machte er ein Vermögen. Die Unabhängigkeit Zentralamerikas brachte ihn nicht in Schwierigkeiten, wie auch sonst keinen Spanier, weil sie friedlich vonstatten ging. Doch bald darauf begannen die Unruhen in Nicaragua mit einem Bürgerkrieg zwischen León und Granada. Man plünderte ihn aus und zerstörte seinen Besitz. Er muß wohl eine konservative Haltung gehabt haben, und seine Gegner müssen so etwas wie Liberale gewesen sein. Vor seinen Verfolgern floh er nach El Salvador. Meine Tante Trinidad bewahrte unter ihren Dokumenten eines, in dem es über Don Lorenzo Cardenal hieß: »In San Miguel, Republik von El Salvador, starb er, auf der Flucht vor dem Zorn der Revolutionäre, voll Traurigkeit.«

Meine Tante Trinidad war eine Heilige (so unzweideutig heilig wie die Heiligen, die heiliggesprochen werden), doch hatte sie, wie es scheint, eine kleine Schwäche von Eitelkeit oder Stolz, sicher die einzige Sünde, die sie beging; und zwar sagte sie uns oft, Don Lorenzo sei ein richtiger »Don« gewesen, das heißt, er habe den Adelstitel »Don« getragen, der mit der Unabhängigkeit abgeschafft wurde. Und folglich waren auch wir Besitzer dieses Titels, nehme ich an. Obwohl ich gelesen habe, daß irgendein König Sancho im Mittelalter allen Basken diesen Titel verlieh. Alle sind auf demokratische Weise Adlige (und es gab unter den Basken keinen anderen Adelstitel mehr). Ob die Tatsache, daß sich Don Lorenzo an seinen abgeschafften Adelstitel klammerte, mit seinem traurigen Schicksal zu tun hatte, weiß ich nicht, doch kommt es mir in den Sinn, während ich dies aufschreibe.

Der jüngste Sohn von Don Lorenzo war Don Pedro, mein Urgroßvater. Der nicht mehr reich war. Er mußte am Tage arbeiten, um abends studieren zu können. Später muß auch er reich geworden sein, und auch er litt in den Bürgerkriegen Schaden. Er gehörte zur Partei der Legitimisten, der Vorläuferin der Konservativen Partei. Er kämpfte gegen die Söldnerarmee des Nordamerikaners William Walker, die nach Nicaragua eindrang. Nach dem Krieg gegen Walker wurde er Außenminister. Er war einer der Kandidaten für die Präsidentschaft Nicaraguas, scheiterte aber an den Ambitionen des Präsidenten Tomás Martínez, der wiedergewählt wurde. Don Pedro starb an einer Vergiftung auf einer seiner Haciendas. Statt einer Medizin nahm er Arsen. Natürlich fehlte es nicht an denen, die meinten, er habe sich das Leben genommen. Doch muß dies eine Version seiner Gegner gewesen sein, die sicher recht zahlreich waren. In unserer Familie lautet die Version, daß er sich schlicht irrte. Und so erzählte es auch meine Großtante Trinidad, die seine Tochter war; wie mein Großvater Salvador sein Sohn war.

Und dieses Haus, in dem meine Tante Trinidad wohnte, mit ihren Eltern und einer großen Zahl von Geschwistern, und in dem vorher viele andere aus anderen Zweigen der Familie gewohnt hatten, 200 Jahre lang, war das Haus, in dem wir nun wohnen sollten.

Als wir ankamen, lebte sie allein in jenem großen, stillen Haus, so still wie ein Kloster; die einzige, die ihr Gesellschaft leistete, war ihre Wirtschafterin Concha, die in ihrem Zimmer schlief; und die Dienstboten. Das praktische Funktionieren des Haushalts war ihr so fremd wie einer Einsiedlerin.

Das Haus hatte zwei Fenster mit Gittern, die auf die Straße hinausgingen, so groß wie Türen, und die Haupttür und noch eine kleinere Tür und eine sehr breite Toreinfahrt. Die Haupttür führte direkt in das Wohnzimmer, und hinter dem Wohnzimmer lag so etwas wie ein Vorzimmer. Der Schlüssel dieser Tür war aus Eisen und ungefähr 25 Zentimeter lang. Wie die Schlüssel, die man auf Bildern des heiligen Petrus sehen kann. Das erste Mal, daß mein Vater und meine Mutter abends ausgingen und meine

Tante um den Hausschlüssel baten, erschraken sie richtig, als sie den Schlüssel sahen. Neben der Haupteingangstür war eine kleinere, die erst in ein Zimmer führte, das fast immer leer stand, und die es vielleicht gab, damit nicht jeder, der ins Haus kam, durch das Wohnzimmer lief. Daneben lag die Toreinfahrt mit der Überschrift: AVE MARIA. Auch andere große Häuser in León hatten solche Inschriften, die fast immer fromm waren. Durch diese Toreinfahrt waren früher die Kutschen oder Ochsenkarren oder Leute zu Pferde hereingekommen, wie meine Tante erzählte. Als wir dort hinzogen, diente sie unserem Auto als Garage. Diese Toreinfahrt führte auf einen Gang und dann in einen Garten, wie das Wohnzimmer und das Vorzimmer auf andere Gänge und einen größeren Garten führte, doch meine Tante erzählte uns, daß es früher hinter der Toreinfahrt keinen Gang und keinen Garten gegeben hatte, sondern einen Hof für die Arbeiten und die Kutschen, Karren und Pferde. Auf diesem Hof stand ein großer Mangobaum, und meine Tante erzählte mir, wie sie als kleines Mädchen immer so gern diese Mangos aufsammelte, die köstlich schmeckten, und einer ihrer Brüder legte sich auf die Erde und drohte ihr damit, sich totzustellen, wenn sie ihm nicht die Mangos gab, und sie gab sie ihm, bloß damit er sich nicht tot stellte. Vor dieser Toreinfahrt hatte man auf einem Podest den Großmarschall Casto Fonseca füsiliert.

In Nicaragua nennt man »Mädchen« oder »Jungfer« alle jene, die Jungfrauen sind oder ohne Mann bleiben, gleichgültig, wie alt sie sind. Und meine Tante war – obwohl sie nur zur Messe aus dem Haus ging – in ganz León als »die Jungfer Trinidad« bekannt. Sie blieb ihr Leben lang Jungfrau, weil ihr, als sie ein junges Mädchen war, ihre Mutter (ihre Mamma, wie sie sagte) auf dem Totenbett sagte, sie solle nicht heiraten. Den Grund für diese Bitte oder diesen Befehl verriet uns die Tante nie. Vielleicht gab es überhaupt keinen. Oder es war die Stimme, die durch den Mund einer Sterbenden sprach und ihr eine Berufung enthüllte. Tatsache ist, daß ich sie mir nicht mit Ehemann und Kindern vorstellen kann, wie ich mir auch die heilige Theresa nicht verheiratet vorstellen kann.

Sie sagte nur, daß sie ihrer Mamma gehorcht habe, wegen des vierten Gebotes. Gott verspricht denen ein langes Leben, die Vater und Mutter ehren, und darauf führte sie ihre Langlebigkeit zurück; das war etwas, das sie uns immer wieder sagte, wenn wir nicht gehorsam waren.

Ihr Gesicht war sehr weiß, ihr Haar war weiß, ihre Kleidung war ganz weiß, von Kopf bis Fuß. Sie trug keine Schuhe oder Sandalen, sondern hohe Stiefel, wie sie niemand sonst mehr benutzte, die vielmehr aus ihrer Jugend stammen mußten und die ihr ein Schuster speziell angefertigt hatte.

In meiner Erinnerung finde ich sie Mama Bernarda sehr ähnlich, der Großtante von Rubén Darío, die bei ihm die Mutterrolle übernahm. Das Haus aus der Kolonialzeit, in dem Darío seine Kindheit verbrachte, war so, wie er es beschrieb, dem unseren sehr ähnlich. Und es lag dem unseren auch sehr nahe. Sein Haus stand in der Nähe der San-Francisco-Kirche, in der Calle Real, und das unsere genauso. Der hinterste Hof unseres Hauses grenzte an das San-Francisco-Kloster, und Popo und ich stiegen aufs Dach, um von einem Baum der Franziskaner die Orangen zu stehlen. Und gleich hinter dem Kloster lag schon die Kirche. Das Haus meiner Tante Trinidad stand einen Block von der Kirche entfernt, und das der Tante Bernarda war auch einen Block weit weg, in der anderen Richtung. Rubén ging als Kind in dieser Kirche beichten, und auch ich beichtete dort und nahm das Abendmahl.

Mir erzählte man auch die gleichen Geistergeschichten, die man Rubén erzählte und die ihm angst machten. Ein toter General, Arechavala, spukte nachts; und es spukte ein kopfloser Mönch; und ein Geisterwagen, mit dem Kutscher und dem Ochsengespann als Skelette. In meiner Jugend schrieb ich ein Gedicht, das den Titel »León« trägt, in dem ich mich an jenes Haus erinnere, an jene Tante, jene Geistergeschichten, und ich zitiere einen Satz von Rubén, als ob es meiner sei (»Man erzählte mir Geschichten von Geistern und spukenden Seelen«), als eine Art, unsere beiden Kindheiten miteinander zu vergleichen. Das Gedicht geht so:

Ich wohnte in einem großen Haus neben der
San-Francisco-Kirche
das über dem Tor eine Inschrift trug, die
AVE MARIA
lautete, und Flure mit Böden aus roten Tonfliesen hatte,
alte rote Ziegel auf dem Dach,
und Fenster mit verrosteten Gittern,
und einen erdrückenden Hof, wenn nachmittags kein
Lüftchen ging,
mit einer traurigen Dommel, die die Stunden ausrief,
und einer weißen Tante, die auf dem Hof den
Rosenkranz betete.
An den Nachmittagen hörte man das Angelusläuten
(Der Engel des Herrn verkündete Maria ...)
die ferne Hand eines Mädchens, das auf dem Klavier eine
Note anschlägt,
und den Trompetenstoß aus einer Kaserne.
Abends stieg über der Kalvarienkirche ein riesig-roter
Mond auf.
Man erzählte mir Geschichten von Geistern und
spukenden Seelen.
Um Mitternacht
galoppierte der Schatten von General Arechavala durch
die Straßen.
Und das Quietschen einer Tür, die geschlossen wird ... Eine
schwarze Kutsche ...
Ein leerer Karren, der durch die Königsstraße poltert.
Und dann krähen alle Hähne im Rund,
und es schreit die Dommel,
und meine Tante, die jeden Tag um vier Uhr morgens
in die Messe ging,
wenn die Glocken von San Francisco läuteten
und auch
von der Kalvarienkirche läuteten
und dem San-Juan-Hospiz
und die Milchkannen des Milchwagens, die aufs
Kopfsteinpflaster knallen
und ein Bäcker, der an ein Tor schlägt
und ruft:

329

DAS BROT!
DAS BROT!

In León waren alle Straßen mit Kopfsteinen gepflastert, was der Stadt ein eindrucksvolles Aussehen verlieh. Als in den 50er Jahren der Baumwollboom die Leoneser reich machte, asphaltierten sie die ganze Stadt und ruinierten sie. Es war vorher eine sehr koloniale Stadt. Alle Häuser hatten breite Vordächer. Die Mehrzahl besaß Fenster mit Gittern aus Eisen, wie das unsere, oder aus Holz. Später veränderten die, die mit der Baumwolle sehr viel Geld gemacht hatten, die Fassaden ihrer Häuser, pseudomodernisierten sie und machten sie häßlich. Es gibt noch Reste des León meiner Kindheit, doch sind es wenige. Ohne das Kopfsteinpflaster und mit umgestalteten Fassaden: Wenn ich nach León fahre, bricht es mir jedesmal das Herz.

Im Hause meiner Tante Trinidad gab es viele Portraits von unseren Vorfahren. Wer sie im einzelnen waren, wußte ich nicht. Ich fand die vielen Namen verwirrend, die in ihren Geschichten, je weiter sie in die Vergangenheit zurückgingen, immer zahlreicher wurden, immer unübersichtlicher die Familien. Schwieriger noch in meinem Fall, weil Kinder kein Gedächtnis haben. Sie können nicht etwas erinnern, was sie nicht erlebt haben. Meine Tante gab den Zimmern des Hauses andere Namen als wir. Wir sagten zum Beispiel »Domingas Zimmer«. Wo Dominga wohnte, unser Kindermädchen. Sie nannte es »das Zimmer von Nicolás«. Wer dieser Nicolás war, erfuhr ich nie. Es gab eine Speisekammer, wo das Korn und andere Nahrungsmittel in großen Holzschütten aufbewahrt wurden; sie nannte es »das Zimmer von Ramón«. Und genauso geschah es mit allen anderen Zimmern des Hauses. Am uralten Eßtisch wurden die alten Geschichten erzählt, beim Frühstück, Mittagessen und Abendbrot, mit all den Namen, die ich nie behielt. Vor allem beim Abendbrot erzählte sie, weil dann mehr Zuhörer da waren, denn es kamen nach dem Essen auch andere Tanten von mir, und ihre Nichten, um uns auf den langen Bänken auf jeder Seite des Tisches Gesellschaft zu leisten.

In der Nähe des Tisches befand sich auf der überdachten Innenhofveranda der Wasserkrugständer. Es war ein ebenfalls uraltes, hölzernes Möbelstück, genauso klobig wie der Tisch, an dem viele Näpfe und Holzbecher zum Wassertrinken hingen und auf dem zwei Wasserkrüge aus Ton standen, die außen immer Wasser schwitzten und wunderbar frisches Wasser enthielten. Ein jeder trank aus irgendeinem Napf oder Becher, und sie wurden nachher nicht einmal ausgespült.

Hinter der Veranda, auf der wir aßen, und hinter dem Garten im Hof lag die große Küche mit einem langen Holzherd und einer großen Zahl von Pfannen und Tontöpfen, Kasserolen und Kesseln und was weiß ich noch alles. Auf der anderen Seite der Küche war der »Küchenhof«, und dahinter noch ein weiterer, den wir den »Steinhof« nannten, weil er mit unregelmäßigen Natursteinplatten ausgelegt war und zum Trocknen der Wäsche benutzt wurde. Dieser Hof endete an einer Mauer, und hinter der Mauer waren die Franziskaner.

Im Küchenhof gab es einen riesigen Stoß Feuerholz, das sehr ordentlich an der Wand aufgeschichtet lag. Oben, das ganze Vordach entlang, nisteten die Tauben, und immer war ihr Gurren zu hören, flatterten Tauben umher oder pickten auf dem Boden. Und dort war auch die Dommel, ein graubrauner, hochbeiniger Vogel, der dem Volksmund nach immer genau zur Stunde schreit. Und er frißt gern Skorpione und Schlangen, an denen es im Holzstoß nicht fehlte. Uns Kinder warnte man, wir sollten der Dommel nicht zu nahe kommen, weil sie einem die Augen auspickte.

Mitten im Küchenhof stand das Badehäuschen, und auf dem überdachten Gang gegenüber befanden sich die Latrinen. Das Badehäuschen war aus Stein, mit einem kleinen Kuppeldach und einem Wassertrog darinnen. Eine Tür hatte es nicht. Das heißt, es hatte die Öffnung für die Tür (samt Rahmen), doch keine Tür, die man schließen konnte, nicht einmal einen Vorhang. Wenn sich dort jemand badete, mußte man einfach vermeiden, in die Nähe zu kommen. Es gab vier Latrinen, in einer Reihe auf dem Gang, eine neben der anderen, ohne irgendeine Trennwand dazwischen. Aufs

Klo gehen war keine Operation, die man versteckte oder die Intimität erforderte. Die Dienstmädchen setzten sich dort nieder, unterhielten sich miteinander und rauchten ihre selbstgedrehten Zigarren, um den schlechten Geruch zu vertreiben; und weil sie lange Unterröcke trugen, waren sie immer ausreichend bedeckt.

Badehaus und Latrinen waren nur für die Dienstboten, alles Frauen. Als wir dorthin zogen, hatte mein Vater ein modernes Badezimmer für uns bauen lassen, mit Wasserklosett und Dusche. Meine Tante Trinidad wurde in ihrem Zimmer von Concha gebadet, in einem großen, hölzernen Waschzuber. In ihrem Zimmer hatte die Tante auch eine Art tragbarer Latrine: eine Holzbank mit einem Loch in der Mitte und einem Nachttopf darunter.

Eines der Fenster mit den Eisengittern war das ihres Zimmers, das nie geöffnet wurde. Nebenan lag das Zimmer von Popo und mir, das auch ein Eisengitter hatte und das wir immer offenstehen ließen, um zu sehen, was auf der Straße geschah, und uns mit den Freunden aus der Nachbarschaft zu unterhalten, die vorbeikamen. In diesen Fenstern, so erzählte meine Tante, hatten früher die Mädchen die Ständchen gehört, die man ihnen darbrachte, und den Besuch ihrer Verlobten oder Freier empfangen. Und einmal gab es unter diesem Fenster ein Duell. Ich weiß nicht, wer Samuel war, doch unter den Portraits, die in unserem Zimmer hingen, war auch eines von Samuel, der an einer Ohrverletzung gestorben war, die er sich zugezogen hatte, als er aus dem Fenster gefallen war. Popo und ich schliefen in großen Messingbetten mit verzierten Säulen an allen vier Ecken, in denen schon viele gestorben waren.

In ihrem Zimmer verwahrte meine Tante eine Reihe weiterer Portraits, sie waren nicht gerade versteckt, aber doch nicht so öffentlich ausgestellt wie die anderen. Diese Portraits hatten alle ein Loch in der Mitte, und zwar waren sie durchschossen worden. Die Familie war konservativ, und die Stadt León war liberal, eine Bastion des Liberalismus in Nicaragua. Immer wenn es zu Unruhen kam, die Revolutionen genannt wurden, drangen sie ins Haus ein und richteten Unheil an, und einmal bestand das darin, all jene Portraits zu durchschießen.

Ich sagte schon, daß dem ersten Cardenal, Don Lorenzo, das Haus geplündert worden war, und das widerfuhr aus dem gleichen Grund auch seinem Sohn Pedro wie auch dessen Sohn, einem reichen Kaufmann, meinem Großvater. Deshalb wollte mein Großvater nicht länger in León leben. Es schien ihm vernünftiger, nach Granada zu ziehen, das eine konservative Stadt war und wo die liberale Minderheit dasselbe erleiden mochte wie die konservative Minderheit in León. Er baute sich das eleganteste Haus von Granada, gegenüber vom Park an der Kathedrale, und es folgte ihm mein Onkel Julio, sein ältester Sohn, inzwischen auch schon reich geworden, der das »Löwenhaus« erwarb und umbaute. Doch die restliche Familie Cardenal wohnte weiter in León: meine Großtante und ein paar Onkel und Tanten, die sie besuchten – die, die noch lebten. Es waren nicht viele, zudem nur alte Leute, die zu diesen Abenden kamen. Die einzigen Kinder waren Popo und ich und unsere kleine Schwester.

Und eines dieser Kinder hörte den Geschichten aufmerksam zu, und sie sind ihm bis heute im Gedächtnis geblieben.

Da hatte es eine andere Verwandte gegeben, die Petra hieß, aus welchem Familienzweig, weiß ich nicht mehr; und die glaubte nicht an die Hölle, genausowenig wie ihr Ehemann. Sie hatten ein Abkommen geschlossen, daß derjenige, der von beiden zuerst starb, dem anderen erscheinen sollte, um ihm zu sagen, ob es eine Hölle gäbe oder nicht. Der Mann war Kaufmann und reiste mit seinen Waren nach El Salvador, mit einem Zug Maultiere. Bei einer dieser Reisen starb er. Und eines Nachts erschien er seiner Frau Petra und sagte: »Petra, Petra, es gibt doch eine Hölle, und zwar eine ganz gräßliche.«

Da gab es eine Frau (und all diese Geschichten wurden samt Stammbaum erzählt, denn meine Großtante erzählte meinen Tanten, welches ihre Vorfahren waren und welche Verwandtschaftsgrade sie mit den anderen gehabt hatten), die ganz León in Empörung versetzte, weil sie sich auf ihrem Totenbett als Atheistin erklärte und niemand sie vom Gegenteil überzeugen konnte. Da kamen Dominikaner-, Franziskaner- und Jesuitenpriester, und keiner konnte sie umstimmen. Ob sie schließlich so unbußfertig starb, weiß ich nicht mehr.

Eine andere Verwandte (wie immer nannte sie auch hier die Namen und Familien, und vielleicht war dies auch ein Fall aus ihrer Jugend oder Kindheit) hatte eine sehr seltene Krankheit gehabt, und zwar litt sie immer einen entsetzlichen Hunger und aß und aß, und soviel sie auch aß, wurde sie nicht satt, und sie starb schließlich an dieser Krankheit.

Oft wiederholte sie dieselben Geschichten, denn es mochte sich um verschiedene Zuhörer handeln (und wenn es nicht so war, war es ihr auch egal), und das diente mir, sie noch besser zu behalten.

Vom Küster der Kathedrale erzählte sie, er sei einmal von der Spitze der Kathedrale gefallen, doch nicht auf die Erde, sondern in einen tiefen Brunnen im Hof der Kathedrale, und sei unverletzt geblieben. Das hatte man für ein Wunder gehalten. Als meine Tante später von den Streifzügen erfuhr, die ich, von der Geschichte fasziniert, durch jenes alte León unternahm, da ermutigte sie mich, jenen Brunnen des Küsters zu besichtigen. Und das tat ich dann auch. Nach langem Hin und Her, weil man mich nicht hineinlassen wollte, gelangte ich schließlich in den Hof hinter der Kathedrale, den »Prinzenhof«, in einem für die Öffentlichkeit nicht zugelassenen Teil des Kirchenbaus, und dort sah ich den Brunnen. Darío hatte diesen Küster gekannt und erzählte, daß man ihn den »Brunnenonkel« nannte.

Tante Trinidad erzählte uns auch von noch größeren Wundern. Wie das ihrer ältesten Schwester, die Nonne war. Als sie starb, hielt sie die Arme sehr stark angewinkelt, und als die Totenstarre eintrat, konnte man sie nicht in den Sarg legen. Die Mutter Oberin sagte zu ihr: »Mutter Carmen: um des heiligen Gehorsams willen, den Sie so sehr geübt haben, senken Sie jetzt die Arme.« Augenblicklich wurden die Arme schlaff, und man konnte sie in den Sarg legen.

Die Geschichte mit der Wildente war eine andere, die sie uns oft erzählte. Eine ihrer Schwestern, ich weiß nicht, welche, sagte einmal beim Mittagessen, sie hätte Lust, eine Ente zu essen. Gott möge doch ein Wunder tun und ihr eine Ente schicken. Es ging gerade ein starker Regenguß nieder. Und kaum hatte sie die Worte gesprochen, da fiel eine Ente mit klatschnassen Flügeln ganz benommen auf die Veranda. Die Geschwister fingen sie und brachten sie ihr: »Hier ist deine Ente, um die du Gott gebeten hast.« Die Ente ist ein Wasservogel, es war unwahrscheinlich, daß eine Ente in León herumflog. Und noch erstaunlicher ist, daß sie direkt ins Haus hineinfiel, genau in dem Augenblick, als das Mädchen Gott darum bat. Sie erschrak so sehr, daß sie zu weinen anfing und nicht weiteressen konnte.

Meine Tante erzählte in ihrer schlichten Art auch von einem Wunder, das ihr selbst widerfahren war. Und zwar hatte es, als sie ein junges Mädchen war, in León irgendeinen Aufstand gegeben, und sie mußte mit ihrer Familie fliehen. Sie versteckten sich auf einem Floß im Golf von Fonseca. Eine Woche verbrachten sie auf diesem Floß, in den Mangrovensümpfen der zahllosen Flußmündungen verborgen, die es im Golf von Fonseca gibt. Die große Angst meiner Tante war, daß sie ihre Geschäfte auf diesem Floß verrichten müßte, auf dem es auch Männer gab (auch wenn die anderen Frauen dies taten). Sie bat also Gott darum, keines der beiden Geschäfte verrichten zu müssen, und Gott gewährte es ihr.

Die Geschichte von den Schnepfen: Sie erzählte sie uns, um uns damit zu mahnen, den Eltern zu gehorchen, indem sie uns zeigte, wie gehorsam sie selbst gewesen war. Als sie in Paris waren, bestellte ihr Vater Schnepfen zu essen, die man gleich dort hängen hatte. So macht man das in Paris. Als sie ihre Schnepfe probierte, stellte sie fest, daß sie schlecht war. Sie sagte es ihrem Vater, doch der wurde böse und meinte, sie wisse nur nicht, wie man in Frankreich äße; daß das Fleisch dort einen kräftigen Geschmack habe, aber deswegen nicht verdorben sei. Sie wiederholte ein paarmal kleinlaut, daß ihre Schnepfe doch schlecht sei, aber sie aß sie, aus Gehorsam. Bis ihr Vater, immer ungnädiger, einen Bissen probierte, einen Schrei tat und meinte, sie habe recht, das Fleisch sei wirklich schlecht, und ganz schuldbewußt war, daß er das arme Mädchen die verdorbene Schnepfe hatte essen lassen. Dieses Schuldgefühl verließ den Vater, Don Pedro Cardenal, nie mehr. Und das erzählte sie ohne jegliche Überheblichkeit, ohne gespielte Bescheidenheit, sondern mit der Schlichtheit einer Heiligen. Alle im Hause, in der Familie, in León wußten, daß sie eine wirkliche Heilige war.

Meine Tante Trinidad betete immerzu, Rosenkränze und viele andere Gebete mehr. Fast immer saß sie in ihrer Hängematte, und jeder, der das Haus betrat, konnte sie vom Wohnzimmer aus sehen, durch die Tür des Zimmers von Popo und mir, die ins Wohnzimmer führte und fast immer offenstand, und die Tür ihres eigenen Zimmers, die in das unsere führte und auch fast immer offenstand. (Die großen Türen dieser riesigen Zimmer, denn ich habe vergessen zu erzählen, daß die Zimmer und Türen riesig waren und die Decken sehr hoch.)

Sie war fast immer dabei zu beten, und wenn sie nicht betete, dann las sie oder ließ sich, häufiger noch, von Concha vorlesen, denn ihre Augen waren schon sehr schwach, oder manchmal war ich es, der ihr vorlas, nachdem ich lesen gelernt hatte. Fromme Bücher meistens, doch auch alles mögliche andere, bis hin zur Zeitung. Sie erzählte mir, daß sie in ihrer Jugend viel gelesen habe. Ich erinnere mich nicht, ob sie eine Bibliothek besaß.

Bevor ich lesen und schreiben lernte, hatte ich schon Gedichte gemacht. Ich erinnere mich, daß ich sie auswendig wußte, denn wenn man mir sagte, ich solle sie einem Besucher aufsagen, dann stand ich auf und rezitierte sie. Etwas über das Grab von Rubén Darío, der in der Kathedrale von León begraben lag. Und es handelte von irgendwelchen Rosenblüten und vielleicht auch von den Sternen; kindliche Spielereien, die ich »Poesie« nannte. Seltsam, daß ich mich in jenem Alter schon für einen Dichter interessierte.

Mein Vater las die Gedichte Daríos laut auf der Veranda des Innenhofs. Ich weiß noch, wie ich verzückt dieser Leier musikalischer Worte zuhörte, die ich nicht verstand. Ein Literaturkritiker hätte in meinem ersten Gedicht den Einfluß von Darío erkennen können, so wie ich ihn von meinem Vater hörte, während meine unzusammenhängenden Spielereien vielleicht die Worte Daríos waren, die in meinem kindlichen Gemüt unzusammenhängend aufgenommen wurden. Wie sollte ich, ein sechsjähriges Kind, auch diese Zeile aus dem »Totengebet für Verlaine« verstehen: »daß kindesgleiche Kanephoren ihr Säulenblattwerk dir kredenzen«, von der García Lorca meinte, er verstünde nur das Wort »daß«.

Aus dieser Zeit stammt auch eine Erinnerung, daß ich mich im Garten unter einen großen Lorbeerbaum legte und mit lauter Stimme eine lange Liste Worte deklamierte, die alle die gleiche Endung hatten, wie:

rosa

hermosa

mariposa

primorosa

cosa

curiosa

esposa

während ich Bemerkungen hörte, daß ich verrückt sein müsse oder man mir zurief, ich solle den Mund halten. Es war einfach so, daß ich außer dem Worte »daß« von García Lorca und den paar anderen, die ich außerdem noch verstand, vor allem bei Darío begriffen hatte, daß man einen schönen Klang hervorbringen konnte, indem man Worte zusammenbrachte, die mit dem gleichen Laut endeten. Der Reichtum der Reime von Darío! Das, was ich unter jenem Lorbeerbaum machte – auch ein kindlicher Einfluß von Darío –, war eine absolut reine Poesie, ohne Gedanken, nur aus Reimen.

Meine Tante hatte Darío als junges Mädchen kennengelernt. Und sie erzählte mir von einem Fest, das viel später stattfand, aus Anlaß der triumphartigen Rückkehr Daríos nach León. Ich weiß nicht mehr, ob sie auch auf diesem Fest war. Wohl erinnere ich mich jedoch daran, daß sie noch wußte, wie überrascht Darío gewesen war, als er sah, daß sich die Mädchen von León schon nach der gleichen Mode kleideten wie die von Paris, woher er gerade kam. Denn vorher war die Mode noch die Krinoline, der Reifrock, gewesen.

Einmal lag ich auf dem Boden der Veranda und las. Ich las immer gern auf dem Boden. Und meine Tante kam herbei und fragte mich, was ich da las, und ich antwortete ihr, Rubén Darío. Einen der Bände der Gesamtausgabe, die mein Vater besaß, jene blauen

Bücher. Und sie bat mich, ihr das Gedicht vorzulesen, das ich gerade las. Es war »Die Piraten«. Sie beklagte sich, daß sie es nicht verstand. Daß sie die Gedichte Daríos nie verstanden habe, obwohl sie sich bemühte. Daß sie hoffte, ich könne sie ihr eines Tages erklären. Das Problem war nur, daß ich sie genausowenig verstand. Wie sollte ich, ein Kind von sieben, acht Jahren, jenes Gedicht verstehen, in dem es Worte gab wie »Harnisch«, »Lunge des Sturms«, »Triton«, »bronzene Schimäre«, »Oriflamme« und das die Piraten »Ritter des Sturms« nannte? Doch gab es einen Unterschied zwischen meiner Tante und mir, und der bestand darin, daß mir das Gedicht sehr wohl gefiel.

Meine arme Tante: Da wollte sie Darío verstehen, vielleicht seit jenem Fest oder schon früher, und konnte es nicht!

Neben mir stand die Generation, die noch vor Darío gewesen war.

Viele Jahre später erzählte mir auf der Universität von Mexiko mein Professor Heliodoro Valle, daß er als junger Mann in Honduras ein Verfechter des »Modernismus« gewesen sei und es Leute gegeben habe, die nicht begreifen konnten, warum Darío vom »eucharistischen Flügel« eines Schwanes sprach, oder daß der Flügel ein »keuscher Fächer« sei und seine Federn ein »lyrischer Mantel«. Zu dieser Art Leute gehörte meine Tante.

Auch ich mit meinem kindlichen Verstand begriff es nicht: wegen all der Worte, die ich nicht kannte. Aber dennoch konnte das Unverstandene meinen kindlichen Verstand entzücken. Da faszinierten mich als erstes schon einmal die Piraten; und deshalb gefiel mir auch ein Gedicht über Piraten. Und wer weiß, was in meiner Phantasie ein »Ritter des Sturms« gewesen sein mag.

Nachts litt ich oft Angst, wie Darío in seiner Kindheit, in jenem Hause in der Nähe des meinen. Ich erinnere mich, daß ich einmal nachts laut schrie, weil an meiner Zimmertür eine Kuh stand; dabei war es nur eines dieser Klappbetten, die wir »Schere« nennen, zugeklappt und gegen die Wand gelehnt. Ich phantasierte, vielleicht hatte ich Fieber.

Eines Abends rief ich voller Angst nach meiner Mutter, weil ich nicht schlafen konnte. Meine Angst bestand darin, daß sie mir irgendwann einmal sterben könnte. Schluchzend fragte ich sie, ob sie sterben würde. Sie küßte und tröstete mich. Ich erinnere mich an meine Frage, nicht aber an ihre Antwort, die sie mir gab, während sie mich küßte. Doch ich beruhigte mich und schlief ein. Meine Mutter ist jetzt 94 Jahre alt, und immer noch ist das nicht eingetreten, was mir in jener Nacht meiner Kindheit den Schlaf raubte.

Und ich erinnere mich an eine andere Nacht, in der ich meine Mutter rief, weil ich nicht schlafen konnte, aus Angst, Sandino könne in mein Zimmer kommen. Das muß gewesen sein, als die Truppen Sandinos sich über einen großen Teil Nicaraguas ausgebreitet hatten und ganz in die Nähe von León gekommen waren. Vielleicht hatten die Erwachsenen davon geredet, daß Sandino in die Stadt eindringen könnte. Sandino war ein internationaler Held, doch in Nicaragua waren nur die Sandinisten auf seiner Seite, während der Rest des Landes ihn und seine Leute für Banditen hielt, und so nannte man sie auch. Daher meine Angst an jenem Abend. Meine Mutter meinte, auch wenn er nach León hereinkäme, könnte er doch nicht in mein Zimmer eindringen, weil die Tür verschlossen wäre. Ich antwortete: »Und wenn er einen Tunnel gräbt und so in mein Zimmer kommt?«

Ich erinnere mich auch, daß, als ich schon nicht mehr ganz so klein war, eine Demonstration von Studenten vor dem Fenster mit dem Eisengitter vorbeizog. Sie zogen schweigend einher, alle mit einem Knebel vor dem Mund, und vorneweg wurde ein Sarg getragen, der wohl die Meinungsfreiheit darstellte. Diese Protestdemonstration muß auf irgendeine Weise prosandinistisch gewesen sein. Doch malten die Studenten nie Parolen an Wände, machten nie Kundgebungen, schwenkten nie die Fahne Sandinos. Und vor allem kämpften sie nicht mit ihm. Es gab nur wenige Studenten, die das Studium aufgaben, um in das Heer Sandinos einzutreten. Fast das gesamte Land war gegen die Besatzung durch die Yankees; etwas anderes war es jedoch, für die »Banditen« zu sein – dafür sorgte die Propaganda der Regierung im Einklang mit der Opposition:

die Liberalen in schöner Eintracht mit den Konservativen. Erst ein halbes Jahrhundert später stand Sandino von den Toten auf und wurde zum Nationalhelden.

Eines frühen Morgens trat ich an die Haustür und sah den Fahrer meines Vaters mit anderen Männern reden, sie alle hatten ernste, besorgte Gesichter: In der Nacht zuvor hatte man Sandino ermordet. Einen Monat vorher war ich acht Jahre alt geworden.

Popo und ich hatten bei einer dicken Lehrerin lesen und schreiben gelernt, die auf der Veranda ihres Hauses Unterricht gab. Dann wechselten wir auf die Schule der Christlichen Brüder, die ein Stück weiter als die San-Francisco-Kirche lag, an einem Ort, der aus wer weiß welchem Grund »die Vier Ecken« genannt wurde. Eine dieser vier Ecken war die des Hauses, in dem früher Darío gelebt hatte. Dort lernte ich den wahnsinnigen Dichter Alfonso Cortés kennen.

Er lebte in dem Hause, in dem Darío als Kind gewohnt hatte, und dort war er wahnsinnig geworden. Weil er ab und zu Tobsuchtsanfälle bekam, hielt man ihn an einen der Deckenbalken gekettet. Sonntags mußten alle Schüler der Schule zur Messe ins San-Juan-Hospiz gehen, und wenn wir im Gänsemarsch an der Toreinfahrt vorbeikamen, sahen wir an deren Ende auf einer dunklen Innenhofveranda den angeketteten Alfonso Cortés. Und die Jungen machten sich über ihn lustig (ich meine, daß ich es nicht tat). Ein Dienstmädchen von uns, Berta, erzählte mir, daß das ein verrückter Dichter sei. Und ich mit meinen sieben Jahren wußte sicher gar nicht richtig, was ein Dichter war. Oder ich hatte höchstens eine vage Vorstellung, weil man, wenn man mich meine Verse über das Grab Daríos aufsagen ließ, sagte, daß ich ein richtiger Dichter sei oder daß Rubén Darío ein Dichter war. Und so mußte mir das von dem verrückten Dichter Respekt einflößen oder irgendein geheimnisvolles Gefühl, oder vielleicht Sympathie oder Zuneigung. Tatsache ist, daß sich mir jene Worte von Berta, die die Veranda fegte, so sehr ins Gedächtnis eingruben, daß ich mich noch heute daran erinnere.

Eines Tages löste er sich von seiner Kette und kam auf den

Schulhof gelaufen, wo wir spielten, und wir hatten große Angst, doch dann kamen gleich ein paar Wächter und nahmen ihn mit.

Alfonso Cortés lebte im Hause Daríos, weil die Witwe Daríos es ihm geschenkt hatte, aus Dank für die Arbeit, die er bei der Sammlung und Zusammenstellung der Texte für die erste Gesamtausgabe der Werke des Dichters geleistet hatte, die Ausgabe mit den blauen Bänden, die mein Vater besaß.

Viele Jahre später sollte er derjenige werden, der sich am meisten mit dem Leben und Werk von Alfonso Cortés beschäftigte, ihn am besten kannte und verbreitete.

Ein anderer Dichter aus meiner Kindheit in León war Lino Argüello. Er war ein Neffe meines Vaters, nicht auf der Seite der Cardenal, sondern im anderen Familienzweig, dem meiner Großmutter Argüello. Er war stets betrunken und fast immer schmutzig, das Gesicht aufgedunsen und rot, röter, als seine natürliche Farbe war, und er sah an sich schon recht rosa aus. Mein Vater und meine Mutter setzten sich oft nach dem Abendessen in Sesseln an die Haustür oder auf den Gehsteig hinaus, etwas sehr Typisches für León und auch für Granada; und manchmal kam dann Lino und bat meinen Vater um fünf oder zehn Centavos. Sie konnten seinen Durst in einer Schenke befriedigen; es gab genügend Dinge, die nur Centavos kosteten, manche sogar nur einen halben Centavo. Und mein Vater antwortete ihm manchmal, er gäbe ihm zehn Centavos, wenn er ein Gedicht rezitierte. Und Lino Argüello rezitierte, auf dem Gehsteig stehend, mit seiner melodischen Stimme etwas, an das ich mich jetzt nur noch vage als traurige Dinge erinnere: von einer toten Braut, vom Mond, von Gräbern. Sicher gehörte das zu den bekannteren Gedichten von ihm, die heute im ganzen Land bekannt sind, wie:

Oh traurige Braut, die es dich niemals hat gegeben
nur in meinen freundlich-kränklichen Träumereien ...
Oh! Entblättre du die Rosen des Vergessens
während ich dir singe, damit du nicht schläfst.

Oder:

> Blanca starb im Oktober, wenn auf dem Friedhof
> die Grabsteine so einsam wie sonst nie sich zeigen,
> und auf grauem Grunde die Zypressen
> sich angstvoll gleich Prinzessinnen verneigen.

Und ein Kind, das auf der Türschwelle saß, hörte traurig und verzückt jenen Gedichten zu.

Manchmal kam er abends, wenn es dunkel wurde, an das Fenstergitter meines Zimmers und machte mir Zeichen, daß ich näherkommen sollte, weil er mich um Geld bitten wollte. Aber man hatte mir gesagt, daß man ihm kein Geld geben dürfe, damit er nicht tränke, sondern daß man ihm Essen geben müsse, weil es das sei, was er brauche. Deshalb lief ich in die Küche und holte ihm Reis mit Bohnen auf einer Tortilla. Er nahm es wohl oder übel an und aß es. Manchmal kam er auch und bat gar nicht erst um Geld, sondern gleich um etwas zu essen. Warum er mich bat und nicht meinen Bruder Popo? Es gab wohl so etwas wie eine Seelenverwandtschaft zwischen uns.

Er war der beste und fortgeschrittenste der modernistischen Dichter Nicaraguas nach Darío, zugleich mit einem Rest von Romantik. Er zeichnete »Lino de Luna«, Lino vom Mond, und man nannte ihn zärtlich »Linito de Luna«; und Pater Azarías H. Pallais, ein weiterer großer Dichter aus León, nannte ihn ebenfalls zärtlich: »mein kleiner Bruder Hund, Lino de Luna«. Rubén Darío war auf ihn aufmerksam geworden, als Lino noch keine 20 Jahre alt war; und er hatte geschrieben, er sei ein Dichter von »feinen Einfällen«.

Er war Waise geworden, und seine Großmutter Mama Leocadia, die Tante meiner Großmutter, hatte ihn bei sich aufgenommen. Sehr jung brachte er sein Erbe durch, in dem Alter, als ihn Darío gelobt hatte. Lange Zeit war er ein Bohemien, schließlich aber ein Trunkenbold und Bettler. Er starb um die Zeit, als wir aus León wegzogen.

Er schrieb auch herrliche Gedichte, »feine«, hatte Rubén gesagt, über das alte Haus seiner Kindheit und seine Großmutter Mama

Leocadia, die meiner Großtante sehr ähnelte und auch der Großtante von Rubén; und über das koloniale León, heiß und steinig, das auch das León von Alfonso Cortés und das der Kindheit von Rubén war, das meiner eigenen Kindheit und das meiner Tante Trinidad und ihrer Geschichten.

Meine Tante Trinidad erzählte (was man auch Darío erzählt hatte), wie dem Bischof Viteri um Mitternacht in der Kathedrale sein Vorgänger, der Bischof García Jerez erschienen war, und die beiden unterhielten sich lange miteinander alleine im Kapitelsaal. Mehrmals erzählte mir meine Tante auch die Geschichte von dem Kater. Es hatte da einen Bischof gegeben, der von seinem Kater umgebracht wurde, den er sehr geliebt hatte. Eines Nachts fand man ihn tot, sein Kater hatte ihm die Kehle durchgebissen. Im Kapitelsaal hingen die Portraits der Bischöfe, und meine Tante sagte mir, ich solle sie mir ansehen, dort würde ich jenen Bischof finden, der mit seinem Kater zusammen gemalt worden sei. Ich ging in den Kapitelsaal und sah mir alle Portraits an, doch fand keines mit einem Kater. Vor kurzem las ich in einer Monographie über die Kathedrale von León die Geschichte dieses Bischofs aus dem 18. Jahrhundert, den sein Kater umbrachte, und dort steht auch, daß er mit seinem Kater gemalt wurde, daß jedoch dieses Bild später gestohlen wurde. Darío hatte es in seiner Kindheit noch gesehen, und er sagte darüber: »Es weckte in mir alle möglichen legendären und diabolischen Phantasien.«

Meine Tante Trinidad erzählte mir (ich sage das so, weil sie mir am meisten erzählte, wußte sie doch, daß mich die Geschichte faszinierte), daß es früher kein Löschpapier gab und man die Tinte mit Sand trocknete. Da nahm auch ich in die Schule ein Fäßchen Sand vom Strand in Poneloya mit und trocknete damit meine Tinte. Man streute den Sand auf das Papier mit der noch feuchten Tinte, der Sand blieb an der Tinte kleben, man schüttelte ihn ab, und die Tinte war trocken. Sie erzählte mir auch, wie man früher mit einem Federkiel geschrieben hatte. Man spitzte den Federkiel zu, indem man ihn mit einem »Federmesser« beschnitt. Da versuchte auch ich, mit einer Truthahnfeder zu schreiben.

Oft erzählte sie uns vom großen Ausbruch des Vulkans Cosigüina, als die Vulkanasche bis nach Mexiko im Norden und Kolumbien im Süden flog. Am hellichten Tag herrschte völlige Dunkelheit, weil die Asche den Himmel verfinsterte und auf die Stadt herniederfiel wie schwarzer Schnee, während man gleichzeitig dumpfen Donner hörte. Die Wildkatzen und die Schlangen kamen in die Stadt und suchten den Schutz des Menschen. Dieser Ausbruch hatte stattgefunden, bevor sie geboren wurde, und sie gab uns das weiter, was man ihr erzählt hatte. Doch gab es noch einen anderen, den sie selbst erlebte und den Rubén beschreibt, und zwar den des Vulkans Momotombo. Darío berichtet, die Erde habe gebebt, die Asche habe um zwei Uhr nachmittags die Sonne verdunkelt, und man habe sich mit Laternen leuchten müssen. Das war in seiner Jugend, gerade als er nach Chile abfuhr. Vom Hafen Corinto aus, so schreibt er, stachen sie mitten im Nebel in See. Auf dem Schiff schlief er ein und wachte erst Stunden später auf, als er, nun schon fern, die Küste seines Vaterlandes von einer schwarzen Wolke bedeckt sah. Und es befiel ihn große Trauer. In meiner Erinnerung handelte es sich bei den Geschichten meiner Tante Trinidad um einen einzigen Ausbruch, doch später ist mir, als ich die Geschichte Nicaraguas kennenlernte, klar geworden, daß es zwei verschiedene Vulkanausbrüche waren, nur einen davon hatte sie selbst erlebt.

Meine Tante Trinidad hatte den Söldnergeneral William Walker kennengelernt, als sie ungefähr 13 war. Sie erzählte mir, daß sie Walker von der Toreinfahrt ihres Hauses aus hatte vorbeireiten sehen, und meinte, daß er häßlich gewesen sei. Da muß sie sich in ihrer Erinnerung geirrt haben, denn auf den Daguerrotypien sieht er nicht häßlich aus; zwar auch nicht hübsch, doch von feinen und sogar zarten Zügen (möglicherweise war er homosexuell, und in Granada gab es die Legende, er sei eine Frau gewesen). Was man sehr wohl in diesen Zügen sieht, ist der grausame, unerbittliche Geist, der ihn auszeichnete. Vielleicht hatte das zur Folge, daß ihn jenes Mädchen für häßlich hielt. Und noch leichter vorstellbar ist, daß jener Mann, der unter Jubelrufen 1855 in León ankam und

sich bald ganz Nicaraguas bemächtigte, sich zum Präsidenten ausrufen ließ, die Sklaverei wieder einführte und Granada in Brand
steckte, wobei er ein Schild einschlug: *Here was Granada*, meiner
Tante Trinidad als häßlich in Erinnerung blieb.

Meine Tante Trinidad erzählte uns, daß General Máximo Jerez,
der Führer der Liberalen von León, die Walker herbeigerufen hatten, um die »Legitimisten« (die Konservativen) von Granada zu
bekämpfen, der auch Staatschef wurde, trotz seines Liberalismus
den religiösen Skrupel besaß, mit auf den Boden gerichtetem Blick
einherzuschreiten, um nicht auf die Kreuze der Bodenplatten zu
treten. In meiner Kindheit ging ich oft im Park vor der Kathedrale
in León zum Denkmal von Máximo Jerez – das von niemandem
beachtet wurde –, weil mir die romantische Inschrift am Marmor-
sockel gefiel: Schlafe, Máximo, deine Soldaten wachen! Er starb als
Botschafter in Washington. Und er war Pate Daríos.

Meine Tante Trinidad vertraute uns an, daß ihr Vater, Don
Pedro, ein Laster gehabt habe, wegen dem ihn seine Frau sehr
schalt, und zwar war er ein großer Spieler. Einmal verlor er in
Honduras alles, was er besaß; zum Schluß setzte er noch das Maultier, auf dem er nach Honduras gekommen war, und verlor auch
dies. Jemand sagte, er habe ja noch das Zaumzeug und könne es
setzen, denn wozu brauchte er es noch, wo er kein Maultier mehr
hatte. Er aber antwortete: »Das Zaumzeug lege ich mir selbst an,
denn der Esel bin ich selbst.«

Das Glücksspiel wurde in Nicaragua während der Präsidentschaft von Don Tomás Martínez verboten. Don Pedro und seine
Freunde spielten in dem Hause, das wir jetzt bewohnten, hinten
im Garten, mit einer Leiter in Bereitschaft, um über die Mauer zu
den Franziskanern hinübersteigen zu können, für den Fall, daß die
Polizei von Don Tomás Martínez sie überraschte, die damals vielleicht noch gar nicht Polizei genannt wurde.

Wenn Popo und ich und die Jungen der Familie Pallais, unsere
Nachbarn, und andere Freunde Roulette spielten (mit einer
Roulettescheibe, die wir selbst angefertigt hatten, und ohne Geld,
sondern Kronkorken als Spielmünzen), ermahnte uns meine Tante

Trinidad, das nicht zu tun, um nicht später dem Laster meines Urgroßvaters zu verfallen.

Als General Máximo Jerez sah, daß Walker nicht gekommen war, um gegen die Legitimisten zu kämpfen, sondern um Nicaragua zu erobern, vereinte er sich mit General Tomás Martínez von den Legitimisten, um gegen Walker zu kämpfen; und so wurde das, was als Bürgerkrieg begonnen hatte, zu einem Befreiungskrieg gegen die Invasoren. Nach dem Sieg über Walker regierten die beiden Generäle gemeinsam, und ich meine, es sei in dieser Koalitionsregierung gewesen, daß Don Pedro für die Legitimisten ein Ministeramt bekleidete. Danach regierte Don Tomás Martínez allein als Präsident, und in jenen Jahren wird Don Pedro heimlich dem Glücksspiel gefrönt haben, wie meine Tante erzählte, doch sicher spielte er nicht nur in jener Zeit, sondern sein ganzes Leben lang.

Meinen zweiten Nachnamen, Martínez, habe ich von Don Tomás Martínez, doch nicht, weil wir von ihm abstammen; es hat einen anderen Grund, daß wir seinen Nachnamen tragen: etwas Dramatisches, über das wir in der Familie jedoch immer gelacht haben. Davon werde ich später noch erzählen.

Meine Tante Trinidad erzählte uns von einer Sklavin, die es in der Familie gab; sie hatte ihr ganzes Leben in der Familie verbracht, und als die Sklaverei abgeschafft wurde, wollte sie auch weiter bleiben, aus Anhänglichkeit, und der Familie dienen. Sie starb mit dem Ruf einer Heiligen, und wie eine Heilige wurde sie in der Kathedrale bestattet. Kein anderes Mitglied unserer Familie, die immer sehr religiös gewesen ist und aus der viele in religiöse Orden eingetreten waren, hatte, so meine Tante, jemals die Ehre gehabt, in der Kathedrale bestattet zu werden, nur diese Sklavin. Auch sie hatte in dem Haus gelebt, in dem wir jetzt wohnten, in welchem Zimmer, weiß ich nicht, meine Tante wußte es sicher. Ich weiß auch nicht, zu welchem Familienzweig diese Sklavin gehört haben mochte. Ich glaube nicht, daß es die Familie Cardenal war, das heißt die Familie meines Ururgroßvaters Don Lorenzo, denn der kam erst kurz vor der Unabhängigkeit aus Spanien, und mit der Unabhängigkeit wurde auch die Sklaverei abgeschafft, und diese

Sklavin war ja ihr ganzes früheres Leben in der Familie gewesen. Vielleicht handelte es sich um die Familie jenes Herrn Ayerdi, dessen Tochter Don Lorenzo heiratete. Das wußte sicher meine Tante Trinidad, die alle Stammbäume kannte. Ich, ich war nur ein Kind, das nichts von Stammbäumen wußte.

Oft sagte mir meine Tante, ich solle in die Kathedrale gehen und das Grab jener heiligen Sklavin suchen. Das war, als sie schon von meinen romantischen Streifzügen durch das alte León wußte, die ich, verzaubert von der Geschichte, zwischen meinem zehnten und zwölften Lebensjahr unternahm, bis ich mit blutender Seele mit meiner Familie aus León wegzog. Sie erzählte mir, die Sklavin sei in der Krypta unter der Kathedrale bestattet. Unter der Kathedrale gebe es eine zweite, die genau wie die obere fünf Schiffe habe und die man Krypta nenne, wo man wichtige Persönlichkeiten bestattete. Dort müssen wohl alle Bischöfe bestattet sein, zunächst die der Diözese von Nicaragua, und danach, in jüngerer Zeit, die der Diözese León. Sie ermunterte mich also, in diese Krypta hinunterzugehen, in die untere Kathedrale, um das Grab der Sklavin unserer Familie zu besichtigen. Doch wie sollte ich dieses Grab finden, wo ich doch nicht einmal ihren Nachnamen wußte, wenn sie überhaupt einen Nachnamen gehabt hatte? Und ich wußte ja nicht einmal, in welchem unserer Familienzweige das gewesen war. Vielleicht hatte meine Tante ja den Namen dieser Sklavin genannt, um sie finden zu können, doch erinnere ich mich nicht daran. Und ich konnte, obwohl ich es gern getan hätte, niemals in die Krypta hinabsteigen. Die Tür befand sich im Boden der oberen Kathedrale, doch wurde sie nur einmal im Jahr geöffnet, am Karfreitag, während des Gebets der Finsternis, und auch dann ging, soweit ich weiß, niemand hinunter. Am Karfreitag wurden um drei Uhr nachmittags, der Todesstunde des Herrn, alle Türen der Kathedrale verschlossen, so daß völlige Dunkelheit herrschte, und dann öffnete man die Tür im Boden, und die Krypta, in der die Toten lagen, stand offen, um Christi Niederfahrt zur Hölle zu symbolisieren, und das nannte man das Finsternisgebet. Ein paarmal war auch ich in dieser Dunkelheit. Völlig dunkel jene imponierende Kathedrale,

347

die größte Zentralamerikas und eine der drei oder vier größten ganz Amerikas, deren Bau mehr als ein Jahrhundert dauerte. Meine Tante Trinidad erzählte, man habe den Mörtel für den Bau mit Eiweiß angerührt, damit er besser hielt.

Meine Tante Trinidad pflegte zu erzählen, daß in dem Zimmer, in dem ich mit meinem Bruder schlief, früher zwei andere Brüder geschlafen hätten, die beide Schlafwandler waren. Um Mitternacht standen sie im Schlaf auf und gaben sich ein paar kräftige Backpfeifen, von denen keiner der beiden am nächsten Morgen noch etwas wußte. Sie gehörten zu unserer Familie, aber ob das vor kurzem oder vor langer Zeit gewesen war, weiß ich nicht. Für mich war alle Vergangenheit gleich vergangen und lag lange zurück. Für sie war alle Vergangenheit gerade erst vorbei.

Sie sprach immer von ihren Geschwistern, Eltern, Onkeln und Tanten und was weiß ich wem sonst noch, als ob sie noch am Leben wären. Wie gesagt, die Zimmer trugen alle noch ihre Namen; und ich glaube, für sie waren die, die vor kurzem gelebt hatten, genau wie die, die schon lange tot waren: Unser Haus war voll von ihnen. Und meine Tante war eine unerschöpfliche Quelle von Erinnerungen, man brauchte nur irgendeinen Namen zu erwähnen, dann begann sie von deren Familie, den Eltern und Großeltern zu reden und Anekdoten zu erzählen.

Wer waren die Zuhörer? Zunächst wir, die wir im Hause wohnten, wenn wir beim Essen saßen, denn fast immer erzählte sie ihre Geschichten bei Tisch, den Rest der Zeit verbrachte sie in ihrem Zimmer. Und dann nach dem Essen, wenn oft meine anderen Tanten, ihre Nichten, zu Besuch kamen. »Die Cardenalinnen«, so nannte man sie in León. Denn nach dem Umzug meines Onkels nach Granada waren fast nur noch Frauen in León übriggeblieben. Ein paar verheiratete Tanten und ein paar unverheiratete, wie meine Tante Adela und meine Tante Trini (die ihren Namen nach meiner Großtante trug). Manchmal kam auch anderer Besuch, denn Besuch erhielt sie wohl; und ab und zu kamen auch Leute aus Granada, wie meine Großmutter Mimí, die nach León reiste, um eine Weile bei meiner Mutter zu sein.

Meine Tante Merceditas war eine dieser Tanten und Nichten von Tante Trinidad, eine Cousine meines Vaters. Jeden Abend kam sie mit ihrer Tochter Pina, außer, es ging gerade ein starker Regen nieder. Und zwar wohnten sie nur einen Block weit entfernt, an der gegenüberliegenden Ecke vom Eingang der San-Francisco-Kirche. Und dann blieben sie und plauderten mit meinem Vater und meiner Mutter, weil die Tante Trinidad schon in ihr Zimmer gegangen war. Und wenn dann die Uhr von San Francisco neun zu schlagen begann, da sprangen sie beim ersten Glockenschlag auf und gingen eilig nach Hause, und niemand konnte sie aufhalten, auch wenn es mitten in einer interessanten Geschichte war, denn wenn sie nur fünf Minuten nach neun kamen, öffnete mein Onkel Federico Dervishire, der Ehemann von Tante Merceditas und Vater von Pina, die Tür schon nicht mehr. Mehr als einmal geschah es, daß sie für das kurze Stück von unserem Haus zu dem ihren mehr als fünf Minuten brauchten, und er machte ihnen nicht mehr auf; was sie da unternahmen, weiß ich nicht. (Es war aber auch nicht möglich, daß sie, wie meine Eltern ihnen rieten, einmal einen Schlüssel mitnahmen.)

Pina, die ungefähr so alt war wie meine Mutter, hatte nie geheiratet, weil ihre Eltern es immer zu verhindern gewußt hatten, mein Onkel Federico und meine Tante Merceditas, die sich gegen ihre Tochter verbündeten. Jeder ihrer Freier war von den Eltern zurückgewiesen worden, die ihre Tochter nicht verlieren wollten, und sie, sie unterwarf sich aus Gehorsam.

Das war eine seltsame, um nicht zu sagen exzentrische Familie. Doch Doktor Juan Dervishire, der Bruder von Pina, war der exzentrischste, vielleicht sogar verrückteste von allen. Tatsächlich begann jener brillante Arzt als Exzentriker und endete (als wir León schon verlassen hatten) ziemlich verrückt. Er hatte an der Sorbonne studiert und blieb unverheiratet, wie seine Schwester Pina. Anfangs hatte er einen guten Ruf als Arzt. In seiner Praxis gab es einen großen Raum mit allen möglichen Tiegeln, Fläschchen, Glasgefäßen aller Art und Form und geheimnisvollen Instrumenten und Utensilien. Mit der Zeit bedeckte sich das alles immer mehr mit Staub, und ich glaube, schließlich auch mit Spinnweben. Er hatte immer weniger Patienten, am Schluß kamen vielleicht nur noch die Armen zu ihm, um sich umsonst, aus Barmherzigkeit, behandeln zu lassen. Mein Vater behielt ihn jedoch immer als Hausarzt der Familie. Er hatte ein sehr altes Auto, sofern es damals, als die Ära des Automobils gerade erst begonnen hatte, schon alte Autos geben konnte. Ich glaube, das Auto hatte er aus Frankreich mitgebracht. Wenn er bei uns einen Besuch machte und wieder abfahren wollte, sprang es nicht an. Und die Pallais-Jungen, mein Bruder und ich und andere Kinder mußten ihn anschieben, damit jenes antiquierte Automobil überhaupt losfahren konnte.

Der erste Dervishire war aus England herübergekommen, daher auch der Name. Sie hatten bei sich zu Hause ein großes Portrait hängen, in Überlebensgröße, ich weiß nicht mehr, von wem; doch meine Mutter sagte immer, dieses Portrait erschrecke einen, wenn man das Wohnzimmer betrat; das Zimmer lag im Halbdunkel, in jenem großen, dunklen Haus der Dervishires. Auch mein Onkel Federico erzählte Geschichten. Ich ging immer gern zu ihm, um ihn nach Ereignissen aus der Geschichte zu fragen. Zum Beispiel erzählte er mir in allen Einzelheiten, wie Walker in Granada am Seeufer gelandet war, am Vorabend der Einnahme der Stadt. Mir kam es manchmal so vor, als habe sein Vater zu den Söldnern gehört. Doch waren das verrückte Ideen von mir.

Doch um zu den Geschichten von Tante Trinidad zurückzukommen: Sie schien alle Stammbäume und alle Geschichten der Leute zu kennen, und ich erinnere mich, wie überrascht die Erwachsenen immer waren, wenn sie nach dem Essen zu erzählen begann, und sie fragten, wie sie das mache, sich an all die Dinge zu erinnern.

Was Familienstammbäume anging, wußte nur Don Felipe Arellano soviel wie sie oder gar noch mehr. Don Felipe stammte aus jener Familie Arellano, die voller Verrückter war. Er war von weißer oder rötlicher Gesichtsfarbe (das weiß ich nicht mehr so genau) und trug einen herrlichen weißen Bart. Er kam aus Granada, und die Reise von Granada nach León unternahm er zu Fuß,

nicht mit der Eisenbahn. Und er erschien in einem eleganten Anzug aus englischem Tuch im Laden meines Vaters, aber barfüßig.
Weshalb er die Reise von Granada nach León nicht nur zu Fuß,
sondern auch noch barfüßig zurücklegte, blieb mir ein Geheimnis.
Auf jeden Fall war das Teil seines Spleens. Zum Schlafen ging er auf
den Friedhof. Obwohl ihn mein Vater zu uns nach Hause einlud,
wollte er das nie. Er meinte, auf dem Friedhof schliefe er mit mehr
Ruhe und Frieden. Ich vermute, daß er auch in den anderen Städten, durch die er kam, auf dem Friedhof schlief. Meinem Vater
gefielen seine Besuche sehr, er fragte ihn nach Familien, nach Namen aus, und Don Felipe begann zu erzählen und hörte nicht mehr
auf. Und ganz in der Nähe spitzte ein Kind die Ohren, ohne irgend
jemand zu kennen von denen, die da genannt wurden, doch begierig, all die Namen zu hören, die Anekdoten; denn es waren immer
Anekdoten, die erzählt wurden, und endlos die Geschichten von
Don Felipe. Außer auf dem Friedhof ging er zum Schlafen manchmal auch ins Pfarrhaus der San-Felipe-Kirche. Der Pfarrer dort
hatte einen ganzen Raum voller alter Zeitungen, und Don Felipe
ging in dieses Zimmer und las stundenlang. Das erzählte der Pfarrer meinem Vater. Ich weiß nicht, ob der Pfarrer sich auch in die
Lektüre der Zeitungen vertiefte, doch stelle ich mir vor, daß Don
Felipe zumindest mit ihm über die alten Nachrichten redete, die er
da las: Hochzeiten, Beerdigungen, Nachrichten aus der Gesellschaft und andere Begebenheiten von vor wer weiß wie vielen Jahren. Und ich stelle mir vor, daß er gar keine aktuellen Zeitungen
las, vielmehr las er jene alten Zeitungen mit der Aufmerksamkeit
von jemandem, der die Zeitung vom Tage liest. Er las sicher noch
die alten Kleinanzeigen, vermute ich, wenn jene alten Zeitungen
welche hatten. Die Leute sagten, er sei nicht verrückt gewesen,
wenn er von Geschichte und Stammbäumen sprach. Und deshalb
mochte er wohl lange Zeiträume verbringen, ohne verrückt zu sein,
sprach er doch stundenlang von diesen Dingen. Mit meinem Vater
verbrachte er viele Stunden und erzählte ihm Geschichten von allen möglichen Leuten in Nicaragua, und wenn er wieder fort war,
meinte mein Vater, wie viele Geschichten Don Felipe wüßte. Der

Pfarrer der San-Felipe-Kirche meinte, er sei gar nicht verrückt, er sei ganz normal. Doch einmal mußte er ganz schnell nach Hause rennen, weil er von weitem sah, daß dort Rauch aufstieg, und das kam daher, daß Don Felipe die alten Zeitungen angezündet hatte und fast das ganze Haus abbrannte; ein Teil des Daches, das mit Rohr unterfüttert war, brannte ab. Der Pfarrer kam hinterher ganz aufgeregt zu meinem Vater, um es zu erzählen; er hatte seine Zeitungen so gern gehabt. Vielleicht hielt er Don Felipe von da an auch für wahnsinnig.

Meine Mutter fühlte sich in León immer wie in der Verbannung, so weit weg von ihrer Familie, von ihrem Granada. Sie war jung und schön. Sie sang und spielte Gitarre, manchmal auch Klavier. Es gab auch ein Pianola, das war ein Klavier mit einem perforierten Papierstreifen, das ganz von allein spielte. Manchmal war mir alles sehr langweilig, und ich wußte nicht, was ich spielen sollte, dann fragte ich meine Mutter: Was soll ich denn mal machen? Abends las sie uns Abenteuergeschichten vor, in der Haustür am Gehsteig. Ein Reiter ritt nachts auf einem Schimmel vorbei, niemand wußte, wer es war. Da gab es auch ein Mädchen. Und ein anderer Mann kam in der Geschichte vor, den niemand in Verdacht hatte. Plötzlich erleuchtete der Mond das Gesicht des Schimmelreiters, und siehe da, er und der andere Mann waren ein- und derselbe! Just in dem Augenblick, als die Geschichte zuende war, kamen meine Tante Merceditas und ihre Tochter Pina.

Im Gegensatz zu Juan (so nannten Popo und ich den Doktor Dervishire, denn er und Pina waren, wenn auch viel älter als wir, unser Cousin und unsere Cousine) hatte mein Vater stets ein neues Auto. Das kam daher, daß er die Vertretung der Firma Ford hatte, ob nur für León oder für das ganze Land, weiß ich nicht. Ich weiß auch nicht, ob er selbst sie hatte oder mein Großvater, sind das doch Dinge, die Kinder nicht besonders interessieren. Damals gab es nur wenig Autos in León, das normale Verkehrsmittel in jenen grauen Kopfsteinpflasterstraßen war die Pferdekutsche. Auch meine Mutter lernte das Autofahren, und die Einwohner von León, die eine sehr konservative Einstellung hatten, obwohl León die Bastion des Liberalismus war, empörten sich sehr darüber. Und wenn sie nachmittags in Schaukelstühlen zum Plauderstündchen auf dem Gehsteig saßen und sahen, daß sich ein Auto mit einer Frau am Steuer näherte, standen sie auf und gingen in ihre Häuser, aus Angst, sie könnten überfahren werden. Obwohl das Auto sicher nur sehr langsam durch jene holprigen Straßen fuhr, die genauso ausgesehen haben müssen, wie Darío diejenige vor seinem Haus beschreibt: »schlecht gepflastert mit runden und mit spitzen Steinen«. (Meine Mutter erzählte uns, wie das erste Auto nach Granada kam: Es fuhr im Schrittempo, und die Leute liefen in den Straßen davon.) Meine Mutter fuhr nur kurze Stückchen, zum Beispiel von unserem Haus bis zum Geschäft meines Vaters, das waren vier Blocks (auch wenn mir die Entfernung in meiner Erinnerung sehr groß erscheint). Oder vom Haus bis zur Kalvarienkirche, schon an der Stadtgrenze, wo sie und mein Vater Tennis spielten, und was mir auch sehr weit vorkommt, und es mögen, na, vielleicht sechs Blocks gewesen sein. Und Juan kam mit seinem Wagen zu Besuch, mit dem Risiko, daß er hinterher nicht wieder anspringen wollte und wir ihn anschieben mußten, und sein Haus lag nur einen Block entfernt! Die gleiche Entfernung, die meine Tante Merceditas und ihre Tochter Pina jeden Abend in fünf Minuten zurücklegen mußten, weil ihnen sonst mein Onkel Federico die Tür nicht mehr öffnete.

Weil wir ein Auto hatten, konnten wir recht oft ans Meer nach Poneloya fahren. Die Bewohner von León fuhren normalerweise nur in den heißesten Tagen des Jahres in diesen Badeort. In ganz Nicaragua war es Tradition, in jenen Tagen ans Meer, an die Seen und Flüsse zu fahren. Doch mein Vater, der von Kindheit an im Ausland erzogen worden und fast ein Ausländer war, hielt sich nicht an diese Konventionen, und oftmals fuhr er mit uns sonntags, ganz gleich zu welcher Jahreszeit, nach Poneloya. Und wir waren glücklich, mein Bruder Popo und ich, und Maruca, unsere kleine Schwester.

Die Fahrt auf einem Sandweg nach Poneloya legte man damals in ein bis zwei Stunden zurück, nicht in so kurzer Zeit wie heute.

Aber auch nicht mehr wie in den Jugendjahren meiner Tante Trinidad, als man mit Ochsenkarren reiste, die Männer zu Pferde, und die Fahrt zwei bis drei Tage dauerte. Meine Tante erzählte uns oft von jenen Fahrten nach Poneloya, und ihre Beschreibungen waren genau wie die, die Darío von seinen Kindheitsreisen dorthin gibt, die ungefähr in den gleichen Jahren stattfanden. Sie war 20 Jahre älter als Darío.

Darío berichtet, wie sie an einen Flußlauf kamen und dort, mitten im Wald, haltmachten, ein Feuer anzündeten und die gebratenen Hühnchen hervorholten, die hartgekochten Eier, den Zuckerrohrschnaps, den *tiste*, unser Nationalgetränk aus Mais, und Kakao mit Zucker, der in Bechern aus der Frucht des Jícaro-Baums serviert wurde. Und die Männer sangen Lieder zur Gitarre. Wenn sie dann ans Meer kamen, bauten sie aus Ästen und Palmblättern Unterstände. Die Männer badeten auf der einen Seite und die Frauen auf der anderen, Männer und Frauen in langen Hemden. An den Abenden spielten die Jungen und Mädchen Pfänderspiele – die, die man auch in meiner Kindheit spielte und sicher auch noch heute spielt. Rubén blieb für sich und betrachtete die Sterne.

Rubén berichtet auch von »dem märchenhaften Tigerfelsen«. Ich weiß nicht, warum er ihn »märchenhaft« nennt. Das ist ein großer Felsen, der weit ins Meer hinausragt. Man sagte, er hieße so, weil dort früher ein Tiger hauste. Ich glaube nicht, daß auf diesem kahlen Felsen jemals ein Tiger gewesen ist, vielleicht war es eher deshalb, weil die Silhouette des Felsens einem liegenden Tiger ähnelt. Bei Ebbe kann man ihn zu Fuß umrunden. Und an der Spitze sieht man den Eingang zu einer kleinen Höhle. Ob einmal in dieser Höhle bei Ebbe ein Tiger gehaust hatte? Wenn die Flut steigt, schlagen hohe Wellen gegen den Felsen und schleudern Schaum hoch in die Luft. Es ist ein Ort der spektakulären Sonnenuntergänge. Hinter den Schaumfetzen senkt sich die Sonne ins Meer – den Pazifik –, in Richtung auf Japan und China. Dann gehen die Paare abseits, um allein zu sein. Meine Tante Trinidad erzählte uns, daß einmal zwei Verliebte auf der Spitze des Felsens saßen, da kam eine riesige Welle und riß das Mädchen fort, und der junge Mann wollte sie an den Haaren festhalten und behielt nur noch die Haare in der Hand, und das Meer nahm das Mädchen mit sich. Vielleicht war es wegen des Tigers oder wegen des Mädchens oder wegen beidem, daß Rubén den Felsen »märchenhaft« nannte.

Es gab eine andere, sehr schmerzliche Begebenheit, die meiner Tante Trinidad erzählte, und die war kein Märchen: Ein Bruder von ihr war in Poneloya ertrunken. Oft hörte ich diese Geschichte von ihr: wie sie in ihren langen Hemden im Sand gekniet und laut gebetet hatten, weinend und mit zum Himmel erhobenen Armen, während der Bruder ertrank. Und sie erinnerte sich, wie der leblose Körper, als er aus dem Meer gezogen wurde, auf dem Strand gelegen hatte. Ob das der Bruder war, der sich auf den Boden gelegt und damit gedroht hatte, sich totzustellen, wenn sie ihm keine Mangos gab? Seit jenem Tag ihrer Kindheit oder Jugend war sie nicht mehr nach Poneloya zurückgekehrt.

Das ist etwas, das sich immer wiederholt: die Ertrunkenen von Poneloya. Das Meer dort ist heimtückisch. Auch wenn man nicht allzutief hineingeht, kann eine unerwartete Strömung kommen und einen immer tiefer hineinziehen. Ich mußte während meiner Kindheit ein paarmal zusehen, wie jemand dort ertrank, und nachts konnte ich dann vor Entsetzen nicht schlafen.

Einmal bedrängte mein Vater die Tante Trinidad sehr, mit uns eine Spazierfahrt im Auto zu unternehmen. Zuerst wollte sie nicht, doch bei soviel hartnäckigem Insistieren gab sie schließlich nach. Vielleicht war sie noch nie zuvor im Auto gefahren. Und als wir durch den indianischen Stadtteil Subtiava fuhren, wo die Straße nach Poneloya beginnt, sagte mein Vater der Tante, daß die Fahrt nach Poneloya ginge. Sie flehte und protestierte und jammerte so sehr, daß mein Vater von seinem Vorhaben abließ und umkehrte. Er wollte, daß meine Tante Trinidad das Meer wiedersähe und jene schreckliche Erinnerung überwände, doch es war unmöglich.

Wir fuhren also oft nach Poneloya, wohin meine Tante niemals mehr zurückkehren wollte. Manchmal begleiteten uns unsere Nachbarn, die Familie Pallais. Und wir nahmen unseren Hund mit, später, als wir einen Hund hatten, eine riesige, schwarz-weiß gefleckte dänische Dogge, der mein Vater den Namen »Harlekin« gegeben hatte. Und noch später kamen zwei neue Geschwister hinzu, Gonzalo und Fernando, und dann Esmeralda, ein neues Schwesterchen. Wir fuhren auf der Landstraße, die von Subtiava losging und wo der Tamarindenbaum steht, an dem die spanischen Konquistadoren den letzten indianischen Häuptling Adiat aufhängten. Die Indianer erzählten die Legende, daß der Baum sich nachts quer über die Straße legte, damit niemand vorbeifahren könne.

Diese Ausflüge führten, wenn sie nur für einen Tag waren, zum Hotel von Chepita, dem besten der drei, die es in Poneloya gab; ein Hotel, das keinerlei Luxus bot und das man heute eher als rustikal bezeichnen würde. Doch während der heißen Zeit verbrachten wir ungefähr einen Monat am Meer, in irgendeinem gemieteten Haus, einem von denen, die sicher nur in dieser Jahreszeit bewohnt wurden, denn man mußte alles mitbringen, von den Feldbetten zum Schlafen, Moskitonetzen und Nachttöpfen bis zu einem kleinen Stromgenerator. Letzterer erst später, mit ein wenig mehr Fortschritt; denn ich erinnere mich, daß vorher, wenn wir ans Meer fuhren, Kerosinlampen benutzt wurden. An den Wochentagen fuhr mein Vater morgens nach León, um im Geschäft zu arbeiten, und kam am späten Nachmittag zurück; und dann, das weiß ich noch, trank er sein Bier, das uns bitter schmeckte, mit einem Cocktail schwarzer Muscheln, die typisch für die Gegend sind. In einem Jahr blieben wir viel länger als einen Monat am Meer, das war, als sich Popo von seiner schweren Krankheit erholte.

Zu jener Zeit wurde zweimal am Tag gebadet, am Morgen und am Nachmittag. Damit verbrachten wir einen großen Teil des Morgens und des Nachmittags. Die Badeanzüge der Männer glichen denen der Frauen, sie waren einteilig und bedeckten auch die Brust. Pfänderspiele der Jungen und Mädchen abends im Sand. Lieder und Gitarrenmusik. Kartenspiel in den armseligen Hotels am Nachmittag oder am Abend. Manchmal Tanzabende der Erwachsenen im Tanzsaal des Hotels von Chepita; Tanzabende, die manche meines Alters in Entzücken versetzten und die mich, wegen der Musik, tödlich langweilten. Während jener Tage am Meer war es, daß ich mich verliebte. Mireya. Nicht die große Liebe meines Lebens, wohl jedoch meiner Kindheit. Das werde ich später erzählen, denn ich kann nicht alles auf einmal erzählen. Die geheimnisvollen Schiffe in der Nacht, die von und nach Corinto fuhren, kleine Lichter, die sich am Horizont entlangbewegten. Das unentwegte Rauschen des Meeres in jenen Nächten. Und in manchen Nächten leuchteten das Meer und seine Wellen. Der Himmel voller Sterne, und wenn man im Sand lag, konnte man viele Sternschnuppen fallen sehen. Die Sonnenuntergänge auf dem Tigerfelsen. Die kleine Bucht ganz in der Nähe: eine Flußmündung mit sehr ruhigem Wasser, mit vielen Haien, wo man angeln konnte – am Strand des Meeres konnte man wegen der hohen Wellen nicht angeln – und wohin die Strömung die Ertrunkenen trug. In der anderen Richtung kam man zu einem Ort, der Las Peñitas hieß, ein etwas längerer Spaziergang, wo es auch eine Flußmündung gab und wo einsam »das Haus des Bischofs« lag: ein Unterstand mit einem Ziegeldach, wohin in der heißen Zeit der Bischof kam und fern von den Blicken der Öffentlichkeit baden konnte. Der Hauptmann Tacho Ortiz, der militärische Kommandeur von León und Vater von Diana Ortiz, die blond und blauäugig war, warf manchmal Dynamitstangen in das Wasser der Bucht, und dann trieben die toten Fische an der Oberfläche, kleine und große (später während der Diktatur Somozas erlangte er traurige Berühmtheit wegen eines Studentenmassakers in León). Zu meinen Lieblingsbeschäftigungen gehörte es, sehr schöne Sandburgen zu bauen. Und jene Strandschlachten mit Sandbällen. Doch nichts war schöner, als unter der Meeresbrise in einer Hängematte zu liegen und die argentinische Jugendzeitschrift »Biliken« oder das wunderbare Buch »Die Schatzinsel« zu lesen. Es gab viele Hängematten in jenen Tagen am Meer. Meine Großmutter Mimí kam aus Granada, um bei unserer Mutter zu sein; und sie lehrte uns, die Sternbilder zu erkennen.

Rubén Darío zitiert in seiner Autobiographie jenes Sprichwort aus León, das auch meine Tante Trinidad immer zitierte: »Karwoche in León und Corpus in Guatemala«. Was bedeutete, daß das beste Corpus-Christi-Fest Zentralamerikas das von Guatemala war, und die beste Karwoche die von León. Darío beschreibt die Prozession des siegreichen Herrn, am Palmsonntag, die durch die Königsstraße an seinem Haus vorbeiführte, mit Schmuck aus Palmwedeln und Ölpalmblüten und Seidenpapier. Ich sah diese eindrucksvolle Prozession vom Balkon des Hauses der Dervishires aus, der Bischof ging in seinem Violett und zog eine lange Schleppe hinter sich her, die ihm ein Page trug, und hinter ihm gingen die Domkapitulare, auch mit langen Schleppen und Pagen, wie ein Papst mit seinen Kardinälen. In der Nacht des Karfreitag gab es die »Schweigeprozession«, mit dem verschiedenen Herrn: jene große Menschenmenge völlig schweigsam um Mitternacht. Am Karmontag war die »Lichterprozession«, zu Ehren des heiligen Benedikt: viele Mädchen, die Fackeln trugen, was sie vorher gelobt hatten. Die Indios verehrten sehr den heiligen Benedikt von Palermo, möglicherweise, weil er dunkelhäutig und Sklave gewesen war. Am gleichen Karmontag schenkten auf dem Gehsteig vor der San-Francisco-Kirche viele Frauen aus großen Tonkübeln vergorenen Maismost aus, für jeden, der ihn wollte, auch als Gelübde, das sie dem heiligen Benedikt gegeben hatten. Ein anderes Gelübde für den heiligen Benedikt war es, die San-Francisco-Kirche auszufegen. Auch ich ging, dieses Gelübde einzulösen, und es waren viele Leute dort, die fegten, jeder nur ein ganz kleines Stückchen, wo gar nichts mehr zu fegen war, weil der Boden schon vor Sauberkeit glänzte. Obwohl es eigentlich ein Gelübde war, das nur Frauen und ein paar alte Männer ablegten, fegte ich dort, weil ich es gelobt hatte, als Popo so krank wurde und fast gestorben wäre.

Man nannte uns beide Popo und Pito. Pito wegen Ernestito, ein Spitzname der Familie, der mit meiner Kindheit verschwand, als nur noch Ernesto übrigblieb. Mein Bruder Rodolfo wurde eben »Popo« gerufen, und der Name blieb auch später. Wir beide waren unzertrennlich. Und weil wir nur ein Jahr auseinander waren, dachten manche, wenn wir uns gleich kleideten, wir seien Zwillinge. Ich als der Jüngere war sehr abhängig von meinem älteren Bruder. Mit der Zeit entfernten wir uns voneinander, denn jeder entwickelte einen anderen Charakter: der seine war praktisch, meiner der eines Dichters. Doch damals waren wir so eng miteinander verbunden, daß wir uns ohne Worte verstanden. Wir brauchten nur das Gesicht des anderen zu sehen, dann wußten wir, was er dachte oder fühlte. Einmal waren wir zum Beispiel bei einer Geburtstagsfeier, und man gab uns ein Getränk, das aus wer weiß welchem Grunde sehr schlecht schmeckte. Wir sahen uns an und wußten, daß es dem anderen auch nicht schmeckte. Ein paar Tage vorher hatte uns unser Vater beim Essen demonstriert, daß der Geschmack mit dem Geruchssinn zu tun hat und daß man, wenn man sich die Nase zuhält, auch nichts schmeckt. Popo und ich verständigten uns mit Blicken, in Gegenwart der Gastgeber, daß wir uns die Nase zuhalten sollten, dann schmecke das Getränk besser. Sie waren beleidigt, daß es uns nicht schmeckte. Und ich war überrascht, daß sie unser Geheimnis entdeckt hatten.

Im Lager hinter dem Laden meines Vaters lagen wir ganz oben auf dem Haufen von Stoffballen, und Popo las mir aus einem Buch die Geschichte von zwei Brüdern vor, die zusammen loszogen, der ältere fiel in einen Teich und konnte nicht mehr heraus, und der jüngere konnte ihn nicht retten. Der ältere schwamm und schwamm, bis er nicht mehr konnte. Der jüngere tat alles, um ihn zu retten, und streckte ihm die Hand entgegen, um ihn herauszuziehen, doch es gelang ihm nicht. Bevor er ertrank, sagte der ältere, er hinterließe ihm seine Uhr, die ihm immer so gefallen habe, doch der jüngere weinte nur und wollte die Uhr nicht haben. So verabschiedeten sie sich voneinander. Die Geschichte machte mich unendlich traurig.

Kurz darauf wurde Popo sehr krank. Für Lungenentzündung gab es damals so gut wie keine Heilung; er hatte nicht nur eine Lungen-, sondern auch eine Rippenfell- und Zwerchfellentzündung. Da kam alle naselang Juan auf Hausbesuch, mit seinem alten Auto, das man hinterher anschieben mußte. Und auch Dr. Debayle, der auf einem Schimmel daherritt. Wie Juan hatte auch er an der Sorbonne studiert. In León, wo man zu Übertreibungen neigt, wurde er »der weise Debayle« genannt. Man hielt ihn wohl für eine Art nicaraguanischen Pasteur. Und er war nicht nur als Arzt berühmt, sondern auch als enger Freund Daríos, den er während der letzten Phase seiner Krankheit behandelte (und ihn, einigen heutigen Ärzten zufolge, mit seinen Kunstfehlern auf dem Gewissen hat). Die Krankheit Popos währte die ganze Fastenzeit über, und meiner Mutter fiel auf, daß er seine Krisen immer freitags hatte und sich an den übrigen Tagen erholte, bis zum nächsten Freitag; deshalb hatte sie immer große Angst vor dem kommenden Freitag, und am meisten Angst bekam sie, als der Karfreitag näherrückte. Und tatsächlich wurde das seine schlimmste Krise. Am Karmontag ging ich in der Kirche für den heiligen Benedikt fegen. Bei uns zu Hause gab es lange Versammlungen von Ärzten. Juan, Dr. Debayle, Dr. Argüello, der auch sehr geschätzt wurde, und noch ein weiterer Arzt, ich weiß nicht mehr, wer das war. Man rief Dr. Cuadra in Granada an, damit er per Telefon an der Beratung teilnähme, weil er nicht nach León kommen konnte. Dr. Cuadra nannten die Leute in Granada »den Dr. Sauerstoff«, weil er für alles eine Spritze Sauerstoff verordnete, gleichgültig, was für ein Leiden der Patient hatte. Wenn man uns zu ihm brachte, gingen wir immer vor Schmerzen wimmernd nach Hause, wegen der Sauerstoffspritze, den Hintern so geschwollen wie ein Luftballon. Dr. Cuadra riet, Popo eine Sauerstoffspritze in die Lunge zu geben, und weil den anderen Ärzten auch nichts Besseres einfiel, gab man sie ihm; doch das nützte nicht viel.

An jenem Tage gab man, ohne daß meine Mutter es merkte, einen Sarg mit den Maßen des Kindes in Auftrag, und man kaufte ihm einen neuen Schlafanzug. Mich schickte man zu den Franziskanern, damit ich ihn nicht sterben sah. Die Franziskaner erzählten mir Geschichten, spielten mit mir, lenkten mich ab. Als sie mich nach Hause zurückbrachten, es war fast Abend, fragte ich als erstes, ob er gestorben sei. Man hatte mir in Anwesenheit der Dienstmädchen gesagt, daß ich ab jetzt der Älteste sein würde. Ich weinte und antwortete, ich wolle nicht der Älteste sein. Abends gab man mir Zuckerwasser zu trinken, damit ich schlafen konnte.

An jenem Nachmittag war Popo in den Todeskampf eingetreten. Plötzlich aber trat er daraus hervor und sagte meiner Mutter, er
habe Hunger. Meine Mutter fragte die Ärzte, was sie ihm zu essen
geben könne, und sie meinten: »Alles, was er möchte, gebratenes
Schweinefleisch oder was auch immer, denn er wird auf jeden Fall
sterben.« Meine Mutter hörte aber nicht darauf, sondern ging
selbst in die Küche und bereitete ihm eine besondere Kost. Er starb
nicht, und um Mitternacht trafen die Ärzte eine mutige Entscheidung: ihm die Brust zu öffnen, gleich dort in seinem Zimmer. Es
gab dort zwar nicht die Bedingungen für eine Operation dieser Art,
doch im Hospital auch nicht. Als man ihm die Brust öffnete, kam
ein Schwall Eiter heraus, der die Ärzte von oben bis unten besudel-
te. Literweise holten sie den Eiter aus ihm heraus. Ab da verbesserte
sich sein Zustand, und er begann sich zu erholen. Bald darauf hob
man ihn aus seinem Bett, setzte ihn in einen Schaukelstuhl und
fuhr ihn aus dem Zimmer heraus. Die Jungen der Familie Pallais
und andere Kinder aus der Nachbarschaft feierten es, indem sie ein
Feuerwerk abbrannten und Palmzweige ansteckten wie am Palmsonntag. In diesem Jahr war es, wegen der langen Erholungsphase
von Popo, daß wir länger am Meer blieben.

Ich hatte Gott versprochen, Priester zu werden, wenn Popo geheilt würde. Und weil er gesund wurde, behielt ich die völlige,
ernsthafte Überzeugung, daß ich das tun mußte. Die christlichen
Brüder hatten eine Zeitschrift, die in Spanien für alle ihre Schulen
gedruckt wurde, und darin wurde die Geschichte eines Kindes in
Nicaragua veröffentlicht, das versprochen hatte, Priester zu werden, wenn sein Bruder geheilt würde, und es habe eine Heilung
gegeben, die wie ein Wunder erscheine, und dieses Kind sei entschlossen, tatsächlich Priester zu werden. Und diese Zeitschrift
kam auch in unsere Schule an den Vier Ecken.

In dieser Zeit spielte ich auch, daß ich die Messe zelebrierte. Ob
das vor oder nach dieser Entscheidung war, weiß ich nicht mehr,
auch nicht, ob es dadurch motiviert war. In der Familie Cardenal
hat es viele religiöse Berufungen gegeben. Der älteste Sohn meines
Großvaters wurde Jesuit und starb als Novize in Paris an einem

Hirntumor. Eine seiner Töchter wurde Nonne. Eine Schwester von ihm und meiner Großtante Trinidad wurde ebenfalls Nonne, die, deren Hände auf wundersame Weise weich wurden, um in den Sarg zu passen. Popo wollte später auch Jesuit werden, gab es aber auf. Ein paar andere Cousins und Neffen sind Jesuiten geworden, manche sind es geblieben, andere haben davon abgelassen. Mein Bruder Fernando, der mehrere Jahre jünger ist als ich, hat nicht davon abgelassen und ist bis auf den heutigen Tag ein namhafter Jesuit. Was mich angeht, so sage ich im Angesicht der Geschichte meines Lebens: Ich sehe, daß Gott nie von mir abließ.

Ich ging oft zur Messe und zum Abendmahl in die San-Francisco-Kirche. Rubén Darío berichtet, seine Tante Bernarda sei immer zur ersten Messe in diese Kirche gegangen, beim ersten Hahnenschrei. Und so tat es auch meine Tante Trinidad. Wir jedoch gingen nicht in diese Messe, sondern in eine spätere. Ich tat das gern, doch war es auch schön, aufzustehen und nicht in die Messe gehen zu müssen – und zu spielen! Doch eine Zeitlang zwang man Popo und mich, jeden Tag zu gehen. Eines Tages kam meine Tante Trinidad von ihrer Frühmesse zurück und fand Popo und mich wach und uns angeregt von Bett zu Bett unterhaltend. Sie sagte meinem Vater, mein Großvater Salvador habe nicht erlaubt, daß meine Onkel nach dem Aufwachen im Bett blieben, weil sie böse Dinge tun konnten. Wenn er einen von ihnen wach und noch im Bett erwischte, gab er ihm mit seinem Gürtel eine ordentliche Tracht Prügel. Mein Vater kannte diese Sitten meines Großvaters nicht, denn man hatte ihn in sehr jungen Jahren zur Ausbildung nach Spanien und England geschickt. Aus Höflichkeit meiner Tante Trinidad gegenüber schickte er uns von da an jeden Tag in die Messe, doch nicht für lange Zeit. Bald vergaß er es wieder.

Darío berichtet, er habe bei den Jesuiten in der Sammlungskirche einem katholischen Männerverein angehört. Die Christlichen Brüder hatten etwas ähnliches, mit einem Namen, an den ich mich nicht mehr erinnere. Eine ausgewählte Gruppe der Gläubigsten, und ich gehörte dazu. Bruder Angel, ein junger, sehr engelhafter Bruder, gab uns Glaubensunterricht in der Kapelle, vor ei-

nem herrlichen tropischen Garten, der nur für sie da war (außer
den Pausenhöfen für die Schüler). In diesem Garten gab es einen
Brunnen und einen Teich und einen weißen Reiher, den ich riesengroß in Erinnerung habe, weil er fast so groß war wie ich, doch war
meine Größe die eines Kindes. Jetzt ist alles kleiner. Man wird gemerkt haben, daß ich, wenn ich von León rede, alles groß beschreibe. Als ich später, als Erwachsener, nach León zurückkehrte, kam
mir alles viel kleiner vor.

Um diese Zeit war es, daß ich mich in Poneloya in Mireya ver-
liebte. Ich glaube, ich war acht Jahre alt; sie vielleicht sieben. Wie
Dante, als er das erste Mal Beatriz sah (auf dem Ponte Vecchio in
Florenz?), er war neun Jahre alt und sie ein Jahr jünger. Im
»Cántico Cósmico« habe ich, als ich vom Paradies spreche, auch
von dieser Liebe gesprochen:

> Jene Augen, die wiederzusehen
> so wäre, als reise das Licht zurück.
> In meinem traurigen Gesang vereint Astrophysik und Liebe.
> Augen von goldener Farbe waren die von Mireya.
> Mireya, meine Kindheitsliebe an den Stränden Poneloyas.
> Sie war meine Beatriz. Mit dantesken Augen,
> denn nicht nur ein Bombardement ist dantesk, ein Erdbeben.
> Dantesk ist auch das Paradies.
> Und dantesk meine Mireya.

Und es ist das, was ich am meisten von ihr erinnere: ihre Augen.
Jene goldenen Augen. Im alten Hotel Lacayo beim Kartenspiel
neben ihr zu sitzen (das alte Spiel »17 und 4«) war das Paradies. Ich
erinnere mich jetzt genau, wie wir nebeneinander am Kopfende des
Tisches saßen, eines langen Tisches, an dem wir spielten und uns
unterhielten, die ganze Gruppe der Kinder. Und da sagen wir, daß
die Worte Farben haben. Jemand sagt vielleicht, daß das Wort
»Jahr« rosa ist. Jemand anders sagt, das Wort »Jahr« kommt ihm
wie eine Banane vor. Und ich, ich gestand ihr niemals meine Liebe.
Vermutlich kam mir das nicht einmal in den Sinn, oder ich dachte,
daß man so etwas nicht sagte. Oder vielleicht dachte ich niemals

daran, daß das, was ich für sie empfand, mit dem Begriff »Liebe« benannt wurde. Ich hatte einfach das Verlangen, immer in der Nähe von Mireya zu sein. In ihre Augen zu sehen. Ah, und ihr Haar – ich habe ganz vergessen: auch ihr Haar war golden. Und ich erinnere mich nicht, daß ich jemandem davon erzählt hätte. Das mag um jene Zeit gewesen sein, daß ich das Gelübde ablegte, Priester zu werden, im gleichen Alter, glaube ich. Doch erinnere ich mich nicht, daß das ein Konflikt für mich gewesen wäre. Ich hätte nie daran gedacht, sie zu heiraten, da war nur diese unwiderstehliche Anziehung. Und ich erinnere mich nicht, daß andere diese Anziehung verspürt hätten, daß ich Rivalen hatte. Wahrscheinlich war für die anderen an ihr nichts Besonderes, so wie für mich. Natürlich, wenn man die anderen gefragt hätte, ob sie hübsch war, dann hätten sie das bejaht; denn sie war ja wirklich hübsch. Doch hätten sie sie wie ein ganz normales Mädchen angesehen, wie alle anderen Mädchen auch. Nicht von dem Licht erleuchtet, von dem sie für mich erleuchtet war. Und vermutlich hat man auch als achtjähriger Junge, der in ein siebenjähriges Mädchen verliebt ist, keine Rivalen. Ob sie für mich dasselbe empfand wie ich für sie, weiß ich nicht. Meine Gegenwart, meine Nähe, waren ihr nicht unangenehm, sonst hätte sie mich gemieden. Und wir redeten miteinander, ich erinnere mich, daß wir miteinander redeten. Ich erinnere mich, wie wir gemeinsam im Meer badeten, sie neben meiner Schwester in den Wellen. Wie sehr wünschte ich mir, daß auch sie mich heimlich geliebt hätte!

Nach der Sommerfrische am Meer, als wir wieder zurück in León waren, ging ich manchmal zu ihrem Haus, gegenüber dem von Pater Benito, und versuchte, sie durch das Fenstergitter zu sehen. Und ab und zu sah ich sie tatsächlich. Pater Benito war der erste, der in León Radio hatte; als dieses Radio ankam, gingen wir eines Abends hinüber, um es zu hören, doch hörten wir nur Rauschen. Ich habe es sehr groß in Erinnerung, wie ein Möbelstück; und es war tatsächlich ein Möbelstück von meiner Größe. Auch die Entfernung zwischen unserem Haus und dem Gitterfenster von Mireya kam mir groß vor, dabei waren es nur anderthalb Block, um die Ecke herum. Wie mir auch die Entfernung von unserem Haus zum Gericht groß vorkam (das auch nur anderthalb Block entfernt lag, und ohne um die Ecke zu biegen), wohin eine Zeitlang jeden Tag Oliverio Castañeda, der Giftmörder, gebracht wurde und wo lange, lange Zeit später der Tyrann Anastasio Somoza García erschossen wurde.

Die Erinnerung an meine Liebe blieb lebendig. Wir wohnten in León, bis ich zwölf Jahre alt war, doch verbrachte ich den größten Teil der letzten beiden Jahre im Internat der Jesuiten in Granada. Meinen Klassenkameraden dort erzählte ich davon, denn wir fragten uns untereinander nach diesen Dingen aus. Sie machten ihre Bemerkungen über Mireya, pflegten mich beim Baseballspielen damit aufzuziehen.

In meiner Jugend las ich dann fasziniert »Mireya« von Gabriela Mistral, doch vor allem wegen des Namens. Die entzückende Mireya von Gabriela Mistral schien mir meine Mireya zu sein. Soweit ging die Verzauberung durch diesen Namen. Vor nicht allzulanger Zeit wurde ich an den Augen operiert, und sie wurde in jenen Tagen in der gleichen Klinik auch an den Augen operiert, doch trafen wir uns nicht. Wie die alte Frau bei Gorki, die sagt, das Glück gehabt zu haben, niemals die wiedergetroffen zu haben, die sie einmal geliebt hatte: Ich kann das gleiche sagen.

Dr. Luis. H. Debayle sah ich nicht mehr auf seinem Schimmel (mit dem er gut und gerne seine Patienten hätte infizieren können, etwas, woran er nie gedacht hatte), sondern auf Krücken, weil ihm ein Bein fehlte. Er war der Großvater jener beiden schönen jungen Frauen, von denen ich zu Anfang erzählte, den Debayle-Töchtern, und der Vater jener Margarita, der Darío, als sie ein kleines Mädchen war, auf der Cardón-Insel vor Corinto sein berühmtes Gedicht »Für Margarita Debayle« widmete (»Margarita, wie schön ist das Meer...«). Und für eine zweite seiner Töchter, Salvadorita, schrieb Darío ein weiteres Gedicht, in dem er fragte, wen sie wohl einmal heiraten würde:

Da kommt schon der Prinz deiner Träume:
Wird er einst König des Goldes oder König der Liebe?

Sie heiratete schließlich Anastasio Somoza, und so wurde Dr. Debayle Schwiegervater von Somoza. Die aristokratische Familie Debayle war gegen diese Heirat mit einem Mann gewesen, der nichts zu bieten hatte und der auch keinerlei Zukunft zu haben schien. Zu jener Zeit bekleidete er das Amt eines Latrinenkontrolleurs in der Stadt León. Und daran wurde oft mit Spott erinnert, als er Diktator geworden war und vor Macht und Geld nur so strotzte. Auch in unser Haus kam er kontrollieren, eigentlich weiß man gar nicht mehr so genau, was, ob Badehäuser, Wasserklosetts oder Latrinen oder die Sickergruben oder vielleicht alles zusammen. Vielleicht kontrollierte er auch die Wasserreservoirs, auf jeden Fall scheint er Inspektor des Gesundheitsamtes gewesen zu sein. Und ich erinnere mich auch nicht mehr daran, daß er zu uns kam oder daß jemand gesagt hätte: »Der da ist Somoza!« Doch meine Eltern erzählten, als er Diktator geworden war und man von seinem früheren Beruf erzählte, daß er auch zu uns nach Hause gekommen war; und sicher kannte man ihn da noch gar nicht als Somoza, sondern als Ehemann der Tochter des Dr. Debayle. Er war auch Geldfälscher und wurde deshalb eine Zeitlang steckbrieflich gesucht. Ein Onkel von ihm wurde Präsident – Moncada – und gab ihm ein Regierungsamt. Der folgende Präsident – Sacasa – war ebenfalls sein Onkel, ein leiblicher Onkel seiner Ehefrau Debayle Sacasa; und die beiden Onkel wählten ihn, gemeinsam mit dem amerikanischen Botschafter, als Befehlshaber der Nationalgarde aus, die eben von den amerikanischen Besatzungstruppen gegründet worden war, und in dieser Funktion ermordete er Sandino, stürzte seine Onkel, den Präsidenten Sacasa, riß die Macht an sich und gab sie nicht mehr ab, bis man ihn 20 Jahre später ermordete.

Doch zunächst war es so, daß Dr. Debayle einen mächtigen Schwiegersohn bekommen hatte. Die Leute von León neigen sehr zu feierlichen Reden und großen Worten, das behaupten zumindest ihre Intimfeinde, die Einwohner von Granada, die eher zu Späßen und losen Reden aufgelegt sind. Jeder konnte sehen, daß das Begräbnis des »weisen« Debayle mit vielen feierlichen Reden begangen werden würde, und Debayle selbst konnte nicht anders, als es vorherzusehen und sich dafür zu interessieren. Man erzählt, er habe auf seinem Totenbett darum gebeten, das Programm zu sehen, das man sich ausgedacht habe, mit all den würdevollen Begräbnisreden und Zeremonien; das Programm gefiel ihm, und er nahm sogar noch ein paar Änderungen vor. Das geschah, als wir noch in León wohnten, ich aber schon auf dem Internat bei den Jesuiten in Granada war, und deshalb weiß ich nicht, wie die Beerdigung schließlich verlief.

Ich weiß noch, wie einmal, als ich noch auf der Schule der Christlichen Brüder an den Vier Ecken war, Präsident Sacasa einen Besuch dort machte. Ich muß acht oder neun Jahre alt gewesen sein. Wir mußten uns in zwei Reihen aufstellen, und der Präsident ging zwischen uns hindurch. Er war groß und dünn und trug einen weißen Anzug, sicher aus Leinen, denn in unseren heißen Tropen waren die eleganten Anzüge für gewöhnlich aus Leinen. Es geschah nichts Besonderes bei jenem Besuch, zumindest erinnere ich mich nicht daran. Auch während der gesamten Regierungszeit von Sacasa geschah nichts, was von geschichtlicher Bedeutung gewesen wäre, außer der Ermordung von Sandino und seinem eigenen Sturz durch seinen Neffen, den früheren Latrinenkontrolleur.

Es dauerte nicht lange, da kam, als ich auf dem Internat der Jesuiten war, Präsident Somoza zu Besuch, von Kopf bis Fuß in Khaki gekleidet. Er kam mit vielen Soldaten und Leibwächtern. Sie bewachten den Eingang und standen auch draußen, bis hin zur Aula, wo in der ersten Reihe der Präsident saß. Oben auf der Bühne führten die Schüler der Oberstufe chemische und physikalische Versuche vor. Zum Beispiel steckten sie einen Papagei in ein Glasgefäß; dann wurde dem Glasgefäß der Sauerstoff entzogen, und der Papagei starb. Danach mischten sie verschiedene chemische Substanzen. Und plötzlich gab es einen lauten Knall. Wer weiß, was sie irrtümlich zusammengebraut hatten. Doch sofort kam Bewegung in die bewaffnete Truppe, die dachte, es handele sich um eine Bombe. Vor allem die, die am Eingang und draußen auf der Straße standen und nicht wußten, daß auf der Bühne eine solche Vorführung stattfand, kamen mit ihren Gewehren im Anschlag gelaufen und drohten, alle zu erschießen.

Aber ich wollte erzählen, wie es dazu kam, daß wir von Don Tomás Martínez den Nachnamen Martínez erbten, ohne seine Nachkommen zu sein.

Dies ist die Geschichte meines Urgroßvaters Juan Jacobo Martínez:

Er war deutscher Jude, genauer gesagt, deutsch-polnischer Jude, aus einer Gegend, die einst zu Preußen gehörte und manchmal auch zu Rußland. Er hieß Johannes Jakob Teufel und war, zur Zeit des Goldrausches, auf dem Wege nach Kalifornien durch Nicaragua gekommen. Es gab zu jener Zeit noch nicht den Panamakanal, und der gebräuchlichste Weg, von einer Küste zur anderen zu gelangen, war die sogenannte »Transitroute« durch Nicaragua. Hier sah er sich in eine bewaffnete Aktion gegen die Regierung verwickelt, geriet in Gefangenschaft und wurde zum Tode verurteilt. Bevor man ihn hinrichtete, bat er darum, getauft zu werden, und General Tomás Martínez, der Befehlshaber der Regierungstruppen, sollte sein Taufpate sein. Don Tomás Martínez willigte ein; und dann, als Johannes Jakob getauft worden war, begnadigte der General seinen Patensohn. Aus Dank nahm dieser den Namen Martínez an, und sie blieben Freunde fürs Leben. So lautet die Version meiner Familie, die nicht ganz vollständig ist.

Niemals erfuhren wir, was für eine Art bewaffneter Aktion das gewesen war, noch weshalb er darin verwickelt wurde, wo er doch nur auf der Durchreise in Nicaragua war. Wenn andere, die nicht zur Familie gehörten, im Scherz oder im Ernst meinten, Don Jacobo sei wohl Söldner gewesen, dann wurde das von der Familie rundweg abgelehnt. Dabei führte man einen Brief oder einen Kriegsbericht von Don Fernando Chamorro an, einem der Generäle, die mit Tomás Martínez gegen Walker kämpften, der den Mut des Oberst Jacobo Martínez im Kampf gegen die Söldner Walkers lobte. Erst in diesen Tagen, da ich Quellen studiert habe, um die abenteuerliche Geschichte meines Urgroßvaters aufzuschreiben, habe ich festgestellt, daß er wohl Söldner gewesen sein mag. Manche meinen, er sei mit den Truppen Walkers gelandet, doch scheint dies nicht zu stimmen: Er war wohl tatsächlich auf dem Wege nach Kalifornien, angezogen vom Gold. Einer Quelle zufolge war er Kanonier, und als er durch Nicaragua reiste, wurde er von Walker zwangsrekrutiert. Es scheint plausibel, daß er als Preuße Kanonier war, und plausibel auch, daß ihn Walker, als er Granada erobert und einen großen Teil Nicaraguas an sich gerissen und sich sogar zum Präsidenten hatte ausrufen lassen, dazu zwang, seinen Beruf auszuüben, auch wenn er nur auf der Durchreise war. Und, auch das ist plausibel, vielleicht tat er es sogar mit Eifer, angesteckt von Walkers imperialen Träumen. Ein Freund von mir hat in einem hebräischen Lexikon nachgeschlagen, und dort wird, im Zusammenhang mit der Geschichte der Juden in Nicaragua, eine andere Version von Don Jacobos Erlebnissen gegeben. Es heißt dort ohne weitere Erklärung, er habe mit den Söldnern gekämpft, sei gefangengenommen und zum Tode verurteilt worden und habe sich mit dem Ruf: »Schenken Sie diesem armen Teufel das Leben!« dem General Martínez zu Füßen geworfen (was ein Wortspiel mit seinem Nachnamen, Teufel, war). Der General fragte, was das zu bedeuten habe, und als man es ihm erklärte, begnadigte er ihn. Erst später habe er um die Taufe und die Patenschaft gebeten und aus Dankbarkeit seinen Nachnamen geändert. Diese Version ist würdevoller als die unserer Familie, über die wir immer lachten, weil unser Vorfahre als verschlagener Opportunist dasteht und General Martínez als ziemlich einfältig (was er nicht gewesen sein dürfte). Und sie ist auch wahrscheinlicher: daß erst die Begnadigung kam und dann die Taufe; und nicht andersherum, was literarischer klingen mag.

Das paßt auch mit einem Brauch in der Stadt Masaya überein, wo es in der Himmelfahrtskirche eine Tür gibt, die die »Gnadentür« genannt wird, und wo dem Volksmund nach Don Tomás Martínez den Juden begnadigte. Man könnte sich fragen, wie ein zum Tode Verurteilter Zugang zu dem General finden mochte. Aber es begab sich, daß in Masaya eine wichtige Schlacht gegen die Truppen von Walker gewonnen worden war; deshalb feierte man in der Kirche eine Dankesmesse, an der auch General Martínez teilnahm; vor der Kirche gab es einen Schützengraben, in dem man einige Kriegsgefangene festhielt, in der Nähe der Kirchentür, und dort soll es dann zu dem Zwischenfall gekommen sein, der der Tür ihren Namen einbrachte.

So erklärt sich, weshalb er später die Seiten wechselte und als Oberst Jacobo Martínez gegen die Söldner kämpfte (ein militärischer Grad, den er schon bei den Söldnern gehabt haben mochte).

Später kam ein Verwandter von ihm nach Nicaragua, Theodor Teufel, der weder Namen noch Religion änderte, wozu er auch keinen Grund hatte. Und von ihm stammt die Familie Téfel ab, unsere Verwandten, unter ihnen mein enger Freund von Jugend auf, Reynaldo Antonio Téfel, mit dem ich die Buchhandlung *nuestro tiempo* in Managua hatte. Wir beide, sowohl er als auch ich, haben jeder 12 Prozent jüdisches Blut in den Adern, was zu Zeiten Hitlers ausgereicht hätte, um ins Konzentrationslager gesperrt zu werden.

Und auf der Seite der Martínez (oder besser gesagt, Teufel) sind wir auch mit der Familie Somoza verwandt: den Tyrannen und ihrem Vorfahren, dem Banditen Bernabé Somoza. Über Anastasio Somoza, den Begründer der Dynastie, wurden alle möglichen Witze erzählt und Spott verbreitet, man machte sich über ihn lustig, weil er Latrinenkontrolleur gewesen war, Geldfälscher und vieles andere mehr, doch vor allem, weil er Enkel des Banditen Bernabé Somoza alias Sietepañuelos war. Daher rührt einer der beliebtesten Spitznamen des Diktators, eben »Sietepañuelos«, denn jeder Nicaraguaner weiß aus der Grundschule, daß Bernabé Somoza zu den größten Bösewichtern aus der Geschichte unseres Landes zählt. Als Präsident befahl Somoza García dann auch, daß im klassischen Geschichtsbuch Nicaraguas, dem von José Dolores Gámez, jeder Hinweis auf Bernabé Somoza getilgt werde. Erst später wurde das Buch wieder unzensiert herausgegeben, vielleicht unter dem zweiten Diktator, Luis Somoza, der die Familienehre zu retten meinte, als er einen seiner Söhne frech Bernabé nannte.

Doch was ich hier erzählt habe, stimmt so nicht ganz: Bernabé

Somoza war nicht der Großvater von Anastasio Somoza García, sondern sein Großonkel (wie er auch mein Ururgroßonkel ist). Doch stritt der Diktator es nie ab (vielleicht um nicht anzuerkennen, daß das beschämend für ihn gewesen wäre), und so hat die Bevölkerung immer geglaubt, daß es so war, und bis vor kurzem ich selbst auch. Überdies war Bernabé Somoza auch nicht Sietepañuelos. Der, den man so nannte, war ein einfacher Straßenräuber, ein Bandit und weiter nichts. Daß man die beiden verwechselte, liegt an der Gemeinheit seiner Feinde, die ihm diesen Namen wie einen Spitznamen gaben, den Spitznamen eines Spitznamens, wie später auch das Volk dem Diktator Somoza diesen Spitznamen gab.

Don Bernabé Somoza war, in bestimmten Phasen seines Lebens, sicher ein Bandit, doch war er auch viel mehr als das. José Coronel Urtecho hat über ihn geschrieben: »politisch der einzig Wertvolle seiner Familie«.

Doch wie ergibt sich zunächst meine Verwandtschaft mit ihm?

Mein Urgroßvater Juan Jacobo Martínez (der frühere Teufel) heiratete eine Esmeralda Moya Somoza. Deren Mutter war eine Schwester von Bernabé Somoza und von einem Anastasio Somoza, Großvater des Diktators mit gleichem Namen. Diese Dame, eine Somoza de Moya, meine Ururgroßmutter, war auch Großmutter von José María Moncada, Präsident und Verräter, der sich an die Yankees verkaufte und so von ihnen zum Präsidenten der Republik gemacht wurde. So kam es, daß Moncada Onkel des Diktators wurde. Und deshalb bin ich auch mit beiden verwandt. Diese Verwandtschaft mit Somoza ist in meinem persönlichen Falle schon sehr weitläufig, doch war sie enger bei älteren Mitgliedern der Familie Martínez, die sie auf servile Weise auszunutzen verstanden.

Auf jeden Fall ist es Tatsache, daß ich ein Ururgroßneffe von Don Bernabé Somoza bin.

Ich nenne ihn so, weil er trotz der Greueltaten, die man ihm zuschreibt, in den Geschichtsbüchern so genannt zu werden pflegt. Und ich sagte, er sei ein Bandit gewesen, doch nicht nur das. Er las auch Rousseau und Walter Scott, war ein Anhänger der Enzyklopädisten und Verteidiger der Menschenrechte, die die Französische Revolution erklärt hatte.

Und er war berühmter Degenfechter, ein Kavalier, in den sich reihenweise die Frauen verliebten, ein guter Gitarrespieler, ein Sänger mit herrlicher Stimme und ein berühmter Tigerjäger. Er war groß und stark, und in den Kriegen, an denen er teilnahm – die nicht wenige waren –, fürchtete man ihn wegen der großen Lanze, die er immer bei sich trug. Der nordamerikanische Chronist Squier berichtet, daß man von seinen Untaten, seiner Grausamkeit und seiner Geringschätzung der Gesetze sprach, doch auch von seiner Ritterlichkeit und seinem fröhlichen, großzügigen und ritterlichen Charakter, und er fügt hinzu, Don Bernabé sei »die bestaussehende und schillerndste Figur ganz Nicaraguas« gewesen.

Ein anderer nordamerikanischer Chronist, Stout, beschreibt ihn folgendermaßen: »Mutig, kühn, großspurig, voller Humor, Würde und Talent, und dennoch seltsam ausgeglichen. Er war auf besondere Weise unerschrocken bei seinen Taten, der schimmernde Glanz eines verborgenen Meteoriten durchzog sein gesamtes Leben, das halberfüllte Versprechen, ein Held zu sein; tatsächlich hat er mit seinem Ruhm seine Kameraden überlebt. Er war ein Ritter und kämpfte vor allem mit seiner Lanze. Er kleidete sich bunt und auffällig, sang gut Lieder, erzählte gut Geschichten und schien immer von ritterlichen Taten zu träumen. Gewiß war er ein außergewöhnlicher Lanzenreiter. Er war gefürchtet bei einer bestimmten Klasse, doch beliebt bei den Massen.«

Dieser letzte Satz ist sehr erhellend. Gewiß war in seinem Leben eines Kriegers, eines Guerillero und Banditen (was in seinem Falle ein- und dasselbe gewesen sein muß) sein hauptsächlicher Antrieb der Klassenkampf, auch wenn damals dieser Ausdruck nicht benutzt wurde. Und sicher war er auch das, was man heutzutage einen Linken nennen würde. Tatsächlich nannte man ihn Kommunist. Und Coronel Urtecho sagte mir einmal, es sei vielleicht das erste Mal gewesen, daß man in Nicaragua das Wort »Kommunist« gebrauchte. Man beschuldigte ihn, »den Kommunismus des Eigentums« zu verteidigen.

In Nicaragua herrschte in jenen Jahren die Anarchie. Und die beiden Parteien, die es gab, waren die der Reichen und die der Armen. Die einen nannte man »Timbucos« und die anderen »Calandracas«. »Timbucos« war wohl der Spitzname, mit dem die Armen die Reichen betitelten, wegen ihrer *timbas* (Bäuche). »Timbuco« nannte man auch ein fettes Schwein. Woher der Ausdruck »Calandracas« kommt, weiß man nicht; es wird angenommen, daß er möglicherweise auf *calandra* zurückgeht, ein kleines Insekt, das das Korn zerstört. Aus diesen beiden Lagern entwickelten sich zwei politische Parteien, die man »Legitimisten« und »Demokraten« nannte und die später zu »Konservativen« und »Liberalen« wurden. Don Bernabé Somoza, der zwar aus einer wohlhabenden Familie aus der Provinz stammte, war, vielleicht wegen dessen, was er gelesen hatte, auf seiten der Calandracas. Alle anderen Aufständischen, Rebellen, Guerilleros oder Banditen kämpften für dieselbe Sache, unter ihnen der schreckliche Sietepañuelos, der das Bergland im Norden heimsuchte; und der war sicher nicht nur für die Sache der Calandracas, wie Don Bernabé, sondern, so vermute ich, selbst ein richtiger Calandraca.

Der Nordamerikaner Squier berichtet vom Zusammentreffen eines Landsmanns mit Bernabé Somoza eines Nachts mitten auf dem See von Nicaragua. Er erwachte von aufgebrachtem Stimmengewirr und sah, daß man die Segel gerefft hatte und ein zweites Schiff mit Kanonen und bewaffneten Männern längsseits gegangen war. Die Seeleute zitterten vor Angst. Am Mast stand ein großer, stattlicher Mann und verhörte den verängstigten Kapitän. Er trug eine Feder am Hut, einen roten spanischen Mantel über den Schultern, zwei Pistolen am Gürtel und einen Degen in der Hand. Der Nordamerikaner begriff, daß es sich um Somoza handelte. Als das Verhör beendet war, kam er auf ihn zu, und der Nordamerikaner meinte, er müsse sterben. Doch Somoza grüßte ihn höflich und sprach ihn in schlechtem Englisch an. Der Fremde zog sich einen Ring vom Finger und wollte ihn ihm geben, doch Somoza lehnte es mit den Worten ab, das wäre Raub. Dann fuhr er mit seinem Schiff davon, und das letzte, was der Nordamerikaner von ihm sah, war seine Gestalt, wie sie mit rotem Mantel und Feder am Hut im Bug stand.

Bernabé Somoza griff in die Geschichte Nicaraguas oder in die Bürgerkriege unseres Landes ein, indem er für die Sache der zentralamerikanischen Einheit kämpfte. Nach der Niederlage von Morazán, dem großen Vorkämpfer dieser Sache, taucht Somoza in einer Truppe von salvadorenischen Anhängern von Morazán auf, die nach Guatemala einfielen (das gegen Morazán war). Sie mußten sich zurückziehen, und die wichtigsten Führer, unter ihnen Somoza, suchten in León Schutz. León war die Hauptstadt des neuen Staates Nicaragua, der sich gerade von der zentralamerikanischen Union getrennt hatte. Granada befand sich im Zustand der Rebellion gegen León. Somoza und seine Kameraden, Anhänger von Morazán, unterstützten León, sahen sie doch, daß sie damit die liberale Sache unterstützten, und auch die legitime Regierung. In León befahl aber nicht der, der befehlen sollte, nämlich der Staatschef, sondern sein Untergebener, der Oberbefehlshaber der Armee (was sich später noch oft wiederholen sollte). Das war der Großmarschall Casto Fonseca, der sich diesen Titel selbst gegeben hatte, weil es der höchste war, den er hatte finden können. Er führte sich auf wie ein Despot, mißhandelte wichtige Persönlichkeiten, raubte, folterte, verbannte, füsilierte. Was er am meisten haßte, war Granada; und Granada erwiderte diesen Haß auf gleiche Weise.

El Salvador und Honduras marschierten nach Nicaragua ein, nicht wegen der Verbrechen Fonsecas, sondern weil es die Anhänger Morazáns schützte. Diese beiden verbündeten Armeen wurden von General Malespín befehligt, dem salvadorenischen Tyrannen, der, wie es heißt, noch viel blutrünstiger und gnadenloser war als Fonseca und mit seiner sogenannten Armee zur Verteidigung des Friedens in León große Zerstörung anrichtete. In meiner Kindheit erinnerte man sich noch gut an diese Greuel, obwohl sie stattgefunden hatten, bevor meine Tante Trinidad geboren wurde, und man erinnert sich vielleicht heute noch in León daran. Malespín begann seinen Angriff auf die Stadt vom indianischen Viertel

Subtiava aus. Man zündete die Häuser an und spießte Männer, Frauen, Kinder und alte Leute mit dem Bajonett auf. Wo die Truppen vorbeizogen, blieben Trümmer und Leichen zurück. (Und Granada jubelte Malespín zu.)

Hier, während der Belagerung von León, taucht in der Geschichte Bernabé Somoza im Hause von Bernarda Darío an den Vier Ecken auf, das später das Haus der Kindheit Daríos sein sollte. Mitten im Krieg nahm er an den Treffen bei Doña Bernarda teil, dort sang er mit seiner herrlichen Stimme, begleitet von Gitarren und begleitet auch von der Sängerin Concepción Munguía. Rubén berichtet, Doña Bernarda sei eine intelligente Frau und gebildete Gesprächspartnerin gewesen. Sie stand auf seiten der Liberalen, wie Somoza auch. Und ihr Haus war ein politischer Treffpunkt. Ein Chronist jener Zeit berichtet, eines Abends habe Doña Bernarda Somoza beiseite genommen und ihm gesagt, die Lage würde sich noch verschlimmern, denn früher »habe sich Malespín nicht getraut, die armen Indianer von Subtiava anzugreifen, wie er es jetzt getan hat«.

Die Stadt wurde eingenommen. Malespín, berauscht vom Sieg und vom Schnaps, begann mit Erschießungen. Er ließ immer füsilieren, wenn er betrunken war, und er war fast jeden Abend betrunken (und an den Tagen auch). Ein Priester aus dem Hospiz San Juan de Dios ging zu ihm und bat ihn, die Kranken zu schonen – er ließ auch den Priester erschießen.

Der Großmarschall hatte sich versteckt, doch man fand ihn und verurteilte ihn zum Tode; am nächsten Morgen sollte er füsiliert werden. Am Vorabend kam ein Priester, um ihm die Beichte abzunehmen, es heißt, er sei gefaßt und freundlich gewesen. Sie sprachen von den menschlichen Schwächen, dem Elend auf der Welt und den Herrlichkeiten des Himmels. Im Morgengrauen ging er, ganz in Weiß gekleidet, genauso ruhig und gefaßt zur Hinrichtungsstätte, die man vor der Toreinfahrt des Hauses errichtet hatte, in dem wir später wohnten, das berichtete ich schon. Damals gehörte es noch nicht der Familie Cardenal. Auf einem Schemel sitzend, bat er darum, das Erschießungskommando selbst befehligen zu dürfen. Der Priester meinte, das sei eine Sünde. Er antwortete: »Gerade hat man in Costa Rica Morazán erschossen, und er befehligte die Exekution, keiner versuchte es ihm zu verbieten.« Der Priester sagte, er wisse nicht, welcher Religion Morazán angehört habe. Er gab nach. Nach der Gewehrsalve färbte kein einziger Blutstropfen sein weißes Gewand rot. Es gab Leute, die sagten, man habe eine Leiche füsiliert.

Malespín zog sich eilig aus León zurück, als er hörte, daß man ihn in El Salvador gestürzt hatte. Die Gewalt blieb in den Händen der Einwohner von Granada, auch wenn diese bereuten, die Bestie Malespín unterstützt zu haben. Bernabé Somoza gehörte zu den mutigsten Verteidigern von León.

Des Krieges müde, wollte er ein friedliches Leben führen; doch die Granadiner, die ihn natürlich nicht besonders mochten, legten ihn in Ketten und schickten ihn in Festungshaft nach El Castillo, einem Fort an den waldigen Ufern des Río San Juan. Als sie den See überquerten, gewann er seine Wächter durch Gespräch und Gesang für sich; und durch seine Kraft: Der Anker war so schwer, daß ihn zwei Seeleute nicht heben konnten, und er machte das ohne besondere Anstrengung. Aus seiner Haft entkam er mit Leichtigkeit, denn, wie ein Chronist sagt: »Somoza hatte mit dem süßen Gesang seiner Stimme die Zuneigung der Soldaten des Forts für sich gewonnen, und die der Frauen auch.«

Er kehrte zum Krieg (oder zu den Kriegen) zurück. Einmal kam er bis vor die Tore Managuas und hätte es beinahe eingenommen. Auch in Granada hatte man eine Zeitlang Angst, von dem Guerillero-Banditen überrannt zu werden.

Dann gab es einen großen Aufstand der Calandracas im Süden des Landes, in Rivas. Man bat ihn, Anführer zu sein, und er war einverstanden. Zu jener Zeit hatte man ihn schon für gesetzlos erklärt. Sein Aktionsgebiet erstreckte sich auf den gesamten See und auch den Río San Juan hinunter. Zu jener Zeit muß es zu dem Zusammentreffen mit dem Nordamerikaner auf dem See gekommen sein, von dem Squier berichtet. Und zu jener Zeit muß er auch ein richtiger Bandit gewesen sein.

Der Historiker Gámez nennt ihn »grausam und blutrünstig«. Der Guatemalteke Montúfar sagt: »Sein Name bringt Schrecken hervor, nicht nur in Nicaragua, sondern in ganz Zentralamerika.«

In jenen Jahren beging er auch mehr und mehr Greuel, es heißt, er habe alle Ehre und Moral verloren, die ihn früher ausgezeichnet hatten, aus geistiger Verwirrung oder Trunksucht. Der Historiker Arancibia sagt: »Somoza, der im Normalzustand höflich und angenehm war, wurde schrecklich, wenn er sich betrank.«

In meiner Jugend hörte ich von Dr. Carlos Cuadra Pasos diese Anekdote von Bernabé Somoza, die in Rivas geschehen sein soll: Als er mit seinen Leuten unterwegs war, trafen sie eine alte Frau, und er befahl seinen Soldaten, sie aufzuknüpfen. Sie hängten sie an einen Baum, und einen Augenblick, bevor sie gestorben wäre, durchschnitt er mit seinem Säbel den Strick und sagte: »Ich wollte nur sehen, ob ihr mir gehorcht.«

Die Regierung gab Erklärungen heraus, in denen von den nie zuvor gehörten Grausamkeiten des Bernabé Somoza gesprochen wurde, der weder Alte noch Frauen noch Verwundete schonte; er hatte Leichen geschändet, Meßgeschirr gestohlen und, in Rivas, ganze Stadtteile abgebrannt wie ein neuer Nero.

Angesichts dieses allgemeinen Aufstands der Calandracas, der sich sicher auch auf andere Landesteile ausbreitete, vereinten sich die Timbucos ganz Nicaraguas.

Die Regierung bildete eine riesige Armee, die von Don Fruto Chamorro aus Granada befehligt wurde und Bernabé Somoza in Rivas angriff. Durch die große Übermacht unterlag Somoza und mußte fliehen. Er versteckte sich in einem Haus in San Jorge, einem kleinen Hafen am Großen See von Nicaragua. Ohne das zu wissen, übernachtete Don Fruto Chamorro, der die Verfolgung aufgenommen hatte, im gleichen Hause, das einem Herrn Catón gehörte, mit dessen Tochter, die man die »Catona« nannte, Bernabé ein Liebesverhältnis unterhielt. Es heißt, diese Frau habe mit großem Mut, den Degen in der Hand, an seiner Seite gekämpft, und sie habe ihn heiß geliebt. Am selben Abend lag Don Fruto in der Hängematte, umgeben von seinen Offizieren, die sich über die »Catona« lustig machten. Plötzlich öffnete sich eine Tür, und Bernabé erschien mit seiner Lanze und rief: »Wer wagt es, über meine Dame zu spotten?!« Alle liefen davon, außer Don Fruto, der ruhig in seiner Hängematte liegenblieb. Als Bernabé sah, wen er vor sich hatte, begriff er, daß er verloren war, und sagte: »Ihnen muß ich mich wohl ergeben, Gevatter«; und übergab ihm seine Lanze. Die beiden waren Freunde und nannten sich gegenseitig Gevatter. Chamorro versprach, des anderen Leben zu schonen. Doch war er nur der zweite Befehlshaber, der Oberbefehlshaber der Armee war General Trinidad Muñoz, der die sofortige Exekution anordnete, trotz des wütenden Protestes von Don Fruto, der sein Wort gegeben hatte. Bernabé Somoza wurde im Alter von 34 Jahren auf dem Marktplatz von Rivas erschossen. Seinen Leichnam ließ man mehrere Tage verwesend dort hängen, bis die Bevölkerung darum bat, daß er weggebracht wurde. Cuadra Pasos erzählte auch, Don Fruto Chamorro habe bei der Leiche Ehrenwache gehalten.

Ich finde es beschämend, mit den Somoza-Tyrannen verwandt zu sein, doch nicht, es auch mit Don Bernabé Somoza zu sein.

Meine Großmutter Mimí heiratete Ernesto Martínez Moya, den ich nicht kennenlernte, den Sohn des begnadigten Söldners und Großneffen von Bernabé Somoza. Wenn Mimí nach León kam, ging sie jeden Morgen mit meiner Mutter zur Messe in die San-Francisco-Kirche, und ich pflegte die beiden zu begleiten. Popo ging seltener, und meine Tante Trinidad zog eine frühere Messe vor. Gemeinsam mit uns nahm ein alter Mann mit weißem Bart das Abendmahl, und beim Frühstück danach sprachen meine Mutter und Mimí freundlich von diesem unbekannten Alten und meinten immer, er sehe Papá Doktor so ähnlich. Als ich mir dann später selbst einen Bart wachsen ließ, meinten Mimí und meine Groß-tanten, auch ich sähe Papá Doktor ähnlich; ein jüngerer Papá Doktor wohl als der aus der San-Francisco-Kirche; der mit dem grau-melierten Bart, der ein bißchen wie Lincoln aussah, so José Coronel. Und als mein Bart weißer wurde, fanden sie auch, daß ich dem älteren Papá Doktor ähnlich sähe.

Papá Doktor, der Vater von Mimí und Großvater meiner Mutter, den ich auch nicht mehr kennenlernen konnte, war eine legendäre Persönlichkeit in ganz Granada, und noch darüber hinaus. Noch 50 Jahre nach seinem Tode traf ich Leute, die sich an jenes riesige Begräbnis des Dr. Urtecho erinnerten, wie man so groß noch nie eines gesehen hatte, ganze Straßenzüge von Menschen – doch vor allem, weil die Mehrzahl dieser Menschen arme Leute waren. Arme aus Granada und auch von weiter her.

Man nannte ihn »den Arzt der Armen«. Seine Praxis war immer voller Armer, aus allen Armenvierteln Granadas und anderen Orten der Umgegend. Er war kein Arzt der reichen Leute. Obwohl selbst wohlhabend, kamen die Reichen, außer seinen Verwandten, nicht zu ihm, vielleicht, weil sie nicht unter so vielen Armen sein wollten. Seine Praxis war gleichzeitig auch Apotheke, und einen Großteil der Medikamente bereitete er selbst zu. Den Armen berechnete er seine Behandlung nicht; und auch nicht die Medikamente, wenn sie sie nicht bezahlen konnten, was meistens der Fall war. Und er gab ihnen zu essen, wenn er sah, daß der Hauptgrund ihrer Krankheit die Unterernährung war, und er befahl sogar seinen eigenen Töchtern, die Armen zu bedienen, was diese nicht ohne gewissen Abscheu taten. Gläubig war er nicht, sondern eher Agnostiker, wie ich meine, und ein Fall echter Philanthropie, auf die Spitze getriebener Philanthropie. Seine Töchter waren wohl fromm (er hatte nur Töchter, fünf an der Zahl), und sie machten sich große Sorgen, daß ihr Vater sterben könnte, ohne die Sterbesakramente erhalten zu haben, und so empfing er sie um ihretwillen, bevor er starb.

Einmal gab es eine Choleraepidemie, und kein Arzt getraute sich, die Kranken zu behandeln, nur er tat das, zusammen mit Doña Elena Arellano, einer berühmten Heiligen aus Granada, die die Bevölkerung »Mama Elena« nannte; sie stammte aus einer reichen Familie der Aristokratie und war selbst reich, kleidete sich aber wie die Armen in einfache Baumwollkittel und weihte ihr Leben der Buße, dem Gebet und der Pflege der Armen, weshalb man sich heute darum bemüht, sie heiligsprechen zu lassen.

Wenn Mama Elena eine Laienheilige war, dann könnte man Papá Doktor mit seinem anderen Lebensstil – weltlicher, wenn man so will – so etwas wie einen agnostischen Heiligen nennen. Es ist nicht erstaunlich, daß ihm die Menschen beinahe wundersame Heilungen zuschrieben.

Und ein philanthropischer Heiliger, der die Philanthropie über ihren eigentlichen Wortsinn hinaus betrieb, denn er war nicht nur ein Menschenfreund, sondern auch ein Tierfreund. So stellte er zum Beispiel immer einen Eimer Wasser auf den Gehsteig vor seinem Haus, für die durstigen Hunde, die vorbeikamen. Seine Theorie lautete, daß der Durst die Ursache der Tollwut bei Hunden war.

Als ich schon Priester geworden war, lernte ich einen wohlhabenden Apotheker kennen, der mir erzählte, er habe als junger Mann in der Apotheke von Papá Doktor gelernt. Unter anderem war er dafür verantwortlich, leere Flaschen für die Medizin zu kaufen. Einmal kam ein Mann mit einem Sack leerer Flaschen, die er zum Kauf anbot, doch er wollte nicht. Papá Doktor hatte das beobachtet, und als der Mann gegangen war, fragte er den Lehrling, warum er die Flaschen nicht gekauft hatte. Der antwortete: »Doktor, wir haben doch schon so viele.« Aber Papá Doktor meinte, er hätte sie dennoch kaufen sollen, denn wenn der Mann sie zum Verkauf anbot, dann sicher aus Not.

Man erzählte, daß er seine Frau schalt, wenn sie mit den indianischen Frauen aus der Umgebung Granadas um den Preis der Hühner feilschte, die diese verkaufen kamen. Und so zogen die Frauen vor, ihm ihre Hühner anzubieten. Seine Enkel nutzten das aus, um ihn hereinzulegen. Wenn eine Frau kam, um ein Huhn zu verkaufen, so nahm er es, ohne nach dem Preis zu fragen und ohne es überhaupt auch nur anzusehen, und sagte nur, sie solle es im Hof lassen. Die Enkel aber gaben der Frau das Huhn an der Hintertür zurück und schickten sie noch einmal, es zu verkaufen, und Papá Doktor kaufte es noch einmal unbesehen und meinte nur, sie solle es im Hof lassen, und die Enkel teilten sich mit der Frau den Gewinn.

Er war reich, doch als junger Mann war er arm gewesen. Er hatte in Philadelphia Medizin studiert, und sein Studium bezahlte ein wohlhabender Onkel mit Nachnamen Arellano. Mit der Medizin machte er sein Geld nicht, sondern gab es damit eher aus. Seltsamerweise machte er sein Vermögen mit Geschäften, als er aus Philadelphia zurückkehrte und noch keine Praxis aufgemacht hatte, glaube ich. Anscheinend kam er mit einem praktischen Sinn nach Nicaragua zurück, den er von den Yankees gelernt hatte und von dem er später, wie man sieht, keine besonderen Kostproben mehr gab. So hatte er zum Beispiel den »Portland«-Zement nach Nicaragua gebracht, die erste Ziegelei aufgebaut und, als es noch keine Autos gab, in Granada die Pferdedroschken eingeführt, die es bis heute als historische Reliquie und als Touristenattraktion in der Stadt gibt.

Papá Doktor hatte in seiner Apotheke ein Skelett stehen, das »Carmencita« genannt wurde. Einmal entführten seine Enkel Carmencita, setzten sie aufs Fahrrad und fuhren sie im Vorhof der La-Merced-Kirche spazieren, die direkt neben seinem Hause stand, worüber einige der Passanten erschraken, andere lachten und Papá Doktor sich so sehr aufregte, daß er seine Enkel verprügelte – allerdings nur mit seiner Krawatte. Es hieß, diese Carmencita sei einst ein hübsches Mädchen aus Philadelphia gewesen – wenigstens erzählten sich das die Enkel untereinander.

Papá Doktor erfand eine Medizin gegen die Malaria, die er *tigra* nannte und in großen Flaschen zubereitete; sie war furchtbar bitter, das weiß ich noch genau, doch so bitter, wie sie schmeckte, so wirksam war sie auch und wurde im ganzen Land berühmt. Aber auch wenn er Medikamente verschrieb, zog er doch die Heilung durch natürliche Mittel vor: die Luft, die Sonne, das Wasser, den Klimawechsel, Ruhe und Ernährung. »Gebt ihm ein Süppchen«, war einer seiner Lieblingssätze. Viele, viele Jahre später hörte ich noch die weisen Merksätze von Papá Doktor: Nach dem Essen soll man nicht baden; das Weinen ist gut für kleine Kinder, weil es die Lungen stärkt.

Papá Doktor hatte ein uneheliches Kind mit der Köchin. Die Güte seiner Frau Magdalena, oder die Güte jener Zeit, machte es möglich, daß sie keine Eifersucht zeigte, sondern später, als die Köchin starb, anordnete, sie solle auch im Familiengrab der Urtechos beigesetzt werden, als gehöre sie zur Familie.

Diese uneheliche Tochter, meine Tante Ritana, wurde von meinen anderen Tanten Urtecho, den ehelichen, so herzlich behandelt, als sei sie eine leibliche Schwester (was sie ja auch war, nur eben eine uneheliche Halbschwester). In meiner Jugend ging ich sie gern besuchen, weil sie unterhaltsam war – wir alle fanden sie unterhaltsam –, denn sie war ziemlich spleenig, und sie wirkte wie eine Hexe. Als sie alt wurde, sah ihr Gesicht wirklich wie das einer Hexe aus. Sie wohnte in einem Haus in einem krummen Sträßchen Granadas, das aussah wie eine Gasse von Toledo. Und sie lebte völlig allein in jenem Haus, ihre einzige Gesellschaft waren die Eulen. Abends lag das Haus stockdunkel da, weil sie kein Geld für Strom ausgeben wollte. Wenn wir abends im Dunkeln kamen, dann hatte sie eine Petroleumlampe brennen und meinte: »Bei mir ist der Strom ausgefallen, und sie haben noch niemand geschickt, ihn wieder anzuschließen.« Sie sagte auch: »Mein Dienstmädchen hat gerade gekündigt, und ich habe noch kein neues gefunden.« Jeden Abend ging sie, in ihr langes Schultertuch gehüllt, zu einem Kramladen ein Stück dieselbe krumme Straße hinunter und kaufte ihr Abendbrot, das sie mit nach Hause nahm: eine Tortilla mit einem kleinen Stückchen Käse. Niemals hielt sie sich Vorräte. Trotz ihres kargen oder ärmlichen Lebens hinterließ sie, als sie starb, ihren Schwestern, meinen Tanten Urtecho, eine beachtliche Summe Geld: das, was sie noch vom Erbe ihres Vaters, Papá Doktor, übrig hatte.

Doch jenes exzentrische, nahezu verrückte Wesen meiner Tante Ritana, das uns zum Lachen brachte und sagen ließ, sie sähe aus wie eine Hexe, war auch eine Eigenschaft von Papá Doktor, die wir alle geerbt haben, ein Erbe der Familie Cabistán.

Auf seiten der Urtechos stamme ich von einer sehr sonderbaren Familie ab, ebenjenen Cabistán, dem interessantesten meiner Familienzweige, wie aus einem Roman von García Márquez. Die Mutter meines Urgroßvaters, Dr. Juan Ignacio Urtecho, hieß

Antonina Cabistán. Sein Vater, Andrés Urtecho, ein spanischer Fähnrich, war kurz vor der Unabhängigkeit nach Nicaragua gekommen. Nicaragua wurde 1821 unabhängig, und so muß er gegen Ende des 18. Jahrhunderts geboren sein. Er heiratete jene Antonina Cabistán, und von den Cabistán stammen zwei Familien ab, Urtecho und Arellano. Der Nachname Cabistán ging verloren. Diese Familie kam anscheinend aus Katalonien; wann der erste Cabistán nach Nicaragua kam, vermag ich nicht zu sagen. Wer mag das noch wissen? Schade, daß Don Felipe nicht mehr da ist, der wüßte es sicher. In dieser Familie gab es auf jeden Fall zwei Linien: eine ärmere, halbindianische, im Dorfe Diriá, in der Nähe von Granada; und die andere in Granada, weißer und wohlhabender.

In Diriá gab es einen Cabistán, Serapio, den meine Mutter noch kennenlernte, der betete den ganzen Tag den Rosenkranz und trank Schnaps dabei. Nach jedem Mysterium des Rosenkranzes nahm er einen Schluck aus einer Literflasche Zuckerrohrschnaps, die er neben seinem Stuhl stehen hatte, in seiner ärmlichen Hütte mit dem lehmgestampften Boden. Meine Mutter verbrachte als kleines Mädchen ab und zu mehrere Tage dort, wenn sie Fieberanfälle hatte, denn Diriá ist ein Ort mit kühlerem Klima, weil er etwas höher liegt. José Coronel Urtecho, ein Cousin meiner Mutter, berichtet auch von Kindheitsbesuchen im Hause von Serapio Cabistán, die er vielleicht aus demselben Grunde unternahm.

Ein anderer Cabistán hatte den Ruf, Hexer zu sein, was vielleicht nicht stimmte, doch wäre es auch nicht völlig ungewöhnlich, ist doch dies eine Gegend von Hexen und Zauberern. Vor allem Diriomo war und ist heute noch die Hexenhauptstadt Nicaraguas; Diriomo und Diría sind zwei rivalisierende Nachbardörfer, die nur die Landstraße voneinander trennt. Vielleicht war dieser Cabistán nur ein Heilkundiger, und man dichtete ihm an, Hexer zu sein. Pepe Sandino erzählte mir, seine Rezepte seien wie Verse gewesen, und zwar sonderbare, hermetische Verse: zum Beispiel »Fett von Ast zu Ast« bedeutete »Affenfett«. Mein guter Freund Pepe konnte nicht als besonders glaubwürdig gelten, denn er hatte eine blühende Phantasie und war so verrückt wie Arellano und wie Cabistán (der es auch war), doch dies mochte er von Don Felipe Arellano höchstpersönlich erfahren haben, seinem verrückten Onkel, der soviel wußte.

Ich habe gesagt, daß die Urtechos und die Arellanos von den Cabistán abstammen. Die Arellanos besitzen den Ruf, eine gute Erinnerung zu haben und besonders intelligent, aber auch ziemlich verrückt zu sein. Wir aus der Familie Urtecho haben auch etwas davon, einschließlich des Verrückten; und ich frage mich, ob nicht beide Familien dies von den Cabistán geerbt haben mögen. Oder vielleicht hatten die Arellanos schon ihren Anteil woanders her (das mochte Don Felipe wissen), und er wurde durch das Erbe der Cabistán noch verstärkt.

Auf jeden Fall gab es unter den Cabistán aus Granada – den Cabistanes, wie wir sie auch nannten – einen, der tatsächlich verrückt war. Der hatte außergewöhnliche körperliche Kräfte. Man sagte, er stieg auf den Kirchturm von La Merced, um dort zu meditieren, weil er gern allein war. Der Küster stieg ihm nach und machte sich über ihn lustig, da nahm er ihn einmal beim Schopf, hob ihn über das Geländer und hielt ihn in der Luft, um ihn dann wieder hereinzuholen. Der Küster erlitt durch den Schreck einen Anfall, bekam Fieber, und nach drei Tagen starb er.

Ein anderer aus der Familie Cabistán hatte den Ruf eines Heiligen und starb auch wie ein Heiliger. Noch ein anderer hatte Lepra, und man hielt ihn isoliert ganz hinten im Hause. Ich weiß nicht mehr, ob es nicht derselbe war, der wie ein Heiliger starb. Auf jeden Fall sagte mir Pepe Sandino, daß es vielleicht nicht Lepra, sondern Syphilis war, denn zu jener Zeit verwechselte man die beiden Krankheiten leicht. Coronel Urtecho berichtet von einem, der ein guter Querflötist war; doch muß auch er recht wunderlich gewesen sein, weil er Tag und Nacht seine Flöte polierte.

Ein anderer der Cabistán war Priester, Pater Juan Cabistán. Im Spaß wurde in meiner Familie erzählt, er sei ein Priester mit Frau und Kindern gewesen. Die Cabistanas, die Frauen aus der Familie Cabistán, standen nämlich im Ruf, ziemlich freizügig zu sein. Zudem war es zu jener Zeit üblich, daß ein Priester Frau und Kinder hatte. Doch wenn im Ernst von ihm gesprochen wurde, dann hieß es, er sei ein ordentlicher Priester gewesen. Ein loses Mundwerk mag er wohl gehabt haben, denn meine Großmutter Mimí erzählte, daß er einmal in einer Predigt die Gläubigen rügte, weil sie in den Vorhof der Kirche zu pinkeln pflegten, und er sagte, das, was er an jenem Morgen vorgefunden habe, müsse von einer Frau stammen, »weil es eine Pfütze war«. Meine Tante Blanca Urtecho, die Mutter von José Coronel, erinnerte sich mit Sympathie an ihn; sie sagte, er sei sehr großzügig gewesen, und erzählte, als sie zum Studieren nach Frankreich geschickt wurde, habe er eine alte Truhe geöffnet und ein paar große Goldmünzen herausgeholt, um sie ihr zu schenken. Da war sie noch sehr klein, denn Papá Doktor pflegte seine Töchter sehr jung ins Ausland zu senden. Meine Großmutter Mimí schickte er mit neun Jahren nach New York.

Doch waren diejenigen, die in jener so außergewöhnlichen Familie Cabistán besonders hervorstachen, die Frauen. Man erinnert sich an sie als sehr schön, intelligent, anmutig, freundlich und lustig – letzteres auch im Sinne von lebenslustig. José Coronel Urtecho hat geschrieben, daß die Urtecho-Frauen – seine Mutter und seine Tanten – von ihren Großtanten aus der Familie Cabistán her »eine besondere Kultur hatten, doch keine besonders orthodoxe, die mit ihrer sprunghaften, leutseligen Art zusammenhing und nicht eben zu der bürgerlichen Moral paßte, die sich in der Familie inzwischen durchgesetzt hatte«. Und er berichtet auch, daß seine Urgroßmutter, meine Ururgroßmutter, die berühmt war wegen ihrer Schönheit und Anmut, Kinder von mehreren verschiedenen Vätern bekam, wobei einer dieser Väter jener Fähnrich Urtecho gewesen war, der kurz vor der Unabhängigkeit aus Spanien nach Nicaragua kam, und von dem unsere Familie Urtecho abstammt. Und die anderen Cabistán-Frauen hatten auch alle uneheliche Kinder (eine von ihnen mit einem Priester).

Doña Antonina war die Frau jenes Fähnrichs, und ich erinnere mich, daß mir in meiner Jugend meine Tante Ritana von der Schönheit einer Antonina Cabistán erzählte (war das diese oder eine andere?), die sich, wenn sie ihre Verehrer besuchen kamen, viele Ringe an die Finger steckte, damit es beim Schokoladequirlen ordentlich klapperte. Eine meiner Großtanten aus der Familie Urtecho hieß ebenfalls Antonina, und man sagte, auch sie sei sehr schön gewesen; als sie noch unverheiratet war, habe sich wegen ihr ein Mann umbringen wollen, weil sie ihn nicht erhört hatte, und sich eine Kugel in die Brust geschossen; sie bewahrte diese Kugel, die ihm herausoperiert worden war und die er ihr geschickt hatte. Die Anekdote mit der Kugel erzählte mir ihre Enkeltochter, die auch Antonina heißt, meine Nichte und gute Freundin, die die Schönheit ihrer Großmutter geerbt hat, und die Schönheit der Antonina mit den Ringen, wer immer diese auch gewesen sein mag, und der Cabistán-Frauen im allgemeinen, eine Schönheit, die sich, zusammen mit Anmut, Klugheit und Intelligenz, in der Familie immer wieder gezeigt hat und wer weiß wie viele Generationen zurückgeht.

Auch meine Großmutter war schön in ihrer Jugend, das kann man auf den Fotos sehen, aber auch an ihren Enkeltöchtern. Sehr hellhäutig, mit schwarzem Haar und blauen Augen. Eine meiner Großtanten war bräunlich und hatte grüne Augen, eine andere hatte schwarzes Haar und grüne Augen, eine andere war auch hell und blauäugig. Natürlich ist José Coronel Urtecho derjenige, der die Anmut der Frauen seiner Familie am besten beschreibt, und weil ich es nicht ebensogut kann, zitiere ich hier, was er einst schrieb:

»Das, was sie erzählten, hatte eine Kraft, eine Dramatik und eine Anmut, einen Schimmer, einen Glanz, die fast alles, was sie sagten, in etwas anderes verwandelten, etwas Unverwechselbares, Ungewöhnliches, wie von anderer Art, anders jedenfalls als alles, was die Leute aus Granada erzählten, die ich sonst kannte ... In der Welt der Urtecho-Frauen mußte alles schließlich zu Poesie werden, ohne daß diese jedoch als Poesie erkannt wurde, sondern einfach als Leben.«

Das Erbe der Familie Cabistán hat sich auch in den Männern der Familie Urtecho gezeigt. Den Enkeln von Papá Doktor, die das Skelett auf dem Fahrrad spazierenfuhren. Luis Downing Urtecho,

Sohn eines Nordamerikaners irischer Abstammung und meiner Tante Antonina, einer der Dichter aus der »Vanguardia«-Bewegung, ungemein intelligent, ein bewundernswerter Gesprächspartner, verrückt schon in jungen Jahren und später auch ganz »offiziell«, wegen seiner Teilnahme am Zweiten Weltkrieg, und deshalb bis an sein Lebensende von der Regierung der Vereinigten Staaten mit einer Pension versorgt, obwohl er auch da noch seine große poetische Phantasie und seine faszinierende Unterhaltungskunst beibehielt. Joaquín Zavala Urtecho, Künstler und vor allem Karikaturist der »Vanguardia«-Gruppe, mit vielen anderen Talenten mehr und einer großen geistigen Überlegenheit, wegen derer er vielen, auch wenn er nicht verrückt war, doch so vorgekommen sein mag. Zwei weitere meiner Onkel waren Alkoholiker, Bohemiens, die später an den Bettelstab gerieten und auf der Straße landeten, weil sie ihr Talent nicht umsetzen konnten und weil sie gegen das System revoltierten oder ihm entfliehen wollten. José Coronel war in Costa Rica zweimal im Irrenhaus und drohte noch häufiger hineinzukommen (bei einer dieser beiden Gelegenheiten traf er dort mit Alfonso Cortés zusammen, dem Dichter, der in León angekettet gewesen war). Und ich selbst, der ich von den Urtecho und den Cabistán abstamme, bin, außer daß ich Dichter wurde, auch von vielen als verrückt angesehen worden – warum soll ich mich also von der Reihe ausschließen?

Doch die außergewöhnlichste Persönlichkeit von allen war José Coronel Urtecho; sein Witz, seine geistige Originalität sind nicht nur das Glänzendste der Familie Urtecho-Cabistán gewesen, sondern auch ganz Nicaraguas, zusammen mit Rubén Darío und noch ein paar anderen – oder einfach nur: zusammen mit Rubén Darío.

Allerdings lernte ich José Coronel Urtecho, obwohl er mein Onkel war, nicht in meiner Kindheit kennen, weil wir ja in León lebten, sondern erst später.

Der, den ich wohl in meiner Kindheit kennenlernte, war ein anderer Dichter aus Granada, mein Cousin Pablo Antonio Cuadra, ein ganzes Stück älter als ich – Sohn einer Schwester meines Vaters, meiner Tante Mercedes, und von Carlos Cuadra Pasos. Er wohnte

bei meiner Tante Trinidad, als er nach León kam, wegen der Auf-
führung seines Theaterstücks *Por los caminos van los campesinos*,
so ungefähr: »Auf den Wegen der Bauern«, die im ehrwürdigen
Stadttheater von León inszeniert wurde, das noch aus der Jugend-
zeit Daríos stammte. Mit ihm zusammen kam auch Luis Downing
Urtecho, mein Onkel, der im Theaterstück sehr gut seiner Rolle als
Yankee gerecht wurde, war er doch wegen seines angelsächsischen
Erbes blond und blauäugig. Die beiden unternahmen in meiner
Begleitung eine minutiöse Begehung des Hauses, als wäre es ein
Museum: die Portraits, auch die von Kugeln durchlöcherten, der
Eßtisch, die Speisekammern. Als sie das alte Badehaus mitten auf
dem Küchenhof sahen, mit dem Loch für die Tür, aber ohne Tür,
die man schließen konnte, meinte Luis Downing, dieses Bad
stamme wohl noch aus der Zeit der Spanier, die hätten eh' kaum
gebadet; wenn ein Spanier badete, dann war das sicher Stadtge-
spräch.

Ich las damals schon die Gedichte von Pablo Antonio, auch
wenn ich noch sehr klein war; mein Vater besaß sein Buch *»Poemas
nicaragüenses«*, und ich las diese Gedichte, auf dem Boden liegend
und ohne viel zu verstehen, auch wenn sie mir sehr gefielen. Es
waren Gedichte, die ich verstehen konnte, weil sie von ländlichen
Themen handelten, und sogar Kindergeschichten; was ich nicht so
genau verstand war, weshalb das Poesie sein sollte. Tatsächlich verstand ich, ein Kind, sie also nicht, weil ich sie verstand; ich verstand nicht, wie eine Poesie, die man verstand, Poesie sein konnte;
alles war in der nicaraguanischen Umgangssprache geschrieben.
Und es erstaunte mich, daß es da sehr lange Zeilen, endlos lange
Zeilen gab, und dann wieder ganz kurze; sie waren nicht so regelmäßig wie »Verse«. Und sie lasen sich, als plauderte da jemand, und
nicht wie Verse.

Pablo Antonio hat über mich geschrieben: »Ich erinnere mich
an ihn, wie er als kleines Kind, mit dem Gesicht eines zerstreuten
Vögelchens, aufmerksam und unruhig in einem Sessel saß – die
Füße reichten nicht bis auf den Boden – und, völlig abwesend von
der Welt und ohne innezuhalten, Verse über Verse las.«

Ein weiterer großer Dichter, von León und von ganz Nicaragua, war der Priester Azarías H. Pallais, ein Onkel unserer unzertrennlichen Freunde, der Pallais-Nachbarjungen. Eben aus Europa zurückgekehrt, wo ihn, in der Kathedrale von Notre Dame, der Erzbischof von Paris zum Priester ordiniert hatte, hielt er, noch ein junger Mann, bei den Trauerfeierlichkeiten für Darío eine berühmte Rede in der Kathedrale von León. Sein erstes Buch widmete er einer Tante von mir, Tante María, einer der Cardenalinnen; ich sagte ja schon, daß man sie in León so nannte, weil es nur Frauen gab in jener Familie. Sie muß damals noch sehr jung gewesen sein. Ich lernte die Poesie von Pallais erst im Internat der Jesuiten kennen. Dort machte sich Pater Cavero über ihn lustig, wegen des Titels eines anderen seiner Bücher, *A la sombra del agua*, »Im Schatten des Wassers«. Pater Cavero meinte, es gebe einen verrückten Priester in León, denn wie könne man im Schatten des Wassers sein? Und ich teilte seine Meinung. Wie kann man im Schatten des Wassers sein? Ich weiß nicht, wann ich die Antwort begriff: unter einem Wasserfall. Anscheinend gab es einen Wasserfall, zu dem sie Ausflüge machten, und dort saßen sie dann im Schatten des Wassers. Ich las seine Gedichte zum ersten Male in einer Sammlung nicaraguanischer Poesie, die der Priester Oviedo zusammengestellt hatte, der dann Bischof von León wurde und ziemlich verrückt war, als er schließlich starb. Ich weiß noch, wie mich, als ich sie kennenlernte, diese Poesie überraschte. Nicht, daß sie mir nicht gefallen hätte, aber sie überraschte mich. Jene Worte wie: »*Rumores silenciosos de apacible color: / Voz de las hojas verdes, voz de Nuestro Señor*« (In angenehmen Farben stiller Lärm: / Stimme grüner Blätter, Stimme Unseres Herrn) klangen mir seltsam. Heute mag man es merkwürdig finden, daß mir diese Worte einmal seltsam vorkamen; doch damals empfand ich sie so. Ich nehme an, daß auch Homer denen, die ihn zum ersten Male hörten, ungewöhnlich und seltsam vorgekommen sein muß. Pallais war kein Modernist mehr, er gehörte aber auch noch nicht zur »Vanguardia«-Bewegung; er war vielmehr zwischen diesen beiden Bewegungen, besser gesagt, eine Mischung der beiden. Vielleicht näher an letzterem als an ersterem. Die Vertreter der »Vanguardia«-Bewegung aus Granada nannten ihn den »Vanguardia-Pfarrer«.

Übrigens hatte Pater Oviedo in seine Gedichtsammlung als Poeten auch einen Onkel von mir aufgenommen, der zu den wenigen Männern in der Familie jener Cardenalinnen aus León gehörte und der, als er zum Studium in den Vereinigten Staaten weilte, bei einem Autounfall in Philadelphia ums Leben gekommen war. Seine Verse waren sehr schlecht. Aber sie waren ja auch noch ganz jung geschrieben. Vielleicht hätte er bessere zustande gebracht, wenn er hätte weiterschreiben können; vielleicht schrieb er bessere, und wir wissen es nur nicht.

Um jedoch zu Pallais zurückzukehren: Ich lernte ihn in León nur flüchtig persönlich kennen, ich erinnere mich nur noch daran, wie er uns, einer Gruppe von Kindern, Gespenstergeschichten erzählte, die uns faszinierten und uns angst machten. Unter diesen Geschichten war auch die von dem Baum in Subtiava, der sich um Mitternacht quer über die Straße legte.

Ich erinnere mich, wie einmal die älteste der »Cardenalinnen«, meine Tante Trini, ganz aufgeregt zu meiner Großtante Trinidad gelaufen kam und erzählte, es habe in der San-Francisco-Kirche eine Totenmesse gegeben, und Pater Pallais habe auf der Kanzel gestanden und die Predigt auf die Verstorbene gehalten, als er plötzlich mitten im Satz verstummte und so, schweigend und mit ausgebreiteten Armen, dort stand und zur Kirchendecke hinaufstarrte, als sei er in Trance oder habe eine Vision – oder wer weiß, was ihm sonst geschehen sein mochte. So verhielt er eine geraume Weile, bis er schließlich weitersprach. Die Leute waren ganz bewegt aus der Kirche gekommen.

Mit oder ohne Vision beeindruckten seine Predigten immer. Seine Predigten und seine Reden. Sie waren spektakulär, sehr vehement und theatralisch vorgetragen, die Arme zum Himmel erhoben oder ausgebreitet. Und er trug sie mit einer Stimme vor, die ab und zu leicht zitterte, dann plötzlich dumpf dröhnte oder zu poltern begann. So hat man es erzählt, und so habe ich selbst es manchmal gehört, als ich älter war. Einmal, als er in Managua ohne

Vorbereitung eine sehr gute Rede über Alfonso Cortés hielt, meinte José Coronel zu mir, eine Rede halten sei für Pallais so wie das Tanzen für eine Tänzerin: wenn man sie zu tanzen bittet, legt sie ganz einfach los.

Man erzählte sich von einer Rede, die er gehalten hatte, bevor wir nach León kamen, als in Mexiko Präsident Calles regierte. Der wurde von vielen Katholiken für einen Verfolger der Kirche gehalten. Zu diesem Konflikt kam es, weil er ziemlich progressiv war und die Kirche sehr reaktionär. Calles wurde für Pallais zu einer richtigen Phobie, gemeinsam mit den Freimaurern und den Yankees. Einmal gab es im Stadttheater eine Veranstaltung zu Ehren Mexikos. Die Fahne Mexikos stand auf der Bühne, der mexikanische Botschafter war anwesend. Und Pater Pallais begann seine Rede, indem er rief: »Der siebenmalige Hund!« (Er machte eine lange Pause.) »Der siebenmalige Hund!« (Noch eine lange Pause.) »Der siebenmalige Hund!« (Wieder eine Pause.) »Der siebenmalige Hund!« ... Und das siebenmal, bis er beim siebten Male schloß: »Der siebenmalige Hund Plutarco Elías Calles!« Der mexikanische Botschafter stand empört auf und ging, es gab einen großen Skandal, internationalen Protest, Entschuldigungen usw.

Groß, dünn und gebeugt, eine Figur wie Don Quijote, so ging er in einer abgewetzten Soutane einher, verwaschen oder mit grünlichen Schimmelflecken. Aber er stammte aus aristokratischer Familie, einer Familie, die mit den Debayle-Sacasa verwandt war, also auch mit dem Geld und der Macht und dem Hof um den Präsidenten.

Und ich erinnere mich an das, was mir einmal ein Schuhputzerjunge erzählte, ein Kind wie ich, der mir im Park von León die Schuhe putzte. Daß Pater Pallais die Schuhputzer wie ihn und andere Straßenkinder auf einen Ausflug mitnahm, zum Beispiel zum Río Chiquito vor den Toren der Stadt.

Er war ein Freund der Prostituierten, Trinker und kleinen Kriminellen. Einmal hatte er geschrieben: »Oh mein kleiner Bruder Taschendieb!« Was sehr jenem zärtlichen Satz für den heruntergekommenen Lino Argüello ähnelt: »Mein kleiner Bruder Hund,

Lino de Luna.« Die Besitzerin eines Bordells, das »Honolulu« hieß, kam heimlich in die Kirche, um der Jungfrau Maria Blumen zu bringen. Einmal entdeckte sie Pater Pallais, und sie begann zu zittern. Er sagte: »Was fürchtest du dich? Frauen wie du sind unserem Herrn die liebsten.«

Als er einmal während der Karzeit, am Palmsonntag, in einem Dorf die Messe hielt, pries er die Bescheidenheit Jesu, der auf einem Esel ritt, und stellte sie dem Luxus gegenüber, mit dem die kirchlichen Würdenträger reisten, Anas und Kaiphas, und der Bischof von León fühlte sich angesprochen und suspendierte ihn von seinen priesterlichen Aufgaben. Er hatte immer Ärger mit der Obrigkeit, einschließlich der kirchlichen.

Er bewunderte sehr die Poesie des Kolumbianers Guillermo Valencia, die mit der seinen in ihrer Form sehr viel Ähnlichkeit hatte – die von Pallais war allerdings besser –, und er besuchte ihn auf einer Art Pilgerfahrt, bei der er zu Fuß reiste. So ist es berichtet worden; er hat mir aber gesagt, er habe die Reise nicht zu Fuß unternommen. Denn später sah ich ihn sehr häufig, und wir wurden Freunde. Doch will ich davon jetzt nicht sprechen, weil es hier um meine Kindheit geht.

Während meiner Kindheit ereignete sich in León der Fall von Oliverio Castañeda, des Giftmörders. Wohlerzogen, elegant und gutaussehend, war er mit seiner Frau aus Guatemala gekommen. Sie freundeten sich mit einer wohlhabenden Familie aus der Aristokratie an. Eines Abends starb seine Ehefrau plötzlich, nachdem sie ein Eis gegessen hatte, das er ihr gab – er war berühmt für seine Eiskrem. Und bevor sie starb, hörte man sie zu ihrem Ehemann sagen: »Oli, Oli, was hast du mir da nur gegeben?« Diese Worte machten in León die Runde wie ein Lauffeuer, zusammen mit dem Gerücht, daß ihr Tod durch Strychnin verursacht worden sei. Als Witwer zog er zu der reichen Familie. Dann erlag eine der Töchter aus der Familie eines plötzlichen Todes, der dem der Ehefrau ganz ähnlich war. Man sprach von einer Affäre mit der anderen Schwester und der Mutter, von Eifersucht. Dann starb auch der Vater eines so plötzlichen Todes. Alles deutete darauf hin, daß Oliverio

Castañeda die Schuld trage, doch niemand beschuldigte ihn mit Gewißheit. Man exhumierte die Leiche der Ehefrau und stellte fest, daß ihr Haar weitergewachsen war, so wie es bei denen geschieht, die durch Strychnin ums Leben kommen. Ich weiß nicht mehr, ob man auch die anderen Leichen wieder ausgrub und auch bei ihnen das Haar gewachsen war. Möglich, daß es so war. Genaueres war aber nicht bekannt, es gab nur Gerüchte. Dann wurde er verhaftet. Es begannen Dinge über seine Vergangenheit zu kursieren, die ihn noch verdächtiger machten.

Die Volksmeinung in León war geteilt, ich glaube, die Oberschicht war auf seiten der reichen Familie, die sie für das Opfer eines grausamen Giftmörders hielt; die Unterschicht war auf seiten des armen Studenten, den sie für das Opfer einer grausamen Verleumdungskampagne hielt. Der Prozeß dauerte lange. Und deshalb sah ich Oliverio auch so oft, denn er kam Tag für Tag an unserem Hause vorbei, in Handschellen und von zwei Wachen mit Gewehren begleitet, auf seinem morgendlichen Weg zum Gerichtssaal; und am Mittag auf dem Wege zurück zum Gefängnis, wenn die Verhandlung beendet war.

Als Oliverio verwitwete, umwarb er die Frauen, und eine von denen, die er umwarb, war die jüngste der Cardenalinnen, meine Tante Adelita, die noch jung und unverheiratet war. Und mein Vater machte später seine Witze deswegen, wenn nach dem Essen die Cardenalinnen zum Plaudern kamen; er sagte ihr dann, sie könne von Glück reden, daß sie nicht vergiftet wurde. Und sie antwortete, er wäre ja immer nur zu Besuch gekommen.

Er wurde schließlich verurteilt. Und weil es in Nicaragua keine Todesstrafe gab, ließ man ihn umbringen. Man gebrauchte dazu das, was in Nicaragua das »Fluchtgesetz« genannt wird: Man nahm ihn mit aufs freie Feld und erschoß ihn, als er angeblich fliehen wollte. Das befahl »Tacho« (Anastasio) Somoza von Managua aus seinem Namensvetter »Tacho« (Anastasio) Ortiz, dem, der in der Bucht bei Poneloya mit Dynamitstangen fischte und später die Studenten umbringen ließ.

Der Fall Castañeda ist Thema des großen Romans »*Castigo*

*Divino«, »Göttliche Strafe«, von Sergio Ramírez. Darin beschreibt er sehr gut jenes León meiner Kindheit. Da taucht auch Juan Dervishire wie ein Exzentriker auf – der er ja auch war –, doch er war es anders, als es dort dargestellt wird: mit einem roten spanischen Mantel angetan, und einen solchen trug er nie. Eigentlich ist im Roman nichts wirklich. Statt magischer Realismus ist er, würde ich sagen, phantastischer Realismus. Dr. Debayle kommt nicht vor. Sergio sagte mir, das wäre so, weil er sich ihn für einen weiteren Roman aufheben wolle, in dem Debayle zusammen mit Darío und Somoza García vorkommt, und mit Rigoberto López Pérez, demjenigen, der Somoza in diesem gleichen Gerichtsgebäude mit Schüssen richtete, das später der »Club Social Obrero«, der soziale Arbeiterclub, wurde. Anderthalb Blocks von meinem Haus entfernt und auch ganz in der Nähe vom Hause Mireyas und dem von Pater Benito, wohin wir einmal abends gegangen waren, um das erste Radio zu hören.

Jenes erste Radio, in dem wir nur Rauschen hörten – ich habe keine Ahnung, welcher Sender das gewesen sein mag. Später hatte auch mein Vater Radio, genauso ein riesiges Möbelstück. Um die Zeit wurde die Zeitschrift »Time« gegründet, und mein Vater las die »Time«. Er lag in seiner Hängematte, rauchte eine Zigarre und las die »Time«. Ich erinnere mich an den ersten Cowboyfilm – mit meinem Spleen für Buffalo Bill! Es war noch die Zeit der Stummfilme. Einmal erzählten ein paar Freundinnen meiner Mutter, sie hätten einen Film gesehen, in dem gesprochen wurde. Sie sagten, man höre das Tuten der Schiffe, genauso wie im Hafen von Corinto. Ich war begeistert vom Tuten der Schiffe im Kino, und noch mehr von denen, die im Hafen von Corinto wirklich tuteten. Und dann das erste Flugzeug, das in León landete. Es kam nicht gezielt nach León, sondern machte eine Notlandung auf einer Wiese. Es hatte nur einen Motor und einen Piloten. Mein Vater nahm uns im Auto mit, um es anzusehen. Es war die Zeit von Lindbergh und der Tragödie um seinen kleinen Sohn, der entführt wurde und nie wieder auftauchte.

Mein Vater las ein Buch über die Kartäuser und erzählte mir, wie

sie lebten. Ich war entsetzt. Am Abend, bevor sie sich schlafen legten, ging ein Mönch von Zelle zu Zelle und sagte: »Bruder, wir
müssen sterben.« Und die Antwort lautete: »Das wissen wir
schon.« Falsche Legenden, vermute ich. Oder waren das Dinge aus
dem Mittelalter?

»Geschichten von spukenden Seelen und Geistererscheinun-
gen« habe man ihm, sagt Darío, in seiner Kindheit erzählt. Gleich
dort, ganz in der Nähe seines Hauses bei den Vier Ecken, spukte es
in meiner Kindheit, nachts hörte man unerklärliche Geräusche, die
Angst und Schrecken verbreiteten. Das erzählten die Cardenalinnen bei meiner Tante Trinidad zu Hause. Dann wurde berichtet,
daß die Geräusche eine Erklärung gefunden hätten: Auf einem
Brunnen in einem Hinterhof lag eine Blechplatte, und mitten in
der Nacht stieg eine Ziege darauf und verursachte jenen merkwürdigen Lärm. In einem anderen Haus spielte nachts ein Klavier von
ganz alleine. Später fand man heraus, daß eine Maus über die Ta-
sten lief.

Freimaurer, die Pater Pallais so sehr bekämpfte, gab es in León
zuhauf. Oder es hieß wenigstens so. Theosophie gab es sicherlich
viel, auch bei Darío selbst findet man eine subtile, gut verschlüssel-
te Theosophie – er mag sie gehabt haben, weil er aus León stammte. Auch bei Alfonso Cortés: in seiner geheimnisvollen Poesie spürt
man einen theosophischen Einfluß, sehr gutartig bei ihm. In der
Mehrzahl der anderen Fälle handelte es sich um eine dümmliche
Theosophie. Orientalismus, Okkultismus, Spiritismus, Wahrsage-
rei: All dies gab es in León wie eine Plage. Gegenüber meinem
Hause, neben dem der Familie Pallais, gab es welche, die Wahrsa-
gerei betrieben. Weiter die Straße hinunter, an der Ecke, wohnte
ein Dr. Saborío, der ein bekannter Spiritist war.

Da kam Pater Heredia nach León und nahm bei uns Quartier.
Er war ein mexikanischer Jesuit, der schon, als er bei den Jesuiten
eintrat, viel von Taschenspielerei und Zauberkunststücken verstand. Er lernte es noch besser und widmete seine Arbeit als Priester vor allem dem Kampf gegen den Spiritismus, mit Vorstellungen, bei denen er Spiritismus vorgab, um hinterher dem Publikum

zu sagen, daß alles Lüge gewesen sei. Doch enthüllte er seine Tricks niemals, um nicht das Berufsgeheimnis der Zauberkünstler zu verletzen.

Die Vorstellungen wurden im Stadttheater veranstaltet, das immer ausverkauft war. Mitten auf der Bühne stehend, sagte er, es sei ihm von den Geistern enthüllt worden, daß der Herr Soundso (eine sehr bekannte Person) im Besitz eines Geldscheins von der und der Größe und mit der und der Seriennummer wäre. Der Herr sah in seiner Brieftasche nach und rief erstaunt aus, daß es stimmte. Der Trick war ganz einfach: Die Person, die am Eingang die Eintrittskarten verkaufte, hatte diesem Herrn mit dem Wechselgeld den Geldschein mit der notierten Nummer gegeben und es Pater Heredia vor der Vorstellung gesagt. Dann wurden auf ein Tischchen drei Gläser gestellt und Personen aus dem Publikum auf die Bühne gebeten, um eines der Gläser zu berühren, während er sich abwandte, und dann stellte er fest, welches es war, nur, indem er daran roch. Die spirituellen Kräfte konnten ja so sehr seine Sinne schärfen ... Nun, das wurde so gemacht: Meine Mutter setzte sich in die erste Reihe und faßte sich ans rechte Ohr, wenn das rechte Glas berührt worden war, ans linke Ohr, wenn es das linke, und an die Nase, wenn es das mittlere war. Eines Nachmittags hatte Pater Heredia mit der Oberin vom Asunción-Kloster eine kleine Meinungsverschiedenheit, und er, der ein moderner, unkonventioneller, frecher Priester war, gab dabei der Nonne einen Klaps aufs Hinterteil. Um sich an ihm zu rächen, ging die Oberin abends auf die Bühne und berührte alle drei Gläser. Einen Augenblick saß meine Mutter etwas verwirrt da, doch dann faßte sie sich an Nase und Ohren. Der Pater Heredia roch an den drei Gläsern und wies sie alle zurück, als wären sie übelriechend. Danach stieg er mit einem spitzen Stock ins Publikum hinab und ließ mehrere Zuschauer bestätigen, daß der Stock nicht von alleine stehen konnte. Um die Macht der geistigen Konzentration zu demonstrieren, ging er dann wieder auf die Bühne zurück und hielt den Stock ganz gerade vor sich, ohne ihn zu berühren. Es war ganz einfach: Er hatte sich von Kopf bis Fuß in Schwarz gekleidet, schwarze Hosen, schwarze

Weste, schwarzes Jackett. An der Weste hatte er einen schwarzen Faden befestigt, mit einer Schlinge am Ende, in die er den Stock schob, so daß der, wenn er ihn losließ, nicht umfiel. Das Publikum konnte den schwarzen Faden gegen den dunklen Hintergrund des Anzugs nicht erkennen; außerdem waren von der Bühne aus starke Scheinwerfer ins Publikum gerichtet. Und die Bühne hatte einen ganz schwarzen Hintergrund. Er hatte gefragt, wo er viel schwarzen Stoff bekommen könne; meiner Mutter war eingefallen, daß man in der Kathedrale für die Totenmessen lange schwarze Stoffbahnen aufhängte, die die Säulen vom Boden bis zur Decke verhüllten, und er hatte darum gebeten, daß man sie ihm auslieh, was man auch tat, handelte es sich doch um einen Jesuitenpriester. Als er sie in Händen hielt, sah er, daß sie zu lang waren, bat um eine Schere und schnitt sie, zum Entsetzen meiner Mutter, mitten durch. Obwohl er León bald verließ, verzieh man ihm in der Kathedrale niemals diese Profanation der heiligen Stoffbahnen. Und hinter ihren Resten hob mein Bruder Popo von seinem Platz hinter der Bühne mit schwarzbehandschuhter Hand an einem Bein einen Stuhl schwankend in die Höhe, während Pater Heredia mit ausgebreiteten Armen dessen Levitation beschwor. Einige Männer, unter ihnen mein Vater, stiegen auf die Bühne und hielten, nach einer Anrufung der Geister durch Pater Heredia, die Hände über einen Tisch, den sie dann in die Höhe hoben, ohne ihn zu berühren. Alle trugen sie Sakkos, und in den Ärmeln verborgen hatten sie an den Handgelenken ein paar Haken befestigt, die sie unter die Tischkante klemmten; so konnten sie den Tisch anheben, ohne ihn zu berühren. Ein anderer Trick bestand darin, daß er Paraffin zum Kochen brachte und einen Geist anrief, die Hand hineinzutauchen, um so einen materiellen Beweis seiner Existenz zu erbringen. Für einen Augenblick wurde das Licht gelöscht, und als es wieder angeschaltet wurde, war der Abdruck einer Hand im Paraffin, der Hand, die der Geist hineingetaucht hatte. Tatsächlich war aber er es gewesen, der, als das Licht ausging, die Hand in einem Gummihandschuh in das Paraffin hielt und dann in Eiswasser, sich den Handschuh auszog und den Abdruck der Hand im Paraffin hinterließ. Die Macht des Geistes wurde auch durch Hypnose gezeigt, während derer Geheimnisse der Vergangenheit offengelegt wurden. Ein fünfzehnjähriges Mädchen, Meyaya, war als Medium ausgesucht worden, und man probte bei uns zu Hause mit ihr, damit sie lernte, den Hypnosezustand vorzuspielen. Es wurde eine alte Geschichte gebraucht, von der niemand mehr etwas wissen konnte. Man erzählte dem Pater, daß unsere Tante Trinidad voller Geschichten aus der Vergangenheit sei, doch diesmal konnte sie keine einzige erinnern, keine Anekdote, kein Ereignis; ihr fiel absolut nichts ein. Vielleicht war sie zu schüchtern, wahrscheinlicher aber ist, daß sie nichts erzählen wollte, was zum Vorspielen dienen sollte; nichts, was sich in eine Lüge verwandeln sollte. Meine Großmutter Mimí, die in jenen Tagen zu Besuch war, rettete die Situation. Sie erinnerte sich daran, wie sie, als sie ganz klein war, in Paris Dr. Debayle gesehen hatte, der damals noch Student war und sich bestimmt nicht mehr an dieses kleine Mädchen erinnern noch sich erklären konnte, wie die Geschichte bekannt geworden war. Es war bei einem Maskenball gewesen. Und die hypnotisierte Meyaya begann auf der Bühne die Vergangenheit zu sehen. Mit schläfriger Stimme meinte sie: »Ich sehe eine wunderschöne Stadt ... Paris. Einen Boulevard ... Es ist der letzte Tag des Jahres achtzehnhundertsoundsoviel ... Ich sehe einen hübschen, jungen Mann mit einer Maske ... Er trägt ein Harlekinskostüm ...« Da sprang Dr. Debayle von seinem Sitz auf und rief bewegt: »Das bin ich!« Mimí war damals noch sehr klein gewesen, man hatte sie schon mit neun Jahren zur Ausbildung ins Ausland geschickt, und natürlich konnte sich Dr. Debayle nicht mehr daran erinnern, daß ihn dieses Mädchen gesehen hatte. Beim Verlassen des Theaters am Ende der Vorstellung hielt Dr. Debayle seinen Freunden lauthals einen Vortrag darüber, daß die Hypnose wissenschaftlich anerkannt sei, genau wie die Hellseherei, denn als er damals an der Sorbonne studierte, und so weiter, und so weiter ...

Pater Heredia gab man bei uns zu Hause das Zimmer, in dem sonst Popo und ich wohnten. Jeden Morgen feierte er auf der Veranda die Messe (etwas, was man sonst zu jener Zeit nicht tat), wir zwei waren die Meßdiener; und meine Tante Trinidad mußte nicht in ihre Frühmesse gehen. Meine kleine Schwester Maruca ließ er die Hand öffnen, tat eine Münze hinein, die vorher niemand gesehen hatte – zu ihrer großen Freude –, hieß sie ihre Hand schließen, und die Münze verschwand und wurde nicht mehr gesehen. Er berührte ihr die Nase mit dem Finger, und man hörte den Pfiff einer Flöte.

»Ich erinnere mich an einen großen Jícaro-Baum, unter dessen Zweigen ich las«, schreibt Rubén Darío über das Haus seiner Kindheit. Im Garten des Hauses meiner Tante Trinidad gab es keinen großen Jícaro-Baum, sondern einen kleinen Lorbeerbaum, und ich las nicht unter seinen Zweigen, sondern auf ihnen sitzend. Ich habe ihn nicht so klein in Erinnerung, doch mag er wohl klein gewesen sein, jener Baum, gerade groß genug, auf seinen dünnen Ästen einen dünnen Knaben zu tragen, der die Bücher von Salgari las. Im großen Garten und in dem nicht ganz so großen auf der anderen Seite wuchsen alle möglichen Arten von Blumen: Jasmin, Lilien, Hibiskus, Gardenien, Hortensien und was weiß ich sonst noch – Blumen mit diesen und mit anderen Namen, an die ich mich nicht erinnere, ich war damals kein Fachmann, und die Namen interessierten mich auch nicht sonderlich. Und es gab Heliotrop, an diesen Namen erinnere ich mich wohl, eine sehr große Pflanze (das heißt, von meiner eigenen Körpergröße). Concha, die Haushälterin meiner Tante Trinidad, mahnte uns immer: »Kinder, macht die Heliotrope nicht kaputt!« Sie ärgerten uns gewaltig, diese Blumen. Ich glaube, niemand kümmerte sich mehr um die Blumen als Concha. Und wir, wir waren Conchas Opfer wegen dieser Blumen. Alles, was wir taten, zusammen mit den Nachbarjungen, schadete immer den Blumen und Pflanzen. Auch wenn ich auf den Baum kletterte, um zu lesen, gab es ein Donnerwetter von Concha, weil ich einen Ast abbrechen konnte. Da gab es eine Sorte roter Blumen, deren Blüten wir aussogen, weil sie Honig enthielten, und auch die Kolibris kamen, sie auszusaugen, und Concha schalt uns, weil wir die Blumen beschädigten, die niemanden interessierten außer uns Kinder und die Kolibris.

Concha war dick und alt, hatte ein großes Hinterteil und war immer böse auf uns. Abends versammelten wir Kinder uns mit ihr und den Dienstmädchen unter einer Glühbirne auf der Veranda im Innenhof und blätterten vielleicht im »Bristolalmanach«, und sie drehte ihre Zigaretten, in einem gelblichen Papier. Und vielleicht schimpfte sie uns aus, und ich war frech und sagte »Blöde Alte« zu ihr. Dann antwortete sie mir, daß auch ich einmal so alt sein würde wie sie, wenn ich nicht vorher sterben würde. Und ich wußte nicht, was schlimmer war, zu sterben oder so alt zu werden wie Concha. Ich dachte, es wäre besser zu sterben.

Concha stand gebückt im Garten und goß ihre Blumen, mit einer Rinne, die sie aus einem Stück Blech gemacht hatte, das sie unter den Wasserkran hielt. Popo und ich und die Pallais-Jungen spielten irgend etwas. Da trat Popo von hinten an Concha heran und steckte ihr den Finger in den Hintern. Sie schrie laut los und fuhr hoch, ohne sich umzusehen, mit der Blechrinne in der Hand, und verletzte Popo mit dem Blech am Bein. Er blutete ziemlich. Es gab lautes Geschrei. Auch meine Mutter war empört. Das war ja die Höhe von Concha! Ein Kind so zu verletzen, daß es blutete! Meine Tante Trinidad liebte uns, doch sie liebte auch ihre Concha – und sie konnte nicht ohne sie leben. Sie urteilte über niemanden, sie gab keine Meinung ab. Sie litt nur. Wenn ich mich nach so vielen Jahren heute daran erinnere, sehe ich, daß Concha unschuldig war, sie tat es nicht aus Grausamkeit. Wir, die unschuldigen Kinder, wir waren die Grausamen!

In jenen Gärten spielte ich, allein mit mir, Buffalo Bill. Ich glaube, ich habe wenige Personen so geliebt wie ihn. Mein Vater wuchs ungeheuer in meiner Achtung, als er uns erzählte, er habe in den Vereinigten Staaten in einem Zirkus Buffalo Bill kennengelernt. Das wird eine jener Lügen gewesen sein, die man Kindern erzählt; Kinder glauben jede Lüge, die man ihnen erzählt. Oder vielleicht hatte er, als er in Washington studierte, einen Zirkus mit einem Buffalo Bill gesehen, einer Nachahmung jenes großen Zirkus, den Buffalo Bill gehabt hatte, mit Pferden, Indianern und sogar Büffeln, den Martí beschreibt. Denn Buffalo Bill hat es ja wirklich gegeben, diese wunderbare Person aus dem Wilden Westen, der dann in jener Show seine Taten vorführte. Ich lernte später in den USA jemanden kennen, der von ihm abstammte. Wenn ich an meine Kindheit denke, muß ich auch dies erwähnen, das mich so sehr faszinierte: Buffalo Bill.

Manchmal spielte ich auch Messe feiern und viele andere Spiele mehr. Wir ließen Drachen steigen, die man in Granada *palometas*, Tauben, nannte und in León *lechuzas*, Eulen; vor der San-Francisco-Kirche, in den Monaten, wenn viel Wind ging. Sie wurden aus Bambusstäben und Seidenpapier gefertigt, und manchmal machten wir sie uns selbst. Vor der San-Francisco-Kirche fuhren wir auch Rollschuh, und wir liefen auf Stelzen über das unebene Kopfsteinpflaster, Bockspringen, Kreisel tanzen lassen und Murmeln – was schwierig war zwischen den Pflastersteinen.

Unsere besten Freunde waren die Nachbarskinder: Alberto, aus einem der Häuser gegenüber, die beiden Pallais-Brüder, Antonio und Edmond, aus dem anderen Haus gegenüber. Alberto heiratete sehr jung, und sehr jung schoß er sich auch eine Kugel in den Kopf. Antonio wurde bald Alkoholiker und dann Bettler, er ging nach Costa Rica, und wir hörten nichts mehr von ihm. Edmond trat in die Nationalgarde ein. Soweit ich weiß, war er ein annehmbarer Gardist. Wenn wir uns ab und zu sahen, umarmten wir uns immer freundschaftlich. Im sandinistischen Befreiungskrieg kämpfte er auf seiten der Nationalgarde und fiel.

Neben dem Roulette, von dem ich schon erzählte, war es ein anderer Zeitvertreib, aufs Dach zu klettern. Die ganze Stadt von dort oben aus zu sehen: die anderen Dächer, die Kathedrale, all die anderen Kirchen. Unter dem berechtigten Protest von Concha, daß wir die Ziegel zerbrechen würden. Und dem der Nachbarn, denn auch auf deren Dächer stiegen wir hinüber. Einer, der protestierte, war der Maler, der eine Zeitlang ganz allein im Nachbarhaus lebte und der im Viertel als verrückt und verkommen galt, weil er nackte Frauen malte. Ich weiß nicht, ob er ein guter Maler war; doch verrückt und verkommen war nicht er, sondern eher die Nachbarschaft, mich eingeschlossen. Vom Dach aus sahen wir nie seine Bilder, viel weniger noch die nackten Frauen. Was wir ab und zu sahen, waren Eulen in den Winkeln dieser Ziegeldächer. Auch Rubén Darío sagt über das Haus seiner Kindheit: »Es nisteten Eulen unter den Vordächern.«

Eine Unterhaltung, die es manchmal, wenn auch sehr selten gab, war der Zirkus. Er wurde auf dem freien Platz neben der Kalvarienkirche aufgebaut. Dort endete damals die Stadt, und dort lag auch der Tennisplatz, wo mein Vater und meine Mutter mit anderen befreundeten Paaren Tennis spielen gingen. Dort muß auch schon zu Zeiten Daríos der Zirkus aufgebaut worden sein, wenn er nach León kam, wie der, den er als Kind sah, als er sich, wie er selbst erzählt, in eine nordamerikanische Tänzerin verliebte und beinahe mit dem Zirkus weitergezogen wäre. Dann hätte es nicht den »Fürsten der spanischen Dichtkunst« gegeben, der er später wurde.

Im Hause meiner Tante Trinidad gab es beim Mittagessen immer eine Fülle an Speisen. Die Cardenalinnen meinten, meine Tante übertreibe. Diese Übertreibung geschah aber aus reiner Güte und Großzügigkeit. Es war keine Verschwendung, denn nichts wurde weggeworfen. Selbst wenn viel übrigblieb, gab es immer genügend Esser. In der Küche waren viele Dienstmädchen, es kamen ihre Freunde und Familienangehörigen, und sie konnten von dem, was übrig war, soviel mit nach Hause nehmen, wie sie wollten. So gab es manchmal zu Mittag drei Sorten Fleisch, zum Beispiel Schweinefleisch, Rindfleisch und Hühnchen. Es mochte auch Wild sein, Reh oder Gürteltier oder etwas ähnliches, das jemand als Geschenk geschickt hatte oder das an der Haustür verkauft worden war. Wer das alles regelte, weiß ich nicht. Vielleicht Concha, vielleicht war es aber auch eine gemeinsame Verantwortung aller Dienstmädchen. Meine Tante Trinidad kümmerte sich nicht um Einzelheiten. Es reichte ihr zu wissen, daß von allem genug da war. Wenn es zum Essen Ei gab, standen drei verschiedene Eierspeisen auf dem Tisch.

Die Speisen waren also der Luxus in jenem Hause, das sonst sehr einfach und sparsam war: ein alter Holztisch ohne Tischtuch, das habe ich schon erzählt, und ein paar Bänke an seinen Seiten. Ein Wasserkrugständer mit frischem Wasser in den Krügen und hölzerne Becher und Näpfe. Wie der Überfluß an Speisen bezahlt wurde, weiß ich nicht. Ich kann mich nicht erinnern, daß mit meiner Tante Trinidad jemals über Geld gesprochen wurde. Ich weiß nur noch, daß sie in einem alten Schrank ihres Zimmers, in einer der unteren Schubladen, einen Stapel Geldscheine aufbewahrte, die mit einem Bindfaden zusammengehalten wurden. Vielleicht schickte ihr mein Großvater, der reiche Kaufmann aus Granada, eine Rente. Vielleicht, oder ganz bestimmt, hatte sie auch ihr Erbteil, und möglicherweise hatte sie es sogar in seinem Geschäft stecken. Es gibt niemanden mehr, den ich danach fragen könnte.

Der große Eßtisch mit seinen zwei Bänken stand auf der Veranda am Garten. Vom Tisch aus sahen wir die Blumen, einen Teil des Daches vom hinteren Teil des Hauses mit den Tauben darauf und ein Stück Himmel mit Wolken. Meine Tante Trinidad betrachtete immer gern die Wolken, sie sagte, daß sie Figuren in ihnen sähe: ein Kamel, ein Kaninchen, ein Lamm. Ob wir auch Figuren darin sahen, fragte sie uns.

Meine Tante Trinidad fuhr manchmal nach Granada, um ihren Bruder Salvador, meinen Großvater, zu besuchen, der nicht zu ihr kommen konnte, weil er behindert war. Der Zug, der vom Hafen Corinto herkam, fuhr morgens um acht nach Granada ab; sie jedoch war schon um sechs Uhr am Bahnhof und saß, zusammen mit Concha, auf einer der harten Bahnhofsbänke, aus Angst, daß ihr der Zug davonführe; jener gemächliche Zug, der nie jemandem davonfuhr, der eine Ewigkeit in León hielt und dreimal laut pfiff, bevor er losfuhr. Und sie war seit drei Uhr morgens auf den Beinen, weil sie mit der Eisenbahn fahren sollte! Etwas davon habe ich von ihr geerbt. Obwohl ich in meinem Leben soviel gereist bin, bis an die Grenze des Zumutbaren mit dem Flugzeug geflogen bin, habe ich nie ohne die Angst zum Flughafen fahren können, zu spät zu kommen, und mit dem Wunsch, lieber viel zu früh dazusein – einmal ließ ich mich in Rom zum Flughafen bringen, als er noch gar nicht geöffnet war. Doch so weit wie meine Tante Trinidad ging ich nicht.

403

Wir fuhren auch ab und zu nach Granada. Wenn meine Mutter ein Kind erwartete, fuhr sie dorthin, damit ihr meine Großmutter Mimí bei der Geburt helfen konnte.

Einmal fuhren wir allesamt, meine Tante Trinidad eingeschlossen, zur goldenen Hochzeit meiner anderen Großeltern. Ein riesiges Fest war das in Granada. Ich habe schon erzählt, daß das Haus meines Onkels Julio beinahe ein Palast war. Und noch mehr so schien das Haus meiner Großeltern neben der Kathedrale und gegenüber vom Park, das einen ganzen Block einnahm. Es war kein richtiger Palast, weil es das in dem armen Nicaragua von damals gar nicht gab und auch heute noch nicht gibt. Mein Großvater gehörte zu den reichsten Leuten des Landes, wo die Reichen auch nicht so sehr reich waren. Die Reichen, die es gab, waren Kaufleute, wie mein Großvater, oder Landbesitzer. Später gab es noch reichere Reiche, die Industriellen, und dann noch viel reichere Reiche, die Finanzkapitalisten. Und die Kaufleute fielen ins zweite oder dritte Glied zurück oder machten gar bankrott – wie mein Vater, der einmal ein reicher Kaufmann gewesen war und in den letzten Jahren seines Lebens absolut nichts mehr hatte und von seinen Kindern unterhalten werden mußte.

Zum Anlaß der goldenen Hochzeit schenkte mein Großvater meiner Großmutter eine Hauskapelle, so daß sie einen Tabernakel hatte und die Messe lesen lassen konnte. Meine Großmutter schenkte meinem Großvater einen Aufzug, damit er ins obere Stockwerk hinaufkonnte, denn seit er im Rollstuhl saß, konnte er keine Treppen mehr steigen. Der Aufzug funktionierte von Hand, mit Seilen, an denen man ziehen mußte – ein anderes unterhaltsames Spiel für uns Kinder.

Bei diesem Fest erhielt ich meine erste Kommunion. Darío spricht nicht von seiner ersten Kommunion, weil es zu seiner Zeit noch keine Kommunion für Kinder gab. Man hatte sie erst in der Pubertät; und in diesem Alter hing jemand, der frühreif war, vielleicht schon freidenkerischen und antiklerikalen Ideen an und empfing gar nicht erst die Kommunion. Damals gab es auch noch nicht die gotteslästerliche Entweihung der Eucharistie, die später bei den Erstkommunionsfesten der Reichen stattfand. Meine empfing ich während jenes Festes, begleitet von einem armen Kind, das man genau wie mich in Weiß gekleidet hatte. Und ohne weiteren Luxus, als ein kleines Kinderfest am Nachmittag, für mich und für das arme Kind, im Hause meiner »armen« (nicht reichen) Großmutter. Wenn man mich nach meinen mystischen Erfahrungen bei meiner ersten Kommunion fragen würde, dann müßte ich antworten, daß ich mich an keine einzige erinnere. In León hatte mich meine Tante Trinidad auf die erste Kommunion vorbereitet, indem sie mich den Katechismus auswendig lernen ließ. Wenn ich wiederholte, daß Gott reiner Geist ist, *espíritu puro*, dann mußte ich immer an die Zigarre denken, die mein Vater rauchte, denn Zigarre heißt spanisch *puro*. Und wenn ich das von der Dreieinigkeit aufsagte, spanisch *trinidad*, konnte ich an nichts anderes denken als an meine Tante Trinidad und an den Altar, fast wie der einer Kirche, den sie für die Heilige Dreieinigkeit in ihrem Zimmer errichtet hatte. Doch verstehe ich heute vielleicht besser als damals, was »reiner Geist« ist und was »Dreieinigkeit«?

Im Hause der reichen Großeltern spielten wir Enkelkinder Armeleutespiele. Die Reise nach Jerusalem: Eine Reihe Stühle, einer weniger als Kinder, und wenn wir die Plätze wechselten, dann verlor der, der keinen Sitz mehr fand. Oder bei den mächtigen Säulen und Pfeilern vor dem Hauseingang verlor der, der keine Säule oder keinen Pfeiler mehr abbekam. Diese alten Großeltern hatten nie ein Spielzeug für uns. Gab es damals in den Häusern vielleicht noch keine Spielsachen? Bei meiner Tante Trinidad gab es auch niemals etwas, das man hätte Spielzeug nennen können. Und wir Cousins spielten Buffalo Bill und seine Leute, jeder hatte seinen besonderen Namen. Pedro, der vier Jahre älter als der Rest der Jungen und deshalb der Anführer aller war, spielte Buffalo Bill persönlich. José Joaquín, der eine dunkle Hautfarbe hatte, machte den Indianer.

Mein Großvater ließ uns in einer Reihe antreten und gab jedem eine Zehn-Centavo-Münze. Das war nicht wenig. Damit konnte ich in der Geschäftsstraße ein Buffalo-Bill-Buch kaufen. Meine

Großmutter ließ uns in einer Reihe antreten und schlug uns mit einer Peitsche aus Leder. Einmal hatte sie ein neues Auto bekommen, eins von denen, die mein Vater als Ford-Vertreter importierte. Es war mit der Eisenbahn nach Granada gebracht worden, weil es ja noch keine richtige Straße gab. Und als sie zum ersten Mal damit in den Straßen von Granada ausfahren will, stellt sie fest, daß jemand in die Karosserie, ganz offensichtlich mit einem Nagel, in großen Buchstaben die Worte »HOCH LEBE GROSSMUTTER« geritzt hatte. Mit der Peitsche in der Hand stellte sie uns der Reihe nach auf, damit wir gestanden, wer es gewesen war. Niemand gestand es. Ich glaube, sie schlug uns. Doch ich schwöre, ich weiß bis heute nicht, wer es gewesen war. Der Schaden kann so groß nicht gewesen sein, denn in jenem riesigen Haus gab es eine komplette Werkstatt, einschließlich einer Grube, um ein Auto von unten zu reparieren, denn in Granada fand man sonst solche Werkstätten nicht.

Am Tage der goldenen Hochzeit hörten wir einen Vortrag von Pablo Antonio, einem der ältesten Enkelkinder und intellektueller Enkel, doch weiß ich wirklich nicht mehr, was er sagte. Der Vortrag fand in einem großen Saal statt, den es auch in jenem Hause gab, da, wo vorher der Laden meines Großvaters gewesen war, den man dann in die Geschäftsstraße umgesiedelt hatte. Für die jüngsten Enkelkinder, die mehr oder weniger im gleichen Alter waren, wurde ein Vorlesewettbewerb veranstaltet. Wir mußten aus der Zeitung »La Prensa« vorlesen. Der, der am besten las, war Pedro Joaquín Chamorro. Weil die »Prensa« seinem Vater gehörte, war er vielleicht am meisten daran gewöhnt, die Zeitung zu lesen. Ich las keine Zeitungen.

Woran ich mich erinnere, ist, daß mich in León meine Tante Trinidad ab und zu aus dem »Boten vom Herze Jesu« vorlesen ließ, wenn Concha das nicht tat. Insgesamt war das eine Zeitschrift dümmlicher Frömmigkeit, doch unerwartet tauchte in ihr manchmal, wer weiß weshalb, ein Aufsatz zur Geschichte auf. Zu meiner Freude – und auch der von Tante Trinidad! – erschien da einmal der Brief des Entdeckers Gil González an den König, in dem er ihm von seinem Gespräch mit dem Häuptling Nicarao berichtet, von der Entdeckung des Großen Sees von Nicaragua erzählt und vieles mehr. An manchen Tagen bat sie mich, vielleicht weil nichts anderes zu lesen da war, ihr die Schlagzeilen der Zeitungen vorzulesen. Nur die Schlagzeilen; das übrige schien sie nicht zu interessieren. Vielleicht hätten sie die Nachrichten aus den Zeitungen des Priesters der San-Felipe-Kirche mehr interessiert, die Don Felipe Arellano las und schließlich anzündete. Und mich auch. Denn ich begann, glaube ich, schon Don Felipe Arellano zu ähneln.

Jener Brief von Gil González Dávila, der, wer weiß weshalb, im »Boten vom Herze Jesu« erschien, wie faszinierte er mich! Ich vergaß ihn nie, und er gefiel mir so, daß ich ihn sehr ausführlich in meinem historischen Poem »Die ungewisse Meerenge« wiedergab. Zu jenen Zeiten wollte ich, außer Dichter, und vielleicht mehr noch als Dichter, Historiker werden. Allerdings auch Romanautor, Philosoph, Maler und Bildhauer. Doch diesen beiden Neigungen, die ich von Anbeginn an hatte – die Poesie und die Geschichte –, ist es zu verdanken, daß ich später soviel historische Poesie schrieb. Wegen des Geschichtsbegeisterten, der unter dem Dichter immer in mir schlummerte.

Als ich etwas älter geworden war, das heißt mit ungefähr elf, zwölf Jahren und schon das Internat der Jesuiten in Granada besuchte, aber noch in León lebte, war das, was mich am meisten interessierte, die Geschichte. Vor allem die Geschichte der Kolonialzeit. Und in den Ferien streifte ich, ohne daß es jemand wußte oder daß ich jemandem davon erzählte – hier schreibe ich es zum ersten Male auf –, allein durch die Straßen von León und sah mir die alten Balkone und Fenster mit den hölzernen oder schmiedeeisernen Gittern an, die ältesten Winkel der Stadt, die noch die Kolonialzeit ahnen ließen, jene Stadtteile wie das Laborío-Viertel, zum Beispiel, in dem wohl hauptsächlich die Handwerker lebten (*laborar* heißt im Spanischen »arbeiten«) und die noch genauso erhalten waren, wie sie in alten Zeiten ausgesehen haben müssen. Vor allem die Kirchen; denn die einzigen wirklich historischen Monumente, die León besaß, waren die Kirchen, von denen es allerdings eine Menge gab. Ich ging durch die Stadt und besichtigte eine Kirche nach der anderen, fand auch mal eine, die vielleicht ein bißchen abseits lag und nicht mehr so sehr in Gebrauch war. Meine Tante Trinidad wies mich auf die Kirchen hin, die ich noch nicht gesehen hatte, und wo sie lagen. Wie die San-Pedro-Kirche zum Beispiel, die wenig besucht wird und an der Stadtgrenze zwischen León und dem indianischen Viertel Subtiava liegt. Und eine andere, die meine Tante Trinidad mir zeigte, die allerdings nicht mehr stand, sondern von der nur noch Ruinen übrig waren, Fundamente und Haufen von Steinen zwischen dem Gestrüpp: die Veracruz-Kirche, mitten in jenem indianischen Viertel Subtiava. Wie ich diese Namen liebte: die Zaragoza-Kirche, die Kalvarienkirche, die Laborío-Kirche ... Oft habe ich in meinem Leben gedacht, wie herrlich meine Kindheit in einer Stadt wie Toledo gewesen wäre.

Wie beeindruckt war ich auch, als ich erfuhr, daß das Portrait des heiligen Karl auf einem Seitenaltar der Kirche von Subtiava tatsächlich den Kaiser Karl V. darstellte! Meine Begeisterung für die Geschichte ging so weit, daß ich mir ein geheimes Heftchen anlegte, in dem ich historische Daten notierte, Geburts- und Todestag von Karl V. und Philipp II., Isabel la Católica, die Schlacht von Lepanto ... Ich schrieb sie auf, um sie immer wieder durchzugehen und auswendig zu lernen, selbst wenn niemals jemand erfuhr, daß ich sie wußte. Darin war ich beinahe schon wie Don Felipe Arellano. Ich glaube, ich war ein ziemlich verrücktes Kind. Ich erzählte niemandem von meinem Heftchen, wußte ich doch, daß das niemand verstehen würde. Vielleicht sind alle Kinder ein bißchen verrückt. Ich tauchte erst wieder aus dieser Art Verzauberung auf, die die Vergangenheit und die Umgebung von León in mir auslösten, als meine Kindheit und meine Zeit in León zu Ende ging.

Ich weiß noch, wie einmal an einem Nachmittag (ich erinnere mich genau, daß die Sonne schon unterging und es langsam dunkel wurde in jenem großen, stillen Haus) meine Tante Trinidad in ihrer Hängematte lag, und ich saß neben ihr; alle anderen waren ausgegangen, und mein Vater war noch nicht aus dem Geschäft zurück. Da sagte sie mir, daß sie sich um diese Zeit, wenn wir alle unterwegs waren und außer ihr keiner zu Hause, immer sehr einsam fühle und auf die Ankunft des Autos meines Vaters und von uns allen anderen warte, daß es ihr aber auch so vorkomme, als warte sie auf ihre Geschwister, so, als sei die Zeit nicht vergangen und das Haus noch genauso voll wie früher.

Da lebte eine lang zurückliegende Zeit in ihr auf, als dieses Haus voller Kinder und junger Leute gewesen war und laut und fröhlich, wie mit uns. Doch bald nachdem sie mir das gesagt hatte, wechselte mein Vater aus dem Geschäft der Familie in León in das in Managua, und jenes Haus wurde wieder so still, wie es vor unserer Ankunft in León vor sieben Jahren gewesen war. Sie sagte uns, sie werde sich sehr einsam fühlen. Vor unserer Ankunft sei sie nicht einsam gewesen, doch jetzt würde sie es sicher sein. Beim Abschied gab es Tränen an der Haustür. Und ein Jahr später starb sie dann.

Nachwort

Mit zwölf Jahren endete meine Kindheit und endeten auch die Jahre meines Lebens in León. Viel bleibt noch zu erzählen, doch sind diese Seiten schon sehr umfangreich geworden, und alles weitere muß in einem zweiten Band Platz finden. Diesen ersten Band wollte ich mit meiner Kindheit enden lassen, weil ich ihn nicht mit ihr, sondern »*Nel mezzo del cammin di nostra vita*« begonnen hatte, und es war notwendig, aus meinen Kindertagen zu berichten, bevor ich weiter aus meinem Leben erzähle.

Der, der mich ein Flugzeug nehmen ließ, um mich in den Vereinigten Staaten hinter den Mauern eines Klosters einzuschließen, holte mich später auch wieder daraus hervor und brachte mich in die Abgeschiedenheit einer Insel des Archipels von Solentiname, und dann dazu, an einer Revolution teilzunehmen. In Dir hoffe ich, Geliebter, daß dieses Leben, in mehr als einem Sinne verloren, am Ende doch ein gewonnenes Leben sein wird.

Inhalt

Das Alphabet der Sonne
Klassische und moderne Literatur Schwarzafrikas

Gudrun Honke (Hg.)
Die Mondfrau
Neue Geschichten aus dem frankophonen Afrika
256 Seiten, broschiert

Gudrun Honke/Thomas Brückner (Hg.)
Habari gani, Afrika!
Lesebuch der afrikanischen Literatur
198 Seiten, broschiert

Birago Diop
Geistertöchter
Die Geschichten des Amadou Koumba
320 Seiten, broschiert

Meja Mwangi
Die achte Plage
Roman aus Kenia
448 Seiten, gebunden

Axel Gauvin
Wenn du aufwachst, bin ich da
Roman aus Réunion
260 Seiten, gebunden

Michael Williams
Crocodile burning
Roman aus Südafrika
Reihe Galileo
264 Seiten, broschiert

PETER HAMMER VERLAG

Wir schicken Ihnen gern kostenlos unsere neuen Kataloge!
Postfach 20 09 63 - 42209 Wuppertal